更新知识地图　拓展认知边界

HEINRICH AUGUST WINKLER

ZERBRICHT DER WESTEN?

Über die gegenwärtige Krise in Europa und Amerika

西方的困局

欧洲与美国的当下危机

[德] 海因里希·奥古斯特·温克勒 著
童欣 译

中信出版集团 | 北京

图书在版编目（CIP）数据

西方的困局：欧洲与美国的当下危机 /（德）海因里希·奥古斯特·温克勒著；童欣译 . -- 北京：中信出版社，2019.12
ISBN 978-7-5217-0963-6

Ⅰ . ①西… Ⅱ . ①海… ②童… Ⅲ . ①世界史—现代史—研究 Ⅳ . ① K15

中国版本图书馆 CIP 数据核字 (2019) 第 185556 号

西方的困局：欧洲与美国的当下危机

著　　者：[德] 海因里希·奥古斯特·温克勒
译　　者：童　欣
出版发行：中信出版集团股份有限公司
（北京市朝阳区惠新东街甲4号富盛大厦2座　邮编　100029）
承 印 者：北京通州皇家印刷厂

开　　本：787mm × 1092mm　1/16　　印　　张：26　　字　　数：390千字
版　　次：2019年12月第1版　　印　　次：2019年12月第1次印刷
京权图字：01-2019-5496　　广告经营许可证：京朝工商广字第8087号
书　　号：ISBN 978-7-5217-0963-6
定　　价：68.00元

目 录

导 言 9

本书要讨论的是近年来欧盟、美利坚合众国以及大西洋两岸的整个西方世界所陷入的危机状态。因此，我把它看作2015年初出版的拙作《西方通史：从古代源头到20世纪》(*Geschichte des Westens*)第四卷(即最后一卷)《当前时代》的接续，那本书主要讨论的是1991年底苏联解体到2014年导致后冷战秩序崩溃的俄罗斯-乌克兰冲突间的近四分之一个世纪内发生的事情。

当我于2015年10月开始新书的写作时，似乎距离本书重点讨论的一些事件多少还有些遥远，这包括2016年6月英国退出欧盟的公投、同年11月的美国总统大选和2017年5月的法国总统选举。在2015年秋季就已经显露无遗的是欧盟的危机状态，更准确地说，这场危机是由好几个单独的危机构成的，其中包括诞生于1992年初签署的《马斯特里赫特条约》(Vertrag von Maastricht)的欧盟机构如今所面临的合法性危机和信任危机，欧元区危机(其更深层次的根源在于成员国没有共同的预算体系)，以及欧盟与某些成员国之间的关系危机——有些国家自称“非自由的民主国家”，并因此而不认同包括1993年哥本哈根入盟标准在内的欧盟基本价值观。

2015年秋天，由于难民危机以及德国这个联盟中最大、经济实力最强的国家因其应对此危机的政策而遭到的孤立，欧盟内部离心力量也在加剧。难民危机也是导致“英国脱欧”的因素之一，这一 10
点今天已经没有什么争议了，而且它也同样导致了包括德国在内的其他国家内部民族主义兼民粹主义势力的增强。早在 2015 年之前，国际社会就曾热烈地讨论过是否存在一个“新的德国问题”，1990 年德国重新统一之后真的一劳永逸地解决了这个百年难题了吗？而 2015 年发生的这些事，又重新让关于德国的自我定位和德国在欧洲的角色的讨论变得激烈起来，而且几乎没有人会认为这场辩论将很快结束。

2016 年的美国总统大选表明，民粹主义的崛起不仅是欧洲同时也是西方世界的领导力量所要面临的一个挑战。这场大选揭示出美国社会的深度分裂，其部分原因要去久远的历史中寻找线索。一些原因是美国历史的特殊性，另外一些则是欧洲国家通过自身的经历就可以理解的。对“精英”、“建制派”和“政界”的不信任，是大西洋两岸都存在的一种现象。民粹主义运动所动摇的是代议制民主的一系列基本原则，因此可以毫不夸张地说，这是整个西方世界需要共同应对的挑战。

奉行激进民族主义的共和党人唐纳德·特朗普（Donald Trump）当选第 45 任美国总统一事，标志着美欧关系出现了一道自 1945 年以来的最深的裂痕。到目前为止，当欧洲人和美国人在争论某些根本性问题时，可以认为他们的争论是对那些共同价值理念的不同阐释。今后还是不是这样，就不好说了。唐纳德·特朗普一直到现在都并不怎么珍视那些美国赖以建国的价值理念，比如不可剥夺的人权、法治、拥
11 有“制衡”（checks and balances）机制的分权体制和代议制民主。他的政策甚至动摇了西方价值规范——这一规范形成于 18 世纪末大西洋两岸的两次大革命，即 1776 年的美国革命和 1789 年的法国大革命，自那之后它就成为西方民主政体必须参照的准绳。

大西洋两岸的西方世界是否会分裂？就在人们提出这个问题的时候，“旧大陆”上正在讨论欧盟是否能避免解体，在重大问题上是否还能用一个声音说话。很显然，欧盟既无法在政治上也无法在军事上取代美国。不过，若是齐心协力，欧洲民主国家却可能在特朗普当政

的年代为西方的价值留下火种。若是它们有此担当，它们就不会孤单。世界上一切从西方民主制度的原则中汲取力量的人都会是它们的盟友，而这样的人在美国尤为众多。

第 1 章

欧洲的价值抑或西方的价值？

“欧洲价值”或“欧洲的价值”是我们这个时代的关键词，即使在日常对话中我们也常喜欢谈起。可事实上，这个概念值得我们深思，因为地理意义上的欧洲从未建立起一个价值共同体。此外，这里还有另一个与之纠缠不清的概念——“西方的价值”。维也纳历史学家格拉尔德·施图尔茨（Gerald Stourzh）的一句话或许能点明二者之间的区别：“欧洲并不等于西方，西方的范围要大过欧洲，欧洲的范围也超越了西方。” 1

西方曾是欧洲的某个部分，这部分欧洲在中世纪（在某些国家还不止这个时段）时视罗马为自己的精神中心——也就是说它们属于西方教会。只有这部分欧洲经历过前现代[1]时期的两种分权形式：它初步地分开了属灵权力与世俗权力（Geistlicher und weltlicher Gewalt），也分开了君王权力与其他各阶层的权力（ständischer Gewalt）[2]。围绕着属灵与世俗权力的划分产生的，是 11 世纪下半叶和 12 世纪前 25 年发生

---

[1] “前现代”（vormoderne）是欧洲历史中的一个概念，一般指从中世纪开端到 1800 年前后的这段时间。——译者注（如无特别说明，本书脚注均为译者注）

[2] 由于作者在下文中举出的事例是《大宪章》的签署，所以此处译作“君王权力与贵族权力的划分”或许更好理解。但将“ständischer Gewalt”简单理解为“贵族权力”是不准确的。在中世纪历史的语境下，德文“Stand”指的是每个人的“阶层本位”。工匠、农民都是有“本位”的，尽管其“本位”要比贵族低，但就像贵族比君王的“本位”低一样，这种“低”并不意味着没有自己的“权力”以及由此衍生出的“权利”。所以，“ständischer Gewalt”并不仅仅属于贵族，也属于其他各阶层的人——《大宪章》中所称的“自由人”。由此可知，这个“西方”的平民与中国古代自秦汉而下的“编户民”有根本的区别。

的权力争斗——这场冲突的一方是意欲改革的罗马天主教会[1]，另一方是神圣罗马帝国萨利安王朝的皇帝、法兰西国王和英格兰国王。表面上，双方争的是究竟谁有权任命主教和修道院院长，但实质上双方争的是：属灵权力与世俗权力之间究竟是什么关系。

这场冲突的最终结果是宗教首领与人间帝王之间达成了历史性的
14 妥协：1122 年，由教皇卡利克斯特二世（Papst Calixt Ⅱ）的使节与神圣罗马帝国皇帝亨利五世（Heinrich Ⅴ）签订了《沃尔姆斯宗教协定》（Wormser Konkordat）。没有任何一方彻底压倒另一方。一方面教会从此完全独立于德意志的王权或皇权，另一方面世俗权力也借此宣示了自己的管辖范围，并且有机会在今后的岁月里寻机扩大。

在中世纪，君王与各阶层之间分权的标志性日期是 1215 年 6 月 15 日。这一天，在泰晤士河畔的兰尼米德草甸上，因去年在法国布汶战役中惨败而人望尽失的英格兰国王“无地约翰”，被迫承认造反的男爵们在《大宪章》中提出的自由权利，这也就给他自己的王权戴上了枷锁。从此这位国王将受到以下约束：若是没有他的封臣代表整个国家组成的委员会的同意，就不能征税；除非经过同等级之人的合法判决及本地法律允许，任何自由人都不应被捉拿或被剥夺产业。

《大宪章》本身并不意味着国王与其封臣之间的权力斗争就此终结。但百年之后人们可以认定：下层贵族［即“乡绅”（gentry）］和城市市民是这场争斗最大的获益者。人们普遍承认“议会”（Parlament，这个名称可以一直追溯到 13 世纪中叶）是国家的代表。从 15 世纪中叶开始，来自各郡的代表和平民组成的下议院与国内贵胄组成的上议院形成了两个界限分明的机构。其实自那时起，下议院所掌握的权力就比上议院大。

[1] “Reformpapsttum”指的是天主教内部的改革运动。这里指的是 11 世纪的改革运动，主要目标是针对世俗王权争取教会的独立性。教会史上，还有一次更有名的 16 世纪的“Reformpapsttum”，指的是既在天主教内部产生又因马丁·路德宗教改革的刺激而加速的天主教改革运动，主要目标是要坚持天主教传统，同时清除内部腐败，以应对新教的挑战。

1215 年在英格兰发生的事件深深影响了今后的世界。这主要是因为，在欧洲，没有其他任何地方的宪政发展拥有如英格兰一样的高度连续性。然而，并不是只有英吉利海峡西岸的统治者才需要获得本国内部有声望和势力的贵族、乡绅们持续不断的支持，因为君王们的宝 15
座时时都处于其他一些有资格竞争王权和法统之人的觊觎之下。而且，并不是只有英格兰的贵族、乡绅们才会在待价而沽时趁机提出自己的要求：用正式文件来确认他们的权利，并成立相应的机构来确保他们能参与统治。于是，在中世纪的历史进程中，类似的协商总是以这样或那样的形式出现于西方的欧洲各国（europäischen Okzident[1]）的土地上。

属灵权力与世俗权力的分离，君王权力与各阶层权力的分离，这两者之间其实是相互关联的。从那个结束权力纷争的历史性妥协中释放出的力量，给西方带来了长久的影响。属灵权力与世俗权力之间的分离，引发两套大相径庭却又都源自罗马法的司法体系的产生：一套是诞生于 1140 年前后，其标志是汇集了教法或教会法的《教会法汇要》（Decretum Gratiani）；另一套是几乎同时诞生的新的世俗法律——这些法律依据的是皇帝查士丁尼一世（Justinian）于公元 6 世纪下令编纂（后又在 1080 年前后被重新发现）的《民法大全》（Corpus Juris），它们在中世纪晚期传遍欧洲（准确地说是传遍属于西方的欧洲），并在所到之地掀起了一场大规模的理性化浪潮。

司法的系统化首先在教会中发生。如果没有 11 世纪末从神学中发展出来的“法学”，那么世俗世界的司法系统化根本就不可能发生。而如果没有司法的系统化，就不会有现代国家。吊诡的是，第一个显现这一关联的案例，正是由对权力极为渴望的教皇格列高利

[1] 作者特别用“Okzident”一词来代指“西方”。历史中，该词虽可泛指“西方”“欧洲”，但更偏重于代指以下国家：英国、法国、德国、意大利、西班牙和葡萄牙，即由灭亡了古罗马帝国且后来又皈依了基督教的日耳曼蛮族各支系所建立的欧洲国家，而把中欧、东欧和东南欧（更不用说俄罗斯）排除在外。

七世（Papst Gregor Ⅶ）在1075年所颁布的《教皇敕令》（Dictatus Papae）[1]里创造出的“教会国家”（der Kirchenstaat）的概念。他所发起的这场“教皇革命”［博物历史学家欧根·罗森施托克-胡塞（Eugen Rosenstock-Huessy）之语］的影响一直持续到了今天。[2]教会中出现的宪法雏形为世俗统治中的宪法雏形树立了范例。伴随着各国内部的现代国家架构发展成形，一个欧洲的多国体系也应运而生。君王与各阶层人士之间的分权正与此相关。

16 就像德国历史学家奥托·欣策（Otto Hintze）在1931年所说的那样，这正是“西方国家的分权宪法中所带有的二元精神”。[3]这种二元性，早在属灵权力与世俗权力分离时就存在了。无论是在世俗的领域还是在教会的领域中，凡是执行的权力在一边，而建议、监督、立法的权力在另一边的场景，都体现出这种二元性。这种二元性还成对地出现在庄园经济与农民经济、中世纪城市与封建领地、伙伴式的共治（如行会或大学）与官僚层级的统治之间。如果要为此时的西方找一个最突出的标志，那应该就是：内心之中的二元主义精神——它包含了多元主义、个人主义、自由和市民社会的萌芽。

当然，若没有基督教中的古老渊源的话，西方历史中这两次标志性的分权也不大可能发生：基督教早就把神权法和世俗法分为了两个类别。根据福音传播者马太和马可的记载，有一天，法利赛人的追随者和依附于罗马的统治者希律·安提帕斯（Herodes Antipas）的追随者一起向耶稣这个实实在在传神之道的人，提出了一个暗藏陷阱的问题：是否认为人们向恺撒（即罗马皇帝）纳税是应该的。如果耶稣说不应该，那就意味着鼓动叛乱；如果说应该，则意味着支持罗马人的外来统治——这必让他人心丧尽。所以无论耶稣怎么回答，都意味着在政治上亮明立场，也意味着一个识别敌我关系的决断。由于耶稣并不想

[1] 《教皇敕令》是一份由教皇格列高利七世签署的27条应属教皇之权力的文件。这份文件是否由教皇本人写就或口授，尚有一定争议。它具备了宪法文件的雏形，其中最引人注目的是第12条——“教皇可以罢免皇帝”。

这样作答，他选择了一个辩证的答案。他要来一枚罗马钱币，在确认那上面印的是皇帝提比略（Tiberius）的头像之后，他回答说：“这样，恺撒的物当归给恺撒，神的物当归给神。”[4]

上帝与恺撒在这里是并置的，但说话人与他们之间并不是等距离
的关系，也就是说亲疏有别，而且二者的地位也绝对不相同。毫无疑 17
问，回答问题者将上帝放在了绝对优先的位置。但耶稣的回答同时也拒绝了某种神权统治或祭司统治。上帝的统治与世俗统治之间的分离，对后者既意味着限制也意味着肯定：说是限制，是因为这让它不能再插手宗教领域；说是肯定，是因为这就承认了世俗权力的独立性。这当然还不算属灵权力与世俗权力的分离，但是这个回答带出了一个原则，这个原则中所包含着的关于政教分离的逻辑最终带来世界的世俗化和人的解放。[5]

千年之后，有一部分基督徒从耶稣所发展出来的这个基本区分之中引申出了一个结果：将属灵权力的机构与世俗权力分离。这些基督徒属于拉丁教会或者说西方教会，那里有许多国王，但只有一位教皇。在起初属于拜占庭后来又属于莫斯科的东部教会那里，从未发生过属灵权力与世俗权力的分离。东正教的欧洲不知道什么“政教分离”，人们带着挑衅口吻谈及的“政教合一”体制（Cäsaropapismus）——由一个人兼任教会领袖和国家领袖——其实会让教会臣服于君王。

同样，在东部教会的区域内也发展不出那些影响西方的其他二元性：没有领主与封臣之间相互交换誓言的关系，没有君王权力与其他各阶层的权力的划分，伙伴式的共治与官僚层级的统治、庄园经济与农民经济、自治的城市与贵族的采邑——所有这些区分均不存在。当然，东欧和南欧之所以走上了一条与属于西方的欧洲不同的发展道路，也可能与长期遭受异族统治有关：蒙古人曾统治今俄罗斯所在区域，奥斯曼帝国曾统治巴尔干和罗马尼亚，而后面这个例子正好说明，属灵权力与世俗权力之间的分离才是欧洲的“根本性差别”。

只有从属于西方教会的那部分欧洲，才有保证个人自由和团体自 18

由的体制性条件，于是只有在那里才能出现理性的神学，以及其他理性的学术——如法学和哲学，而且理性主义精神还推动了其他科学和艺术的进步。只有在西方教会的范围内，一种有条理的质疑才能产生出精神上的生产力——尽管教会严厉地打击这种生产力，却已无力消灭它。只有在西方，才诞生了市民阶层（Bürgertum），无数敢于冒险的商人和企业家由此涌现出来。只有在这里，才可能出现中世纪晚期和近代早期规模空前的解放运动——它从人文主义和文艺复兴开始，经过宗教改革，一直发展到启蒙运动——正是这些解放运动塑造了今天西方现代社会的样子。

这其中的启蒙运动，并非凭空出现的“宇宙大爆炸”。它既不是从天上掉下来的，也并非像它的反对者所认为的那样是从地狱里涌出来的。启蒙运动有它的前史，其中基督教在教会法与世俗法分离方面的特征几乎完全符合中世纪的“二元主义精神”。“二元主义精神”适用于思想史的道理，也适用于权力分离的历史。在往昔的政教分离、王权与各阶层权力分离的基础之上，现代的权力分化呼之欲出，这正是法国的国家学思想家夏尔·德·塞孔达（Charles de Secondat），即孟德斯鸠男爵 1748 年在《论法的精神》中所论证的：立法权、行政权和司法权三者分立。[6]

孟德斯鸠以欧洲大陆的绝对主义王权为对立面所构造出来的理论模型，可以解释英国宪政史中众多事件的结果，而且特别能够解释 1688—1689 年“光荣革命”之后发生的事情。而孟德斯鸠的书在英属北美殖民地所造成的反响，比在其他任何地方都要强烈。在曾跨越过北大西洋的欧洲移民们反抗英国人的激烈斗争中，在他们拒绝英国国教会的行动中，在他们反抗他们所不愿意服从的统治时，这本《论
19 法的精神》都大大增加了这群人的底气。据此，“No taxation without representation”（即：只有那些有权利将自己的代表送进伦敦下议院的人，才可以被抽税）这个原则不应该仅仅只在母国有效，而应该同样也适用于 13 个造反的北美殖民地。

1776 年 6 月 12 日，弗吉尼亚议会通过了《权利法案》：“所有人都是生来同样自由与独立的，并享有某些天赋权利，当他们组成一个社会时，他们不能凭任何契约剥夺其后裔的这些权利；也就是说，享受生活与自由的权利，包括获取与拥有财产、追求和享有幸福与安全的手段。”[1] 这掷地有声的豪言开启了宣示人权的历史。紧随其后的，是 14 条彰显人民主权的条款，其中包括立法权、行政权和司法权之间的三权分立，还有其他一些最为紧要的自由权利，如出版自由和信仰自由。[7]

1776 年 7 月 4 日，13 个殖民地共同组建的大陆会议公布了美利坚合众国《独立宣言》。秉承着弗吉尼亚《权利法案》的精神，这篇宣言在开头就写明了那些不可剥夺的人权：“我们认为下面这些真理是不言而喻的：造物者创造了平等的个人，并赋予他们若干不可剥夺的权利，其中包括生命权、自由权和追求幸福的权利。为了保障这些权利，人们才在他们之间建立政府，而政府之正当权力，则来自被统治者的同意。任何形式的政府，只要破坏上述目的，人民就有权利改变或废除它，并建立新政府；新政府赖以奠基的原则，得以组织权力的方式，都要最大可能地增进民众的安全和幸福。”[8][2]

北美的起义者们无疑是人权事务方面的先驱，但这些被弗吉尼亚 20
和其他加盟州印在纸面上的基本原则，很快就渡过北大西洋来到了欧洲。若说起在法国为这些原则而奔走的人，当首推（在独立战争中站在美国人一边对英国作战的）拉斐德侯爵（Marquis de Lafayette）和托马斯·杰斐逊（弗吉尼亚《权利法案》的编写者之一、《独立宣言》草稿的主笔人、后来的第三任美国总统，他在 1785—1789 年担任美国驻巴黎特使）。在法国大革命爆发后不久，拉斐德侯爵就在杰斐逊的积极支持下起草了自己的人权宣言，这份文件由国民会议于 1789 年

[1]　译文来自美国驻华大使馆新闻文化处：《美国历史文件选集》1985 年版，第 18—19 页；转引自楚树龙、唐虹主编：《政治学概论》，清华大学出版社 2006 年版。

[2]　译文来自任东来《独立宣言》中译稿，http://blog.sciencenet.cn/blog-415-688412.html，访问时间：2018 年 3 月 18 日。

8 月 26 日通过，成了《人权和公民权宣言》（Déclaration des droits de l'homme et du citoyen）。

这是欧洲的第一份人权宣言，它比《独立宣言》更强调“法律面前，人人平等”，而且在保障自由权和财产权方面要远超过那海外的先驱。[9] 于是，最迟在 1789 年之后，保障这些不可剥夺的人权已经成为大西洋两岸共同的事业。人权与法治、三权分立、人民主权和代议制民主一起，成了西方的准则，所有国家——只要它不只是在纸面上认同 1776 年和 1789 年革命的理念和宣言的政治成就——都要为之而奋斗。

接受还是拒绝这个准则？这两者之间的争斗构成了一部历史，无论是新的历史还是旧的历史，欧洲的西方史和海外的西方史（包括美国、加拿大、澳大利亚和新西兰的历史）都成了这部历史的一部分。有些欧洲国家在文化上属于西方，却反对人权宣言的某些政治成果——
21 比如不可剥夺的人权、人民主权、代议制民主。德国曾是这类国家中的一员，直到在第二次世界大战中彻底失败之后，它才不再拒绝这些西方的政治理念。

还有意大利，它也是 1945 年之后才建立起西方意义上的议会民主制，而葡萄牙和西班牙要等到 20 世纪 70 年代中期战胜了自己的民族主义兼威权主义的独裁政权之后，才步入此行列。直到 1989 年的“和平革命”[1] 之后，西方世界内部关于“是接受还是拒绝 1776 年和 1789 年的政治理念”的争论才算是暂时告一段落。这场革命让那片本来属于传统西方，却在 1945 年因雅尔塔会议的决定而被划入苏联统治范围之内的地域又重新拥抱了西方的政治文化：这为欧洲历史画上了一个大大的休止符，而且是自法国大革命以来的 200 年里最大的一个。

西方的准则从来都不是在描绘西方的现实。在第一批《人权宣言》

---

[1]　1989 年，从年初的莱比锡抗议到 11 月柏林墙倒塌，民主德国政府没有使用武力镇压市民的抗议活动，直到自身走向崩溃，德国人习惯将这一个过程称为“和平革命”。

的起草人里就有奴隶主，托马斯·杰斐逊也是其中之一。有些人的人权长期得不到承认，来自“黑非洲”[1]的奴隶和印第安原住民都属于这个群体。如果谈到公民权，那么妇女和劳工在一定程度上也属于这个群体。西方的历史，同时也暴露了与自己所持价值的冲突。殖民主义、帝国主义和种族主义，共同构成了西方“罪行账簿”上的主要部分。

但这几个《人权宣言》本身比那些抱有各种大男子主义和种族主义偏见的起草者要明智得多。那些部分地或完全地被从人权的适用人群中排除的人，还是能将这些宣言引为依据，而且他们一直坚持不懈并最终取得了成功。因此，西方的历史也可以被看作一部逐步学习的历史，人们通过自我纠错和建设性的自我批评来学习。换句话说，这个准则带来了一个向准则看齐的过程。

这个过程还远未结束。因为人权中的“人”理应指的是全人类。这一点在 1948 年 12 月 10 日之后就更加无可置疑了，因为这一天联合 22
国大会以 48 票赞成、0 票反对、8 票弃权的结果通过了《世界人权宣言》，该宣言强调了这一权利的普世性和在全世界范围内的有效性。[10]当然，只要仍有许多国家觉得自己不受这项宣言的束缚，这个起源于西方的标准的全球化就依然只能停留在纸面上。

西方的（也就是大西洋两岸的）特性，就是所有那些沿着 18 世纪末的政治理念的发展的总和。如果一定要找出一个（西方的价值得以从中生发的）“根源”的话，那就是上文中耶稣把上帝的领域与恺撒的领域分开的那句话。在伊斯兰教或其他宗教中，并没有类似的“经典名言”。中世纪的政教分离、王权与各阶层权力的分离正是基于耶稣那句“经典名言”而实现的，只有在欧洲属于西方的地区才发生了这样的权力分离。这两大权力分离又推动了现代分权（即立法权、行政权和司法权三者分立）的诞生，从而也为法治和人权、公民权的产生创造出一个坚实的框架。这些权利首先被宣布于北美殖民地的土地

[1]　“黑非洲”是指撒哈拉沙漠以南的非洲。

上，接着它们又从那里来到了欧洲。欧盟及其成员国现在所称的“它们的”价值，其实与一个更大范围内的西方的价值联系在一起。而现在，这样的联系已经扩展到全世界。

第 2 章

超越民族国家抑或成为诸民族之上的拱顶石[1]？

1988 年，有位雄心勃勃的德国政治家奥斯卡 · 拉方丹（Oskar Lafontaine）出版了一本名为《未来的社会》（*Die Gesellschaft der Zukunft*）的书。在这位时任德国社会民主党副主席、萨尔州长会议主席的政治家出版的书中有一章名叫《超越民族国家》（"Die Überwindung des Nationalstaates"）。在这一章的结尾，他写道："恰恰由于我们德国人还未能实现国家统一，恰恰因为我们德国人对某种丑恶的民族主义有过糟糕透顶的经历，所以我们才会比别的民族更容易彻底地放弃民族国家体制。这是因为，其他民族国家的建设（即将或早已）与民主的社会秩序相融合。而鉴于我们德国那段刚刚过去不久的历史，再没有谁比我们更应该去充当欧洲超国家联合进程的推动者了。"[1]

这段话，不大可能在原联邦德国之外的任何地方引起舆论注目。[2] 但若是真的引起注意了，可能就会有人问：这个结论是否真的是清算德国历史罪责的一种大胆说法？这是不是宿命论的一个变种？其实，拉方丹的这段诡辩的言辞会让人感觉到，这是早期教会四大神父之一安布罗斯（Ambrosius）"因罪蒙福"学说的世俗版本：正因我犯下大错，反倒使我走上了圣洁之路。[2] 可是欧洲国家很可能会把

[1] 拱顶石（Gewölbe，英语：keystone），又名拱心石。拱顶多见于欧洲中世纪的哥特式教堂，在拱顶这种建筑形式中，最顶端要有一个石块使得各个方向上的石头相契并承受其压力。作者以"拱顶石"隐喻自己心目中欧盟所应当扮演的角色。

[2] "旧联邦共和国"（alte Bundesrepublik），指在 1990 年德国重新统一之前的联邦德国。

由德国发出的“超越国家”的呼吁看作是德意志帝国主义的新把戏，因为这些国家的民族认同和主权都曾经受到过希特勒“第三帝国”
24 的侵害，而且其中还有些国家早在德意志帝国或普鲁士称霸时就遭过罪了。

当时的德国还处于1945年之后的分裂状态，并不像欧共体的其他成员国那样是民族国家。1976年，波恩的政治学家兼当代史学者卡尔·迪特里希·布拉赫（Karl Dietrich Bracher）将德意志联邦共和国称为“民族国家中的后民族民主政体”，同时这也契合整整一代联邦德国知识分子的认知。[3] 当布拉赫作为五卷本《联邦德国史》（*Geschichte der Bundesrepublik Deutschland*）的作者于1986年再次重复这个论断之后，这个概念开始变得广为人知。[4] 不过，直到尤尔根·哈贝马斯1998年在给自己的一套政论文章起名时，用了“后民族国家的聚合体”之后，它才真正成为政治中的关键词。哈贝马斯在大量文章中使用这个词，是因为他认为这就是全球化时代西方福利国家大众民主当下的发展阶段。[5]

此时（1998年），处于这个特别聚合体中的联邦德国早在8年前就已不复存在了。德国已经重新统一，又成了一个民族国家，尽管是以一种从前没有出现过的形态。那时它与所有欧盟成员国一样，作为一个“后经典形态”时代的民族国家，需要与其他国家共同行使自己的部分国家权力，或是将这一部分主权让渡给各类超国家的机构。[6] 不过，把联邦德国说成是“后民族国家的”未免会引起争议。照这个说法，联邦德国就可以单方面代表德国人在本民族历史中的发展阶段，而不需过问另一个德国人的国家——德意志民主共和国（民主德国）——的情况了。对联邦德国的特殊结果而言，“后民族国家的聚合体”这个概念给人的感觉是由结果倒推出来的。它没有进行国家间的对比，也不是从实证研究中得出的结论——这个事实在德国人的讨论中总是被忽视。

25 今天，如果要在欧盟内部进行这样的实证研究，那么除了德国，很可能只有两个国家勉勉强强能符合“后民族国家”这个概念（至少在“政治类别”这个范畴内）：比利时和卢森堡。前者，是因为其国民不怎么认为自己属于同一个民族，而且其国民使用完全不同的语言。后者，是因为欧盟内部增值税税率使得这个最小的成员国成了众多重要机构的所在地[1]，同时它还是德、法之间“天生的”中介。而在其他欧盟成员国，自己的国家作为一个民族和民族国家的自我认同在大多数国民那里都是天经地义的。因此“后民族国家”这个概念在这些地方或多或少都会让人疑惑不解。

在欧洲统一运动的早期阶段（二战结束次年），曾有过一种将欧洲诸国组合成一个跨越政治阵营边界的大联邦的想法，那时的社会民众对这个想法的支持度是最高的。在那时的各个“党派集团”中，基督教民主党系的党派是最赞成欧洲一体化的，它们站在天主教保守主义者的对立面，支持现代民族国家彻底的世俗性质。联邦德国成立后不久，第一任总理阿登纳（Konrad Adenauer）所领导的基督教民主联盟支持以 1952 年成立的欧洲煤钢共同体为起点的西欧一体化项目。可是，1954 年 8 月主政波恩的阿登纳尝到了重大挫折的滋味，因为法国的国民议会以多数票否决了关于欧洲防务共同体的条约，而且这也意味着，一张欧洲政治共同体的蓝图就此作废，这是民族主义在法国复兴的标志。

依然在前行的，是煤钢共同体六国（法国、联邦德国、意大利、荷兰、比利时、卢森堡）从煤钢领域拓展至其他领域的经济一体化进程。1957 年，瓦尔特・哈尔斯坦（Walter Hallstein）当上了当年成立的、 26
囊括了欧洲所有经济部门的欧洲经济共同体的首任委员会主席。而哈尔斯坦此前的职位，一直是波恩政府外交部的国务秘书。有像奥地利作家罗伯特・梅纳塞（Robert Menasse）这样激进的欧洲联邦主义者写信给哈尔斯坦，陈述自己取消民族和民族国家的看法。他非但没有证

[1]　卢森堡的增值税税率一直为欧盟最低。

据证明哈尔斯坦当面对他说过的那些话（“欧洲的理念是取消民族”，“欧洲统一进程的目标是超越民族国家”，“目标是而且继续是：超越民族，组织一个后民族时代的欧洲”），而且他所举出的两个场合上哈尔斯坦讲话的意思还前后矛盾。[7]

1958 年 3 月 19 日，当哈尔斯坦这位新就任欧洲经济共同体委员会主席在欧洲议会发表他的首次演讲时，他把欧洲经济共同体描述为一个“由列国组成的具有强烈联邦色彩的共同体”。1964 年 10 月 15 日，在罗马召开的全欧会议（Europäischen Gemeindetag）上，尽管他对旧式的民族国家主权的理念和“民族国家今日的政治形式”表示了否定，但他也表达了他的推论：“现存的政治秩序将会消解，一个欧洲的超级民族国家将取而代之。”他觉得这主要是为了“维护欧洲各民族的力量之源，使之变得更加生机勃勃”。[8]

对哈尔斯坦而言，关于欧洲一体化进程“终点”的问题是不难回答的：他把欧洲经济共同体称作“尚未完成的联邦国家”——他虽未明说，实际上却是把德意志联邦共和国当成了榜样。[9] 在这个问题上，夏尔·戴高乐成了他最强劲的对手，这位二战时期前“自由法国”运动的领袖，1944 年 6 月法国解放之后的首任政府首脑，在 1958 年 5 月又作为总理重新掌权，并在 1959 年 1 月 8 日作为总统执掌了自己亲手缔造的法兰西第五共和国。1962 年 5 月 15 日在令人永远难忘的记者招待会上，戴高乐斥责了这个欧洲超国家组织的始作俑者，并把这
27 个组织称作乌托邦般的架构。戴高乐认为，欧洲只能够建立在行动、权威和责任的基础之上，也就是说建立在列国的基础之上。“眼下，没有国家的欧洲是不可能存在的……所以，我们要将这座大厦建立在现实情况的坚固基础之上；在付出了辛劳之后，或许有一天，我们能步入《一千零一夜》的童话之中。”[10]

具有讽刺意味的是，戴高乐这个“列国的欧洲”的理念若是没有英国相助是实现不了的，而英国恰恰是这位第五共和国的奠基人拼命也要拦在欧洲经济共同体之外的国家。戴高乐的继任者，乔

治·蓬皮杜（Georges Pompidou），并没有那位直到 1969 年 4 月才离职的前总统那样强烈的反英立场。蓬皮杜没有再像前任那样行使否决权，而且还在 1971 年 5 月与英国首相爱德华·希思（Edward Heath）取得共识，在未来尽可能用政府间的合作来取代越过民族国家政府的合作，而且还要让巴黎与伦敦密切协作，以便制衡欧共体中那个不但在经济上领先，而且政治上也越来越自信的成员国：联邦德国。[11]

英国与爱尔兰、丹麦一起，于 1973 年 1 月 1 日加入了欧洲共同体（欧共体是 1967 年由欧洲煤钢共同体和欧洲原子能共同体一起升级而成的）。这三个国家尽管都对参与共同市场饶有兴致，但都对超国家的西欧一体化进程不感兴趣。怀有同样心思的，是 1981 年及 1986 年加入欧共体的地中海三国：希腊、西班牙和葡萄牙。

当冷战于 1989 年至 1991 年走向终结时，不难预计，欧洲民族国家的历史还远未结束。欧共体弥补了许多成员国现在已经难以独自应付的工作，正如英国经济学家艾伦·米尔沃德（Alan Milward）所言，欧共体已经成了其成员国的救星。[12] 但是，民族国家在社会保障、法 28
治秩序、日常的生活和交往中仍然履行着广泛的职责。而且在冷战结束 25 年之后，民族归属感的增长要比“欧洲人”认同感的增长强劲得多。即便在联邦德国地区也是这样——而德国的这个部分，原本是“将欧洲视为新祖国”思想的发源地之一。

曾几何时，那些西欧一体化的先锋越来越一致地认为：通过持续的融合过程，应该能在旧大陆根除 20 世纪将欧洲推向自我毁灭边缘的民族主义。在这个世纪接近尾声时，西欧民主国家已经在和平协作的道路上走得如此之远，以至于在它们之间爆发战争变成了不可想象之事，而且谁要是还拿民族主义那一套说事，简直就是自讨没趣。

但民族主义并不是在全欧洲的所有地方都被抛到了脑后。早在 20 世纪 80 年代，南斯拉夫就已经显示出，铁托（Tito）元帅去世（1980

年）之后的共产主义制度无力化解部分加盟共和国[1]之间的民族冲突。在最大的加盟共和国塞尔维亚，当地的领导人、党的总书记斯洛博丹·米洛舍维奇（Slobodan Milošević）几乎在转眼之间就用一种鼓吹大塞尔维亚主义的族裔民族主义取代了作为融合策略的共产主义。在克罗地亚，事情并无二致；斯洛文尼亚、波斯尼亚和黑塞哥维那（简称波黑）也依样画葫芦。20 世纪 90 年代南斯拉夫地区接二连三的战争和种族灭绝式的杀戮，为欧洲自二战结束以来所仅见。

“民族国家，在经历了 1989—1990 年的欧洲革命之后走向了复兴”，这是安德雷亚斯·勒德（Andreas Rödder）的著作《21.0——关于当下的一部简史》（*21.0: Eine Kurze Geschichte der Gegenwart*）之中的金句。[13] 原本统一的南斯拉夫解体分裂出了一堆种族相对单一的国
29 家（只有波黑例外），苏联也解体了，波罗的海三国独立了，捷克斯洛伐克一分为二——这些都成了这一判断的例证。非但如此，就连波兰、匈牙利、罗马尼亚和保加利亚这些在 1989 年至 1991 年剧变中领土未发生变化的前社会主义国家，也经历了民族国家架构上质的变化：1991 年华沙条约体系解体之后，这些国家从 1968 年勃列日涅夫主义意义上的“社会主义国家有限主权论”的境地走出，获得了完全的主权，现在也能够自由决定是否加入西方的联盟体系了。

从欧盟内部看，2004—2014 年共有 9 个前华沙条约成员国和 2 个前南斯拉夫的加盟共和国（斯洛文尼亚和克罗地亚）入盟。这些国家大多都来自中东欧和东南欧，它们不出意料地特别珍视它们刚刚获得的主权，也对将主权让渡给一个超国家机构一事充满怀疑。在保障其外部安全方面，他们更信赖的不是欧盟，而是美国和北约——他们通通在 1999—2009 年加入了北约。因此，欧盟扩张的速度比深化的速度要快太多了，然而无论在当时还是现在，深化自然就更多地意味着提

---

[1] 1963—1991 年，南斯拉夫的正式名称是“南斯拉夫社会主义联邦共和国”（1945—1963 年是“南斯拉夫联邦人民共和国”），由 6 个共和国和 2 个自治省组成。参照对苏联国家体系译法的习惯，本文将组成该联邦的共和国译为“加盟共和国”。

升共同体的机构效率并加速其决策过程，同时还包括提升内部的团结和成员国相互之间的信任。

欧盟东扩之前，就已在 1995 年吸纳了 3 个中立国（奥地利、瑞典、芬兰），若是没有东西方冲突的结束，此事也断不可能发生。“1989 年剧变”的后果，使得北约和欧盟当时的成员国必须面对早已为世人普遍接受的认识，即历史上西方的东部边界并未止步于大西洋同盟的范围，而是囊括了波罗的海国家以及波兰、捷克、斯洛伐克、匈牙利、斯洛文尼亚和克罗地亚。欧盟也必须以另一种方式来重新认识自己。 30
在 2004 年 5 月 1 日的“扩盟大爆炸”（big bang）之后，它在吸纳了 8 个前社会主义国家的同时也吸纳了马耳他和塞浦路斯。这些国家在 20 世纪二战之后的几十年里有着完全不同的经历：一些国家受到自由生活和市场经济极深的影响，而另一些国家曾被打上“专政”和“计划经济”的烙印。

其实西欧的大多数国家也经历过独裁统治，它们既曾在二战中沦陷于德国的占领之下，也曾受制于本国的威权或极权政权。而中东欧和东南欧的国家，则为未来欧盟的集体记忆带来了“左”的专政和“右”的独裁。确切地说，它们的这些经历现在已经成了需要全体成员共同面对、认识和反思的历史。

在 1989 年之前相信自己生活在一个“后民族时代”欧洲的人，必会对这数年剧变的后果感到深深的愤懑。这些后果让一些西方的，也就是联邦德国的历史诠释和现代诠释中的地方本位主义显现了出来。另一方面，所有那些曾经强调历史传统（更不用说民族传统）的力量牢不可破的人，都觉得自己的想法已获证实。德国中世纪学专家赫尔曼·亨佩尔（Hermann Heimpel）说过：“在历史上，是诸民族的存在使欧洲成为欧洲。”[14] 这当然是极端的说法。因为正如我们所见，欧洲（更准确地说，是“拉丁化的”欧洲）还有许多其他的共同点和特性。[15] 但这些特征之一无疑就是众多的民族，以及旧大陆上与诸民族相伴生的语言和文化上的参差多样。

另一个特征是地区特殊性，这无论在一国疆域之内还是跨越国界的地区都存在。这也是欧洲不得不处理的一份遗产。2009 年生效的《里斯本条约》（Vertrag von Lissaben）被许多人视为《欧洲宪法条约》（Europäischen Verfassungsvertrages）的替代品，后者本来更加野心勃
31 勃，却在 2005 年初的两次全民公决（法国和荷兰）中惨遭否决。该条约已经从制度上考虑到了一国之内的和跨国的地区主义问题，为此它预先设计了一个地区事务咨询委员会。该委员会与其他委员会一样隶属于欧洲议会。当涉及跨越边境协作事务时，欧盟委员会和欧盟理事会将听取该委员会的意见。

“诸民族一直彼此征战不休，各个地区一直苦苦忍受，它们联合在一起，永远守护着自家的特质，地区是自我认同的命根。”罗伯特・梅纳塞在一篇文章中写下了这样的话。[16] 可是，若站在“各地区的欧洲”的立场去反对“诸民族的欧洲”就太荒谬了，也太危险了。若真这么干，则会马上刺激一系列的地区分裂运动：比如苏格兰的、弗拉芒的、加泰罗尼亚的，或是尤为好斗的巴斯克的运动，并因此导致众多欧盟成员国出现斗争问题。其中的巴斯克运动特别能说明这一潜在的危险性，地区运动并不一定是和平的——更不用说在现存更大一级的单位[1] 解体之后经济上会遇到的不利处境了。一个追求超越民族的欧盟，可能会摧毁自身存在的基础。而通过接手那些民族国家无法胜任的任务，它倒可成为位于诸民族之上的拱顶石。欧盟所要遵循的是辅助性原则[2]，当然到目前为止这更多地只停留在理论上，而非实践之中。按此原则，只有当某个低一级的单位力量不足时，其更高一级的单位才能将工作接管过来。这就为建立“越来越紧密的联盟”

---

[1]　“单位”（Einheit），或“统一体”，这里指的是民族国家。

[2]　“辅助性原则”的本来意义来自天主教的宗教社会学，它主张只要个体或小社会团体有能力，就应由其承担责任和完成任务，大社会团体或国家不要干预，除非是在个体或小社会团体不能解决问题之时。这一原则运用到欧盟意味着：只有当欧盟成员国不能足够好地承担某项任务且只有欧盟介入才能更好地完成该项任务时，欧洲联盟才能介入与参与。该解释引自连玉如：《再论“德国的欧洲”与“欧洲的德国”》，刊载于《国际政治研究》2014 年第 6 期，第 9—24 页，此处在第 18 页。

的理念设立了边界——该理念早在 1957 年就写进了欧洲经济共同体的《罗马条约》（Römischen Verträgen）中。此外，这也说明那些依然身为“条约主人”（“Herren der Verträge”）[1] 的成员国决不想把自己变成多余之物。

[1] “条约主人”特指欧盟成员国。由于关于欧盟体系的核心决定需要所有成员国一致同意方能生效，所以人们将这些成员国称为“条约主人”。相应地，欧盟委员会被称为“条约的守护人”。

第 3 章

33 # 一个延伸到幼发拉底河的欧洲吗？

这一幕发生在 1963 年 9 月 12 日：在出席与土耳其签订《联系国协定》（Assoziierungsabkommen）的仪式上，欧洲经济共同体委员会首任主席瓦尔特·哈尔斯坦在安卡拉发表了一番讲话。其中的一句，燃起了东道主炽热的期望：“终有一日，我们能走完最后一步，让土耳其成为共同体的正式成员。”[1]

哈尔斯坦的讲话是对《联系国协定》第 28 条的一个非常宽泛的解释。这一条的原文是：“一旦协定的运行使如下条件具备时，即土耳其能够完全承担共同体成立条约中所规定的义务时，签约方将评估土耳其加入共同体的可能性。”[2]

在随后的 25 年里，在土耳其所发生之事并不太符合 1963 年的乐观期望。仅 1971 年和 1981 年，土耳其军方就发动了两次政变。军方一再保证土耳其会继续向欧洲共同体靠近，但却难以让布鲁塞尔信服。1982 年，土耳其在 22 年内发生了第三次政变之后，欧共体委员会暂时中止了《联系国协定》。1987 年，图尔古特·厄扎尔（Turgut Özal）领导下的民选政府提交了一份成为欧共体正式成员的申请，但被欧共体委员会以这个博斯普鲁斯海峡侧畔之国的政治和经济状况尚不稳定为由拒绝了。不过，欧共体委员会让 1963 年的协议于 1988 年再次生效，并且强调了继续开展合作的意愿。

34 1993 年 6 月，在丹麦首都，由欧共体升级而成的欧洲联盟峰会发布了衡量一国家是否有资格加入欧盟的“哥本哈根标准”。该标准包括：有稳定的民主和法治秩序、保障人权、尊重少数族群的权利、运转良好的市场经济、有竞争力，并且完全认同欧盟这个政治、经济和货币联盟的各个目标。[3]

哥本哈根标准成了欧盟东扩的准绳，但它却在安卡拉激起了强烈的不满。土耳其政府觉得，这些在自己已经成为“联系国”之后 30 年才颁布的规定并不适用于自己，可又改变不了欧盟的规定。1996 年初，欧盟与土耳其关于关税同盟的条约生效。同年，欧盟虽然宣布土耳其是一个潜在的入盟候选国，但却没有像对待中东欧国家和塞浦路斯共和国那样授予其正式的候选国身份。安卡拉对此的反应是于 1997 年 12 月中断了与欧盟的关系。

1999 年底，事情出现了转机。在赫尔辛基举行的欧盟国家及政府首脑峰会上，土耳其被授予了入盟候选国身份。这是美国施加了巨大的压力的结果：克林顿总统出于地缘战略的考量，希望看到作为北约成员国的土耳其能与欧洲紧密联合起来；愈演愈烈的恐怖活动也是其考量中的一个因素。华盛顿的压力之所以能起作用，首先要归功于德国 1998 年 10 月刚刚上台的格哈德·施罗德（Gerhard Schröder）领导的红绿联合政府[1]。施罗德与其前任——基督教民主联盟的赫尔穆特·科尔（Helmut Kohl）——不同，对土耳其成为欧盟正式成员国一事并没有坚定地持保留态度。对组成联合政府的两党而言，更有一个国内政治方面去回应安卡拉入盟渴望的原因：社民党（Sozialdemokraten）和绿党很可能考虑到德国的土耳其裔选民会因此倾向选择它们，而非那些 C 字打头的党派[2]。

土耳其为了呼应赫尔辛基会议所给出的信号，施行了一系列的内 35
政改革，其中包括在和平时期废除死刑，解放公民权利，集会、抗议

[1] “红绿联合政府”，指由德国社会民主党（以红色为党派主打色）和绿党（主张环保，以绿色为党派主打色）组成的联合政府。

[2] C 字打头的党派，指基督教民主联盟（简称 CDU）和基督教社会联盟（简称 CSU），这两党一直都共同进退，所以又合称为联盟党，以黑色为党派主打色。

的权利。这些改革又使欧盟在 2002 年 12 月的哥本哈根峰会上决定为接下来的进程给出一个时间表：只要土耳其在 2004 年 12 月前满足成为一个成员国所需的政治条件，届时即开启入盟谈判。在安卡拉，自 2002 年 11 月后掌权的是温和派伊斯兰政党：正义与发展党（AKP）。该党主席雷杰普·塔伊普·埃尔多安（Recep Tayyip Erdoğan）从 2003 年 3 月起出任国家总理，并继续推行了其前任穆斯塔法·比伦特·埃杰维特（Mustafa Bülent Ecevit）的改革路线。在埃尔多安政府治下，连战争时期的死刑也被废除了，而且还废除了酷刑并取消了警务人员免受惩处的特权，进一步巩固了集会与抗议自由，同时至少在书面上禁止了对库尔德少数民族的歧视。

2004 年 12 月 17 日，欧洲理事会积极评价了埃尔多安政府的改革政策，因此决定向欧盟委员会建议：如果土耳其的革新过程继续下去，并且其人权状况持续得到改善，那么就可以认为它满足了入盟所需的政治标准，并可以于 2005 年 10 月 3 日开启入盟谈判。另一个条件是土耳其需要签署一项 1963 年土耳其与欧洲经济共同体签订的《联系国协定》的“附加议定书”，与此相关的是关税同盟要扩展到新近入盟的 10 个成员国——其中包括土耳其尚未承认的塞浦路斯共和国。埃尔多安于 2005 年 7 月接受了这项要求，但有所保留的是声称这并不意味着在法律上承认（希腊裔的）塞浦路斯共和国。欧盟 25 个成员国的外交部长接受了土耳其总理的这份（没有法律约束力的）声明，以便在欧盟“路线图”中的最后期限——2005 年 10 月 3 日——这一天展开入盟谈判。

36 在还没有进行一场关于赞成还是反对土耳其加入欧盟的大辩论之前，新千年之初的这些计划就开始实施了。但从 2002 年秋季开始，批评的声音变得越来越响亮。当然，这些声音都出现在欧洲大陆——英国早就支持土耳其加入欧盟，因为这样一来伦敦就更有把握拒绝欧盟内部关系的进一步深化。在法国，雅克·希拉克（Jacques Chirac）总统是土耳其加入欧盟的支持者，尽管其所在党派“人民运动联盟”

（Union pour un mouvement populaire，简称 UMP）对此有强烈的保留意见。在德国，联盟党反对这个让土耳其成为正式成员国的计划。奥地利人民党和法国的人民运动联盟也持相同观点。它们所宣传的是名为“特殊伙伴关系”的替代方案。该方案所吸纳的建议，最早出现在 2002 年 11 月的《时代周报》（*Die Zeit*）上的一篇文章之中。[4][1]

除了希拉克之外，支持土耳其加入欧盟的领导人还有德国总理格哈德·施罗德，以及欧盟委员会负责成员国扩充问题的德国社民党人京特·费尔霍伊根（Günter Verheugen）。在施罗德的回忆录中，他简明扼要地讲出了他赞成土耳其为欧盟正式成员国的主要理由。施罗德把土耳其入盟的战略意义看得比这个国家从 1963 年起对欧洲经济共同体和后来的欧盟的政治承诺更加重要。“土耳其连接欧亚的独特地缘政治位置，它对欧洲能源安全的意义，它在政治、经济和军事方面的分量，将使欧盟获益良多。此外，一个深深嵌入欧盟的土耳其还能在欧洲与伊斯兰世界的关系中扮演举足轻重的角色。”[5]

对与土耳其之间的入盟谈判持批评态度的有：奥地利联邦总理沃尔夫冈·许塞尔（Wolfgang Schüssel）、荷兰首相扬·彼得·巴尔克嫩德（Jan Peter Balkenende）和丹麦首相安诺斯·福格·拉斯穆森（Anders 37
Fogh Rasmussen）。他们并没有否认这个博斯普鲁斯海峡侧畔之国极高的战略意义，但却对欧盟过度扩张的危险提出了警告。其中一些人认为，单单土耳其对伊斯兰世界的那种犹豫、暧昧的态度，就足以令深受基督教影响的欧盟将它拒之门外。另一些人则强调凯末尔主义在威权主义和民族主义方面的遗产，凯末尔主义是建国者凯末尔·阿塔图尔克（Kemal Atatürk）的政治主张。这些批评者认为土耳其是一个以独立自主而骄傲的国家，所以很难指望其能心甘情愿地满足“哥本哈根入盟标准”的要求：这个标准会要求它与一个政治性联盟合作，而在该联盟中主权越来越以联合的形式行使，或被让渡给一个超国家机构。

[1]　本书的作者正是该替代方案的提出者。

批评者们还认为，由于土耳其强劲的人口增长，德国将很快被挤下最大欧盟成员国的位置，于是这个共同体的性质会因此而被彻底改变：与成为日益紧密的联盟的构想越来越远，而变成一个松散的邦联和平淡无奇的自由贸易区。有鉴于此，2005 年 10 月开始的入盟谈判不但如欧盟一方所言是“结局不定”的，而且也是“选项不定”的——这意味着，其目标除了实现正式入盟外，实现“特殊伙伴关系”也是一种选择。“特殊伙伴关系”是一种欧盟和土耳其能在谈判中实现谅解的基础之上的“升级版联系国”方案。这种可能性也以某种隐而不彰的形式，被纳入了入盟谈判的内容之中。

在经济领域，入盟候选国土耳其的表现令其欧洲伙伴们十分满意。2004—2006 年，土耳其国内生产总值平均增长了 8.2%，人均国内生产总值从 5300 欧元增加到了 6000 欧元。这几年，土耳其的财政赤字平均是国内生产总值的 2.3%，显著低于“马斯特里赫特标准”所规定的 3%。不过在 2005 年 10 月入盟谈判开启之后，埃尔多安政府的政治改革却明显滞后。欧盟委员会 2006 年的报告指出了土耳其在废除酷刑方
38 面的不足、军人操控政治的弊病和对言论自由权的保障不力。

欧盟特别尖锐地批评了《刑法法典》(Strafgesetzbuch)第 301 条。一再有人因为宣称土耳其在第一次世界大战期间对亚美尼亚人的暴行是种族灭绝行为，或是因为指责土耳其在这一事件中犯有反人类罪行，而因刑法的这一条款被控告和宣判。2005 年 10 月，亚美尼亚裔的记者赫兰特·丁克（Hrant Dink）就因为触犯这一条而被判处有期徒刑 6 个月（缓期执行）。2007 年 10 月，即丁克遭一名土耳其民族主义者刺杀身亡之后 9 个月，他的儿子阿拉特（Arat）又因为同一条款而被判处有期徒刑 1 年（无缓期）。仅 2006 年一年，就有超过 800 起触犯《刑法法典》第 301 条的案件。在 2008 年 4 月颁布的新修订的《刑法法典》中，“土耳其特性”（Türkentum）的概念被换成了“土耳其民族”（türkische Nation），而且将最高刑期降为 2 年。欧盟委员会有种种理由认为，土耳其言论依然不自由，而且非穆斯林少数族裔的宗教自由

也几乎没有改善。

除此之外，入盟谈判中的另一个大的阻碍是土耳其对塞浦路斯的态度。自 1974 年以来，塞浦路斯分裂成了分属希腊裔和土耳其裔的两个部分。从 2004 年起属希腊裔的塞浦路斯共和国已经是欧盟成员国，但土耳其依旧拒绝对它的船只、飞机开放自己的港口和机场。而且，虽然与塞浦路斯相关的附加条件在 1963 年《联系国协定》之上的“附加议定书”已经过埃尔多安同意，安卡拉的议会却坚决不予批准。因此，欧盟在 2006 年 12 月决定暂停谈判中的 8 个主题，其中包括“商品自由流动”、“自由定居”、“关税同盟”和“外交关系”。到这时为止，仅有 1 个主题（关于科学和研究）的谈判得以完成。土耳其的入盟谈判在开始后一年就卡在了死胡同里。

在随后的十来年中，谈判也几乎没有取得任何进展。在土耳其，39
埃尔多安执政越久，他政策中专制的、伊斯兰的和民族主义的倾向就越强。这位总理采取了与以色列相冲突的政策。他不是与欧盟增进关系，而是与阿拉伯世界中的逊尼派“主流”拉近距离。他的优先目标一目了然：确保土耳其作为地区性强国的地位。这个目标与欧盟的期待完全不能相容——欧盟期待它能准备好与其他国家共同行使主权，或是把主权让渡给超国家机构。

在内政方面，土耳其至少从 2012 年开始已采取严厉镇压的政策。言论自由和抗议自由因此而受到威胁。据报刊报道，在 2012 年 3 月共有 104 名记者被关进土耳其监狱，其中有 64 人是库尔德人。据大赦国际（Amnesty International）统计，在 2013 年夏天镇压抗议（人们反对在受欢迎的盖齐公园中施工）的警察行动中，有 8000 多人受伤，3 人丧命。

2014 年 3 月，埃尔多安下令屏蔽了短消息发布平台“推特”。在此之前，有人在该平台发布了窃听到的总理电话，从而证实了这位政府首脑和他的一个儿子牵涉到一桩盘根错节的腐败丑闻之中。然而，埃尔多安却并不愿意放弃他的目标：在 2014 年夏天的第一轮直选中竞争国家总统的位置。7 月 1 日，他被正义与发展党推举为候选人。8 月 10 日，埃尔多安在第一轮选战中赢得了 52% 的选票，从而获得了绝对多数。在自己的战略目标上，这位选战的胜利者不容出现丝毫游移，他所追求的是建立类似于法兰西第五共和国的制度—— 一个土耳其的总统制国家。6

但并非所有正义与发展党的支持者都认同这样一个更替体制的目标。在 2015 年 6 月 7 日的国会选举中，这个一直单独执政的党仅获得了41%的选票，从而失去了绝对多数。而亲库尔德人的人民民主党（简
40 称 HDP）所获的选票则上升至 13%。[1] 埃尔多安将其所在党派的失败视为个人的耻辱（尽管作为总统他有义务保持党派中立），并决定放弃即将开始的与国会中诸党派进行的联盟谈判，而宣布于 2015 年 11 月 1 日举行新的大选。

总统利用这个间隔期，完全改变对库尔德人的政策。从 2013 年开始的与库尔德地下组织库尔德工人党（简称 PKK，土耳其官方一直称其为“恐怖组织”）举行的会谈宣告破裂。土耳其空军开始密集轰炸库尔德工人党在叙利亚北部的军事阵地，其猛烈程度大大超过对恐怖组织“伊斯兰国”的打击——尽管美国及其盟友一直将“伊斯兰国”称作（也确实当作）叙利亚内战中的头号敌人。

从 2011 年起，叙利亚内战所造成的难民就把土耳其当成了逃难的主要目的地。据估计，到 2015 年秋天其人数已达 200 万人。正是这段时间里，土耳其设法将来自叙利亚的难民转移到最近的希腊岛屿上去，这样一来他们踏上欧盟的土地就不再有任何障碍了——其可以预见的结果就是：成千上万的难民会浩浩荡荡地沿着“巴尔干路线”一直走到中欧和北欧，特别是德国。所以，在选战后期的那些日子里，欧盟委员会和德国都试图说服埃尔多安在难民问题上采取一种合作的政策。

---

[1] 按照土耳其法律，一个政党只有在得到 10% 以上选票后才有机会进入国会，所以这次选举对人民民主党来说是一个重大突破。

同样是为此目的，德国总理安格拉·默克尔（Angela Merkel）于 2015 年 10 月 18 日亲自拜访埃尔多安——而土耳其的反对党则批评她这样做是在选举中为总统的党派站台。

这些努力尚未取得具体的成果。但其代价却很明显——这位总统对于在尚需详细讨论的难民问题上提供协助一事已经开始要价。除了要求欧盟大力支持土耳其在照顾叙利亚难民方面的人道主义举措之外，还要求加快入盟谈判的进程，并增加了土耳其人免签入欧的希求。 41

然而，对执行严厉的反库尔德工人党路线的埃尔多安而言，2015 年 11 月 1 日举行的第二次议会选举的结果很可能要比他与德国女总理的对话重要得多。正义与发展党赢得了 49.5% 的选票，从而夺回了绝对多数，而人民民主党和奉行极右路线的民族运动党（简称 MHP）则惨遭失败。尽管正义与发展党尚未掌握足以修宪的多数选票（五分之三），但这位总统离他建立总统制国家的目标确确实实近了一大步。

不久之后，土耳其离成为欧盟成员国的目标也越来越近了。2015 年 11 月 29 日，参加欧盟与土耳其峰会的达武特奥卢（Davutoğlu）总理获得了欧盟的承诺，欧盟许诺会在不久的将来把与经济和货币相关的第 15 个（总共 35 个）主题加入入盟谈判中。欧盟从这项让步得到的回报是：土耳其愿意切实有效地阻止难民潮涌向欧洲，并且还会接收那些非法越境进入欧盟区域的第三国公民。

可是，土耳其究竟是不是还在认真努力地加入欧盟，还需要打上一个大问号。2016 年夏天和秋天所发生的事件，我们在后文中还会提及。其政治领导人对 7 月 15、16 日的未遂军事政变的反应，构成了一个转向威权主义的转折点。同样，若是参照 1993 年“哥本哈根标准”所写明的法治国家标准，这个转折点也意味着法治程度的大幅倒退。支持正义与发展党的民众所要求的，且获埃尔多安支持的恢复死刑的做法，将会立刻导致入盟谈判中断：在这一点上，欧盟委员会讲得十分清楚。

在欧盟为土耳其许下成为正式成员国的愿景时，其实一直都在用

42 愿望引领自己的思维。那种认为凯末尔的继承者们会在短短数年之内就接受“哥本哈根标准”中西方价值的想法，完全是一种唯意志论（Voluntarismus）的表现。凯末尔·阿塔图尔克这位新土耳其的国父，一直想让他的国家彻底实现现代化，并且掌握欧洲的各项成果——只要这些成果与他对现代性的威权主义的理解相符合；不可剥夺的人权——这一西方价值规范的核心——却并不在其中。而不管伊斯兰主义者埃尔多安与世俗主义者凯末尔在其他方面的区别有多么大，在这一点上，他继承了这位现代土耳其之父的传统。

对欧盟而言，从与土耳其的入盟谈判中所学到的教训是：地缘战略上的扩张是有其限度的，这个限度就是其所触及的国家在政治上和价值规范上的身份认同。一种无视这个道理的扩张政策并不会让共同体变得更强大，恰恰相反，它会让欧盟变得空洞并走向毁灭。

第 4 章

缺少政治联盟的货币联盟? 43

有一种广泛流传的观点，认为欧元是德国必须付出的代价，不这样就不能改变法国反对德国重新统一的想法。但事情并没有这么简单。早在 1988 年夏天，欧洲共同体就已经开始为创建一个经济兼货币同盟做准备——而这个构想又可以追溯到一个早得多的项目，即 1970 年以卢森堡总理皮埃尔·维尔纳（Pierre Werner）的名字命名的“维尔纳计划”（Werner-Plan）。一年之后的 1989 年 6 月底，欧盟的马德里峰会做出决定：从 1990 年 7 月 1 日起迈出该计划的第一步。

在某种程度上，当时的西欧已经有了共同的货币政策。1972 年 4 月，欧共体成员国建立了所谓的“货币队列”，这意味着它们彼此之间要就本国货币对美元的浮动区间达成共识。当 1973 年 3 月创立了近三十年且由美国主宰的“布雷顿森林体系”解体时，联邦德国、法国、荷兰、比利时、卢森堡和丹麦协商一致：让它们的货币共同对美元“浮动”，但同时又在彼此的货币之间维持固定汇率。不过，1974 年初法国就退出了这个紧密的货币同盟。到了 1979 年，1972 年的“货币队列”解散而且升级成了“欧洲货币体系”（简称 EWS）——它借助“欧洲货币单位”（European Currency Unit，简称 ECU）而构成了一
个自洽的货币兑换体系。这个新体系最重要的标志是固定但略有弹性 44
的汇率，其狭窄的浮动区间是增减 0.225% 以内。英国没有参加欧洲货币体系。

这个新体系的推动者是法国的自由派总统瓦勒里·季斯卡·德斯

坦（Valéry Giscard d’Estaing）和德国的社民党总理赫尔穆特·施密特（Helmut Schmidt）。季斯卡·德斯坦的主要目的是想通过欧洲货币体系来结束法国的通货膨胀。令施密特感兴趣的是抑制因美元下跌而导致的德国马克升值，否则联邦德国的出口和竞争力会被拖累。但波恩与巴黎之间的分歧仍在。20 世纪 80 年代，法国法郎不得不一次又一次地贬值，而德国马克则持续升值——季斯卡·德斯坦的继任者社会党人弗朗索瓦·密特朗（François Mitterrand）认为，这样一种发展状况对法兰西的荣誉而言是无法接受的。在他看来，要除去这个弊病，必须把德国马克——他在 1988 年 8 月的法国部长会议上称其为“德国的原子弹”——升格为一种欧洲的共同货币。[1]

柏林墙于 1989 年 11 月 9 日倒塌之际，密特朗万分紧张。民主德国的崩溃已经不可避免，如此一来“德意志问题”又必将重新回到国际政治的议事日程之中。联邦德国总理赫尔穆特·科尔在 11 月 28 日把《十点声明》（Zehn-Punkte-Erklärung）提交联邦议会之前，没有跟法国也没有跟任何西方大国商量过。而且他还在这份声明中把国家的重新统一当作目标，这一点让法国总统很生气。两天之后，密特朗警告德国外长汉斯-迪特里希·根舍（Hans-Dietrich Genscher）：如果波恩准备凭一己之力在德意志问题上蛮干，那么他甚至有可能去召集包括苏联人在内的欧洲列强来对德国采取共同行动——就像第一次世界大战之前所做的那样。[2]

一个重新统一的德国将得到德国马克的支撑，而德国马克又有联邦德国强盛的经济做担保，这将会顺理成章地给欧洲降下一个霸
45 权力量——密特朗害怕的就是这个，而且这一恐惧也主导了他的德国政策和欧洲政策。如果转从积极的一面看，那么这意味着联邦德国若是能声明，引入欧洲共同货币要优先于欧洲的政治统一——让欧洲共同货币拥有绝对的优先权，那么法国就不会反对它的东部邻居再度统一。

从前，赫尔穆特·科尔从未怀疑过：欧洲的货币统一和政治统一

是密不可分的——它们是同一枚硬币的两面。这样一个一揽子计划不仅是他个人的信念，同时也是联邦德国欧洲主义的核心。然而，密特朗的态度却渐渐令他改变了想法。科尔不想让德-法关系的裂痕阻碍德国的统一，于是他在 1989 年 12 月 5 日让步了——几天后欧共体就要在斯特拉斯堡召开峰会。在一封致法国总统的信中，科尔赞成于次年年底召开一次有关经济联盟和货币联盟的政府会议。12 月 8 日，欧洲理事会就此方案达成一致。

四个半月之后的 1990 年 4 月 21 日，欧共体的外交部长们在都柏林决定：在举行关于货币同盟的政府会议的同时，再举行一个推进创建政治同盟进程的会议。这样一来，欧洲的货币统一和政治统一这两件原准备一起办的事，就变成了两件同时推进但分别办理的事。这是波恩为了法国能同意德国统一而付出的代价。[3]

联邦德国转变其路线的意义高得难以估价：早在 1989 年 11 月 27 日科尔就已在给密特朗的信中指出，鉴于一些欧洲国家的财政赤字依然很高（这其中也包括法国，但他没有点明），他请求到 1990 年底再决定是否召集一场筹备货币联盟的政府会议。但密特朗的威胁起了作用，事实上科尔在接下来的交流中很快就不再提他关于稳定性的论点了。如果说科尔总理此前一直主要在联邦德国宣传他的 46
“加冕论”的话，从现在起他的想法已经接近法国、意大利、比利时以及雅克·德洛尔（Jacques Delors）主席领导下的欧盟委员会所钟爱的“创造论”。[4] 按“加冕论”，货币统一是完成欧洲政治统一的最后一步（即“加冕”）；“创造论”则认为：货币的统一会为政治统一创造条件。

但那时候科尔似乎还没想到，他的路线转向意味着组建政治联盟的进程会无限期地延宕下去。直到 1991 年 11 月 6 日，即《马斯特里赫特条约》获通过的数周前，他还在向联邦议会宣称“那种认为可以在没有持久政治联盟的情况下组建货币联盟的想法，是行不通的”，这是从当代历史——而且不单单是德国历史——中得出的教训。[5] 然而，科尔总理在这里所表达的其实只是一个愿望。但事实上，事情自 1990 年 12 月两个政府会议（一个讨论经济及货币同盟，另一个讨论政治同盟问题）同时分别召开之后就已经偏离方向，一年之后，它所造成的后果只有后续付出极大的努力才有可能挽回。

如果狭义地就货币联盟的设计而言，1992 年 2 月 7 日在马斯特里赫特庄严签署的关于欧洲联盟的条约所依照的主要是德国的设想：欧洲中央银行（简称 EZB）应该像德国联邦银行那样独立。国债应该受到严格控制：预算和实际的财政赤字一般不得超过国内生产总值（按市场价格计算）的 3%，公共债务不得超过国内生产总值的 60%。只有当成员国在支出、通货膨胀率、利率和财政赤字方面严格遵守 1979 年商定的趋同标准，并且在这些领域取得进一步进展的情况下，才能按照计划，最迟于 1999 年初开始进入货币联盟的第三阶段。此
47 后，“主权债务”原则继续适用：违约风险由各国承担；根据“不救助”原则，各国对其他国家的债务不承担责任，英国有权不参与第三阶段。

当货币联盟已呈现清晰的轮廓时，各成员国在政治联盟方面基本上毫无进展。对于“政治联盟”这个概念究竟意味着什么，巴黎与波恩之间尚有分歧。德国方面倾向于按联邦制结构理解——不过也没有去精确地定义这具体是什么意思，而法国人则更倾向于将它理解为一个主权国家们在其中进行更密切合作的结构。对英国人来说，“联邦制”是一个根本就不能提的词。丹麦人的想法也基本类似于英国人。

经过长期谈判，各国首脑终于认可了其实早在 1957 年《罗马条约》序言中就已经宣布过的“越来越紧密的联盟”的目标和辅助性原则（按此原则，只有当某个低一级单位的力量不足以完成其任务时，更高一级的单位才能将工作接管过来）。除国家公民身份之外，还出现了联盟公民身份，根据居住地原则，它关系到社区选举中的选举权和被选举权。新成立的地区委员会，赋予了地区和地方当局维护自己利益的机会。根据“共同决定程序”，欧洲议会在一系列事项上对欧

洲理事会[1]的提议拥有不同级别的否决权。此外，欧盟委员会的任命也必须取得欧洲议会的同意。

《马斯特里赫特条约》将欧洲共同体变成了欧洲联盟。从此，欧盟为其三大“支柱”提供了一个统一的空间或者说共同的穹顶，这三大支柱是：欧洲共同体、共同外交和安全政策（简称 GASP）、司法及内政合作。只有第一根支柱有超国家合作的特性，它是在欧洲煤钢共同体和欧洲共同体各项条约的基础上达成新的有关经济和货币联盟的 48
共识。而第二根和第三根支柱只涉及“尚未纳入共同体范围的”领域，或者说只是各国政府之间的合作。[6]

经济和货币联盟的第一阶段已于 1990 年 1 月 1 日开始了。这一阶段的重点在于成员国之间资本流动的自由化和成员国货币政策的趋近。1994 年 1 月 1 日开始的第二阶段的目标是创建欧洲中央银行（于 1998 年 7 月 1 日开始正式运行）。按计划，第三阶段最晚不迟于 1999 年 1 月 1 日开始，此后各国尚保留的货币政策手段将全部移交给共同体。把 1999 年 1 月 1 日确定为进入第三阶段的“最后期限”，是联邦总理科尔在德国联邦银行对此表示严重忧虑的情况下，对弗朗索瓦·密特朗所做的一个政治让步。

绝大多数经济和金融方面的专家都对经济和货币联盟的协议持怀疑或否定态度。美国经济学家巴里·艾肯格林（Barry Eichengreen）早在 1992 年就已经指出：欧洲货币联盟所囊括的是一个高度异质的经济空间。在此空间内，那些能力更强的国家，传统上有好的财政纪律和

---

[1]　请读者注意区分欧洲理事会和欧盟理事会。欧洲联盟各领导机构因其中文名称相似而容易混淆，粗略地说：欧洲理事会（Europäischer Rat；英文：European Council）是各成员国首脑一起开的高峰会，所以相当于欧洲的“总统”；欧盟委员会（Europäische Kommission；英文：European Commission）是欧盟的最高行政机构，相当于“政府”；欧盟理事会（Rat der Europäischen Union；英文：Council of the European Union）由各成员国相关领域的部长组成，相当于上议院（也可以说是“部长会议”）；欧洲议会（Europäisches Parlament；英文：European Parliament）由欧盟公民直接选出，席位大体按人口分配，相当于下议院。特别容易与上述四大欧盟组织混淆的还有一个欧洲委员会（Der Europarat；英文 Council of Europe），拥有包括俄罗斯在内的 47 个成员国的欧洲委员会不是欧盟组织，它是一个成立于 1949 年并致力于在欧洲范围内维护民主、法治和人权的组织，下文多次提到的“威尼斯委员会”即隶属于该组织。

稳定的币值，而那些能力较弱的国家却并非如此——这些弱国比其他国家更习惯于放纵通货膨胀和债务堆积。[7]

在牛津大学任教的社会学家拉尔夫·达伦多夫（Ralf Dahrendorf）于 1995 年 12 月接受《明镜》（*Spiegel*）周刊采访时说："货币联盟这项工程想把德国的行为方式教给其他国家，但并非所有国家都想要像德国一样行事。对意大利而言，偶尔货币贬值，比死守着固定汇率更有用；对法国来说，更多的政府开支比严格遵守主要由德国奉行的财政平衡标准更有意义。"[8] 1998 年初，有 15 位德国经济学家表达了比
49 较委婉的看法：虽说拥有一种共同货币是必要的，但这来得太早，因为并非所有成员国都达到了趋同标准。[9]

到这时为止，这些受到评论家批评的差异性是通过各国本币的升值和贬值体现出来的，而且也因此得到控制。但从 1998 年开始，较弱的经济体只能通过降低工资、薪金和社会福利等"内部贬值"的方式，或是通过或多或少地"加宽"《马斯特里赫特条约》（以下简称《马约》）所规定的稳定标准来寻找出路。1996 年 12 月在都柏林签署的《稳定与增长公约》再一次修订和细化了《马约》的标准。它规定各国每年的财政赤字[1]率（财政赤字占国内生产总值的比重）不得超过 3%，这个上限只有在出现严重的经济衰退或国内生产总值每年下降 3% 以上时才能超过。如果某国强行违反稳定标准，那么货币联盟的成员国就可以在取得三分之二多数的情况下对其实施制裁。

对经济和财政上较弱的欧元国家而言，欧洲共同货币的引入意味着更低的利率，这会在更大程度上诱使国家和非国家的经济主体增加借贷。届时，一个欧洲的货币同盟必须保持物价稳定以提升竞争压力，并且加重对企业违规行为的惩罚。为了应对这些危险，不仅需要严格监管欧洲的银行，还需要真正的财政联盟，最终还需要一个有效率的

[1] 此处"财政赤字"的原文是"Neuverschuldung"，可直译"新增债务"，但在此处与"财政赤字"是一个意思，而且译为"财政赤字"在上下文中显得更连贯。下同。

和持久的政治联盟，该联盟要协调各成员国的预算、财政和经济政策，并在必要的时候能以自行启动的制裁去强制执行协调。然而，这样一个方案却缺乏一个重要的前提条件，那就是欧洲诸国的政府必须能够意识到它是必不可少的。

1997—1998 年，当货币同盟第三阶段的脚步日益临近，觉得越来越紧张的并不止德国。在这之前的几年里，包括德国、法国在内的很多国家都已经在想方设法去满足《马约》所设定的条件。不过，比利时和意大利这些欧盟“令人担心的孩子”（即使不算马上要详谈的特 50
例——希腊）的国债率都远远超过商定的 60%；而且直到 20 世纪 90 年代中期，意大利的财政赤字都居高不下。在那几年，意大利政府靠所谓的“欧元税”的帮忙，把财政赤字率从 1995 年的 7.5% 降到了 1997 年的 2.5% 和 1998 年的 2.7%。而这（暂时性的）“欧元税”，其实就是对出售国家黄金储备所得的利润征税，是彻头彻尾的人为操纵。

在德国，即便是像萨克森州州长[1]库尔特·比登科普夫（Kurt Biedenkopf）这样科尔总理著名的党内伙伴，也认为应当推迟引入货币联盟的时间，因为在原定时间点上还有许多未来欧元区国家的结构性问题尚未解决。[10] 但此时的赫尔穆特·科尔在政治联盟一事上的决心已经远不如 20 世纪 90 年代初，他坚持要把 1999 年 1 月 1 日引入共同货币的事情在 1998 年大选之前敲定，并使之不可逆转。这样一来，他可能的继任者，社民党人格哈德·施罗德也就无从再改弦更张。时任下萨克森州州长的施罗德，曾在 1998 年 3 月 26 日接受《图片报》（*Bild*）采访时将欧元称作“带病的早产儿”。[11] 在科尔离职 7 年后的 2005 年 4 月，卢森堡总理让-克劳德·容克（Jean-Claude Juncker）在庆祝科尔 75 岁生日的宴会上，回顾了这位德国前总理在

[1]　“州长”一词，原文是“总理”（Ministerpräsident）。在实行联邦制的德意志联邦共和国，各联邦州有较大自治权，各州首脑称“总理”，对州议会负责。为了与联邦总理相区别，本书译文按中国外交部和新华社的习惯译为“州长”，但其实际职权与直接对本州选民负责的美国“州长”并不完全一样。

欧洲共同货币诞生中的角色。他说“在那一刻如果没有科尔”，现在就根本不会有欧元。[12]

当欧元于 1999 年 1 月 1 日成为非现金流通中的支付手段时，15 个欧盟成员国中只有 11 个参与其中。英国始终坚持其“不参与”（opt-out）的立场；瑞典和丹麦保留了自己的决定权。在 2000 年夏天丹麦举行的全民公决中，多数民众（53%）反对欧元。3 年之后的 2003 年夏天，有 56% 的瑞典公民在全民公决的投票中反对引入共同货币。
51 希腊则是因为其他原因被排除在外：它的经济数据不过关。希腊的国债高达国内生产总值的 109.7%，财政赤字率高达 6%，通货膨胀率高达 5.5%，这让它根本没有可能成为欧元区成员。

然而2000年，希腊成功地让经济与货币联盟接纳了它。这样一来，在 2002 年 1 月 1 日欧元开始以硬币和纸币的形式进入流通之际，欧盟中就能有 12 个成员国参与其中了。鉴于欧盟专门负责统计的机构欧洲统计局（Eurostat）也未对此发表异议，各国的财政部长以至国家和政府首脑也就没有什么理由去质疑希腊数据的正确性了。

2004 年 11 月，当保守的希腊新民主党（Nea Dimokratia）胜选之后 8 个月，该党的科斯塔斯·卡拉曼利斯（Kostas Karamanlis）政府承认：上一届的康斯坦丁诺斯·西米蒂斯（Konstantinos Simitis）的社会主义派[1]政府向欧盟提交了虚假的数据。在作为参考年份的 1999 年，其赤字占国内生产总值的 3.4%，远高于所允许的上限。为了将这个数字美化至 1.8%，有很大一部分军费开支没有纳入财政赤字的计算之中。希腊加入货币联盟，是一桩国家欺诈事件。在该国获准成为成员国之后，欺诈还在继续。雅典从纽约的投资银行高盛那里获得了一笔秘密贷款，这使希腊能在表面上大幅削减其美元和日元债务。凭着这份“优质服务”，高盛赚了 3 亿美元。[13]

当希腊在 1981 年带着严重的经济问题加入欧共体时，应该感谢

[1]　康斯坦丁诺斯·西米蒂斯所在党派的正式名称叫“泛希腊社会主义运动”，简称“泛希社运”。

那种由来已久的，自 1821 年希腊独立战争时期就开始出现的亲希腊情绪，法国前总统季斯卡·德斯坦还曾在 1981 年这样说过：“人们可不 52
能让柏拉图去踢乙级联赛。”[14] 当时还有一种观点也深受欢迎：由于希腊曾是欧洲民主的摇篮，所以欧洲有义务对希腊表示感激——可如果人们能看到雅典的集会式民主仅代表了多么少的人口，看到当时的政治程序中真实的权力关系，看到古典时期的希腊有多么缺乏人权，就会发觉这只是个神话！[15]

在 2000 年前后，这股亲希腊情绪的效应依然不可阻挡。考虑到希腊行政部门是出了名的不靠谱，其他欧洲国家和欧盟本应该批判性地看待所谓的赤字下降才是，结果它们竟然坐视不管——接纳希腊入盟意味着所有参与其中的政府和机构在政治上的无能。而且，这次显现出的无能尤甚于 1996—1997 年的那一次——容忍意大利在财政数据上要手段。

然而，若是将此事放到更大的背景之下观察，那么让希腊成为第 12 个欧元区国家的决定就不那么出格了。欧元之所以能诞生，靠的就是各国对“政治优先”原则的自愿认同。根据该原则，政治上的考虑应永远优先于经济上的考虑。在德国，按此原则确定优先性的格哈德·施罗德领导下的红绿联合政府应该对这一事件负责，因为是其相信了希腊的数据，并且支持了希腊加入欧元区的愿望。

会动脑筋的不光是希腊，2000 年之后，连那些欧盟的“老成员”也展现出了各种既能突破《马约》中所商定之限制，又能规避因此而可能导致的制裁的方法和套路。首开先例的是德国。红绿联合政府以“议程 2010”为题自 2003 年起在德国推行的具有深远影响的社会福利改革，
成了施罗德总理为超过 3% 上限所寻找的借口。其实德国早在 2002 年就 53
突破了这个标尺；2004 年，其财政赤字率已达 3.8%，次年为 3.7%。到了 2004 年 12 月，为了逃避欧盟委员会威胁要启动的赤字调查程序，柏林才宣布会在 2005 年把财政赤字率降到 2.9%。

但在与法国总统雅克·希拉克密切磋商之后，施罗德违背了这个

诺言。法国对“软化”《马约》中各种严格限制同样抱有兴趣。早在2003年，柏林和巴黎就阻止了欧盟委员会以发“蓝皮书”的方式向那些突破了“3%标准”的欧元区国家警示预算纪律的打算。欧盟中最大的两个经济体如此行事，鼓励了其他成员国纷起效尤。不过，施罗德认为这回突破规则的理由是充分的，因为他相信，严格的政策议程会阻止德国人得寸进尺。希拉克就用不上这个理由了：法国放弃了那些本来与德国的方案也只是略有些相似的改革。

如果说2002年是12国组成的货币联盟把欧元变成了触手可及的现实，而2009年该联盟的成员已达16个。斯洛文尼亚于2007年加入，随后是2008年的塞浦路斯和马耳他、2009年的斯洛伐克、2011年的爱沙尼亚、2014年的拉脱维亚和2015年的立陶宛。2001—2007年欧元区的经济增长率平均是1.96%，这低于欧盟（2.18%）和美国（2.41%）的数据。在1999年开局时，欧元对美元的汇率是1.18∶1，明显高于汇兑平价（Parität）。在2001年其对美元的汇率暂时跌至1∶0.87，随后又在2008年升至1∶1.59。在之后几年中，欧元汇率剧烈震动，并于2015年底再次停留在与美元的汇兑平价上下。

2007—2008年爆发的全球金融危机无情地暴露了许多欧洲经济体的弱点。虽然德国从红绿联合时代的改革中获益，并在货物出口和资本出口方面都出现了高额顺差，但欧元区许多国家却陷入了严重的困境。在爱尔兰和西班牙，2007年之前的“好年景”膨胀起来的房地产泡沫破灭了；葡萄牙也开始尝到了其大手大脚又漏洞百出的基础设施政策的后果。

希腊的情况最为严峻：国内两大政党以裙带关系组织的权贵经济；两党都将公共服务部门看成为自己的（大多在专业上不合格的）追随者提供饭碗的机构；臃肿不堪的军事机关；古旧的土地登记体系；船主和东正教会（它同时还是除国家之外该国最大的土地拥有者）事实上根本就不交税；司法和征税机关的低效；系统性逃税并非巨富们的专利，而是遍及多个社会阶层的行为——对所有这些弊病，欧盟委员会和欧洲理事会长久以来都是睁一只眼闭一只眼。2009 年底，希腊的公共债务率几乎达到 130%，比欧盟标准（60%）高出 2 倍有余；到 2013 年 7 月，其债务率已攀升至 160%。共同体的一系列“救援方案”已从 2010 年起开始实施，但几乎没有带来任何结构性的改善。2011 年开始的“债务减记”——私人债权人放弃一部分对希腊债权——也同样没什么效果。

为了希腊，欧盟和欧洲中央银行将“不救助”原则抛到了一边，因为它们担心希腊债务危机会蔓延到其他地中海国家。这些令人担忧的国家除了西班牙、葡萄牙和塞浦路斯之外，还有包括 2012 年公共债务率已达 127% 的意大利——这已远远高于《马约》所规定的上限。就连法国，也经常不遵守布鲁塞尔关于预算赤字和公共债务的规定。

如果地中海国家的病态发展存在一个共同原因的话，那就是与欧
元相伴生的低利率。低利率有利于那些在财政上拖拖拉拉的做法—— 55
尤其是在社会福利分配的领域。这些发生危机的国家没有去推行已被耽误的结构性改革，却长期奉行一种让其所占有的财富保值、增值的政策，而这些财富凭其自身的力量本来是挣不来的。

欧盟应对危机的办法是双管齐下。由主席若泽·曼努埃尔·巴罗佐（José Manuel Barroso）领导的欧盟委员会提出了符合德国想法的要求：削减公共支出并进行结构性改革，以使国债率和预算赤字率低于上限。欧洲中央银行实行了宽松银根的政策（Politik des billigen Geldes），还几乎不加掩饰地实行了其实被《马约》禁止的直接金融资助政策（Staatsfinanzierung）[1]。欧洲央行行长马里奥·德拉吉（Mario Draghi）于 2012 年 7 月 26 日在伦敦举行的全球投资会议上的承诺引来了全世界的关注。他表示欧元是不可逆转的，还一字一句地说了下面的话：“欧洲

[1]　直接金融资助政策是货币政策领域中的一个概念。它指的是一个国家的政府直接从中央银行得到金融资助，而无须支付任何回报。作者在这里提到的“直接金融资助政策”可能就指的是下文的“债券购买计划”（OMT）。二战后，联邦德国对这类极易引发通货膨胀的政策一向深恶痛绝。

央行准备利用其授权范围之内的一切必要手段去捍卫欧元。而且请相信我，这肯定够了。”[16]

德拉吉的这个戏法吓跑了金融投机市场上那些试图做空欧元的势力，在这方面他干得很成功。然而欧洲央行的那些货币再保险计划，无论是债券购买计划[1]、量化宽松（QE），还是其他一些干预方案，都有其副作用。因为它们稀释了欧盟向陷入危机的国家所施加的改革压力。不过，欧盟新设立的以严苛的义务作为救助前提条件的“援助计划”（Rettungsschirmes），还是在一些早早接受紧缩财政开支要求的国家取得了预期效果：爱尔兰和葡萄牙在恢复稳定方面取得了巨大成功（即便在速度和程度上有所不同），当然其付出的代价是高企的（特别
56 是年青一代的）失业率。西班牙的情况也与之类似，由此避免了正式地将自己暂时置于由欧盟、欧洲央行和国际货币基金组织三方代表组成的援助机构的“支配”之下。

即便是希腊，也在获得债务减记之后于 2014 年成功地缩小了预算赤字，但这一成功没有持续很久。在亚历克西斯·齐普拉斯（Alexis Tsipras）领导的社会主义左派政党激进左翼联盟（Syriza）于 2015 年 1 月底赢得大选，并且与极右的独立希腊人党（Unabhängigen Griechen）组成联合政府之后，开启了一段以希腊政府为一方，以欧盟和德国政府为另一方的冲突时期。冲突的高潮是齐普拉斯政府发起的一项反对履行紧缩和改革义务的全民公决，欧盟要求将这些义务作为第三次援助协议的前提条件。结果，2015 年 6 月 5 日反对改革的人取得了无可置疑的胜利——有 61.3% 的希腊人支持他们。

“希腊退出欧元区”（Grexit）看上去近在眼前了，这意味着希腊要退出欧元区并重新用原来的本币：德拉克马。这个结局之所以（至少是暂时）得以避免，主要是因为齐普拉斯在几天之后又让步了，他接

[1] 债券购买计划，即 Outright Monetary Transaction（OMT），也称“直接货币交易计划”。根据该计划，欧洲央行会在二级主权债券市场上购买符合特定要求的欧元区成员国所发行的债券。

受了布鲁塞尔方面的大部分要求，并且在反对党的帮助下通过了改革法案。为了挫败其党内反对派的声势，这位希腊总理最终不得不提前举行大选。2015 年 9 月 20 日举行的大选让激进左翼联盟再次成为最强大的政党。现在，由于这个执政党在议会中拥有多数席位，它可以顺利地重组 2 月建立的“左-右联盟”。

然而，在 2015 年秋天，希腊的危机还远远没有解除。特别是雅典还在欧盟的容忍之下不断向后拖延那些“令人不快”的改革时间：比如农业税改革和退休系统改革（包括推迟退休年龄、降低退休金）。至于国有资产私有化，希腊早就表现出它不会按欧盟所要求的速度和规模去办。正因为如此，国际货币基金组织继续向雅典提供资金援助的事也悬而未决。

直到 2016 年 5 月才取得如下进展：在希腊国会通过决议大幅削 57
减养老金，进行所得税改革，并按照欧盟的要求建立了一个自动启动的机制——如果预算目标无法实现，福利和薪水将进一步降低。此后，货币联盟的财政部长们才同意用 2012 年底建立的“欧洲稳定机制”（Europäischen Stabilitätsmechanismus）中的基金（即“援助计划”）再给予雅典 103 亿欧元的信用额度。是否进行下一步的援助，要看该国的财政是否进一步稳固。国际货币基金组织不同意进行任何的债务减记。欧元集团决定在短期内只试图改善债务管理；如果 2018 年救援计划能够顺利完成，将会采取更大规模的措施。国际货币基金组织也表示基本赞成此方案。

2016 年 5 月的决定仅能让希腊的危机有所缓解，而且整个货币联盟的危机也远没有得到解决。在德国、法国和意大利这三大成员国之间，对稳定与增长之间的关系仍存在分歧。对柏林而言，财政的稳定性具有绝对的优先地位，但巴黎和罗马更加看重经济增长。欧盟和货币联盟在此期间一再努力让其成员国遵守更加严格预算纪律，但无论是在欧盟的 28 个成员国，还是在欧元区的 19 个成员国之间，都无法达成一个可执行的共识。这些努力中的一个高峰是 2013 年 1 月的财政公约，由于没有英国和捷克的参与，此公约只能作为国家间协议来签署，所以（暂时）还不是欧盟法案。

2011 年 12 月 14 日，德国总理安格拉·默克尔在德国联邦议院宣布，财政和稳定联盟是消除“欧元与生俱来的错误”从而完成经济和
58 货币联盟的一个机会。她还说，“真正的政治联盟的前景”正在形成轮廓。[17] 欧元具有“先天缺陷”的这个看法，在今天的德国基本上是无可争议的。历史学家安德雷亚斯·勒德甚至提到（这是）一种“结构性错误”。[18] 对经济学家汉斯-维尔纳·辛恩（Hans-Werner Sinn）来说，显而易见的是：“没有政治联盟的货币联盟是行不通的。”[19] 柏林的这位女总理期待从这份财政公约中能够生长出一个政治联盟来，但这个愿望目前尚未实现。

还有一个愿望同样没有实现：那些赞成共同货币的人期待欧元能有助于消弭各成员国民族之间的对立，能唤起一种“我们都是欧洲人”的感觉。然而，欧元区的危机却更多地让各民族间的仇恨和成见死灰复燃：当德国的街头小报在煽动人们反对那些“懒惰的希腊人”时，希腊的报纸却试图唤起人们对纳粹时代和二战中德国战争罪行的回忆；在塞浦路斯、意大利和西班牙也发生着类似的事情。

批评德国和布鲁塞尔的财政紧缩政策的声音不只出现在那些该政策所涉及的国家，而且也出现在盎格鲁-撒克逊国家——尤其是美国，批评者包括保罗·克鲁格曼（Paul Krugman）和约瑟夫·斯蒂格利茨（Joseph Stiglitz）这样的著名经济学家。而且就像紧缩政策最先见效的伊比利亚半岛各国所表现出的那样，反对的声音也从未消失，德国和欧盟委员会所倡导的路线最遭人诟病之处就是高企的青年失业率。

柏林和布鲁塞尔有充分的理由坚持它们的立场，即拥有自助的意愿是外部援助起效的必要先决条件，结构性弊病只能通过结构性改革来解决，而不能通过堆积新的国债来解决。然而，倡议节俭的呼声也并非没有片面性。要是在施行财政紧缩政策的同时，一直努力地推进
59 促进增长的结构性改革，那么实现拥有竞争力的目标之前的“饥渴期”

就有可能缩短。此外，人们必须再次提醒德国：其出口虽然繁荣，可是在此期间它对基础设施投资的忽视也广遭诟病。如此安排优先次序对欧洲不利，而从长远看对德国也同样不利。

货币联盟的参与者最终是否达成共识，让财政稳定和经济增长这两个目标之间实现富有成效的平衡，我们尚无从知晓。只要不存在这种基本共识，事情发展就很难像人们一直以来所设想的那样——一体化进程向财政联盟乃至政治联盟的方向发展。单方面的让步，例如满足对“欧洲债券”需求，或是由共同体出面为欧洲各银行提供再担保（Rücklagensicherung），将强化形成一个共同债务联盟和转移债务联盟[1]的趋势，那就会使那些经济和财政上更强的国家不堪重负，因为这样一来它们就是在拿本国民众对“欧洲工程”的支持——同时也是拿整个货币联盟的命运——打赌。自 2014 年的“政治化”（待稍后讨论）以来，欧盟委员会越来越倾向于宽容地处理那些一再或多或少地违背稳定性标准的政府。没有任何迹象表明，这种“摸着石头过河”（muddling through，也可以说是“得过且过”）的政策在近期会有什么改变。

现在，已经几乎没有人再去谈什么从货币联盟发展到政治联盟的目标了。2013 年 7 月初，荷兰政府在每个可能的政策领域都与“越来越紧密的联盟”的计划背离。该政府的格言也在这时出了名：“任何东西，只要有可能，就搞民族的；万不得已时，才搞欧洲的。”[20]

此后不久，在德国联邦议院的竞选活动达到高潮时，德国总理在 2013 年 8 月 13 日的一次采访中发表了与转变立场之后的荷兰政府非常相似的看法。“更加欧洲化，并不仅仅意味着将民族国家政府的权责转移给欧洲政府，要是我方在行动中更严格、更紧密地与其他国家进行协调，我方也可以变得更为欧洲化。”安格拉·默克尔还进一步表 60

[1] 这里的“共同债务联盟和转移债务联盟”（Schulden- und Transferunion）的意思，应该是说把货币联盟变成一个“一国欠债，共同还债”的“大锅饭”联盟。

示，她认为欧盟将某些权责交还给成员国的可能性是存在的。[21] 她与英国路线的接近是显而易见的：在这位女总理的设想中，她是否转换路线，取决于戴维·卡梅伦（David Cameron）首相是否能让英国留在欧洲联盟之内。

这位德国政府首脑在 2013 年 8 月的谈话记录所说的，与其说是理论假设，倒不如说是对事态的描述：她强调欧洲国家在“尚未纳入共同体范围内的”政策领域展开合作的重要性，并且最后还认为这些领域比已经一体化的（或者说已经“共同体化的”）部门更为重要。按这个观点，欧洲理事会是一个比欧盟委员会或欧洲议会更重要的机构。在欧盟国家和政府首脑中，恐怕不会有人反对这一说法。根据这个判断而建立起来的政治联盟只能是民族国家们的邦联，而不是一个像 1945 年以后热情拥护西欧一体化的人所想象的那种联邦。

德国在 2013 年夏天对情况的判断就是这么现实，人们并不能在其中为货币联盟的未来找到答案。人们也依然不知道，希腊能否长久保持欧元区成员的身份。人们甚至不能肯定共同货币会不会继续存在下去——如果欧元区国家不能就其预算、财政和经济政策的长期协调达成共识的话。

另一方面，可以预见的是，加强政府间的合作会遭到这样一些人的反对：他们身处欧洲议会和欧盟委员会之中，因为欧洲理事会的重要性在上升而感觉自己的地位在下降。欧盟正面临考验，可能会遭遇一场宪法危机。

第 5 章

谁代表欧洲讲话？ 61

曾长期担任美国国务卿的亨利·基辛格（Henry A. Kissinger）可能会对那个与他有关的笑话不以为然：当他想与欧洲对话时，他并不知道该拨哪一个电话号码。[1] 对于这个已经变得越来越现实的问题，理论上存在着多种可能：可以打给欧洲联盟委员会主席，也可以打给欧洲理事会常任主席[1]，或是打给轮值国家的政府领导人，抑或打给欧洲议会议长，说不定还可以打给欧盟的共同外交与安全政策高级代表。事实上，一直到现在欧盟都没有这样一个电话号码，将来大概也不会有。

欧洲各大党派以及一些较小的党派都有意愿去澄清欧洲内部的权力问题，于是在 2014 年 5 月举行的第八届欧洲议会直选之前，它们先后决定派出自己的“领头候选人”参加欧盟委员会主席一职的竞选活动。首先做出选择的是欧洲社会主义党和社会民主党的候选人——他们推选德国联邦议院议员马丁·舒尔茨（Martin Schulz）为欧洲议会主席。统一在欧洲人民党（Europäischen Volkspartei，简称 EVP）旗下的基督教民主党和其他保守党派则需要更多时间。尽管德国的女总理安
格拉·默克尔一直受到瞩目，但最终成为他们的“领头候选人”的是 62
“欧元集团”（即货币联盟财政部长会议）的前领袖，长期担任卢森堡

---

[1] 2009 年以前欧洲理事会实行轮值主席国制，每个国家任期半年。2009 年《里斯本条约》生效之后，欧洲理事会设立常任主席（ständiger Präsident）一职，任期两年半。

总理的让-克劳德·容克。容克在 2013 年 7 月因“情报局事件”[1] 而必须启动新的选举，而后他和他的党派退出了政府。自由党、绿党和左翼党也提名了“领头候选人”。

2009 年 12 月生效的《里斯本条约》的一项规定激发了设置“领头候选人”制度 [2] 的想法：根据第 17 条第 7 款的规定，欧洲理事会将在“参考”(berücksichtigt)推选的结果的情况下，向欧洲议会提交欧盟委员会主席一职的建议人选。这并不是说，各国首脑有法律义务推荐多数党的领头候选人，不过也确实让获得议会多数的政党在此事上有了相当程度的政治影响力。

各政党派系并没有为此事而发动一场政治上的大众动员。只有在两个最有希望的申请人的祖国（即卢森堡和德国），或许还有奥地利，才让人感到这件新鲜事的气氛。英国的想法是让最强的候选人通过某种机制自动成为委员会主席，但该想法遭到各党派一致反对。荷兰、斯堪的纳维亚国家、中东欧和东南欧新成员国对此事或是持冷淡的保留立场，或是漠不关心。所以说，无论哪个党派在选举中胜出，若要从欧盟公民对其领头候选人的选举结果中去理解他们的想法，都是一件见仁见智的事情。

2014 年 5 月 22 日至 25 日的选举投票率为 42.54%，略低于 2009
63 年的 43%。基督教民主党和保守党组成的党团以 29.4% 的得票率领先于社会党团（得票率 25.4%）。到 5 月 27 日为止，一直由赞成欧洲一体化的党团组成的议会主席团对此事的说明是：现在，容克为了当选委

[1] 2013 年 7 月 11 日，容克因为涉嫌透过国家安全机构来搜集特定人物资料而宣布辞去卢森堡总理一职，并提前举行大选。容克从 1995 年开始担任卢森堡总理直至 2013 年卸任，执政 18 年有余。

[2] 2009 年以前，欧盟委员会主席由欧洲理事会直接任命。2009 年《里斯本条约》生效后，欧盟委员会主席由“领头候选人”制度产生：欧洲议会的每个党团 [或者说由政治主张接近的党派构成的“政党系”(Parteifamilien)] 都推出一个“领头候选人”以充当欧洲议会选举中代表该党团的领头人物，同时充当竞选宣传时的聚焦点。欧洲议会选举结束后，欧洲理事会一般都会任命最终获得议会多数的党团的“领头候选人”为欧盟委员会主席。简而言之，是更大限度地模仿内阁制共和国（比如德国）的形式：议会至上，由在议会选举中获胜的政党决定总理并组阁。

员会主席务必要获得议会中多数议员的支持。对容克而言，这样一来，社会民主党人的想法就比他的党内伙伴更具决定性了，而社会民主党的想法是让委员会主席对欧洲议会负责[1]，同时还想让马丁·舒尔茨成为其他欧盟高级职位的候选人。而保守派党团对容克的保留态度与这样一个事实有关：到目前为止，容克所代表的是“原先的”欧洲计划和“继续按老方针办”的政策，可是这些想法在欧盟进一步扩容之后不再是那么理所当然和不言自明的了。另一个原因是，卢森堡正是在容克担任财长及总理期间发展成了避税天堂。[2]

欧洲议会寻求更大的权力，是再自然不过的事情。自 1976 年以来，它已由直选产生。随着时间的推移，它获得了相当大的职权。1992 年的《马约》授予欧洲议会对欧洲理事会倡议的否决权。此外，欧盟委员会的任命现在也要经过欧洲议会的批准。《阿姆斯特丹条约》又将欧洲议会在立法方面的职权予以扩大。1998 年底，欧洲议会拒绝通过卢森堡人雅克·桑特（Jacques Santer）领导的欧盟委员会 1996 年预算减负方案，这是因为委员会的成员之一有很大的腐败嫌疑。1999 年 3 月，由欧洲议会设立的一个独立的专家委员会指出，还有多名委员存在管理不善和欺诈的行为。由于所涉及的几名委员拒绝辞职，整个委员会只好在 3 月 16 日集体辞职——这是欧洲议会的一个胜利，议员们有权为此感到骄傲。

因此，欧洲议会的目标非常清楚：缩小基于直接选举而获得的合
法性与仍然不够强大的实权之间的差距。关于让委员会的委员们对欧 64
洲议会负责（这正是倾向于欧洲一体化的议会多数派想要实现的目标）一事我还想多说一句：即便在欧洲议会的控制权还没有扩大的情况下，欧盟委员会在处理债务危机时的行为也已经高度政治化了。然而，与从前一样，现在欧盟最重要的机构仍然是欧洲理事会。自 2008 年以来，

[1]　“让委员会主席对欧洲议会负责”，原文直译是“让委员会主席一职议会化”。也就是前一个译注所说的：模仿议会至上的内阁制共和国的形式。

欧洲理事会一直在进一步扩大其作为集体危机管理者的影响力。如果有人想探寻欧洲议会巨大力量的来源，就会发现只有一个基于议会的民主合法性的委员会才能成为理事会的强大对手，并在某些令人不放心的情况下确保欧盟的整体利益能被放在成员国各自的特殊利益之上。

《里斯本条约》对于任命委员会主席的规定，尚有可阐释的空间。比如，国家元首或政府首脑并没有义务向欧洲议会举荐那位在议会选举中胜出的候选人。不过，虽说欧洲理事会内部对容克这一人选的意见并不一致，但多数都同意让这位前卢森堡总理担任委员会主席一职。由英国、瑞典和匈牙利的保守派政府首脑戴维·卡梅伦、弗雷德里克·赖因费尔特（Fredrik Reinfeldt）和维克多·欧尔班（Viktor Orbán）以及右翼荷兰首相马克·吕特（Mark Rutte）组成的少数派，对容克这个“欧洲一体化”的热衷者都持有程度不一的保留意见。与此同时，从政治光谱的另一端也传来了反对意见：对意大利社会民主党总理马泰奥·伦齐（Matteo Renzi）而言，容克看起来就像是僵硬的“紧缩政策”的代言人，而罗马是坚决反对该政策的。

尽管在欧洲议会中已有足够的多数支持容克，但是他的支持者还是不愿意在 6 月 27 日欧洲大选后第一次会议上冒险一试。于是，为了（至少部分地）打消反对者们的异议，必须进行一系列费尽周折的谈
65 判。在这些谈判中，德国总理安格拉·默克尔和欧洲理事会常任主席、比利时前总理赫尔曼·范龙佩（Herman van Rompuy）起到了至关重要的作用。只有在理事会中的多数国家首脑认可了西北欧国家对减少集中主义（Zentralismus）和增加竞争性的要求，又认可了包括法国在内的地中海国家加大对未来投资的要求之后，任命容克的议案才终于在 2014 年 6 月 27 日的投票中得以通过。除了卡梅伦和欧尔班的两票反对之外，其他都接受了容克。在英国首脑的坚持之下，默克尔不得不在投票进行之前明确保证：提名容克的这套程序将不会成为 2019 年之后（即下次欧洲选举之后）的成例。

在幕后，容克被告知他将支持欧盟国家元首及政府首脑在 6 月 27

日做出的决定——“共同体在变革时期的战略议程”。不管怎么说，获得议会多数对这位欧洲人民党推举的候选人而言自然是没有问题的。社会民主党人与基督教民主党人达成协议：后者将支持现任欧洲议会主席马丁·舒尔茨连任这一职位［尽管这一承诺将依惯例只在立法机构任期的前半程（即两年半）有效——这是由于欧洲人民党的压力］。自由党和绿党并不是“布鲁塞尔大联合”（或者说“斯特拉斯堡大联合”）[1] 的正式组成部分。但很显然，只要新一届委员会依旧宣称自己反对已经变得强大起来的反欧盟势力，这两个党就会一直支持容克主导的委员会。

如此一来，7 月 15 日批准容克当选为委员会主席的表决也就是走一个过场了：共有 422 名议员投了赞成票，250 名议员反对他。不过，要组建这个新的委员会却是一件十分伤脑筋的事情。特别富有争议的是中东欧国家所提出的一些人选。比如，刚刚卸任的斯洛文尼亚总理阿伦卡·布拉图舍克（Alenka Bratušek）就提名她自己担任委员会
委员——在这件事上欧洲议会的抗议成功了：它迫使这位候选人放弃 66
提名，但它未能阻止曾在 2006 年因涉嫌贪腐而受到调查的捷克人薇拉·尧罗娃（Věra Jourová）当上司法委员。同样，它也未能阻止匈牙利外交部长蒂博尔·瑙夫拉奇契（Tibor Navracsics）成为负责教育、文化和青年事务的委员，尽管此人在当司法部长的时候曾经限制过言论自由。而且后来容克还曾考虑过让他负责公民权事务，但因为欧洲议会和舆论界的一再反对而作罢。在 2014 年 10 月 22 日，新一届委员会在欧洲议会的表决中获得多数（423 票赞成、209 票反对、67 票弃权），于是它得以在 11 月 1 日准时开始履职。

---

[1] 欧洲议会相当于欧盟的“下议院”，欧盟委员会相当于“政府”或“内阁”，容克所任的委员会主席一职相当于“总理”，组建欧盟委员会就相当于“组阁”，下文中的“某某委员”就相当于“某某部长”，所以作者将联邦德国政治术语“大联合”（Große Koalition）用在了此处，指议会中最大的两个党联合而形成的多数派。自由党和绿党在这里的角色，相当于支持政府的反对党。欧洲议会设在斯特拉斯堡（该地也因此而被称为欧盟的“第二首都”，欧洲委员会、欧洲人权法院等机构也设在此处），不过每个月只在这里举行 4 天会议，其他主要事务仍在位于布鲁塞尔的欧盟总部处理。

从表面上看，欧洲议会是 2014 年秋天这场与欧洲理事会的权力角逐中的胜利者。议会事实上是取得了对委员会高层的决定权，但这一胜利果实能保持多久却不好说。谁又能保证，各成员国会一直甘心让自己提名欧盟委员会主席的权利始终受到束缚呢？因此，议会和理事会之间的权力角逐还远未结束。

由容克领导的新一届委员会从一开始就讲得很清楚，他们将自己视作“政治的委员会”。他们想要掌控欧洲一体化进程的方向和速度，并以此来弥补因成员国已经无心于一体化而造成的动力不足。在 2015 年围绕“是否将希腊保留在欧元区内的问题”而起的争论中，容克一再对希腊政府首脑亚历克西斯·齐普拉斯表示理解，并且无视德国财政部长沃尔夫冈·朔伊布勒（Wolfgang Schäuble）和欧元集团主席、荷兰财政部长杰洛·戴松布伦（Jeroen Dijsselbloem）的意见。此二人与欧元区国家的多数财长都认为，要是希腊拒不执行欧盟、欧洲央行和国际货币基金组织所建议的改革，那么“希腊退出欧元区”将是解决
67 问题的“最后手段”。最后事情还是朝着容克设想的方向走，因为安格拉·默克尔为了不跟法国产生冲突而转身站到了他这一边。

在欧盟经济、金融和税收事务委员，前法国财政部长皮埃尔·莫斯科维奇（Pierre Moscovici）的主持下，新一届委员会心知肚明地、很“政治”地对待那些未遵守《马约》财政稳定规则的国家（其中包括法国和意大利），也就是说对它们睁一只眼闭一只眼——这种态度很快就让人们起疑：委员会的首要任务难道不是充当诸条约的守护者吗？这个委员会是在认认真真地承担它的任务吗？

各成员国很快对此做出反应。2015 年夏天，沃尔夫冈·朔伊布勒建议从机构上把委员会的政治任务与其作为诸条约（包括竞争法、内部市场条约和财政稳定协议）守护者的核心任务分离开。德国政府发展了这一构想，并在 2015 年 12 月的一篇文章中支持在欧盟委员会不同任务之间建立“隔离墙”。

对此，容克立即予以愤怒的回击。2015 年 12 月 15 日，他在欧洲

议会上抨击了“某些”成员国试图削弱欧盟委员会对共同经济和预算政策规则监督权的企图，称这些国家想把委员会的这部分功能交给一个“技术统治论者的代理机构”。他认为，欧盟的经济政策调控“不仅是与规定和百分比，而且与人和他们所面临的抉择相关”。若是要加强欧盟委员会的政治作用，就需要强化欧洲议会的控制力。这个议会也是欧元区的议会，所以“一切使这个议会更强大的东西，也会让欧盟委员会更强大”。[3]

想让欧洲议会也决定欧元区的相关事务——这个要求并不新鲜，坐在斯特拉斯堡的议员们早就多次提到它了。然而，在欧元区这个想法却几乎没有任何赞成者。即便是从民主的立法机构的角度看，这个念头也太具争议性了。坐在欧洲议会中的议员来自 28 个国家，这其中 68
的一些新成员国并不是货币联盟的成员。那么，来自这些新成员国的议员本没有权利参与关于货币问题的决议，因为对他们而言欧元虽然名义上是整个欧盟的货币，但实际上对他们的祖国而言却是一种外国货币。反过来说，那些欧元区国家完全有理由反对那些不属于欧元区国家的议员掺和进来，甚至在议会形成多数，从而去决定那些仅仅与欧元区国家相关的问题。因此，更符合逻辑的办法无疑是法国和德国政府所想出的点子：为欧元区单独创建一个民意代表机构，其代表由货币联盟成员国在欧洲议会中的议员构成。

欧洲议会之所以这么有底气，主要是因为它来自直选。不过，若是考虑到它为了避免那些欧盟中最小的成员国成为被边缘化的装饰物，而给这些国家分配了超出其人口比例的议员名额，那么这个议会在民主意义上的合法性无疑会发生动摇：一个来自马耳他的欧洲议会议员代表了 7 万人，而一个来自德国的议员却代表了近 83 万人。假设欧洲议会的席位严格按照人口比例分配，同时又保证所有国家都拥有合适的代表席位，那么它必须得有好几千名议员。但这样一个议会是根本无法工作的。所以，斯特拉斯堡的这个议会完全有理由为自己在代表性上的瑕疵进行辩护——只是请不要说它与民族国家的议会拥有同样的民主合法性以及相应的权力。

对那位不太受欢迎的欧洲联邦主义者居伊·伏思达（Guy Verhofstadt）而言，这个瑕疵根本算不了什么。作为比利时 1999—2008 年的总理和欧洲自由党在 2014 年所提名的领头候选人，他在 2012 年的一篇政治宣言《为了欧罗巴！》（“Für Europa!”）中宣称：欧洲议会和欧盟委员会比各国的国家元首、政府首脑以及整个欧洲理事会都更具有民主合法性。他说欧洲的核心并不在于构成它的那些国家，而在于它
69 所拥有的那些公民。“‘民族国家的欧洲’已是昨夜星辰，指引不了未来的道路。”[4]

与从前一样，各成员国的公民们可不这么看。自 1979 年的第一次直选以来，欧洲大选的投票率持续下滑：从 1979 年的 62%，一直降到上文提到过的 42.5%（2014 年 5 月）。一般而言，民族国家大选的投票率要高得多。各民族国家才是更重要的政治“家园”，身处于其中的国家公民更有休戚与共的感觉，这比他们对欧盟的归属感更强烈。

这并不是欧洲议会的错，欧盟早就难以唤起激情了，人们对它提不起兴趣甚至常常觉得反感。此事也不能全怪被骂成技术专制的欧盟委员会。常年以来，有许多重要的决定都没有交付民族国家的议会和舆论以进行充分的讨论，而是由各国的国家及政府首脑关起门来商量好之后，再作为既成事实予以推行（在 1999 年 12 月的赫尔辛基峰会上决定授予土耳其入盟候选国地位就是一个特别好的例子）。结果，人们就越来越觉得“布鲁塞尔”成了卡尔·马克思口中那个“孤立的行政权力”[1]——马克思在 1852 年创造了这个概念，用以描绘法国总统路易·拿破仑［Louis Napoleon，即后来的拿破仑三世（Napoleon

[1]　马克思在《路易·波拿巴的雾月十八日》的第 7 章中写道：“然而革命是彻底的。它还处在通过涤罪所的历程中，它在有条不紊地完成自己的事业。1851 年 12 月 2 日以前，它已经完成了它的前一半预备工作，现在它在完成另一半。它先使议会权力臻于完备，为的是能够推翻这个权力。现在，当它已达到这一步时，它就来使行政权臻于完备，使行政权表现为最纯粹的形式，使之孤立，使之成为和自己对立的唯一的对象，以便集中自己的一切破坏力量来反对行政权。”（人民出版社，2001 年 9 月出版。）

Ⅲ）］治下的权力结构。[5]

公民们觉得欧洲一体化是一个不接地气的、纯属精英的项目——这个现象不可等闲视之。因为它已经渗透了所谓的“欧元疑虑”和“欧元沮丧”之中，而且还时常投射在民粹主义者对欧盟的抗议之中。德国联邦宪法法院在 2009 年 6 月的一场关于《里斯本条约》的判决中试图阻止这个离心的过程，其做法是以“议会对一体化的责任”这个关键词来支持德国联邦议院对欧洲政策的共同决策权[1]。德国联邦议院接受了这一提议并通过了相关法律。自那之后，联邦议院中关于欧洲 70
问题的讨论成了国会大厦内最为激烈的辩论。若论重新唤起德国公众对欧洲问题的关注，这件事倒真是功不可没。

可是，欧洲一体化工程的合法性问题并未因此得到解决。“这一政策并未使一体化工程赢得多数公民的支持。”曾担任德国联邦宪法法院法官的专家迪特尔·格林（Dieter Grimm）下了这样的判断。在格林看来，欧洲一体化之所以合法性不足，其根源在于欧洲法院的司法权。欧洲法院通过 1963 年的范·昂卢斯案（Van Gend &Loos）和 1964 年的寇斯塔案（Costa /ENEL）的两个奠基性的判决推动了一体化。在前一个案件中，它判定在成员国境内可以直接援引欧共体法律，也就是说可以用于国内法庭的诉讼。在后一案件中，欧洲法院的解释是：欧共体法律不但可以被直接援引，而且其效力还优先于国内法律，甚至优先于该国宪法。[2]

虽说各成员国依旧是“条约的主人”，但这些条约借由欧洲法院的司法权已经扮演了宪法的角色。按格林的说法，如今“在通过缔结条约和举行会议推进政治一体化之外，又出现了另一条小道——欧洲司法权，即通过对条约进行阐释来超越各成员国的多元司法的欧洲司

---

[1]　这里的“共同决策权”（Mitspracherecht）应该指的是德国联邦议院（下议院）与德国行政机构在欧洲政策上的“共同决策权”。下文中的“共同决策权”指的是欧洲议会与欧洲理事会的“共同决策权”。

[2]　法学界将它们概括为欧共体法的“直接效力原则”（the principle of direct effect）和“最高效力原则”（the supremacy of the community law）。

法一体化”。这样一来，构成诸条约基础的一个根本原则——约束性单独赋权原则[1]——就发生了动摇，最后甚至遭到毁弃。《马约》授予欧洲议会的“共同决策权”[2]，意味着其“合法性从一元转向二元”，也就是说，本来欧盟合法性来自各个成员国政权自身的民主性和合法性，现在其合法性在来自各成员国合法性的同时，也来自直选产生的欧洲议会。但欧洲议会还是缺少大多数民族国家议会所享有的那种合法性威望。欧洲的语言众多，而跨国媒体不足，因此形成一个欧洲的
71 公共舆论空间难上加难。欧洲的各“政党系”与真正的政党相比，既缺乏相对统一的顶层架构也缺乏共同目标。欧盟公民的法律角色是一种假设而不是一个现实——《马约》没有解决这个困境，却加深了其中的矛盾。

因此，完全按照议会内阁制构建欧盟不但不会增强其民主合法性，反而还会削弱它。这同时也是因为欧盟委员会自身的一体化方案与以前一样，依然与欧洲议会并不相干。迪特尔·格林由此认为：欧盟民主合法性问题的症结在于“欧盟的行政机关、司法机关与欧盟政治机关及各成员国的意愿之间彼此孤立”。从20世纪60年代初开始的诸条约的“宪法化”，产生了当时几乎没有人预见到的效果：“写进宪法的内容越多，政治运作的空间就越小。凡是由宪法规定的内容，就不在政治决定的范围之内了。”6

因此，格林的想法是将占了《里斯本条约》大半篇幅的、关于欧盟运作方式那些不符合宪法形式的规定降格为普通法律，从而扩大政

---

[1] “约束性单独赋权原则”（das Prinzip der begrenzten Einzelermächtigung，英语：“The principle of conferral”）是欧盟法律的基石之一。其主要内容是：欧盟本身没有设立和改变权责（Kompetenz；英语：competence）的权利，欧盟所有的权责都来自其成员国在条约中的赋权。换句话说，欧盟的一切权利都必须要在条约中找到明确的根据，而条约没有规定的领域仍然属于各成员国的治权范围。

[2] 《马约》规定，在大市场、科研、泛欧运输网络、消费者保护、教育、文化及卫生等领域，欧洲议会与欧洲理事会拥有“共同决策权”。《阿姆斯特丹条约》生效后，欧洲议会的共同决策权从原来的15个领域扩展到38个领域，包括就业政策、社会政策、海关、环境保护、海洋事务等方面。参见中华人民共和国驻斯特拉斯堡总领事馆网站，http://strasbourg.china-consulate.org/chn/ozjg/t114657.htm，引用时间：2016-6-25。

治运作的空间——这是由他在进行了清晰的分析之后所得出的一个逻辑结论，但实际操作起来无异于将欧盟推倒重来。或许，可以得出这样一个退而求其次的结论：决不可再以减少民主为代价来推进一体化。在任何一个成员国，若是没有源自主权的、明确的、具有合法性的支持，要实质性地推进一体化（“从国家联盟到联邦”）都是不可想象的。在德国，根据联邦宪法法院关于《里斯本条约》的裁决，要进行这样一种实质性推进就需要一部新的宪法。根据《基本法》第 146 条，这部新宪法必须由德国人民自由决定：要么举行一次关于宪法的全民公决，要么举行一次产生制宪国民大会的选举。

然而，无论是在德国还是在其他成员国，都无法期望在可预见的
未来使权责从民族国家层面转移到欧洲层面。只要诸民族国家的民主 72
合法性还比欧盟高不少，那么就只能先由它们来代表欧洲讲话（它们则由欧洲理事会来代表）。不过，鉴于 2008 年之后的危机年代里欧盟 28 国内部出现的深刻分歧，这几乎就是一个无解的难题。[7]

第 6 章

73 欧洲 vs 美国?

就在 1830 年的巴黎“七月革命”[1]之后不久，年轻的法国法官亚历西斯·德·托克维尔与好友古斯塔夫·德·博蒙（Gustave de Beaumont）一起踏上了美利坚合众国的土地。他们向司法部请假旅行的正式理由是要进行有关判决执行问题的研究。但实际上，托克维尔有一项雄心勃勃的计划：他想建立起对美国社会和政治体系的个人判断，并据此撰写一本书。他此次旅行研究的成果即为四卷本的著作《论美国的民主》，头两卷出版于 1835 年。

美国与欧洲究竟有什么不同？在求解这个问题的答案时，托克维尔所认定的首要区别，是政治与宗教在美国及欧洲的不同关系。在他看来，英、美文明的特征是这两种截然不同的元素的产物。这两种元素在其他地方总是争斗不休，而在美国却能相得益彰，并以一种奇妙的方式相互结合起来：“在这里，我说的是宗教的精神和自由的精神。”

这位自由派贵族对美国的描绘，恰好是欧洲的（特别是法国的）反面——启蒙运动在这些地方都要经过艰苦的，甚至是革命的斗争才得以完成。“在美国，正是宗教引领了启蒙（‘lumières’在法文原文
74 中既有‘照亮’也有‘启蒙’的意思）。正是通过恪守上帝的律法，

[1] 波旁王室在复辟之后倒行逆施，查理十世上台后更是推行了一系列限制言论自由和限制中产阶级选民资格的反动改革，因此招致市民阶层的不满并爆发七月革命。革命的结果是奥尔良公爵路易-菲利普（Louis-Philippe）继承王位，他随后推行了大量自由主义的措施，史称“七月王朝”（1830—1848）。

而使人类得以自由……这个宗教将资产阶级的自由看作对人类发展可能性的高贵表达，而且把政治领域视为造物主保留给理智活动的领地。这个宗教在保留给自己的地盘上是自由、强大和满意的，它知道，它的王国正因此而稳固，在此地它依靠自己的力量统治，而决不依赖其他任何势力的支持。而在‘自由’看来，这个宗教正是其童年的摇篮，是其权利的神圣来源，是其斗争和胜利的引路人。自由将这宗教视为风俗的守护者，又把风俗看成法律的保证和自身生存的保障。”[1]

在写下这几行文字时，托克维尔所想到的是清教徒留下的遗产。这些人在 17 世纪初乘着“五月花号”和其他船只从英格兰驶向“新大陆”，为的是逃避英国国教教会的压迫。他们对信仰自由的追求，是对其他自由权利和共治权利追求的源泉之一，但并非唯一的源泉。这些开路者还从英格兰带来了“无代表权不纳税”的原则、由议会决定税收和举行投票的权利——这些都是在他们的祖国已被视为天经地义的东西，但英王却不愿意在北美殖民地施行。对英格兰人来说习以为常的事务还有无司法指令不得被随意逮捕的权利（由 1679 年的《人身保护法案》保证），与此类似的还有“制衡”的传统，以防止某些国家权力被垄断。

对日后的美国而言，欧洲所赋予的遗产并不仅仅只有马萨诸塞州和其他新英格兰殖民地所具有的激进加尔文主义，同样从旧大陆持续不断地传来的还有知识界的思潮。对启蒙思想而言，北大西洋算不上什么障碍。自然神论正是如此传来的，它认为上帝在创造世界之后 75
就放手任其运行，并不会有一位“人格神”插手某个人或整个人类的生活。这样一种宗教观念在弗吉尼亚种植园殖民地广为流传，这一带正是乔治·华盛顿和托马斯·杰斐逊的家乡。美国神学家莱因霍尔德·尼布尔（Reinhold Niebuhr）[1] 在其 1952 年出版的《美国历史的讽

[1] 莱因霍尔德·尼布尔（1892—1971），美国新教神学家。二战后他极力主张美国遏制苏联的扩张，为美国的反共政策辩护，是在美国政府和民间都具有广泛影响力的一代思想巨擘。

刺》（*The Irony of American History*）一书中，将新英格兰的加尔文主义和弗吉尼亚的自然神论称为深刻影响了新大陆居民早期历史的两大宗教–道德传统。“无论我们这个民族是从马萨诸塞州的还是从弗吉尼亚州的观念中继承了更多的精神遗产，我们都于此时开始拥有了自己的意识，从而分化成了一个与其他民族不同的民族——上帝要用这个民族为人类带来一个新的开端。”[2]

这种认为英国殖民地的居民乃上帝之选民的想法，早已由马萨诸塞湾殖民公司的首任长官约翰·温斯罗普[1]于1630年在从英格兰驶向美洲的“阿拉贝拉号”（Arabella）的甲板布道中表达过了。温斯罗普提醒他的听众，他们自己应该意识到，他们很快将建造一座万民瞩目的“山巅之城”。这位世俗布道者所描绘的图景出自“登山宝训”。据《马太福音》记述，耶稣在山上对众人讲完虔信者的诸种福分之后，以此语收束：“你们是世上的光。城造在山上，是不能隐藏的。”[3]

现在人们称之为“美国例外论”的思想，其实自有其宗教根源。作为一种有政治色彩的神学观念，由上帝拣选“救世民族”的这个神话有多种用途。[4]它构成了在19世纪、20世纪之交鼓吹“美国帝国主义”的阿尔伯特·J. 贝弗里奇（Albert J. Beveridge）的精神内核。这位印第安纳州的共和党议员在1900年1月9日的演讲中，以上帝之名宣扬美国有领导世界的权利：“神已从万民之中挑选出美利坚人民作为他的选
76 民，预备让他们来领导世界的重生[2]。这是美国的神圣使命……”[5]无论是否诉诸上帝的召唤，这种自己负有特殊历史使命的信念都是存在的。就好像美国总统伍德罗·威尔逊（Woodrow Wilson）1917年4月

---

[1] 约翰·温斯罗普（1588—1649）是一位英格兰的贵族兼律师，毕业于剑桥大学。他购买了新成立的马萨诸塞公司的股票并被选为总裁，而该公司于1629年初获得了在新英格兰开辟殖民地的特许状。从1630年开始他带领大量清教徒到北美洲，并成立了马萨诸塞湾殖民地，并在之后的20年中4次担任该殖民地的总督，其思想和实践活动深刻影响了马萨诸塞湾殖民地的初创时期的发展。

[2] “重生”（或“再次出生”，Wiedergeburt）是基督教中的一个极为重要的概念。面对前来问道的尼哥底母，耶稣说：“我实实在在地告诉你，人若不重生，就不能见神的国。”（《约翰福音 3:3》）

2 日对德意志帝国的宣战声明中所讲的那样，此使命就是把这个世界变成一个民主制度得以安生的地方。[6] 而且在 21 世纪初，还有一位继承了威尔逊职位的号称“基督再世”的总统小布什（George W. Bush）牢牢认定他的国家负有神圣历史使命，要在“反恐战争”中打败世界各地的邪恶势力。[7]

不过，今天的美国从殖民地时期继承的宗教遗产并非只有早已世俗化了的使命观念。其他遗产，还包括了自由教会对一切形式的国家教会的拒绝，以及基督教观念对美国政治文化的长期浸润。一个公开的不可知论者（更不用说无神论者）去竞选总统的事，直到今天都不可想象。与欧洲，特别是与世俗化的法国不同的是，美国的政治语言中充满了带有宗教色彩的说法。法国总统们常常喜欢用“共和国万岁！法兰西万岁！”结束其演讲，而美国总统们用的总是“上帝保佑美国”。

今日大西洋两岸的差异，可追溯到 17、18 世纪的早期历史。在这方面，托克维尔特别强调了构成政治体制的方式和方法。“在大多数欧洲国家，政治体系都是在社会上层开始生发，然后逐渐地、不完整地向下面的社会层级传递。但是在美国，可以说是正好相反：社区的形成先于各县，各县先于各州，各州先于联邦。”[8]

托克维尔于 1830—1831 年游历美国时正值安德鲁·杰克逊（Andrew Jackson）总统当政，他在此感受到的自由和平等的水平要高于欧洲，《论美国的民主》的作者将这归因于此地并无享有特权的贵 77
族。他说美国人“从来就不知道奴才与主子之间的区别。而且，由于他们相互之间既不彼此害怕，也不彼此憎恶，所以他们也从来不需要一位统治者来逐条处理他们之间的事务。美国人的命运是独一无二的：他们已经从英国贵族那里拿来了个人权利的理念和热爱地方自由的思想，而他们能保有两者正是因为他们不需要和贵族进行战斗”。[9]

托克维尔讲出此言约 120 年后，美国历史学家路易斯·哈茨（Louis Hartz）称美国之所以在 19、20 世纪与欧洲的发展路径完全不同，最具决定性的原因正是美国没有封建传统。在法国和欧洲其他地方，恰恰是与贵族及其特权之间泾渭分明的区别唤起了市民阶层的自我意识，这种区别成了他们身份的标记，他们由此将自己的利益与其他不能享受特权的社会阶层联系在一起，因此“第三等级”实际上也承担了为市民阶层以下的各社会阶层发声的使命。

对此发出最强烈抗议的是 19 世纪出现的劳动者的代表，他们已经在与资产阶级的战斗中决定代表自己的利益。而且，为了实现这个目标，他们从封建时代的传统中找到了团结联合的形式。在美国，由于并不存在拥有特权的贵族，所以也没有出现欧洲式的市民阶层意识，于是也就没有无产者的阶级觉悟。没有封建主义，就没有社会主义，哈茨在他的结论中如是说：“美国这种既没有封建传统，又没有社会主义传统的独特发展路径并非一种巧合。遍布于西方世界的社会主义有隐而不彰的渊源，人们可以在封建社会的习俗中找到它。是‘旧制度’启发了卢梭，然后这二者又一起启发了马克思。”[10]

哈茨这番机智的分析并不只是恰好回答了德国国民经济学家维尔纳·桑巴特（Werner Sombart）1906 年在其著作的标题中提出的著名
78 问题：“为什么美国没有社会主义？”[11] 他同时还为大西洋两岸在福利国家政策上的差异提供了一种解释。在欧洲，19 世纪由国家施行的社会福利政策，是继承自近代早期绝对主义王权的“善政”传统：对拿破仑三世而言是这样，对俾斯麦（Bismarck）来说也并无二致——他将自称为“乞丐们的国王”的腓特烈大帝（Friedrich der Große）[1] 视为自己的榜样。[12] 美国并没有这样一条绵延不断的线索。相反，在那里口耳相传的是自力更生的精神，就像他们在开拓者时代所践行的那样。在 20 世纪 30 年代的大萧条时代里，富兰克林·德拉诺·罗斯福（Franklin Delano Roosevelt）总统也开始在美国建立起一套有国家干

---

[1] 腓特烈大帝，即弗里德里希二世。普鲁士原为神圣罗马帝国边陲的一个不太大的国家，弗里德里希二世在继承了祖父和父亲努力的成果之后，以其文治武功（特别是赢得西里西亚战争和七年战争），使得普鲁士在 18 世纪末成为欧洲列强之一，所以德国人专称之为“大王”。

预的社会福利体系，很快他就不得不回击那些说他是在美国搞社会主义的指责。[13] 80 年后，受到右翼民粹主义的茶党支持的保守共和党人，又将一样的标签贴到了推行全民法定医保的巴拉克·奥巴马（Barack Obama）总统身上，同样意在诋毁他的声誉。[14]

欧洲绝对主义的另一份遗产是“垄断合法使用暴力的权力”，马克斯·韦伯将这一垄断视为现代国家体制的首要特征。[15] 在美国的开拓者社会中，发展出这样一种无远弗届的国家权力是不可想象的。在美国，持有武器的权利被视作个人自由的保证。1791 年生效的美国宪法第二修正案还保障人民有备有及佩带武器之权利，而且其理由是“一支组织良好的民兵对一个自由国家（Staat）[1] 的安全来说是不可或缺的”。

这样一个修正案至今仍是武器拥有者强大的联盟——美国全国长枪协会——的立身之本，正是它使得该协会能一再阻挠美国总统们一切想要管制武器的尝试。同样泥古不化的，是美国许多州对死刑的坚持。这里起作用的，是对于报复一事的《旧约》式的肤浅理解 [2]——这显现出：在美国，人权和民主受启蒙思想影响的程度比欧洲要轻，因为在欧洲的某些国家，死刑甚至早在二战结束后就已经被废除了。 79

欧洲需要很长一段时间，才会把美国视为“文明世界”中与自己等量齐观的伙伴。在 19 世纪的绝大多数时间里，美国与旧大陆之间的关系都显得暧昧不清：美国看上去有无限的可能，每个人都有向上爬的机会，拥有大胆的商业精神，是个令人钦佩的、享有民主的自由国家；但在文化上，欧洲却总是把美国想象为粗野、蛮荒的开拓者之地。

---

[1] 德文的 Staat 与英文的 state 在一般情况下是同义词。值得注意的是，在美国宪法的语境下，“free state”指的是“自由州”，第二修正案本来就有以民兵保卫州权，防范联邦权力侵犯的用意。但在本文的语境中，这一段的前半部分一直在谈国家体制（Staatlichkeit）和国家权力，考虑到作者意欲进行对比的思路，暂且将本句中的“Staat”翻译为“国家”，唯请读者留心。

[2] 见《出埃及记 21:23–25》：“若有别害，就要以命偿命，以眼还眼，以牙还牙，以手还手，以脚还脚，以烙还烙，以伤还伤，以打还打。”

直到19世纪末，这种想法才有所转变。物质上的丰富、政治上权势的扩张、层出不穷的技术发明、智识上的潜力、美国社会中的现代性和美国已经成为世界上一大令人畏惧的工业强国的事实，都会让人在冷静的思考之后将欧洲人的自负抛到九霄云外。从19世纪90年代开始，至少盎格鲁-撒克逊世界已经不分彼此，同被视为“西方”的一部分。自美国于1917年参加第一次世界大战之后，英国、法国和美国更加感觉到它们在政治上拥有基本的共识：这三个西方民主国家中的大国都把自己视作文明进步的捍卫者，共同反对奉行专制主义和军国主义的德意志帝国。

德国尽管在1918年战败之后也拥有了一种民主制度，但正是这种情形让这个新开端背上了一个沉重的负担：由战败而得来的民主，使德国滋长了对西方的深深恨意——对美国恨得尤深：因为正是这个鼓吹威尔逊民主和民族自决的国家让一种“城下之盟”成为可能。1933年到1945年的“德意志灾难”[1]之中的桩桩件件，可以说是德国拒斥西方政治思想的高峰，这是德国在20世纪对西方的第二次拒绝，而且这一次失败是如此之彻底，以至于连德国人也能完全接受这样的洞见
80 了：西方已经超越了一切差异构建起了一个文化上的统一体，如果欧洲还想生存下去就必须依赖美国。

但自二战结束以来，某种暧昧不清的东西也附着在欧洲与美国的关系之上。在两次世界大战之间的那段时间里，“反美利坚主义”很突出地变成了一种政治正确的倾向——美国被斥责为文化扁平化和大众化的渊薮。而到了1945年之后，“抨击美国”一事的主导力量转移到了左翼一侧：并非只有共产主义阵营才将美国骂作资本主义和帝国主义霸权。人们普遍对美国技术的效率之高，美国通俗文化的吸引力之巨感到惊讶，这种吸引力从好莱坞电影、漫画［如《捣蛋鬼》

[1]　“德意志灾难”是德国著名历史学家弗里德里希·迈内克（Friedrich Meinecke）一本著作的书名，有何兆武所译的中译本（书名是《德国的浩劫》）。

（*The Katzenjammer Kids*）、《超人》、《米老鼠》、《唐老鸭》］毫无间隙地延伸至国民饮料可口可乐和流行音乐——美国简直就是“摩登”的化身。[16]

从政治方面看，英国在传统上与美国的关系最为紧密。自 19 世纪、20 世纪之交起，这位当年的殖民霸主与美国存在“特殊关系”的想法就已经在大英帝国找到了土壤。在经历了两次世界大战之后，这一理念业已成为英国的国家智慧中根深蒂固的部分。相反，美国最早的盟友法国只能很不情愿地回忆起：美国才是首倡人权的先驱，同时美国还是那个在 20 世纪两次帮法国彻底打败德国的国家。法国在夏尔·戴高乐总统的带领下用尽一切手段重新树立起本国已被挫伤的骄傲，并竭力避免让人觉得美国可以在大西洋同盟的框架内向法国随意发号施令。法国于 1966 年退出北约的军事组织一事（但并没有退出同盟本身），正是这种意图摆脱束缚的尝试的高峰。

在阿登纳时代，联邦德国已经变成了美国在欧洲大陆的盟友中最 81
亲近它的国家。当时，美国的和解意愿是西方战胜国中最强的，而且远超他国。在与东方阵营于世界政治角逐的过程中，美国第一个认识到联邦德国作为伙伴的价值，并因此给了被分隔在国家西部的德国人重新站起来的机会。对联邦德国的自由、福祉和安全来说，再也没有比跨大西洋西方联盟的领袖更可靠的担保人了。

到了 20 世纪 60 年代，美国的“形象”发生了变化。越南战争使得美国在大多数年轻人眼中成了一个重蹈法国覆辙的，用残酷的战争阻挠越共民族解放运动的帝国主义霸权。在联邦德国是这样，在西欧是这样，在美国自身的学生反对派那里也是这样——这群人正是 1968 年抗议方式的发明者。在这段充满传奇魅力的岁月中，跨国的造反运动反对年青一代所怀疑的一切，因为这些东西显得有权威、有压迫感。而他们要特别反对的，正是那个在东南亚穷兵黩武，并以这种方式挥霍了自己在两次世界大战中赢得的权威地位的超级大国。越南战争在 1973 年至 1975 年以越共的胜利和美国的失败而告终，这对西方的霸权而言是一个道德上的打击，并令其久久不能恢复元气。

在越战结束之后的 40 年里，相较共和党出身的美国总统，欧洲人对民主党出身的美国总统的评价基本上更为友好。民主党人被认为是相对进步的，而共和党人则被认为是保守的，或是反动的。1981 年至 1989 年领导美国的共和党人罗纳德·里根（Ronald Reagan）尤其遭旧大陆的左翼政治人士憎恶，因为他采取了露骨的反共修辞和
82 激进的军备战略。直到他在其第二任期内转而与苏联的改革者米哈伊尔·戈尔巴乔夫（Michail Gorbatschow）成为系统性裁减军备计划的伙伴之后，欧洲人才开始赞许他对解决东西方冲突问题所做出的贡献。

共和党人老布什（George H. W. Bush）借由他在 1989—1990 年支持德国重新统一所赢得的声誉，甚至获得了那些先前一度怀疑他的人的支持。而他的那位以社会改革者和谦逊的外交家面目出现的后继者，民主党人比尔·克林顿（Bill Clinton），则在大西洋的另一侧受到了惊人的欢迎。时至 2001 年 1 月，当那位 1989—1993 年间的总统的儿子、共和党人小布什入主白宫，并在政府的关键岗位上安排许多来自"新保守主义"阵营的特别右倾的政客和知识分子时，西欧的公共舆论认为一个大西洋两岸发生冲突的新时代即将出现——他们肯定不会失望。

的确，恐怖组织（基地组织）在 2001 年 9 月 11 日对纽约和华盛顿的袭击，唤起了所有的西方国家要与美国团结一致的意识，这种意识是北约国家一致同意打击庇护基地组织的阿富汗塔利班政权的根本前提。可是，当小布什准备于 2002 年发动一场针对伊拉克独裁者萨达姆·侯赛因（Saddam Hussein）的战争时，却引发了跨大西洋联盟有史以来最严重的一次分裂。小布什谴责萨达姆支持恐怖主义的不义之举，指责他不但违背了自己在核不扩散条约中的义务，而且还藏匿和生产生化类的大规模杀伤性武器。

即使美国并未获得联合国安理会的授权，部分北约成员国（其中包括英国、丹麦、意大利、西班牙、葡萄牙，以及 1999 年才加入的由社会主义国家转型而来的新成员：波兰、捷克、匈牙利）也决定站在美国一边；但德国、法国、比利时和卢森堡则拒绝参与伊拉克战争。对于盟友中的这些不同意见，小布什的国防部长唐纳德·拉姆斯菲尔 83
德（Donald Rumsfeld）借 2003 年 1 月 22 日的新闻发布会将这些“说不”者蔑称为“旧欧洲”，同时又把加入了“意志联盟”的伙伴称为“新欧洲”以示欢迎——这其中还包括一些正在申请加入北约的中东欧国家和南欧国家。[17]

美国国防部长的这番言论首先在法国和德国激起了强烈的抗议。应《法兰克福汇报》（*Frankfurter Allgemeine Zeitung*）的请求，有 20 位德国和其他国家的知识分子对此声明了自己的立场，其中包括尤尔根·哈贝马斯。依照这些德国哲人的论断，拉姆斯菲尔德在欧洲遭受到批评是因为他“背叛了美国自身在 18 世纪所拥抱的理想。《人权宣言》、联合国的人权政策和国际法上的诸多革新，都是由启蒙运动的精神所生发出来的。今天，这种精神和这些革新更能在欧洲找到共鸣，而不是在那个看上去已经暮气沉沉的所谓‘新世界’”。[18] 没有什么能比这个论断更能显现出大西洋两岸的分歧之严重了。

对于欧洲知识分子所坚持的国际法方面的要求，小布什早已于 2002 年 6 月 1 日（“9 · 11”恐怖袭击事件之后 9 个月）在西点军校进行的一场演讲中亮明了自己的态度。他宣称，“采取‘单边行动’来保卫我们的自由和守护国民的生命”是作为世界强国的美国的一项主权——这已经远远超出了《联合国宪章》所允许的行使自卫权的前提：受到直接的、紧迫的威胁。

这一说法，已经表达了“布什主义”的要旨，该主义的最终定本出现在 2002 年 9 月 17 日由总统宣布的美国国家安全战略之中。美国不会让其敌人先发制人——在这个口号之下，这份文件记录了美国要实施到那时为止最为强烈的单边强权政策的意愿。若是顺着这位安全

战略起草人的逻辑讲下去，那就是说，尽管一切国家都是有主权的，
84 但美国比其他国家更有主权。这就不单对其潜在对手，而同时也对其欧洲盟友构成了挑战，但小布什及其顾问觉得这种局面可以接受。

让小布什政府的政策在欧洲和美国国内都遭受尖锐批评的，并不仅仅是这种对国际法的公开蔑视和基于这种蔑视而在 2003 年发动的伊拉克战争，这些批评指向整个“反恐战争”：比如巴格达阿布格莱布的虐囚事件、位于境外的不受司法管辖的拘押营（如在古巴的关塔那摩）、镇压性的法律［如 2001 年 10 月通过的《爱国者法案》（Patriot Act）］，以及国土安全部（NSA）在国内外广泛的电子监控活动。

在美国，主要是独立知识分子在抗议美国政府政策对国际法的破坏和总统行政权的系统性扩张。与这些人的态度相反，参议院、众议院对这些行为并无异议，总是让政府所谋求的立法提案和新的法案得以通过，连许多民主党人也投了赞成票。在欧洲，与小布什政府之间的矛盾并不仅仅是知识分子和少数政府（包括德、法两国政府）的事情。2003 年 1 月底，旧大陆上的许多大城市都出现了反对即将进行的伊拉克战争的群众集会。这是自 20 世纪 80 年代初反对北约改装中程导弹系统以来最大规模的抗议活动——如果不是自 1945 年以来的最大规模抗议活动的话。[19]

面对欧洲对自己入侵行动的批评，美国的新保守主义者很淡定。政治评论家罗伯特·卡根（Robert Kagan）在 2003 年出版的《天堂与实力——世界新秩序下的美国与欧洲》（*Of Paradise and Power: America and Europe in the New World Order*）[1] 一书中写道：在 20 世纪 90 年代，美国与欧洲之间出现了一种力量平衡。其中，欧洲是一个后现代的乐园。“欧洲人已经脱离了无法无天的霍布斯世界，进入了永

---

[1] 目前的中译本有：《天堂与实力：世界新秩序下的美国与欧洲》，肖蓉、魏红霞译，新华出版社，2004 年；《天堂与权力：世界新秩序中的美国与欧洲》，刘坤译，社会科学文献出版社，2013 年。作者在第 20 注给出的书名显示，这本书德文版的书名被译成了“Macht und Ohnmacht. Amerika und Europa in der neuen Weltordnung”，即《强而有力与软弱无力：世界新秩序中的美国与欧洲》。

久和平[1]的康德世界中。”相反，美国则依旧停留在“普世性民族主义
中独一无二的美国模式”之中。书中还说，在小布什的时代，“西方” 85
作为一个与外交政策紧密相连的概念已经丧失其意义。“美国在 9 月 11 日这一天并没有发生什么改变。它只是找回了它自己。”因此，曾经的西方阵营之内并不一定会发生“文化冲突”，但欧洲人和美国人都必须使自己适应美利坚霸权这个新的现实。[20]

早在一年之前，卡根就曾在《政治评论》（*Policy Review*）杂志上为他关于大西洋两岸在安全问题上的分歧的思考做过画龙点睛式的总结：美国人来自火星，而欧洲人来自金星。这是一个挑衅，却影响不小。[21]对英国人和法国人而言，要摆脱美国新保守主义者这个挑衅式的攻击并不太难，他们有足够的证据表明他们随时都准备用军事手段捍卫其利益。相反，德国十分清晰地意识到自己过去在军事方面的表现，所以就一直维护着一种“军事上内敛的文化”：这种政策虽没有形成一种绝对的和平主义，但每当联邦国防军要在“区外”（“out of area”，即在北约成员国的国境之外）行动时，就会受到极其严格的限制，而且还必须得到联邦议会的授权。[22]总的说来，在冷战结束之后，欧洲区域内的军事任务已经大幅缩减，在公共讨论中几乎不存在对外部威胁的感受。尽管人们一再强调欧盟应该有统一的外交政策和安全政策，但在实践层面这依然与从前一样受到成员国固有主权的阻碍。所以，从根本上讲，人们并不能说卡根的总结是错的。

在小布什执政时期（结束于 2009 年），大西洋两岸关系跌入了前所未见的低谷。全欧洲的人都觉得继续维持与美国的伙伴关系是极其重要的事情，他们把希望寄托在布什的继任者巴拉克·奥巴马身上，奥巴马在 2002 年 10 月曾经作为民主党的参议员向伊拉克战争投出了
反对票。这些希望中的大部分最后都以失望告终：由于国会中强硬的 86

[1]　德国哲学家康德著有《永久和平论》（*Zum ewigen Frieden*）一文。

反对派和某些州的反对，奥巴马无法像他在竞选中承诺的那样关闭关塔那摩拘押营。他扩大了已饱受争议的武装打击恐怖主义的战斗规模——尽管这一再导致无辜平民丧生；他同意延长小布什执政期间通过的国内各种严厉限制自由的法案，同时还通过美国国家安全局对重要的盟友实施电子监控——有段时间监控对象甚至包括德国总理。国家安全已经被排在了个人自由和国际法之前：这种优先性出自“9·11”恐怖袭击事件地狱般的体验，但它也激起了最亲美的欧洲知识分子的强烈愤慨。

未来的历史学家或许会对奥巴马的总统生涯给予更为友善的评价，而且主要基于其内政方面的原因——虽不限于此。在他的第二任期接近尾声的时候，已经可以确定，他将步入美国总统中的伟大改革家的行列。首先是“奥巴马医改计划”（Obamacare）这个全民法定医疗保险应该可以被称为历史性的社会进步，还有他针对无限制武器贩卖所进行的不懈斗争，他为了消除女性在酬劳上所受到的性别歧视的努力，他对同性婚姻的支持，这些都在欧洲获得嘉许。

在外交方面，奥巴马试图通过最大限度地保持克制以避免军事冲突而与前任总统拉开距离。这突出表现在自 2011 年夏天以来都处于沸腾状态的叙利亚内战问题上：美国为避免与俄罗斯发生重大冲突，一直小心翼翼地分配给予各个反对派集团的军事支援。要知道，俄罗斯的弗拉基米尔·普京（Wladimir Putin）是叙利亚巴沙尔·H. 阿萨德（Baschar Hafiz al-Assad）除伊朗之外最重要的保护人。

由于阿富汗自身的安全力量尚不足以压制实力已经增强的塔利班，奥巴马不得不推迟原计划在 2014 年底从阿富汗撤出美国（及其盟友）
87 的战斗部队的时间表。但是在政治局势同样极端不稳定的伊拉克，美国却不只是像原计划那样在 2011 年底撤出战斗部队，而是撤出了全部军事人员。其理由是，由小布什在 2006 年扶植为伊拉克总理的什叶派政治家努里·马利基（Nuri al-Maliki）未能保证为美军士兵提供美国政府所要求的刑罚豁免权。接下来，逊尼派与什叶派之间内战式的冲突造成了随之而来的混乱，这使得奥巴马的撤军命令很快就被公认为一个严重的战略性错误。

2011 年对利比亚内战半心半意的干涉行动同样影响深远。直到最后一刻，美国才在法国和英国的压力下让步，在联合国安理会 3 月 17 日决议的保证下，支持利比亚的叛乱者，并参与对卡扎菲政权政府军驻扎地班加西（Bengasi）据点的空中打击行动之中，而且还在其他地点对卡扎菲支持者的阵地实施了军事打击。美国在 3 月 24 日就宣布，空军的战斗行动将于 4 月 3 日结束，而且只有在北约通过决议的时候才再度实施。

从 3 月底起，盟军（在联合国安理会投了弃权票的德国并不在其中）开始致力于颠覆政权，而这已经超出了联合国决议的范围。8 月底，叛乱者攻占了利比亚首都的黎波里（Tripoli）；10 月底，独裁者成了叛乱者私刑的牺牲品。但利比亚并没有恢复平静：动荡和无政府的状态一直在持续；包括苏特（Sirte）在内一些城市成了恐怖组织“伊斯兰国”的据点。无论是美国还是其欧洲盟友，在做出发起军事攻击的决定时都未曾想到，竟然会有这样一种可能。

西方民主国家（特别是法国）在向利比亚叛乱者提供武器时的慷 88
慨程度超出了安理会的要求，这在 3 年之后成为普京总统违反国际法的借口——尽管他的违法方式要野蛮得多。2014 年 3 月他吞并了克里米亚（Krim），这里原本自 1991 年以来都是乌克兰的一个自治共和国。紧随其后的，是俄罗斯对乌克兰最东边的顿巴斯地区（Donbass）毫无顾忌地入侵。西方的应对手段是经济制裁。美国将调解俄罗斯与乌克兰之间冲突的外交工作留给了欧洲国家——特别是德国和法国。

2014 年，奥巴马已意识到自己不得不改变中东[1]政策。美国从伊拉克撤军的行动在当地造成了某种权力真空，这一点为此间战斗力最

[1] 原文为“Nahe Osten”，直译是“近东”。在德语世界中，“近东”指的是从土耳其、埃及到伊拉克这部分地区，“中东”指从伊朗到阿富汗的地区，“远东”即是东亚。由于中国读者已经习惯英语中的“中东”概念，所以在此处将“Nahe Osten”译为“中东”，下同。

凶悍的逊尼派恐怖军事集团“伊斯兰国”（IS）所利用。“伊斯兰国”不但在伊拉克也在叙利亚攻城略地，这使得美国政府于 2014 年 6 月向满目疮痍的伊拉克派出了 300 名军事顾问和特种部队，并且还向波斯湾派遣了“老布什号”航母，用以保护美国公民和机构。8 月，美军战机首次空袭了“伊斯兰国”在伊拉克的据点，自 9 月起也开始袭击其在叙利亚的据点。美国的欧洲盟友（其中包括英国和法国）也参与了在这两国进行的空袭行动。但奥巴马拒绝动用地面部队；这个层面的战斗被交给了“伊斯兰国”的伊斯兰敌人——主要是伊拉克政府军和库尔德的佩什梅格部队（Peschmerga）。[1]

批评总统的人认定奥巴马打击“伊斯兰国”的热情来得太迟，而且总是犹豫不决。这的确是事实。但奥巴马所做的事依然可以说是出于这样一种洞见：如果不想让中东陷入混乱，美国就不得不担负起世界政治中更大的责任，即便因此而激起本国的舆论争议也在所不惜。同样是出于这种信念，美国令国务卿约翰·克里（John Kerry）
89 作为代表，与其他安理会常任理事国及德国一起同伊朗进行核技术谈判。该谈判最终于 2015 年取得了成功：伊朗接受国际原子能机构（Internationale Atombehörde）对其核设施进行为期 15 年的管控，这样做是为了保证这些核设施不被用于军事。后续谈判的结果之一，是美国和欧盟从 2016 年 1 月 17 起取消了自 2007 年起对伊朗实施的经济制裁——当时的理由是伊朗违反了 1968 年缔结的《不扩散核武器条约》（Non-Proliferations-Vertrag）。

如果要结束叙利亚内战，缺少德黑兰的建设性贡献是不可想象的，上述谈判的成功因此具有重大的政治意义。无论是伊朗，还是它的逊尼派死对头沙特阿拉伯，抑或是俄罗斯都确定了结束叙利亚内战这个目标，但它就像是一个解不开的死局——根据联合国安理会于 2015 年

[1] 佩什梅格，意为“面对死亡的人”，又译为“自由斗士”，是伊拉克库尔德斯坦自治区的军队。由于伊拉克宪法规定伊拉克陆军不得进入伊拉克库尔德斯坦，所以佩什梅格以及其他库尔德安全附属机构负责库尔德地区的安全事务。

12 月 18 日一致通过的决议，就叙利亚问题展开的和平对话本应该是能取得成果的，但就是完全谈不拢。

到 2016 年的头两个月，导致困局的问题终于水落石出，大家知道了谁才是最善于将美国从中东撤军所留下的权力真空为己所用的人：弗拉基米尔·普京。他手下的空军将炸弹精确地投掷到“最温和”的叙利亚反对派武装的阵地上，从而协助阿萨德政权占领了大量地盘——特别是阿勒颇（Aleppo）及其周边地区。同时，俄罗斯也由此赢得了现代战略术语中的所谓“以激化得统御”[1] 的优势。普京的算计一目了然：西方国家很可能被迫放弃对已被大大削弱的对叙利亚反对派的军事支持，并转而接受与“相比之下不那么浑蛋”的阿萨德结成联盟，以对抗“伊斯兰国”和属于基地组织分支的另一恐怖组织“努斯拉阵线”（Al-Nusra-Front）。

2012 年剑桥大学出版社出版了美国历史学家玛丽·诺兰（Mary Nolan）的一本名为《跨大西洋的世纪》（*The Transatlantic Century*）的书。她在书中抛出的命题是：这个“跨大西洋的世纪”（即“漫长的 90
20 世纪”[2]）已经终结了。在她看来，划定这段时期的标志是：自 19 世纪末以来欧洲与美国之间的密切关系。[23] 这显然是在强调 21 世纪的头十年里大西洋两岸之间的裂痕。

若把诺兰的命题仅仅当作对小布什时代的反映，或许过于草率。2009 年 11 月，奥巴马的国务卿希拉里·克林顿（Hillary Clinton）在新加坡举行的一次亚太经合组织（APEC）高峰会上谈到了“美国的太平洋世纪”。奥巴马本人一语双关地称自己为“美国的第一个太平洋总

[1] “以激化得统御”（Eskalationsdominanz）是这样一种策略：通过破坏秩序或威胁破坏秩序，迫使对手投鼠忌器，从而在某一地区或谈判中取得优势的策略。通俗地说，就是“光脚的不怕穿鞋的”。

[2] 这样说的意思，是将“20 世纪”的时间范围拓展至 19 世纪末到 21 世纪初。这与英国历史学家霍布斯鲍姆的著名说法正好相反：霍布斯鲍姆将近现代总结为“漫长的 19 世纪”（1789—1914 年）和“短暂的 20 世纪”（1914—1991 年）。

统”（他出生于夏威夷）。这位总统 2011 年 11 月 17 日在堪培拉的澳大利亚议会宣告了一项“重要的重心转移”：美国于十多年里在中东经历了两场血腥的战争之后，将要把它的注意力更多地转向潜力巨大的亚太地区。他称他的国家是一个“太平洋国家”，并且宣布：21 世纪的亚太，美国将无所不在。[24]

但奥巴马并没有说要进行一次“离开欧洲而转赴太平洋地区”的全面战略转向。美国在亚太地区没有如其欧洲盟友那般的伙伴。澳大利亚和新西兰是出于共同的利益和价值观而与美国结盟的，但无论是这两国之一还是它们加起来，都远不能企及欧盟在政治、经济和军事上的分量。日本与美国之间也存在共同利益，但只要这个东亚的天皇之国依旧留有激进民族主义的烙印，依旧对西方的普世主义价值若即若离，那么它也同样不能像欧洲民主国家那样在实质上成为美国的伙伴。

为了突出西方（主要是美国）在冷战中的胜利，保守派政治评
91 论员查尔斯·克劳萨默（Charles Krauthammer）在 1990 年称这是历史上的“单极时刻”。[25] 超级大国美国拥有绝对霸权的时间是短暂的：这个霸权因小布什企图追求其所谓的国家利益而终结。在克劳萨默的说法提出 20 年之后，美国外交事务委员会主席理查德·N. 哈斯（Richard N. Haass）将“无极化”称为 21 世纪的主要特征：“这个世界将受到十多个行动方的影响，其中的每一个都拥有不同的军事、经济和文化实力。”中国（美国最大的债主）、印度和巴西都被算作新的“全球玩家”；普京治下的俄罗斯内政稳定，对外野心勃勃。西方明显已经丧失权柄，小布什那个因得胜而喜气洋洋的年代只是一个苦涩的回忆。诚如哈斯所言，这个世界现在处于“国际关系中的‘后大西洋时代’”。[26]

不管我们的说法是“无极化”，还是一种新的、带有某种对抗性的“多极化”，有一些事实是不变的：西方位于大西洋两岸的两个部分——北美和欧洲——又重新接近起来。这其中一个契机是“俄罗斯-

乌克兰危机”，另一个是恐怖主义的全球化。在 2014 年以后，那种相互需要的感觉又重新袭来。当欧盟因不断加剧的欧元区危机而抱团取暖时，当中东欧的几个国家转入非自由化的秩序时，当各国在难民、避难问题和在英国脱欧公投的负面后果上的根本性分歧减弱时，大西洋同盟保持了自己的凝聚力。在得知本国的情报机构也不忌讳对亲密盟友实施电子监控之后，欧洲人（特别是德国人）对美国国家安全局监听行为的怒火也有所消退。当人们意识到唯有同美国紧密合作才有可能有效地防范恐怖行径后，对北大西洋彼岸的这个魁梧伙伴的猜忌也就渐渐消去了。

不料，2016 年的总统竞选大战又重新勾起了欧洲人对美国的怀疑： 92
这次选战以前所未有的剧烈方式大大加深了美国社会的分裂，并造成了一种政治上的极化。激进的民族主义兼民粹主义者、共和党总统候选人唐纳德 · 特朗普的胜选，令奉行自由主义的欧洲大惊失色。不过，我们会专用一章来详细讨论这个问题。[27] 2016 年底，已经确定无疑的是：跨大西洋关系将再一次面临严峻考验。

第 7 章

93

德意志问题又来了？

德意志问题是个老问题了，它是拿破仑 1806 年强行解散神圣罗马帝国的后果。更确切地说，自那之后出现了三个德意志问题。人们争论不休的第一个问题是：究竟哪儿才是德国，它的边界在何处，它管辖着哪些地方？第二个问题是：统一优先还是自由优先？第三个问题：德国真的像人们一直认定的那样，是欧洲安全或者说欧洲均势的一个威胁吗？

1815 年的维也纳会议为人们提供了一个数年前刚解体的旧帝国的替代品：德意志邦联（der Deutsche Bund）。这个新邦联的任务是给德意志诸侯和各自由城市一个共同的政治平台——这种结构既能如他们所期望的那样使他们松散地聚合在一起，又不会妨碍他们行使各自的主权。1

德意志邦联要想顺利运行，有三个必要条件：其一，德意志空间内的两强——奥地利和普鲁士，相互间必须保持极大的克制；其二，所谓的“第三个德国”或“特利亚斯”（die Trias）[1]——境内其他的中、小邦国——多少应该团结起来代表其整体利益；其三，德意志邦联应该为自由思想留下成长的时间。然而，在德意志邦联之内，只有
94 从 1815 年到 1866 年的“德意志双雄之战”前的半个世纪的时间里（虽

[1] “特利亚斯”，原文是“die Trias”，以拉丁文“三”（tria）为词根，代指由中、小邦国构成的“第三个德国”。

然因 1848—1849 年革命而有所中断）才暂时具备前两个条件，而且它们在 1850 年之后也已呈现出越来越不稳固的态势。至于说第三个条件，则从来也没有具备过。

1848 年革命源自一场反对那些拒绝自由和统一的德意志诸侯的运动。德国的自由主义者和民主主义者想要实现的，是比 1789 年法国的革命者更为雄心勃勃的计划。法国的革命者是想把已经存在的民族国家建立在全新的社会基础之上。而“1848 年的那代人”的目标有两个：他们要让（轮廓已变得更加清晰的）德意志在成为一个民族国家的同时也成为一个宪政国家。他们忍不住想毕其功于一役，但最终却力不能逮。

在革命的早期阶段，这场运动的推动者们都觉得一个统一的德国毫无疑问地应该包括讲德语的奥地利。而直到 1848 年末才有人意识到，统一是不可能在大德意志框架内实现的，它只有在普鲁士统领下的、不包括奥地利的小德意志框架内才能实现。然而，当有人有此觉悟时，实施这样一个妥协性方案的时机早已错过：普鲁士的反革命势力已经变得如此之强大，以至于来自霍亨索伦（Hohenzollernkrone）家族的国王与法兰克福的国民大会之间早已无法再达成一致。

俾斯麦用以解决德意志问题的“小德意志方案”是一次经典的“自上而下的革命”。该方案由三次战争构成：1864 年德意志邦联与丹麦的战争，1866 年普鲁士与奥地利之间的战争，以及 1870—1871 年的德法战争。此三战以普鲁士的方式回答了 1848 年提出的统一问题。但自由主义者所提出的自由问题，却远没有在帝国建立的过程中得到解决。尽管 1871 年的德意志帝国（其前身北德意志联邦始于 1867 年）推行了在当时非常民主的成年男子普选制度——以至于当时的德国甚至被视为比英国和比利时更为进步的模范君主立宪制国家，但这个帝 95
国却根本没有一个必须对议会负责的政府。只是在“一战”军事失败的阴影下，德国才于 1918 年以“十月改革”的形式施行了议会制。人们完全有理由说德国的民主化并不是一步到位的：先实现民主化的是选举权，而政府系统则过了很久才在有限的意义上实现了民主化。

对在1918—1919年革命中诞生的魏玛共和国（Republik Ven Weimar）而言，议会民主制与战败同时发生的这个事实是德国民主政体的第一个沉重负担。民族主义右翼分子可以毫不费力地把德国在战争中使用的意识形态挪用过来，继续宣称要用“1914年的德意志精神”对抗1789年“自由、平等、博爱”的西方理念。这些“德意志精神”包括：捍卫德意志军国主义和“民族共同体”，支持一个强大且崇尚社会公正的国家——一些教授甚至将这些东西称为“德意志社会主义”。[1]

阿道夫·希特勒，这个平步青云的极右翼党派德国民族社会主义工人党（der Nationalsozialistischen Deutschen Arbeiterpartei）的领袖[2]，事实上是德国民主化不同步的获益者。在脆弱的议会民主制失败，并在1930年转变为一种半威权的总统制之后，此人可以在两个问题上大做文章：一个是普遍存在的、对议会民主制的愤恨，而且此时民主制仅存一个门面；与此同时，人民从俾斯麦时代起就部分得到的普遍平等的选举权，因政府已经在1930年至1933年以紧急法令的方式或多或少地被取消了。

纳粹党统治时期是德国最拒斥西方价值规范的年代，它否定了1776年美国革命和1789年法国大革命的理念。直到德国迎来了自己在20世纪的第二次（这次是彻彻底底的）战败，而且俾斯麦所创建的那个统一的德国也灰飞烟灭之后，新的观念转化才得以在1945年之后启程。在德国靠西边的那一部分，也就是在后来的德意志联邦共和

---

[1] 作者在这里显然指的是维尔纳·桑巴特教授。该教授年轻时同情社会主义运动并因此而受到帝国政府的压制，到了“一战”前却变成了一个狂热的民族主义分子，并在20世纪30年代提出了“德意志社会主义”的口号。参见桑巴特著：《德意志社会主义》（*Deutscher Sozialismus*），杨树人译，华东师范大学出版社，2007年版。

[2] 作者在此处是一语双关，因为“领袖”（Führer）也是后来纳粹德国时期对希特勒的官方敬称，一般译作“元首”。德国民族社会主义工人党，即“纳粹党”（Nazi），旧译“德国国家社会主义工人党”有误，因为根据纳粹党的主张（种族主义、“民族共同体”）以及使用时的语境，可判定其中的“national”侧重于指民族而非国家。

国，出现了第二个议会民主政体——这一次是一个能可靠运转且有自卫能力的民主[1]制度。正如尤尔根·哈贝马斯 1986 年在“历史学家之争”[2]达到白热化之际，谈及纳粹对犹太人实施种族灭绝事件的唯一性时所说的：“联邦德国对西方政治文化毫无保留地开放”是长期学习和争论之后的结果。2 而在德意志的另一部分土地尚在专制统治下，在 1989 年的“和平革命”到来之前，这样一种对西方文明成果的好感是无法想象的。在 1989 年 11 月 9 日柏林墙倒塌之后，民主德国的政治环境彻底改变了，于是这种好感也传到了德国东部。

只要德国还是分裂的，人们就会觉得这一状况不但是欧洲，也是全球“东”“西”势力之间维持均势的保证。联邦德国坚定地将自己与欧洲共同体和北约绑在一起，而民主德国也如此看待自己与经济互助会和华约的关系。在这种局面下，分裂的德国不会对外部世界构成威胁。但在 1989 年秋天民主德国崩溃，并且一个统一的德国再次出现之后，警报声就响彻许多欧洲国家首都的上空。

1871 年 2 月 9 日，就在俾斯麦建立其帝国之后不久，英国下议院的反对党领袖保守党人本杰明·迪斯雷利就把德-法战争称为“比法国大革命更为重大的政治事件”，因为它彻底摧毁了“均势”。3 俾斯

---

[1] “有自卫能力的民主”，原文是“abwehrbereite Demokratie”，这是德国政治学和宪法学中的一个术语，有时候也写作“Streitbare Demokratie”（直译是“战斗性民主”）。它的意思是：德国的法学家们在总结了魏玛共和国失败的原因之后，决定让《基本法》（即宪法）赋予德国政府、议会和法院特别的权力和责任，以对抗那些企图废除自由民主基本秩序的势力，并规定即使这样的势力获得议会多数也不可以废除《基本法》中的基本权利（法律面前人人平等、言论自由等）。因此，与魏玛共和国以消极的、价值中立的立场去看待各种“主义”不同的是，联邦共和国有权主动打击国内的极端思想，所以才称其为“有自卫能力的民主”或“战斗性民主”。

[2] “历史学家之争”是 1986—1987 年主要爆发于联邦德国不同政治立场的历史学家之间（也牵涉其他领域的学者）的一场争论。其中，右翼保守主义人士认为对纳粹暴行的历史书写应该予以修正，应去掉各类“政治正确”的说法，站在德国人的立场而不是那些二战胜利者的立场上去审视这段历史，并且认为纳粹的暴行起因于共产主义革命，是一种“防卫过当”；而左派历史学家认为右翼保守主义人士企图将纳粹的罪行相对化，实质上是在为纳粹罪行进行辩护，是值得警惕的现象。他们争论的焦点之一是：纳粹德国对犹太人实施种族灭绝的罪行的严重性是否独一无二。除了对历史事实的争论外，双方还围绕历史研究在政治公共领域中的作用，以及爱国主义、学术自由和辩论规则等问题展开争论。参见范丁梁：《复杂语境中的德国“历史学家之争”》，《史学理论研究》，2013 年第 1 期。

麦凭借其远见，设法用旨在保证维持现状的外交政策否定迪斯雷利的这个判断，但随后那位热爱冒险的威廉二世却更多地证实了这个判断。1989 年至 1990 年，欧洲均势再次地动山摇，无论是像英国首相玛格丽特·撒切尔这样的女政治家，还是像法国总统弗朗索瓦·密特朗这样的男政治家，都为此而忧心忡忡。

97 只有外交方面的巨大努力，才能消除德国邻国因德国问题突然回到国际政治议程之中而引发的担忧。美国从一开始就认为，解决这个由德国统一导致的疑难的必要条件是让整个德国都从属于跨大西洋联盟。苏联愿意在此事上让步，是因为它在经济和政治上的弱点：如果莫斯科不允许统一后的德国成为（改革后的）北约成员国，那么它就不能再指望西方（特别是联邦德国）的全面援助。此时参与的各方都很清楚，重新统一只有在 1945 年的边界之内才能实现，因此波兰的西部边界——奥得–尼斯河（Oder und Görlitzer Neiβe）一线——必须成为统一后德国东边的最终边界。1990 年 11 月 14 日由两个德国与二战的四大战胜国在华沙签订的《二加四条约》（Zwei-plus-Vier-Vertrag）[1] 和另行签订的德国与波兰之间的边界条约（deutsch-polnischen Grenzvertrag），正是照此办理的。

在 1990 年 10 月 3 日于柏林爱乐音乐厅举行的庆祝德国重新统一仪式上，德国总统里夏德·冯·魏茨泽克（Richard von Weizsäcker）用下面这几个简短的句子就将庆典与这个历史性的地点 [2] 联系了起来："头一次，我们德国人没有再给欧洲的议事日程制造争议焦点。我们的统一是和平商定的，没有强迫任何人。这统一是全欧历史进程的一个组成部分，此进程的目标是为各民族带来自由，以及为我们这个大陆带来新的和平秩序……今天，统一的德意志民族在欧洲的位置已获承认……历史上头一次，整个德国都在西方民主国家中拥有了稳固的位置。"4

[1]　即《最终解决德国问题条约》。

[2]　柏林爱乐音乐厅位于波茨坦广场，紧邻昔日东、西柏林的分界线——柏林墙。

魏茨泽克口中的全欧历史进程，在 1990 年 9 月 21 日来自 34 个国 98
家的政府首脑出席欧洲安全与合作会议（KSZE，简称“欧安会”）并签署《巴黎宪章》（Charta von Paris）时暂告一段落，出席会议的首脑包括美国总统老布什和苏联总统米哈伊尔·戈尔巴乔夫。凡签署参与该宪章的国家，都有义务“致力于建立、巩固和加强民主制度，并视之为本国唯一的政府形式”，相互尊重国家主权和领土完整，和平解决争端。在签署《欧安会赫尔辛基最后文件》[1] 15 年后，各国决定深化各级磋商。为此，它们将设立一个至少每年召开一次会议的外长理事会。5

随着德国的重新统一，自 19 世纪初以来的德意志问题在全部三个层面上都获得了解决。首先，可以毫无争议地确定德国的边界所在，划定有哪些地方是属于德国的国土。由此证明了俾斯麦的小德意志方案是行得通的——尽管此时的领土比 1871 年时又小了许多。其次，与俾斯麦的帝国不同的是，这次统一和自由得以同时实现。最后，威胁欧洲安全的德意志问题也不复存在了：德国是北约成员国，永远放弃了生化武器和核武器，还在全德范围内大幅裁减联邦国防军，这使重新统一的德国不可能再成为一个军事大国。

另一份约定并非“二加四谈判”的内容，却是赫尔穆特·科尔总理与法国总统弗朗索瓦·密特朗另行商议的结果——联邦德国愿在德国重新统一之前就承担一项致力于构建欧洲新均势的义务：这就是上文已经详谈过的德国政府在欧洲政治与货币统一一揽子计划上的让步。6
法国的忧虑在于，重新统一后的德国在稳定的德国马克的支撑下迟早
会将欧洲置于它的霸权之下，为了减轻法国的顾虑，科尔愿意在两个 99
分别进行的两国政府会谈中把货币联盟和政治联盟的问题分开来讨论。

[1] 1975 年 8 月，在芬兰首都赫尔辛基举行的欧洲安全与合作会议上，共 37 个国家（包括美国、苏联、加拿大，以及除阿尔巴尼亚和安道尔外的所有欧洲国家）签署了《欧安会赫尔辛基最后文件》（Helsinki Final Act of the Conference on Security and Co-operation in Europe）。其主要内容是：签约国应相互尊重领土完整并和平解决争端，建立互信，加强经贸、科技合作，尊重包括移民自由和出版自由在内的人权。

由此才有可能诞生 1992 年初生效并成为单一货币的基础的《马约》，但德国政府曾寄予厚望的欧洲政治统一进程却并不能因此条约而取得大幅度的进展。坦率地说，以此方案解决德国问题，使欧洲问题成了悬案。

并非所有人都认为德意志问题自 1990 年 10 月 3 日德国重新统一之后就被一劳永逸地解决掉了。大约十年之后，当奥地利人民党主席沃尔夫冈·许塞尔于 2000 年 2 月与克恩滕州（Kärnten）州长约尔格·海德尔（Jörg Haider）领导下的（通常被认为是鼓吹“大德意志”的）极右党派奥地利自由党（FPÖ）组成了联合政府，法国社会学家埃玛纽埃尔·托德（Emmanuel Todd）于此时抛出了一个引人注目的观点：德意志问题又来了！[7] 正是这样的氛围，使欧盟在法国总统雅克·希拉克的压力下对奥地利实施了制裁。

2004 年，美国政治学家斯蒂芬·F. 绍博（Stephen F. Szabo）在谈到德国在格哈德·施罗德和约施卡·菲舍尔（Joschka Fischer）领导下的红绿联合政府对 2003 年的伊拉克战争“说不”一事时，说这是一个新的德国问题。[8] 不过这一次德国并不孤立。雅克·希拉克的那个“不”字说得与德国同样坚决，而且法国的这个“不”对美国而言更有分量，因为法国是联合国安理会常任理事国，从而可以用否决美国或美、英提案的方式威胁华盛顿。

又过了大约十年，新一轮针对德国的权力及其对权力的理解方式的批评声再次响起。引燃这场争议的火星，是德国在（2007—2008 年源于美国的）国际债务危机中所扮演的角色。由于红绿联合政府施行
100 的“议程 2010”改革，德国在世界经济的动荡中变得更强大了。而且德国还愿意帮助欧元区内陷入危机的国家，其方法是在与欧盟委员会取得一致的情况下引导这些国家进行影响深远的结构性改革。但这样的立场不但在那些发生危机的国家，而且也在美国、英国和法国遭遇恶评，这些人觉得德国人因为自己在历史上曾遭受过通货膨胀，所以

现在要采取不惜损害第三方的紧缩政策，结果对欧洲和世界经济造成严重损害。

下面这类责难出现得越来越频繁：有人说德国之所以要采用如此严格的货币稳定政策，最终是为了创立一个“以周边为腹地的德意志帝国”——如此耸人听闻的说法来自金融家乔治·索罗斯（George Soros）。[9] 英国历史学家兼政论家提摩西·加顿·阿什（Timothy Garton Ash）绝对不是德国的敌人，但他在 2013 年夏季谈起了“新的德国问题”，这给了他的爱尔兰同行布伦丹·西姆斯（Brendan Simms）一个启发，让后者开始谈论“新德国问题的时代”。[10] 当被诅咒的“紧缩政策”开始在地中海国家以经济略有增长和失业人数略有下降的形式显示出初步成果之后，对德国的批评声才稍微减弱了些。与此同时，不少人终于认识到：创建一种欧洲共同货币而不同时成立一个以政治联盟为内核的财政联盟，是欧元的结构性缺陷。[11]

另一种对德国处理经济和政治权力的批评就很难反驳了，因为它涉及外交和安全政策。2011 年 3 月 17 日，在利比亚内战趋于白热化之际，安理会通过了美国、英国和法国的动议，其内容是阻止利比亚政府军对班加西守军的屠杀威胁。在投弃权票的几个大国中，德国与俄罗斯和中国站在了一起——这样一种自我边缘化的行为在德国的历史上还是头一回出现，它引来了美国及其他西欧盟友对德国铺天盖地 101
的批评。这些国家觉得德国人在军事领域所提倡的“克制文化”只不过是一种对责任的逃避［“克制文化”这个说法来自 1992 年至 1998 年任外交部长的自由民主党人克劳斯·金克尔（Klaus Kinkel）］。在许多具体的事例中，这样一种指责并不是没有道理的，而且许多德国评论员也曾发出过同样的指责。[12]

这种在西方经常被当作新“德意志道路”（这次却是和平主义道路）的东西，不但与德国（或者说两个德国）战后 45 年未获得完整的国家主权的经历有关（同时它们还把最高安全责任托付给盟友），而且同样也与那段既影响深远又充满争议的 1933—1945 年的德国历史（特别是二战中的那段历史）有关。这段经历引起了这样一种说法：由于纳粹犯下的反人类罪行，德国有义务奉行无条件放弃武力的政策——包括不参与国际社会的人道主义行动，除非纯粹是为了保卫国土和盟友。

1995 年，在联邦议院关于是否应该派遣联邦国防军保护波黑平民的辩论中，这种想法成为掌握议会多数的社民党人和绿党联盟者的论点，他们自然少不了提到大屠杀的教训。3 年之后，就在社民党和绿党联盟在 1998 年的大选中大胜后不久，这两个党却批准了另外一项北约在科索沃（Kosovo）的人道主义干预行动。他们这次也重提了奥斯维辛（Auschwitz），但重提它的意思是想强调一种责任：不能对严重侵犯人权之事袖手旁观。自那之后，德国在二战中的罪行，特别是屠杀犹太人一事，就很少再被提起了。这样做是对的，因为每一次将大屠杀一事工具性地使用以服务于眼前的政治目的，都会有使这件事庸
102 俗化的危险。有些人试图从纳粹反人类罪行的独特性中获得一种权利：我们可以对其他的反人类罪行视而不见——庸俗化，而且这种策略会使德国遭到所有西方民主国家的孤立。

近年来，德国已经被多次要求在更大程度上“领导”欧洲。其中特别振聋发聩的声音来自 2011 年 11 月 28 日波兰外长拉多斯拉夫・西科尔斯基（Radosław Sikorski）在柏林发表的演讲。他称德国是欧洲“不可或缺的国家”，同时还说，作为一个波兰人，比德国的势力更令他害怕的是德国的无所作为。[13] 英国杂志《经济学人》（*Economist*）在 2013 年 6 月的一篇文章中引用了政治学家威廉・E. 佩特森（William E. Paterson）所创造的一个概念，称德国是“欧洲不情愿称霸的霸主”。该文作者桑尼・明顿・贝多斯（Zanny Minton Beddoes）点明了法国与德国在经济实力上史无前例的差距和法国在改革方面的滞后，由此得出这样的结论：“现在，当北京和华盛顿问‘欧洲将向何处去’时，其实是在问‘德国人现在想干什么’。”[14]

“霸权”这个概念，既不符合欧洲联盟这样一个国家联盟（Staatenverbunde）[1] 的理想，也不符合现实。与此类似的是“敏感的霸主”（因其过去的经历而畏首畏尾）——这是政治学家赫尔弗里德·明克勒（Herfried Münkler）[2] 用以描述当今德国的概念。只要一想到，如今无论在国际还是在德国国内，对德国历史的批评一直有增无减，人们就会觉得“霸主”这个概念也很值得商榷。[15] 德国要把自己的意愿强加给其他欧盟成员国的所有企图都会落空，而且还会毁掉整个共同体。

另一个提法更有说服力。这就是历史学家路德维希·德约（Ludwig Dehio）[3] 1951 年在描绘俾斯麦的德意志帝国在欧洲的地位时所用的概念——“半拉子霸权”[4]。[16] 伦敦的欧洲对外关系委员会研究主任汉斯·昆德纳尼（Hans Kundnani）在他 2014 年末出版的著作《德国霸权的悖论》（*The Paradox of German Power*）中又把这个概念用到了德国身上，多米尼克·格佩特（Dominik Geppert）[5] 的做法也是这样。这二人认为，与那个处于中间状态的 1871 年的德意志帝国一样，重新统一后的德国对“均势”而言太强大了，但又没有强大到足以行使霸权的份上。昆德纳尼所 103
谈的是德国在地缘经济学意义上的“半拉子霸权”，他认为德国问题以一种地缘经济问题的形态又重新出现了。他觉得，现在德国的力量是一种杂糅了经济上的强权和军事上的自我约束的罕见混合物。他还认为德

[1] “‘国家联盟’是一个新创造的德语复合词，由‘复数的国家’（Staaten）与‘联盟’（Verbund）两个独立词语相加而成……在英语等其他语种中没有相应的表述。这个复合词的最大优点是整合了欧盟自身已有的超国家主义与政府间主义两大属性，‘Union’一词无法体现这一点。”引自连玉如：《再论“德国的欧洲”与“欧洲的德国”》，刊载于《国际政治研究》2014 年第 6 期，第 17 页。

[2] 赫尔弗里德·明克勒是柏林洪堡大学政治学教授，以研究政治思想史和战争理论著称。国内译有他的《德国人和他们的神话》（李维、范鸿译），商务印书馆 2017 年版。

[3] 路德维希·德约出生于柯尼斯堡，是 20 世纪前半叶德国著名国际关系史家，亦在世界史学界享有盛誉。曾担任过霍亨索伦王朝档案馆和德国国家档案馆的馆长、《历史杂志》的主编。国内译有他的《脆弱的平衡》（时殷弘转译自英文译本，德文原版的标题是《均势还是霸权：对晚近国际关系史中一个基本问题的观察》）。

[4] 德约所说的“半拉子霸权”指的是在法国新败的情况下，德意志帝国在欧洲大陆上已显得如此之强大，足够被英国和俄国视作一种重大威胁，但作为霸主，德国的力量又如此不足，以至于完全不能将自己的意志强加给欧洲大陆。

[5] 多米尼克·格佩特，德国历史学家，主张未来的欧盟应发展为一个高于自由贸易区的国家联盟，而不是发展成一个联邦，由此一来德国的强势地位也能够得到中和。注释 17 中所引用的他的著作可译为：《同一个欧洲？这根本不存在——论欧元的致命破坏力》。

国在欧洲正越来越（自信地）占据主导地位，但在欧洲之外却不愿放手维护自己的经济利益，在多数时候也缺乏价值规范方面的考量——比如要不要重视人权。[17]

在与欧盟内部的权力关系相关联的问题上，很少有“德国问题又重新出现”的说法。在那儿，问题的真正根源并不是德国的政策，而是法国或意大利、西班牙、葡萄牙、希腊一拖再拖的结构性改革。这些问题更多显现出的是欧洲问题悬而未决。这样说是因为，2009 年 12 月《里斯本条约》生效以后，就算是有了欧洲财政稳定机制、财政稳定协议和银行联盟，欧洲货币联盟向财政联盟的发展几乎毫无进展，而未完成的政治联盟就更无人提及了。

仅仅指出欧洲问题一时半会儿解决不了，并不能就此驳斥德国问题再度归来（或者说“新德国问题”）的命题。昆德纳尼引述的证据包括德国红绿联合政府在 2003 年伊拉克战争爆发前夕关于一条特殊的“德意志道路”的声明，而更有说服力的，是他引述了大量 2014 年俄罗斯–乌克兰冲突期间，有着特殊关系的俄、德两国之间的相互许诺。[18] 在最新的东、西方冲突中，有些说法真的很难让人忽略：有人说德国在俄罗斯与美国之间采取的某种形式的等距离外交，还有人说德国要在西方国家与俄罗斯联邦之间扮演斡旋者的角色。这些说法有时会
104 在欧盟和北约的中东欧成员国那里引起这样一种疑心：德国人所声明的“与西方结盟”在国内真的像人们长期以为的那样没有争议吗？不过，没有人能够指责柏林的官方政策含糊不清。与以前一样，这些政策的出发点都是：面对普京治下的俄罗斯，欧盟和北约必须团结一致。如果谈德国对俄罗斯的政策，根本没有理由扯出一个“新德国问题”。

在 1989—1990 年的划时代转折过去四分之一个世纪之后，西方至少应暂时放弃如下奢望，不应再坚信从温哥华到符拉迪沃斯托克，一个横跨三大洲的自由空间将在民主制度的基础上建立起来。现在还在我们手中的果实，是改变了雅尔塔体系后的秩序，传统西方被划分为自由和不自由区域的分裂状态已经不复存在。为了保住这一成果，欧

盟必须比以往任何时候都更努力地在外交与安全领域中用一个声音说话。

除了俄罗斯-乌克兰危机之外，恐怖主义在全球的蔓延，以及部分由此而产生的涌入欧洲的难民潮，都表明欧洲人在这一领域加强合作是多么紧迫的事情。近来，难民问题已成为考验共同体牢固程度的试金石。德国在这场危机中扮演了关键角色——同时也是饱受争议的角色，这些争议引发了关于德意志特殊道路的新讨论。而这将是下一章的话题。

第 8 章

105 作为避难所的欧洲？

自古以来，一切历史都是移民者的历史。这个说法一点儿也不夸张。即使到了近代，也有许多国家完全因移民运动才得以诞生。美国是这样，加拿大、拉美国家，还有澳大利亚和新西兰，也是这样。与这些国家不同的是，古老的欧洲国家并非典型的移民社会。在 20 世纪的下半叶，英国、法国、荷兰这些曾经的殖民大国经历了一场来自它们原先的殖民地的移民大潮。其中流向法国的移民还有些来自阿尔及利亚——那儿直到 1962 年还是法国的组成部分。德意志联邦共和国自 20 世纪 60 年代起就在招徕来自南欧和土耳其的“客籍劳工”作为劳动力，这其中的许多人（特别是土耳其人）并未如波恩政府所想的那样只是暂时在德国打工，而是长久地在此地定居了。另一个德国，德意志民主共和国，也在招徕规模小得多的外国劳动力，这些“合同制劳工”绝大多数都来自越南和莫桑比克。而其他与苏联结盟的欧洲国家几乎都没有引入移民。

从 20 世纪 80 年代起，进入联邦德国的第三世界难民数量开始增长。20 世纪 80 年代中期以后，来自中欧和南欧社会主义国家的人数
106 也开始增长。1989—1990 年剧变后，“社会主义阵营”瓦解，这使西欧（特别是德国）遭遇了一场全新的移民潮。对联邦德国而言，自柏林墙倒塌以来大量涌入的，不但有来自民主德国的移居者，而且还有越来越多（1989 年 12 月齐奥塞斯库政权倒台之后）来自罗马尼亚的罗

姆人（Roma）[1]——这些人有充分的理由证实自己在母国作为少数民族而受到了歧视。在这种背景下，联邦德国国内在 20 世纪 80 年代就一直存在的纷纷扰扰的争议在 1989—1990 年剧变之后不久变得更加激烈了。这一争论所关注的主要问题是：德国是否还应该保留关于庇护权的规定——德国 1949 年的《基本法》第 16 条第 2 款第 2 句规定，“受政治迫害者享有庇护权”。

作为立法机关的制宪委员会（Parlamentarische Rat）[2]，在成立 3 周之后就于 1948 年 9 月 23 日举行的原则问题委员会会议上处理了关于庇护权的问题。在起草委员会的草案上，相应的条款写的还是：“政治上受迫害者，在通行国际法的框架内享有庇护权。”对于这样一个约束，作为原则问题委员会主席、基民盟党人、国家法及国际法专家的赫尔曼·冯·曼戈尔特（Hermann von Mangoldt）给出的理由是：“这样我们就不用顾虑通行国际法规定之外的情况了。”他的原话还有：“我们是一个弱国，没有资源提供更多的保护；我们不能去做那些我们自己没有相应资源来保证能做成的事情。”但按照同样参加了这次会议并同为国际法教授的社民党人卡洛·施密德（Carlo Schmid）的意见，在另一处（后来的第 25 条）将国际法的一般规定解释为联邦法律的一部分之后，曼戈尔特赞成的那个约束就被放弃了。

“受政治迫害者享有庇护权”这句话让制宪委员会踏进了司法中的新领域。其他西方民主国家都将庇护权仅仅视为受国家保障的权利，

---

[1] 罗姆人，即“吉卜赛人”（在俄罗斯被称作“茨冈人”），旧时欧洲人认为罗姆人来自埃及，故而称他们为“吉卜赛人”（“吉卜赛”是“埃及”的音变）。现在，多数罗姆人认为“吉卜赛人”这个名称有歧视意义，所以并不使用。

[2] “Parlamentarische Rat”直译是“议会委员会”，在中文里尚无统一的译名，其他译法有“制宪国会”“国会参议院”等。由于“Parlamentarische Rat”是专门为起草作为联邦德国宪法的《基本法》而成立的，为突出这一特性，译者选择“制宪委员会”这个译名。制宪委员会仅有来自西部三国占领区的 65 名代表（另有来自西柏林的 5 名没有投票权的代表），难以称其为“国会”；当时尚无众议院，也就谈不上“参议院”（不过它也确实构成了后来联邦参议院的雏形）。

107 而唯有联邦德国的宪法立法者把政治庇护当作一项主体性[1]的个人基本权利。他们这样做，是因为他们眼中的“庇护”，是1933年后其他国家对德国人（其中有后来成为制宪委员会成员者）所提供的保护，这些德国人由于种族、政治和世界观方面的原因而被纳粹德国政府迫害（或至少是大加歧视）。在“第三帝国”崩溃之后，苏联势力范围内的政治迫害也导致了这种“庇护”的出现。[1]

42年之后，巴伐利亚州政府的发言人表示，1948—1949年的这个规定已经过时，亟待修改。1990年3月1日，该州向联邦参议院提交了一份关于修改《基本法》的法律提案。此提案认为《基本法》第16条第2款第2句应该删去，并代之以下列规定：“1. 受政治迫害者将按照《庇护法》受到保护。2. 接受庇护的决定和驳回庇护请求之后中止居留的措施，都可以经由法律途径或替代性法律途径在一个由联邦众议院任命的独立的申诉委员会接受审查。3. 为防止对公共福利造成严重的不利影响，可以在接纳受政治迫害者时对其人数和来源国进行限制。”[2]

那时，巴伐利亚州政府几乎完全没有希望将这个建议付诸实践。执政的自由民主派的联盟党（CDU/CSU）和反对党社会民主党一起否决了来自慕尼黑的动议。而且绿党、民主社会主义党（die Partei des Demokratischen Sozialismus）[2]、基督教教会和人权组织也都反对这个动议。然而，当申请庇护者（特别是来自罗马尼亚和被内战蹂躏的黎巴嫩的申请者）的数量在1990年迅速上升时（1989年全年的申请人数为12万，而1990年从1月到7月的人数已达10万），就连社会民主党的政治家们也开始积极要求修改庇护权的相关条款了：起先是萨尔州
108 长，曾当过社民党的总理候选人的奥斯卡·拉方丹有此想法；紧接着，

---

[1]　“主体性的个人基本权利”，原文是“ein subjektives individuelles Grundrecht”。从上下文看，这里的“主体性”指的是庇护权以被迫害人为主体（只要被迫害，就有权被庇护），而接纳国不可借故推诿或挑肥拣瘦。

[2]　民主社会主义党的主要成员来自前民主德国的执政党：德国统一社会党（SED），后来从该党中又分化出今天仍具有一定影响力的左翼党（Die Linke）。

社民党的副主席，北莱茵-威斯特法伦州（Nordrhein-Westfalen）州长约翰内斯·劳（Johannes Rau）也用明显更为谨慎的方式表达了这样的看法。这两个州的政府并不主张取消主体性庇护权，而是支持对其加以限制。拉方丹还认为，对那些在自己的国家并未遭受政治迫害的人，不宜再承认其庇护权。[3]

使这样一种主张限制庇护权的路线得以实现的，主要是 1992 年 4 月爆发的波黑内战和由此而引发的涌向中欧的难民潮：1992 年，在德国申请避难的人数达到了 43.8 万，而其中仅有 4.3% 的人被确认为受政治迫害者。当时，德国收留了涌入欧盟的避难申请者中的近五分之四（78%），大多数观察家都将此归因于 1949 年之后联邦德国所提供的特别慷慨的庇护权利。一种以"大规模滥用庇护权"为关键句的声音开始在德国广为流传。受其影响，自 1992 年秋天起发生了针对庇护申请者和其他外国人（特别是土耳其人）的暴力行为——这主要发生在原民主德国地区，但在一些老联邦州（原联邦德国地区）也有出现。从 1990 年到 1993 年，至少有 49 人（其中大多数是外国人）在德国遭右翼极端分子杀害。

对庇护权的第一个限制是 1992 年 6 月的《庇护促进法》（Asylbeschleunigungsgesetz），它在 1993 年 7 月 1 日与修改后的《基本法》庇护权条款一起生效。《基本法》第 16 条第 2 款第 2 句被改成了第 16A 条第 1 款，而后面的 4 个条款大大限制了这项权利：来自欧盟成员国或其他安全的第三国[1]的人不可以援引庇护权。将一个非欧盟国家认定为安全的第三国，需要联邦参议院通过立法批准。认定申请者的来源国一事，也应依照这一程序。

尽管联邦宪法法院于 1996 年 5 月裁定 1993 年对庇护权的这项修改符合宪法，但此事在德国政治中仍不乏争议。新的 16A 条虽然至少 109

[1] "第三国"指的是"欧盟之外的某国"，其算法是：德国算"第一国"，另一个欧盟成员国算"第二国"。

是在形式上挽救了 1949 年的庇护权，但它为了这样做也让另一方（即安全的第三国）付出了代价。回顾往事，有些自我反思的问题早就应该提出：联邦德国的立法者是否因为许下了德国能力范围之外的承诺，才在无视自己人告诫的情况下把“受政治迫害者享有庇护权”这句话以毫无约束的形式写进《基本法》的呢？到了 1993 年，为什么不能诚实地回到 1948 年的原稿（“在通行国际法的框架内”）或是选择另一种表述方式——“德意志联邦共和国根据其接纳能力和令来者融入社会的能力，为受政治迫害者提供庇护权”呢？自然，这样一种理性地回到 1948 年所选择的在庇护权一事上的德意志特殊道路的办法，是注定无法取得修改宪法所需的多数的。于是，就出现了 1993 年这种貌似妥协的结果。

在《基本法》中的庇护权条款被修改 4 年之后，1990 年 6 月欧盟成员国签署的国际法条约——《都柏林条例》（Dubliner Übereinkommen），于 1997 年 9 月 1 日正式生效了。该条例规定，难民只能在其进欧盟时（有据可查的）最先踏入的那个国家申请庇护；只有在这个国家才能执行庇护程序。2003 年的“都柏林条例第二版”和 2013 年的“都柏林条例第三版”，更加细致地规定了负责审核避难申请的国家做出决定时的程序和标准。在 2004 年 5 月 1 日的“扩盟大爆炸”——欧盟的第一轮东扩——之后，如果严格执行《都柏林条例》的话，想要到德国申请政治庇护的难民就只剩下一条路：坐飞机——而且还要闯过 1993 年引入的“机场审查程序”这一关（这是一个在机场中转区域审核其庇护申请身份的程序）。

在波黑内战于 1995 年结束之后，来自那里的难民数量迅速下降。
110 越来越多来自亚、非国家的人因其所受的贫穷和战乱而来到欧洲。这些人若要走陆路，需借道土耳其朝希腊或保加利亚方向进发，这也是为什么欧盟大力支持这两国关闭它们与土耳其之间边界的原因。横渡地中海的海路远比陆路凶险，同时也更加难以控制，却有越来越多的人取径此道。因此，若是按照《都柏林条例》，除了希腊之外的主要难民接纳国应该还有意大利、马耳他和西班牙。在欧盟的支持下，西班牙试图用环绕其北非海外属地的、高高的铁丝网来挡住难民潮，它的两个海外属地——休达（Ceuta）和梅利利亚（Melilla）——都被摩洛哥领土所包围。此外，西班牙还与西非国家达成了协议（用支付大量金钱的方式换得保证），从而使“船民”无法从西非到达加那利群岛。事实上，西班牙以这种方式成功地遏制了流入本国的难民潮。

2002 年 7 月，意大利的西尔维奥·贝卢斯科尼（Silvio Berlusconi）政府通过了一项法律，旨在打击非法移民和滥用庇护权。受到该法律威胁的，不仅是那些采用违法方式以不适合出海的船只从北非驶向意大利的难民，还有所有在海难时帮助难民的渔民和船长。并以罚款或监禁的方式对他们进行惩治。对助人者而言，这可能会导致他们完全丧失赖以为生的物资。如果把从来都不受干预的帮助行为看成一种罪行，那么这部新法律就是在把帮助等同于协助犯罪，而且把那些依从《新约》中好撒玛利亚人比喻[1]的人都当成罪犯。

来自第三世界国家的难民潮不但将欧盟国家，也将整个西方社会都置于几乎不能解脱的道德两难困境：西方民主国家必须在人道主义信条与国家理性之间进行权衡，这种国家理性会优先考虑控制疆界，保障国家安全，保护物质和文化财产，以及保持各种“生活方式”。一般而言，权衡之后的决定都偏向于控制疆界和保障安全。为了拦住 111
来自拉丁美洲的难民，美国自 2006 年起就强化了与墨西哥接壤的边境管理，此外还加大了打击非法移民的力度。自 2010 年以来，澳大利亚故意为男性难民建造设备简陋的收容站，并于 2010 年首次与邻近的太平洋国家（如瑙鲁和巴布亚新几内亚）商定，让它们安排接收澳大利

[1]　“好撒玛利亚人比喻”出自《路加福音》（10: 31-32），主要讲的是一个犹太人被强盗打劫，受了重伤躺在路边。有犹太人素日尊重的祭司和利未人路过，但他们不闻不问。唯有一个平日里被犹太人鄙视的撒玛利亚人在路过时不顾隔阂，动了慈心照应他，还在需要离开时出钱把犹太人送进旅店。耶稣用这个寓言说明，鉴别人的标准是人心而不是人的身份。该寓言对西方法律制度的影响是，许多国家制定了《好撒玛利亚人法》，用以保护做好事的人。（此译注参考了维基百科相关词条。）

亚不想要的难民。在 2013 年的选战中，保守派的自由党人托尼·阿博特（Tony Abbott）承诺在中途就拦截从印度尼西亚到澳大利亚的救生船并强制其回转——最终他赢得了大选。

直到 2013 年 10 月初，欧洲人才开始重新思考难民问题，其契机是有 300 多名来自非洲的“船民”因船难而在意大利兰佩杜萨岛（Lampedusa）海岸外的地中海上丧生，而有些近处的渔船本可以救起他们。在恩里科·莱塔（Enrico Letta）领导下的意大利政府彻底改变了贝卢斯科尼时代的难民政策。以“我们的海洋”行动为标志，意大利海军从 2013 年 10 月起一直在有目的地搜救遭遇海难的难民。“我们的海洋”行动拯救了超过 15 万人的生命。当意大利出于运行成本的原因于 2014 年 11 月中止这项行动时，肯定能预料到遇难者的人数会因此而上升。这是由于接替“我们的海洋”行动的是欧盟边境管理局（Frontex）的“海螺行动”，而后者的活动半径要远小于“我们的海洋”。这一点并不奇怪，因为边境管理局这个项目的实际任务是阻止非法移民。[4]

早在 2014 年底就可以确定，欧盟也无法解决西方在难民问题上遇到的道德困境。虽然它承担了比美国（当然还有澳大利亚）更多的人道主义责任，但要让欧盟在自己的土地上解决那些难民来源地的问题
112 是不可能的。那些因母国的内战和独裁压迫而试图逃往欧洲的人，也会在不同程度上遇到那些因贫困而逃难的难民所遇到的问题。1951 年《日内瓦难民公约》要求欧盟及其成员国不能将难民驱逐到因难民的种族、宗教、国籍、从属于特定社会团体及其政治信仰而使他们的生命或自由受到威胁的国家。但如果来自此类国家的大量人员在很短的时间内集中到来，那么《日内瓦难民公约》和欧盟的相关法律条款可能就要变成一纸空文了。2015 年，当难民问题上升为欧洲政治中压倒一切的话题时，就极富戏剧性地展现了这种情况。

导致 2014 年和 2015 年大量难民涌向欧洲的根本原因是叙利亚的

内战。2016 年初，联合国估计，叙利亚内战产生的难民数量在本国有 650 万，在邻国有 450 万，共计 1100 万。此时，在土耳其登记的叙利亚难民有 250 万，在黎巴嫩有 110 万，在约旦有 63.5 万。这些难民占到了黎巴嫩总人口的近四分之一，约旦人口的近十分之一，土耳其人口的 3.5%。叙利亚难民在黎巴嫩几乎不可能获得工作许可证，在约旦虽有可能但极为困难，土耳其则从 2016 年初开始向因内战而背井离乡的叙利亚人开放其劳工市场。

位于约旦和黎巴嫩的难民营的生活条件非常糟糕，这主要是因为欧盟和联合国难民署因许多会员国不按时缴费而难以兑现其援助承诺。2015 年 7 月，联合国世界粮食计划署迫不得已将住在黎巴嫩和约旦的叙利亚难民每月 27 美元的食品券减半。这同样是因为某些会员国没有履行自己的缴费义务。

起初，欧洲国家只接收了小部分叙利亚内战所产生的难民。从 113
2014 年起，到欧洲寻求保护的叙利亚人数量开始激增。他们在偷渡组织的协助下乘坐充气船和其他几乎没有海上航行能力的船只从土耳其海岸前往附近的希腊岛屿，如科斯岛（Kos）、莱斯沃斯岛（Lesbos）、莱罗斯岛（Leros）、萨摩斯岛（Samos）和希俄斯岛（Chios），再从那里被带往大陆上的希腊。他们在未受希腊警方阻拦的情况下，从那里借道马其顿和塞尔维亚向奥地利、德国和瑞典方向前进——所谓的“巴尔干路线”。到 2015 年 9 月初为止，这条路线一直是要经过匈牙利的。匈牙利于 2015 年夏天起，实质上对难民关闭了本国对塞尔维亚的边界之后（不久后又封闭了对克罗地亚的边界），逃难路线也改了道。现在它经由克罗地亚和斯洛文尼亚，通向奥地利和德国。

在 2015 年春季已经可以预见到，该年在德国寻求庇护的人数将远远超过前一年。2014 年 3 月，德国联邦移民和难民局收到 9839 份寻求庇护的初步申请。2015 年 3 月收到的申请有 28 681 份，是去年同期的近 3 倍。由于移民和难民局的人员配置不足以迅速处理庇护申请，潜在的难民数量一直比已收到申请数量要多得多。

除了瑞典和奥地利之外，德国对来自危机国家的移民具有特别强烈的吸引力，这是由于德国繁荣的经济、对劳动力的需求、慷慨的社会福利制度，还有其保护难民权利的名声。偷渡网络的组织者在互联网上把德国描绘成一个拥有无限可能的国家，说这个国家会给每个到达该国的难民一笔“欢迎费”，还会马上给他们一份工作。

德国方面显然低估了这种宣传的影响。无论如何，这种宣传已经在全球起到了指引方向的作用。2015 年 5 月，联邦内政部预计难民总
114 量将达 45 万，到 2015 年 8 月 19 日，内政部根据每日近 7000 人的非法入境量将预计人数提升到 80 万以上。在多个联邦州（特别是东部诸州），一再发生针对难民的骚乱和针对庇护者收容所的袭击事件；在萨克森州、萨克森–安哈特州和图林根州，仇视外国人的言论越来越多；其间，属于民族保守派并信奉右翼民粹主义的“德国另类选择党”（Alternative für Deutschland，即 AfD，简称“选择党”）也越来越频繁地作为组织者登上前台。联邦总理安格拉·默克尔因走访了萨克森州海登瑙地区的一处难民之家，就在 8 月 28 日被一群仇外分子骂作“国族的背叛者”。8 月 31 日，在默克尔总理的夏季例行新闻发布会上，她将难民问题称作举国面临的巨大挑战，并于此时说出了那句广为流传的口号：“我们能办到。”[5]

在不久之前的 8 月 25 日，德国联邦移民和难民局声明：那些因叙利亚内战而产生的难民不必再逐个接受核查，更确切地说，只要他们已经在奥地利或匈牙利登记过就可以成为庇护申请者。这就使得大量因《都柏林条例》而无权申请庇护的人暂时摆脱了这项规定的约束（按规定，来自一个欧盟国家或一个安全的第三国的难民无权在德国申请庇护）。从此叙利亚人可以在相当程度上确定，一旦他们抵达德国领土，就不会再被递解至奥地利、匈牙利或其他欧盟国家。当然，其实从 2011 年开始已经不再把难民递解至希腊了——希腊是来自中东的难民踏上的第一个欧盟国家（而且它还属于免签证的申根区域）。按照欧盟范围内的人道主义标准，难民在希腊的居住条件是不可接受的。

因此，欧洲人权法院于 2011 年 1 月、欧洲法院于 2011 年 12 月宣布将难民驱逐到希腊是非法的。

就在这时，匈牙利变成了“巴尔干路线”的瓶颈。从 2015 年 6 月开始，匈牙利用铁丝网封闭了接临塞尔维亚的边界——它所遵循的
原则，其实与之前的西班牙、保加利亚和希腊并无二致：确保那条自 115
身与非欧盟国家接壤的陆地边界（也就是共同体的外部边界）不受侵犯。然而，布鲁塞尔对上述四国做法的反应却截然不同：唯有匈牙利的行动不但得不到支持，反而受到了（尽管是有所保留的）批评。

或许这与匈牙利不在欧洲边缘而在欧洲中部有关，这种地理区位导致匈牙利吸引了（比西班牙在北非的海外属地）更多的公众关注。另一个因素可能是匈牙利奉行民族保守的政府首脑维克多·欧尔班坚决推行非自由主义政策，在欧盟创始成员那里早就有一个“坏名声”。在某种程度上，匈牙利的边境安全措施抵消了另一个欧盟成员国希腊的违规行为：雅典一直坚决拒绝登记从土耳其抵达附近希腊岛屿的难民。相反，希腊政府允许难民们在进入比雷埃夫斯港后乘坐公共汽车和出租车前往马其顿边境，并从那里踏上前往中欧的旅途。对此欧盟委员会没有进行干涉，可能是因为其负责难民问题的委员季米特里斯·阿夫拉莫普洛斯（Dimitris Avramopoulos）恰好是希腊人。布鲁塞尔这种自相矛盾的政策自然会造成后果：难民问题的压力会一直朝着欧洲的中心地带转移——先压向匈牙利，再从那儿压向奥地利和德国。[6]

2015 年夏天，尽管匈牙利还允许费尽艰辛穿过边境的难民登记（匈牙利与克罗地亚、塞尔维亚之间的边境已经变得越来越难通过），但却尽可能地让他们滞留在边境线附近，或是火车站布达佩斯东站的居留区域内。8 月 27 日，在奥地利布尔根兰州附近的布达佩斯-维也纳高速公路的一个停车场内，发现了 71 名难民的遗体，他们是被装在
一辆由国际偷渡组织用以非法越境的冷藏卡车里而来到此地的，此后 116
他们在被司机遗弃的这辆卡车内窒息而死。此事震惊了整个世界。

9月初，电视里出现了数以千计的难民从布达佩斯沿高速公路步行走向奥地利边境的画面。9月1日，一些列车尚可以通过边境，但欧尔班政府第二天就阻止其通行。9月4日晚，奥地利总理维尔纳·法伊曼（Werner Faymann）在一次电话通话中向德国总理施压，希望允许来自匈牙利的那些未登记难民进入奥地利和德国，并由两国共同承担负担。默克尔向她最重要的两位社民党内阁成员征求建议并得到了他们的同意［此二人分别是社民党主席、联邦副总理兼经济部长西格马尔·加布里尔（Sigmar Gabriel）和外交部长弗兰克-瓦尔特·施泰因迈尔（Frank-Walter Steinmeier）］。默克尔打给联盟伙伴、基督教社会联盟党主席、巴伐利亚州州长霍斯特·泽霍费尔（Horst Seehofer）的电话却没有打通。然而，她还是在午夜之前告诉法伊曼：她同意他的建议。

与此同时，在得知两位总理的商议结果之前，维克多·欧尔班已下令使用火车将难民运往奥地利。在维也纳，难民们受到了友好的接待，不久后同样的情形也出现在了慕尼黑和其他德国城市。成千上万的志愿者尽其所能地提供帮助，为的是让人们忘记那些仇外暴徒，也忘记难民庇护所被烧毁的画面。他们显现出，还存在另外一个更好的德国：一个拥有“欢迎文化”的国度。很快，德国的女总理就成为此文化的化身，而且还不仅仅在自己的国家是如此。起因是在安格拉·默克尔于9月10日访问柏林市斯潘道区的一处难民之家时，有几张她与叙利亚难民的“自拍照”流传出来。这些照片在数秒之内就传
117 遍了整个世界。同时，这些照片也通过智能手机来到了正需要看到它们的人眼前——这些人就是身处叙利亚的难民的亲朋好友，或是在黎巴嫩、约旦、土耳其的难民。“默克尔妈妈”成了展现德国乐于助人精神的一座圣像。[7]

虽然人们能够理解，对两位总理而言，做出为难民开放奥地利和德国边境的决定是在紧急状态下的破例之举——这项举措使得难民们

得以沿“巴尔干路线”前往中欧，但把这些决定告知公众的方式实在太过随意。而当那些难民不再通过匈牙利，而是穿过克罗地亚和斯洛文尼亚来到奥地利，并从那里去往德国时，这一失误也未得到纠正。接下来需要完成的事情，是两国总理要尽全力争取议会［即德国的联邦议院和奥地利国民议会（österreichischen Nationalrat）[1]］批准他们的决定。默克尔和法伊曼本应该立即把设想的措施通知以欧盟委员会主席容克和欧洲理事会常务主席唐纳德·图斯克（Donald Tusk）为代表的欧盟，并使欧盟认可自己的努力，从而为争取一个解决难民问题的欧洲方案赢得时间。他们却没有这样做，犯下了一个战略性错误。同时，他们本应该建议欧盟尽快就解决难民问题的方案召开紧急峰会，但柏林和维也纳的政府都没有提出这样的动议。

还有，鉴于 9 月 4 日深夜里的决定在欧洲的影响是可以预见的，其实下一步就应该与周边国家的政府进行磋商。由于所有这些事都没有做，难免就让欧洲人产生了德–奥想要联合起来进行非多边行动的印象。对德国的利益而言，它比奥地利更需要避免这样的情形出现。每一个旁观的人，都不会对柏林的行为所唤起或者说重新激起的敌意感到意外。

在德国（而且不仅在德国），人们纷纷揣测德国总理在 2015 年 9
月 4 日深夜里决定开放德、奥边界的动机究竟是什么。除了总理期待 118
在事后得到民众和媒体的广泛认可之外，最显而易见的那个答案很可能就是她的真正动机：出于人道考虑。到目前为止，安格拉·默克尔一直被认为是一个完全务实的、有意“不讲意识形态的”女政治家，她治国一向“如履薄冰”[2]：在她做出决定之前，会考虑各种可能的后果，也就是说她总是“瞻前顾后”。但许多观察家会忽视她坚定的宗

[1] 奥地利国民议会是奥地利的下议院，由全国公民直选产生；在奥地利起到上议院作用的是联邦议会（Bundesrat）。

[2] 这里“如履薄冰”的原文是“‘auf Sicht’regierte”（直译是“小心统治”），这个用法化用自驾驶汽车时的术语“Auf Sicht fahren”（小心驾驶），指的是司机在通过路口或危险地段时应仔细确认行车路线安全。

教信仰，以及她在童年和青年时期都成长于民主德国的一个新教牧师家庭之中的大背景。在9月4日这一天到来之前，她的宗教信仰与她作为总理的职务之间从未发生过冲突，但如果她在那个深夜拒绝了奥地利总理的急迫请求，就很可能会发生这种冲突。

可是问题的关键并不在于是否接受维也纳方面的冒险提议，而在于应该在整个欧盟的框架内，出于人道主义的考虑，给予那些当时被困在匈牙利的难民以临时入境许可，从而尽可能避免德-奥非多边行动的各种缺点——这些缺点都再明白不过了。在外交上德国必须估计到，如果德国试图向其他成员国强加一个它们本不会同意的解决方案，那么此举会让德国在欧盟内部受到众多国家的孤立。在内政上，此举意味着要保证长期实行一种人道主义的庇护政策所需的各种条件——其中包括对能力界限的重视：客观上德国对难民的接受能力和融合能力是有限的，主观上德国民众接收难民的热情也是有限的。在难民问题上对德国搞特殊化，很可能会对德国社会支持庇护政策的意愿产生负面影响：政府不可能指望让德国人担负其他欧洲国家都没有担负的重担之后，还能长期获得大多数德国国民的支持。

119 9月4日仓促达成的德奥协议，并不是导致从土耳其涌向中欧的难民潮的起因。正如我们所看到的，难民的逃难行动早就开始了。然而，无论是默克尔总理在2015年9月4日到5日的决定，还是反复提到的《基本法》上那句在司法上有争议的（无论如何是极易被误解的）、关于在德国的庇护权的规定，都没有设定一个上限。这使得这个决定和这一规定会被黎巴嫩、约旦和土耳其的难民营以及亚洲、非洲的许多其他危机国家视为德国的邀请函，从而使这些地方的人去追随那些已经启程前往德国或已经抵达德国的人。同样值得商榷的是默克尔的声明，她说，反正全方位把守德国边境也是不可能的——这只能理解为她想辞职——因为这会被人看作在承认国家的无能，事实上，不久之后人们也是这样理解的。

在之后的日子里，默克尔总理一再指出：只有遭政治迫害者才可以拥有庇护权，单有改善生活的愿望并不能满足《日内瓦难民公约》获得法定难民身份的条件。此外，她还在 2015 年 10 月 15 日的政府声明中谈到递解无权在欧盟获得保护的人的必要性。[8] 尽管如此，她的这些谈及限制问题的讲话所产生的公共影响，却远远不及不带限定条件的“我们能办到”的口号和那句关于庇护权的条文。

不过，德国之所以会有一种对难民和寻求庇护者格外慷慨的“形象”，并不能完全归咎于总理和她的政府。绿党和左翼党这两个反对党，一般都比默克尔的执政盟友更加支持她的难民政策。此间奇事还有：社民党令人生疑地紧跟在总理的背后，比总理自己的党（基民盟）靠得还要近；还有那位出了名的对移民问题颇有微词，而且近来越来越喜欢批评默克尔的基社盟主席、巴伐利亚州州长霍斯特·泽霍费尔，竟对此事一声不吭。绿党的议会党团主席之一卡特林·戈林-埃卡特 120
（Katrin Göring-Eckardt）于 2015 年 9 月 9 日在联邦议院高呼德国是“在乐于助人和发扬人道之爱方面的世界冠军”——这本来是对成千上万参与难民救助的志愿者的赞扬，但很容易被人理解为德国在道德上自吹自擂。[9]

同样有可能遭到误解的是“欢迎难民”字样的标语牌。当难民们乘着一列列火车到达时，在许多德国火车站都会看到这样的标语。这标语所要传递的信息，本来只是针对本国排外主义者的一种表态。然而，这样的字牌所描绘出的景象，同时也鼓励了各地的难民，让那些尚在犹豫是否踏上这漫漫长途的人下定决心朝德国进发。

在 2015 年秋天，在德国人（特别是那些政治态度中间偏左的人）中间蔓延着这样一种感觉：自己的祖国在经历了可怕的迷途和灾难之后，终于在道德上成熟、高尚了。在老联邦州早就有一种想法：与激进民族主义的传统决裂。某些自诩进步的圈子里萌发了一种践行超越民族的或“后民族”理念的使命意识——这简直与追求一种德国的道德霸权毫无二致。这类自以为成功的、对纳粹德国历史的反思还有另外一个变种：人们可把它称作战后分裂的德国社会所造就的一种特殊的和平主义道德。这种对绝对和平的要求是“第三帝国”过分使用暴力的后果，可它竟发展到了放弃参加人道主义干预或阻止反人类罪行的程度——而当德国因此被所有盟友孤立时，也可以说这种和平主义道德也走上了又一条特殊道路。[10]

与德国历史中最可怕的一章进行自我批评式的抗争构成了德国政
121 治文化的底色。尽管为本民族辩护的反向思潮也会一再出现，但通常对它们的公开反击总是如此之强大，以至于这类思想冲突的出现总能被当成需要继续反思的证据。据说，一旦德国缺少自我批评的反思意识，它就不再是一个西方民主国家了。当然，自我批评也会一下子反转成自以为是，或者至少反转成一种“作秀”般的自我意识。在德国这个例子中，出现的就是这样一种感觉：我们已经从自己的过往中学到了如此之多的教训，所以现在德国可以在道德上为其他国家指点迷津了。

在 2015 年德国关于难民和庇护问题的讨论中，常常可以见到这种诡辩式的戏法：其中一例是柏林-勃兰登堡地区的福音派主教马库斯·德勒格（Markus Dröge）2015 年圣诞节在柏林的《每日镜报》（*Der Tagesspiegel*）上发表的一篇文章：“‘人的尊严不可侵犯。’这句话在我们这个国家特别振聋发聩……与我们自身罪孽历史的反复纠缠，明显让我们变得更敏感了。那些在不堪忍受的状态下历经了长途跋涉的人，来到了曾许下诺言的人们面前——辗转、流亡和驱逐的画面与‘再也不要重演！’的誓言合在一起，勾起了我们的集体记忆……2015 年终将被铭记，因为德国在这一年有了全新的形象。现在，我们知道如何在实践中运用我们从历史中学到的东西了。这是一段解放自我、鼓舞人心的体验。这些经历开启了自我塑造的多种可能……”[11]

在一个季度之后，基民盟政治家、联邦劳工部前部长诺贝特·布吕姆（Norbert Blüm）发表了非常相似的看法。“很长一段时间以来，我们德国人都让人类感到恐怖，”他在 2016 年 3 月底写给《时代周报》的一篇文章中写道，“我们的名字曾与种族清洗和大屠杀联系在一起。

令我欣喜的是，我们忽然以人类之友的形象站在了世界面前。如果包括‘选择党’在内的任何人都无法令我的国家放弃友善，我将为它而感到骄傲。”[12]

德国人喜欢在两个极端之间摆动——这已经不是什么洞见了，但也从来没有过时。从自悔到自负，有时只有一小步。正是关于难民危 122
机的激烈辩论的这一特征，在我们的邻国那里引发了一个问题：现在欧洲是不是进入了一个由“德国人的不确定性”主导的新阶段？想要在其他国家找到一种在难民和庇护问题上像德国一样的热情，必是水中捞月。正相反，自 2015 年夏季以来德国就陷入了某种形式的孤立之中，这样的情形在德国的历史上还是第一次出现。

1919 年 10 月，社会学家马克斯 · 韦伯在其著名演讲《以政治为志业》(Politik als Beruf)中用下面的方式区分了两个平行的概念，即信念伦理和责任伦理：秉持“信念伦理”者依其习俗或宗教信条行事，而且不能以可能出现的不利后果来加以阻止；相反，秉持“责任伦理”者所考虑的是“自己必须对自己行为的(可以预见的)后果负责”。[13]

在德国和国际上关于 2015 年德国的庇护和难民政策的讨论中，这一对概念一再被提及。比如荷兰政治学家、荷兰工党的理论大脑勒内 · 库佩鲁斯(René Cuperus)就说过：“怎么会发生这种事？”他在 2016 年 2 月初发表于《南德意志报》专栏上的一篇文章中质问：“原本如此谨慎小心的默克尔竟然违背马克斯 · 韦伯的精神，匆匆忙忙地将信念伦理置于责任伦理之上。难道说，德国为了永远反省其历史，为了弥补战争罪责，就要拿本国的社会稳定来冒险吗？”[14]

有人认为默克尔总理在 2015 年夏天对难民问题如此行事(也)是出于宗教信仰方面的原因，这种观点肯定是对的；也有人认为她这样做是考虑到德国罪责深重的历史而感觉本国应负有特殊的责任，也完全有可能就是这样；但是，在 9 月 4 日深夜，她其实还有一个非常重
要的动机。安格拉 · 默克尔及其幕僚担心匈牙利营地中的警察与难民 123

之间会发生流血冲突，这样一来在德国（但并不限于德国）就会传来愤怒的呼声，同时人们还会指责：要是德国和奥地利再慷慨一些，就可以阻止流血事件发生。

自 2015 年 9 月中旬以来，由于匈牙利—塞尔维亚边界关闭，难民不能再借道匈牙利，但可以通过克罗地亚和斯洛文尼亚涌入奥地利和德国。但这可能会引出另一种担忧，即德国封闭边境可能引发“多米诺骨牌效应”：从申根国家斯洛文尼亚开始，“巴尔干路线”上的国家一个接一个面对往回涌的难民潮，这会影响它们国内政治的稳定，或许还会使它们与邻国发生冲突——这幅图景难道不应该被预料到吗？希腊作为此链条中的最后一环早已经因难民危机而不堪重负，却不得不承受难民潮回流的最终后果——这一困境有可能会击垮这个本已陷入危机的国家。

顺着这个思路想下去，在沿着“巴尔干路线”通向爱琴海的这条线上，人道主义灾难几乎不可避免——而同时又会发生另一场挫败：自 1995 年以来出现的申根区将会崩溃，在这个包括大多数欧盟国家和几个其他国家的广大空间内，人员和货物的自由流动将不复存在。与欧元一样，申根区早已是新欧洲的一个象征：在这儿，你能借由畅通无阻的旅行而体会到自由；在这儿，将欧洲凝聚在一起的共同性，战胜了民族国家边界上的拦路杆和关税处。一旦申根区倾覆，欧盟内部的团结就会受到威胁。一旦德国封闭边境的举动导致了这样的后果（以及其他各种后果），德国搞不好会被钉在耻辱柱上。从安格拉·默克尔总理的许多言论中都可以推断出，她一直对这个危险保持警觉。

124 如果德国和奥地利对难民封闭其边界，这一系列事件的确有可能发生。但所缺乏的是必要的平衡性措施，因而缺乏矫正措施，即对完全开放德奥边境之后很有可能出现的后果应有一个清醒的估计。当时就可以预见到的是，欧洲内部会越来越孤立德国，而且欧盟内部会在难民问题上产生分歧。还可以预见到，欧洲大陆上的难民潮肯定会助长英国国内的脱欧势力，并且还会催生欧盟其他成员国内的民族主义和民粹主义势力。

内政方面，在 2015 年夏天就应该可以预见到，众多的难民会使德国社会在政治上趋于极化，并且会为像“选择党”这样顽固的右翼势力带来新的拥护者。不难预见的情况还有：这会增大社区和各个城市的困难，因为它们要让大量的难民至少暂时安顿下来；此外，还将会面临德国社会如何融合这些几乎全是穆斯林的移民人口的问题。这些人大多来自父权制的、蔑视妇女的、反同性恋的和盛行威权主义的社会，在这样的社会里针对异教徒（特别是犹太人）的仇恨横行无忌；而且还有不少人来自“正在失败”或“已经失败的国家”——在那儿以暴力方式解决矛盾冲突乃是一种日常秩序。然而，在德国的政治中却看不到类似的因素发挥过什么影响。仅从 2015 年秋季德国对德–奥措施可能导致后果的思考看，那只是一种选择性的（而且太碎片化、太投机的）思考，完全比不上事后人们为安格拉·默克尔所想出的通盘计划——就像政治学家赫尔弗里德·明克勒所做的那样。[15]

默克尔总理自 2015 年 9 月之后就一再承诺会有一个解决难民问题的“欧洲方案”，该方案理应包含两个要求：一个“公正的”在欧盟内部分配难民方案和对共同体边界的有效控制。但从 2016 年初的情况 125
看，这在可以预见的未来恐怕难以实现。由欧盟委员会在 2015 年 5 月首次提议，9 月起草完成并在部长理事会经有效多数通过的一个配额规则——旨在减轻希腊和意大利负担，可悲地失败了。到 2016 年 2 月为止，在 16 万尚未被分配的难民中仅有不到 500 人抵达了理应被分配到的国家。所规划的 8 个用于接收、登记并分配滞留于希腊及意大利的难民的“热点站”，到 2016 年 1 月也仅有 2 个可供使用。

不管怎样，英国、爱尔兰和丹麦早在 1997 年的《阿姆斯特丹条约》中就确保了自己可以不参与难民政策的权利，而且准备在万不得已时也仅让少量难民进入本国。法国看上去也难以再接纳更多的穆斯林移民了：2015 年的巴黎恐袭事件、恐怖分子血洗讽刺杂志《查理周刊》（*Charlie Hebdo*）事件、1 月袭击巴黎犹太人超市事件、11 月共致死 130 人的暗杀事件，统统都给人留下了这样的印象。在 2016 年 2 月 13 日举行的慕尼黑安全年会上，法国总理曼努埃尔·瓦尔斯（Manuel Valls）确定：法国将只能接收欧盟委员会自 2015 年 9 月以来试图分配给诸国的 16 万难民中的 3 万人。因此，法国将不会再参与由德国总理所推动的难民数额分配方案。

而同样令德国沮丧的是，还有两个原本一直比较支持德国的难民及庇护政策的国家，开始越来越将本国的政策向着在欧洲占据“主流”的隔离政策修正。首先，是长期以来自视为“道德巨人”的瑞典转向了（若按人口比例算，瑞典在 2014 年所接收的难民人数要超过德国）。斯德哥尔摩的红绿联盟少数派政府[1]于 2015 年 11 月 24 日表示，难民
126 潮已让这个王国不堪重负，因此必须放弃目前这种慷慨的难民政策，并执行更加严格的庇护法。紧接着，从 1954 年起就已经弃用的厄勒海峡大桥边境检查站又在 2016 年 1 月初重新恢复使用——尽管这对瑞典和丹麦都是一个麻烦的，特别是对经济不利的措施。哥本哈根对此的回应是，立即开始尝试恢复丹麦与德国边境上的入境检查站。此后，涌向瑞典的难民人数骤降。2016 年 1 月底，斯德哥尔摩宣布驱逐了约 8 万名没有政治庇护资格或没有难民法律身份的移民。

奥地利曾是德国在难民政策上的盟友。但 2016 年 1 月 20 日，社会民主党总理维尔纳·法伊曼领导下的红黑联合政府[2]在奥地利人民党的压力下为接收难民设置了一个“不断降低的”天花板。2016 年，维也纳希望最多接纳大约 37 500 名寻求庇护者，而且到 2019 年这一数字应该降至 20 000。（实际上，2015 年奥地利接收了约 9 万名难民。）在这次声明后不久，奥地利于 2 月中旬宣布将重新开始在本国与匈牙

[1]　“红绿联盟少数派政府”指的是由瑞典的传统左派社会民主党、左翼党和倡导环境保护的绿党结成的执政联盟。在 2014 年秋天的大选中，由于大量社会民主党的下层选民出于对难民潮的厌恶而改投极右翼的瑞典民主党的票，使得执政联盟丧失了议会多数，成了少数派政府。

[2]　奥地利红黑联合政府中的“红”指的是奥地利社会民主党（SPÖ），奉行民主社会主义；“黑”指的是奥地利人民党（ÖVP），奉行基督教价值观和中间偏右的保守主义。这两个党在 2008 年的奥地利大选中得票最多，它们在经过艰苦的谈判之后组成了大联合政府。

利、斯洛文尼亚和意大利接壤的边境实施严格的边境管制。2 月 17 日，内政部长约翰娜·米克尔–莱特纳（Johanna Mikl-Leitner）宣布，她的国家从即时起每天只接收 80 名难民，而且对想去德国的难民，奥地利每天的处理量也不会超过 3200 例。

奥地利外长塞巴斯蒂安·库尔茨（Sebastian Kurz）与约翰娜·米克尔–莱特纳都来自奥地利人民党，他在不久之前就是封闭东南边界方案的支持者：首先是与斯洛文尼亚和克罗地亚协调一致，然后关闭马其顿与希腊之间的边界。这个策略也得到了维谢格拉德集团的四个成员国（波兰、捷克、斯洛伐克和匈牙利）的积极支持和宣传——该集团在 2016 年 2 月 14 日于布拉格举行的周年纪念会议达成此共识（该集团因其首次会议于 1991 年 2 月在匈牙利的维谢格拉德城堡举行而得名）。可预见的后果是，这将导致难民被积压在希腊，不过这一方案的支持者表示接受这样的后果，这个支持者群体还包括应邀参加布拉格会议的马其顿和保加利亚的国家领导人。大约就在此时，传来了马 127
其顿和保加利亚开始用高高的铁丝网控制本国与希腊边境的消息。

波兰这个维谢格拉德集团中最大的国家在 2015 年的选举之后政府更迭，由唐纳德·图斯克奉行自由保守主义的公民纲领党所领导的政府，被雅罗斯瓦夫·卡钦斯基（Jarosław Kaczyński）奉行民族保守主义的法律与公正党（以下简称“法公党”）取代了。[1] 卡钦斯基与匈牙利同样奉行民族保守主义的维克多·欧尔班和斯洛伐克名义上属于社会民主党人的总理罗伯特·菲科（Robert Fico）一起，领导着中东欧和东南欧“拒绝阵线”——这些国家的想法是，最好能拒绝任何难民进入本国（如果实在要进，也绝对不能有穆斯林）。在 2015 年 12 月 17 日至 18 日举行的欧盟布鲁塞尔峰会上，匈牙利和波兰一起反对这样一项决议，决议内容是欧盟边境管理局今后在未经受影响的成员国授权

---

[1] 公民纲领党（Platforma Obywatelska，缩写为 PO）是波兰中间偏右自由保守主义政党；法律与公正党（Prawo i Sprawiedliwość，缩写为 PiS）是波兰右翼保守主义政党，倾向于天主教会。

的情况下，也有权采取强制措施以确保欧盟的对外边界安全。布达佩斯和华沙选择保留主权的后果是，关于欧盟边境管理局事务的表决将被推迟至 2016 年 6 月。

欧盟为保障外部边境而在地中海的另一侧寻找合作伙伴的进程，也没有取得什么成果。事实证明，联合国想要建立一个能够弥合托卜鲁克（Tobruk）和的黎波里这两个对峙政权进而统一的利比亚政府，是极为困难的。这使得欧盟为了递解难民和打击在利比亚也变得日益猖獗的“伊斯兰国”而寻求合作时，找不到一个合法的“对等的接洽方”。

在欧盟委员会和德国总理与土耳其进行谈判的过程中，意大利提出了以下条件：意大利不会支付欧盟为照顾叙利亚内战难民而许诺给
128 土耳其的 30 亿欧元中的相应份额，除非欧盟委员会同时承诺这部分金额不会被归入意大利预算赤字。2016 年 2 月初，意大利的伦齐总理才表示这一先决条件已被满足，于是第一期 30 亿欧元付款的重要障碍这才得以排除。

到此时为止，土耳其所承诺的加强对地中海沿岸的控制，并没有多大进展：在 2015 年至 2016 年之交的冬季，每天仍有数千难民抵达希腊附近的岛屿，仅 1 月就有约 7 万人。2016 年 2 月 11 日，土耳其最终同意了北约的一项海上任务，该任务旨在协助希腊和土耳其监控其爱琴海上的边界并打击偷渡者。安卡拉甚至还承诺，将那些被北约盟友的船只定位的难民船带回土耳其海岸，并接回从土耳其非法离境的难民——即使这些难民已经成功登上希腊岛屿。不过，这一承诺是与欧盟要帮土耳其减少大量叙利亚内战难民人数的意愿联系在一起的。欧盟能否在 2015 年 11 月底兑现所许下的诺言，此刻尚难见分晓。

根据官方说法，2015 年全年共有 89 万难民抵达德国。联邦移民和难民局的报告称，2015 年共收到 44.2 万份庇护申请，2014 年收到 17.3 万份。在申请者的来源国中，2015 年叙利亚以 36% 的比例名列榜首，紧随其后的是阿尔巴尼亚（12%），然后是科索沃、阿富汗和伊朗

（都在 7% 左右）。在德国于 2015 年 10 月宣布西巴尔干诸国为安全国家，并将越来越多来自西巴尔干诸国的申请者驱逐出境之后，来自阿尔巴尼亚、科索沃和塞尔维亚的移民者数量骤减。而来自中东，伊拉克、阿富汗，巴基斯坦和马格里布国家[1]的人数所占的比例上升。2015 年 12 月，叙利亚依然是最主要的难民来源国，其次是伊拉克，排第三的是阿富汗。

在由 2015 年迈入 2016 年时，德国人的救助热情依旧高涨，参加 129
义务工作的志愿者的数量和激情同从前一样令人印象深刻。不过，人们也普遍认为 2016 年再接受 100 万甚至更多的难民是根本不可能的。无论是西巴尔干国家的，还是摩洛哥、阿尔及利亚和突尼斯的移民都难以让人理解，因为在他们之中能被确认为政治避难者或战争难民的比例很低。年轻的北非男性性侵妇女（绝非仅有臭名昭著的 2015 年平安夜性侵事件，也绝非仅有受世界瞩目的科隆性侵事件）和偷盗行为以高于平均水平的程度频繁曝光，这对德国人对移民的一般观感产生了极大影响。民意调查显示，人们对联邦政府的难民政策越来越不满，执政联盟[2]中的两党（特别是联盟党）的支持率下降，选择党的支持率迅速上升。曾几何时，德国被人视为几乎“不存在民粹主义”的地方，因而与欧盟其他成员国相比显得与众不同，但这样一个时代显然已经过去了。

德国有各种理由意识到自己在难民问题上受到了欧盟其他成员国的孤立，但其根由却藏在眼下危机的后面。在过去的数年中，柏林也不买欧盟共同庇护政策的账。因“船民”而产生的负担起先主要是由意大利，然后由希腊担负，那时候德国并没有向两国伸出援助之手，而且还拒绝分担难民。2015 年夏末，发生了德国和奥地利在没有得到欧盟和其他邻国同意的情况下对难民开放边境的事，使这些难民可以

[1] 马格里布国家，即埃及以西的北非诸国，主要是摩洛哥、利比亚、阿尔及利亚和突尼斯。
[2] “执政联盟”，指的是由联盟党（基民盟 / 基社盟）和社民党组成的大联合政府。

沿“巴尔干路线”直抵中欧。若是没有当初发生的那些事，如今德国人呼唤团结时所得到的回应说不定也不会如此惨淡。

可是，德国在 2015 年所遇到的情况还有：其他欧洲国家都没有承
130 认庇护权是一个人的基本权利。如果德国当初自认为在这方面它已成为欧洲的典范，那么现在这已经变成了一个幻象。要是欧盟没有因为庇护和难民问题而崩溃的话，它应该从自己的这个最大的成员国身上吸取教训：在这样一个敏感的领域，既不能对自己也不能对其他人要求过高。

2016 年 2 月 18 日至 19 日在布鲁塞尔召开的欧盟峰会原计划为解决难民问题拿出一个欧盟与土耳其的共同方案，确切地说，是为那些从土耳其经爱琴海来到欧洲的难民找到一个解决方案。2 月 17 日在安卡拉发生的造成 29 人死亡、超过 60 人受伤的恐怖袭击事件，让安排好的计划落了空。由于土耳其总理达武特奥卢不得不暂时取消他对布鲁塞尔的访问，难民问题只好被推迟到 3 月 7 日的特别峰会上去讨论。

在此期间，马其顿在与奥地利及其他西巴尔干国家取得一致的情况下，在与接壤希腊的边境上造成了既成事实：把“巴尔干路线”给堵上了。在实际操作中，这意味着每天仅有数百名来自叙利亚和伊拉克的难民被允许穿过马其顿；从 3 月初开始，在那些叙利亚内战难民中，也只允许来自尚在激战中的阿勒颇的难民通过边境，而那些来自首都大马士革的则不行。2 月 27 日，基于美国外长克里（Kerry）与俄罗斯外长拉夫罗夫（Lawrow）之间的磋商，叙利亚实现了停火。马其顿政府[1]对此的反应是完全封闭边境，因为首次出现了结束叙利亚内战的希望。

而对那些并非来自叙利亚或伊拉克的人而言，此后就没有机会再使用之前一直通行的“巴尔干路线”去往那几乎所有人都想去的地方：

[1] 此处的原文是“Skopje”，即马其顿首都斯科普里，作者用以代指马其顿政府。

德国。因此，那些来自阿富汗、巴基斯坦、马格里布国家以及“其他”国家的移民就被堵上了。由于马其顿的这些措施，从 2 月底开始希腊
一侧有大批难民聚集在边境附近的伊多梅尼（Idomeni），其人数到 3 131
月初已达 13 000。据雅典方面的消息，这段时间整个希腊的难民总数为 33 000，而据国际红十字会估计有 5 万人。2 月 29 日，在伊多梅尼发生了大量人员冲击边境铁丝网的事件，马其顿警察用催泪弹予以回击。3 月 3 日，欧洲理事会常务主席唐纳德·图斯克在雅典向所有潜在的“经济移民”[1] 发出了一项强烈请求：不要再往欧洲来，不要相信偷渡组织者虚幻的承诺，不要再拿自己的金钱和生命冒险。[16] 尽管马其顿人和其他西巴尔干国家的严厉措施在欧盟受到了批评，但此时越来越清楚的是，大多数成员国都乐于见到关闭边境的效果——封住“巴尔干路线”。

态度最为纠结的是德国。一方面，联邦总理不支持维也纳及其盟友们的行为，另一方面她又拒绝（再像 2015 年 9 月 4 日德、奥达成一致时那样）接收聚集在希腊的难民，也就是说拒绝再继续施行一种为难民开门的“曲线政策”。德国给人留下的这种两面派的印象是遮不住的：柏林既羞于承认“巴尔干路线”这一政策的失败，却又赞许封闭边境的成果——总理实现了大幅降低难民人数的承诺。事实上，从 3 月的第一天开始，每日通过德、奥边境进入德国的难民就再没有超过 500 人。[17]

安格拉·默克尔试图通过封闭欧盟和申根区的外部边境来解决这种矛盾性，即主张封闭希腊与土耳其之间的海上边境，而不是马其顿与希腊之间的边境。可是土耳其却违背其 2015 年 11 月的承诺，从那时到现在，它在阻挡移民穿越爱琴海方面几乎什么也没做。而且土
耳其政府在布鲁塞尔特别峰会之后没几天就干出了这样的事：支持 132
一桩极有问题的判决：用警察手段查封了该国最大的日报《时代报》

[1] “经济移民”，指那些家乡没有战乱却为了改善生活水平而设法前往发达国家的人。

（*Zaman*）——这是一份与该国总统埃尔多安为敌，亲近流亡美国的伊斯兰阿訇费图拉·居伦（Fethullah Gülen）的报纸。此举与欧盟承诺加强和加速土耳其的入盟谈判一事（这也是土耳其所追求的目标）颇不协调；与此类似的，是土耳其政府于国际妇女节前夕（3 月 6 日）在伊斯坦布尔用橡皮子弹镇压了妇女们的示威活动。除此之外，土耳其领导人还在安纳托利亚东南部残酷打击被归类为恐怖分子的库尔德工人党——许多观察家认为这项政策恐怕会为涌向欧洲的移民潮添加新的动力。

德国总理能否在欧盟贯彻自己的路线竟取决于这样一个国家，同时她又有许多正当的理由一直不愿意让土耳其成为欧盟的正式成员——这个矛盾几乎无法化解。由维也纳牵头的国家集团的立场与德国相反，但其弱点在于，它们的政策可能会导致已经饱受危机之苦的希腊彻底崩溃，使其沦为一个“失败国家”。这也可以解释，为什么德国总理和欧盟委员会主席容克拒绝在布鲁塞尔特别峰会的闭幕文件中，像唐纳德·图斯克所起草的草案那样，把封闭“巴尔干路线”当作一个事实确认下来。当然，这样的确认也可以被解读为：这就是证据，欧盟认为默克尔迄今为止在难民问题上的政策是失败的——总理本人不可能赞同这样的解读。

土耳其总理艾哈迈德·达武特奥卢在欧洲理事会会议之前和会议期间都充满自信。他向与会的欧洲政治家们提出，以后土耳其可以接回所有非法抵达欧盟成员国的移民，只要欧盟答应以下四个条件：第一，在这些乘坐（非法的）叙利亚难民小舟的人被送回土耳其的同时，
133 应接收同等数量的来自土耳其的叙利亚内战难民[1]；第二，在已经商定的 30 亿欧元之外，还要在 2018 年之前再给土耳其 30 亿欧元以缓解难民营中的困难；第三，在 2016 年底之前给予土耳其公民免签证待遇；

[1]　这是《欧盟-土耳其行动计划》中最重要的一条，也被称作“移民置换”。依此条款，进入欧盟的难民数量一个也不会少，但欧盟的逻辑是：这样就可以接收更多真正的叙利亚内战难民，而把那些来自其他国家、因经济原因而来到欧盟的非法移民送到土耳其。

第四，开启更多领域的谈判，为土耳其的入盟谈判注入新的活力。达武特奥卢的提议是在前一天晚上与默克尔和欧洲理事会轮值主席荷兰首相马克·吕特一起商定的，此举让一些国家元首和政府首脑觉得遭遇了一场突然袭击。

特别峰会在午夜后不久就结束了，没有产生具体的（更不用说明确的）决议。在会议的闭幕公报中，没有明确说明“巴尔干路线”已经封闭。公报中所用的说法是：沿西巴尔干路线运动的非正常移民潮“现在已经结束”。在这一点上，默克尔总理在欧洲理事会多数成员［其中包括弗朗索瓦·奥朗德（François Hollande）］反对的情况下贯彻了自己的意志。然而，公报对事实本身，即希腊与马其顿之间边境的封闭，却不置一词。对于希腊安置和关照难民方面的负担，欧盟承诺用援助来补偿。[18]

然而，那个与达武特奥卢私下磋商的成果——默克尔大力支持的《欧盟-土耳其行动计划》，因为一系列尚不明确的要点直到 3 月 7 日都未能在国家及政府首脑会议上通过——或者说大家还不愿意让它通过。安格拉·默克尔在会议闭幕时的新闻发布会上对会议评价是“值得欢迎的”。不过这只是会议的特点之一，她真正想说的是：欧洲理事会实质性地前进了一步。她说“许多人”都觉得此次会谈取得了一个“突破”，同时她也得出一个结论：并非每个人都这样认为。[19]

事实上，许多事情尚不明确，首先是如何在欧盟内部分配从土耳其接收的难民，以及如何分担为安卡拉提供的总额为 60 亿欧元的资助款项。这些和其他一些“细节”应在后一周（17 日至 18 日）的下一次定期峰会上讨论。有一些成员国（其中包括法国）对给予土耳其人免签待遇还有很大顾虑，这是理事会常务主席唐纳德·图斯克在接下 134
来的几天里需要大伤脑筋的一个问题。3 月 8 日，土耳其总理达武特奥卢与希腊总理齐普拉斯在伊兹密尔（Izmir）会面，就未来在递解难民方面的双边合作进行磋商。

对德国政府的立场而言，布鲁塞尔特别峰会未能实现所期待的

"重大突破"。联盟党和社民党也对默克尔越来越倾向于对威权统治的土耳其做出重大让步的表现提出了质疑。不过，会议总算产生了一个带有总理的"德国特色"的遏制非法移民的计划，而且人们还寄希望于该计划能为显著减少难民人数做出贡献，并降低右翼民粹主义的选择党的吸引力——选择党在这段时间里将反移民斗争当成自己的主要任务，而且完全把自己当成了一个专门从事抗议的党。在举行峰会之间的那个周日（3 月 6 日），选择党在黑森州的地方选举中获得了 11.9% 的选票，这使它在当地上升为仅次于基民盟和社民党之后的第三大党，把绿党挤到了老四的位置上。民调还预计，3 月 13 日在萨克森-安哈特州、巴登-符腾堡州和莱茵兰-普法尔茨州三个州举行的选举中，选择党也将获得相当多的选票。"建制派"诸党完全有理由对"超级星期日"[1]感到焦虑。

事实是，选择党在 3 月 13 日的选举中在这三个州全都取得了可观的成绩：在萨克森-安哈特州是 24.3%，在巴登-符腾堡州是 15.1%，在莱茵兰-普法尔茨州是 12.6%。由此，它在萨克森-安哈特州上升为第二大党，在其他两个州都是第三大党。在所有这三个州中，基民盟的主要候选人或明或暗地与本党主席兼联邦总理的难民政策划清界
135 限，以便阻止选民倒向右翼，但这种做法显然也疏远了许多支持者。
在巴登-符腾堡州，绿党得益于州长温弗里德·克雷奇曼（Winfried Kretschmann）的个人声望。在莱茵兰-普法尔茨州，同样深受选民欢迎的州长马卢·德赖尔（Malu Dreyer）帮助她的社民党以微弱优势获胜，不过社民党在另外两个州都遭受了惨重损失。在全部三个州，先前执政的党都遭遇了挫折，萨克森-安哈特的基民盟和社民党联盟、巴登-符腾堡州的绿党和社民党联盟、莱茵兰-普法尔茨的社民党和绿党联盟，都失去了议会多数。总的来说，这次选举可以视作在柏林执政的联盟党-社民党大联合政府的一次"惨败"，同时也证明支持安格

[1] 即选举日，借用了美国大选"超级星期二"的说法。

拉·默克尔的难民政策的力量正在消退——在她自己党内追随者中尤其如此。

2016 年 3 月 18 日，即此次德国三州选举 5 天之后，欧盟各国首脑又在布鲁塞尔与土耳其开始了新一轮谈判。这次会谈整合了 3 月 11 日至 12 日的峰会上讨论过的各类方案的基本立场。要想在 2016 年 7 月底之前施行免签待遇，安卡拉还必须满足欧盟的 72 项法律和技术方面的要求。会谈最重要的成果是达武特奥卢总理承诺：只要欧盟能确保从土耳其接走同样数目的难民（以 72 000 名为上限）——难民还在用非常规的手段从土耳其前往希腊，土耳其将从 3 月 20 日起就开始接回那些非法从安纳托利亚来到希腊周边岛屿的难民。要是这些难民在希腊没有申请庇护，他们就丧失了返回欧盟的权利。

在德国政府（尤其是基民盟）方面，这项协议被视为联邦总理的巨大成功。这种看法当然也不能说错，但的确很不完整：在布鲁塞尔能取得这项成功，主要靠的是奥地利和巴尔干国家对希腊及欧盟施加的压力。同时，也应归功于马其顿不再让移民通过边境的措施。这些 136
才是难民数量下降（不过他们到了 4 月依然还在德奥边境出现）和横渡爱琴海而来的“船民”持续减少的决定性原因。

2016 年 4 月 4 日星期一，商量好的移民置换开始了：莱斯沃斯岛和希俄斯岛上的大约 200 名来自巴基斯坦、阿富汗和摩洛哥的难民被送回土耳其；从土耳其空运来的第一批来自叙利亚的战争难民也抵达了德国和荷兰，此外又有 339 名“船民”从安纳托利亚来到了希腊岛屿。在这几天之后，再没有进行过从希腊递解难民回土耳其的行动，因为在此期间许多在希腊的难民递交了庇护申请[1]，这样一来就需要审核他们的申请。鉴于小小的希腊庇护管理机构已经因此不堪重负，欧盟的其他成员国都慷慨地向雅典承诺提供人员支持。可事实上，到

[1] 这其中有个缘故：绝大多数难民原本想在德国或北欧等“条件更好”的国家递交庇护申请，所以到达希腊以后一直不交。但在欧盟和土耳其达成交换难民的协议之后，再不交庇护申请就会被遣返到土耳其，所以大量难民改变策略，很快都在希腊递交了庇护申请。

2016 年 4 月初为止，这些所承诺的人员中仅有很小一部分抵达了希腊——一共应来 400 人（翻译另算），但只来了 32 人。

土耳其《反恐法》的出现，迅速成为伊斯坦布尔与布鲁塞尔之间最严重的争议问题，因为该法随时都可以被执政的正义与发展党当成对付那些它不喜欢的批评者的武器。修改法律以使土耳其成为一个法治国家，这本来就是土耳其想要获得免签待遇就必须满足的 72 个条件之一。埃尔多安拒绝了这项要求，并且还在 5 月 23 日在安卡拉举行的联合国“世界人道主义峰会”上与德国总理的一场谈话中明确表示决不会让步，如此一来，在 2016 年 7 月 1 日开始施行免签待遇一事就彻底没戏了。

而且，也不能期望土耳其的态度能在短时间内向自由化方向转变。
137 相反，许多事情都显示这个国家正变得越来越专制。5 月底，议会以足以修宪的多数废除了所有议员的免受检察官调查的豁免权——这项措施其实是专门针对亲库尔德人的人民民主党议员的。此后不久，相对独立的政府领导人达武特奥卢被解职，接替他的是曾担任正义与发展党主席、后来一直担任交通部长的比纳利·耶伊尔德勒姆（Binali Yildirim）——此人是一个无条件忠于埃尔多安的政客。他的首要任务，是促使土耳其政体转变成总统制。与此同时，新闻自由也受到越来越多的限制。5 月初，有两名独立报纸《共和报》（*Cumhuriyet*）的记者在一场埃尔多安亲自过问的审判中，被以泄密罪一审判处多年徒刑。

2016 年 6 月 2 日，德国联邦议院几乎一致通过了一项 2015 年就计划过，但后来又因顾虑德土关系而推迟表决的决议：将第一次世界大战中对亚美尼亚人的屠杀定性为种族灭绝，并且在指出奥斯曼帝国的罪责同时，也将其最重要的盟友德意志帝国列为帮凶。在投票之前，埃尔多安严厉警告德国不要迈出这一步，并威胁说，若联邦议院通过这一提案将会产生严重后果。

138 当决议在柏林通过之后，土耳其大使被召回安卡拉。在耶伊尔德勒姆总理做出这个相对适度的反应之后，埃尔多安总统于 6 月 5 日大肆攻击那些有土耳其血统而又对此决议投下赞成票的德国联邦议院议员：他说他们的血液已经腐化了，是库尔德工人党的恐怖分子在德国安插的黑手。[20] 其中一些议员，包括绿党主席杰姆·厄兹代米尔（Cem Özdemir），在 6 月初多次受到来自匿名土耳其民族主义者的死亡威胁；此后，他们得到德国安全部门的人身保护。土耳其官方施加在所谓“叛徒”——这些人只是坚信在诚实面对本民族历史之后所释放出力量——身上的仇恨，反映出它仍拒绝面对其历史上最黑暗的一章，即对亚美尼亚人的种族灭绝。

6 月 6 日，从安卡拉传来了令人震惊的消息：那份难民协议还需要在内阁通过才算数；也就是说，批准这份协议的过程还没有完结。对这一几乎不加掩饰的威胁（要退出已经达成的协议），欧盟没有理睬。从 3 月到 6 月初，土耳其仅从欧盟国家接走了 441 名难民。这同时也因为，希腊政府和法院几乎没有将来自叙利亚的难民递解回土耳其。在 5 月底、6 月初，每日平均有 48 名移民从土耳其抵达希腊岛屿。在“巴尔干路线”已封闭的情况下，《欧盟-土耳其协议》达到了一种恫吓的作用。在 2016 年夏初，欧盟被埃尔多安政治勒索的风险较一个季度之前小了不少。

一个月之后，欧盟与土耳其的关系又迎来一个新的大危机。2016 年 7 月 15 日夜至 16 日凌晨，一部分军人在经过精心策划之后发动了一场以捍卫人权和民主为由的军事政变。埃尔多安总统的拥护者进行了大规模示威游行，在他们的支持下，埃尔多安在 24 小时之内镇压了此次颠覆活动。

政变次日，不但有数千名军官和士兵被逮捕，而且还有五分之一 139
的法官和检察官被停职，上万名公职人员（即教授和教师）被解雇、停职，甚至逮捕，批评政府的私立中学、大学以及非国营的广播电台和电视台被吊销执照。高校教师和科研人员在没有新指令之前不得离开土耳其。埃尔多安和正发党声称现移居美国的阿訇费图拉·居伦是此次政变的真正主谋，而上述这些人都被怀疑为居伦的同情者。土耳其总统在声明中称议会应该重新引入死刑，这一声明立即引起了布鲁塞尔和柏林的驳斥，称这样的修宪行动与欧盟成员国的身份水火不容。

土耳其从 7 月 20 日晚上起开始了为期 3 个月的紧急状态，在此期间行政部门将拥有近乎独裁的全权。尽管这些措施必须得到议会的批准，但在议会，总统的党派掌控着绝对多数。而向宪法法院申诉却是不可能的。为了压制来自宪法机构的反抗，总统刚镇压完政变就下令逮捕了两位他不喜欢的法官。在紧急状态下，政府可以放手对付持反对意见的媒体：于是 7 月 27 日有 45 家报纸、15 家杂志、29 家出版社、23 家广播电台和 16 家电视台被关闭。对这场埃尔多安的“反向政变”（大家普遍这么看），欧盟仅予以有限的抗议：欧盟认为任何事情都不应该被这位反复无常的总统当作退出“难民协议”的借口。

那些坐镇欧洲各国首都的人都很清楚，即便真的能封闭巴尔干和爱琴海的流民路线，移民问题也远远没有解决。那时人们普遍认为，
140 从利比亚到意大利的难民数量会大大增加。大家一直存有希望：欧洲联盟能很快与利比亚某个有合法性的对等谈判方就递解难民达成协议。3 月底，受到西方民主国家部分承认，并受到的黎波里和托卜鲁克这两个对峙政权至少部分承认的，由法耶兹·萨拉杰（Fajis al-Sarradsch）[1] 领导的总统委员会，由海路从突尼斯来到了的黎波里附近的阿布西塔海军基地，并将这里作为自己的临时驻地。4 月 6 日，在国际法意义上未受承认的的黎波里政权的领导人先是抗议这一行为，然后宣布他的内阁辞职；两天之后，利比亚的声明又变得暧昧起来。萨拉杰的这

[1] 2011 年 10 月 20 日卡扎菲败亡之后，利比亚成立了过渡政府。由于世俗派与伊斯兰派之间的矛盾，2014 年内战再起，两派都成立了自己的政府，世俗派政府在托卜鲁克（领袖是军事强人哈利法·哈夫塔），伊斯兰派政府在的黎波里。联合国介入之后，内战中的各方（两个政府都派了代表）于 2015 年 12 月 17 日在摩洛哥签订了《利比亚政治协议》（Libyan Political Agreement），都同意组建“民族团结政府”（Government of National Accord），由萨拉杰担任会议主席（即总统）的总统委员会（Präsidentschaftsrat；英文：Presidential Council）领导。

个有抱负的团结政府很可能会与欧盟就难民问题进行合作：因为利比亚的温和力量迫切需要西方的援助来打击"伊斯兰国"——"伊斯兰国"在过去几年中已经在这个北非国家建立了自己的基地，并一直在持续扩张。

然而，尽管作为联合国特别斡旋代表的德国外交家马丁·科布勒（Martin Kobler）使尽浑身解数，也难以说服这个新成立的团结政府更多地关心一下自己的国家，他无法阻止来自"强人"哈利法·哈夫塔（Khalifa Haftar）将军的顽固阻挠——这位将军得到埃及、阿拉伯联合酋长国和俄罗斯的支持。2016 年 5 月 16 日，包括美国、俄罗斯及其他联合国安理会常任理事国、德国、意大利、西班牙和马格里布国家在内的 21 个国家派代表参加了在维也纳举行的外长会议，计划对萨拉杰政府放松自 2011 年开始实施的武器禁运。但只要这个团结政府一天不享有实权，那么实现该承诺的前景就跟美国和欧盟援助一样都是空中楼阁。[21]

组织偷渡的犯罪分子利用利比亚的权力真空，从 2016 年初就开始增加转运人数，用简陋的木船和橡皮船把那些想去意大利的人送出海。全靠欧盟的船只（"索菲亚"行动）、意大利的海岸警备队、各类非政府组织和其他一些志愿者的帮助，这些人中的一部分才得以抵达意大利的港口；从 2016 年 1 月到 5 月底，总人数共计 3.4 万。然而，有 141
数以千计的人试图横渡地中海却最终葬身鱼腹：2016 年的头 5 个月，遇难者已经超过 2000 人。这样的人间惨剧看不到尽头。于是，即使在"巴尔干路线"被封闭之后，移民运动带来的问题依旧是欧洲联盟所面临的最大的人道主义挑战。

从 2015 年夏天起，几乎没有人再谈及德国领导人了。在难民问题上，德国使自己受到严重孤立，即便其他成员国以及欧盟委员会也拿不出什么解决这个问题的长期战略。德国的左派在庇护权一事上执着于信念伦理而非责任伦理，这在置身事外的观察家眼中并不是什么怪事。真正奇怪的是：一向以务实著称的默克尔总理（至少在一段时间内）也依此等路线行事，并且她在党内得到的支持竟然多过反对。

作为教派联合体的联盟党被人视为德国的保守党，但若是与德意志帝国时代和魏玛共和国时代的保守党派相比，则它代表的是一种——简单粗暴地说——“漂白过的”保守主义。与1933年之前的德国民族主义者不同的是，该党从来都不是一个民族主义政党，而一直是一个亲欧洲的政党，是的，自阿登纳当政时起就是一个在德国的欧洲党。在默克尔的领导下，基民盟所有那些还称得上保守的政治面貌都变得更加模糊——因而也形成了选择党企图闯入的政治真空。

作为联盟党执政盟友的社民党多少也陷入了这个两难困境之中，它总不能站在比联盟党更“右”的位置上吧。该党领导层的摇摆不定，反映的是党内不同成员对难民问题的不同想法：与那些所谓的基层党员不同的是，大部分坐在联邦议院中的党员怀疑如此众多的
142 难民真的能够融入德国社会——可是这份疑心与该党必须坚持团结“英特纳雄耐尔”传统又是相互矛盾的。左翼党内也面临着与此类似的矛盾。绿党在所有政党中最坚定地倡导“后物质主义氛围”，在执着于信念方面，它不愿让任何党派超过自己。可在难民问题上，党内“现实派”（Realos）与“初心派”（Fundis）[1]之间的老冲突又重新浮现出来。

“欧洲不可由柏林来统治”——这就是英国政治学家汉斯·昆德纳尼的结论（而且主要指的是难民危机中的问题），他将它写在其著作《德国霸权的悖论》一书2015年10月德文版后记中。[22]德国政治家们一直声称要注意让德国的利益与欧洲的利益保持一致，若以此标准衡量，2015年夏季和秋季德国政府的言行完全与此相悖。联邦政府

[1]　“Fundis”亦可译作“原教旨派”，但绿党不是宗教党，译作“初心派”更合适。

的特立独行特别受到反对派和部分媒体的欢迎，因为它证明了德国在难民问题上道德超群，而且至少是含蓄地显出其他国家都偏离正路。然而，从邻国传来的反馈几乎全都是负面的。拼命用德国的想法为全欧制定难民政策，的确是棋差一着，在由 2015 年迈入 2016 年之后，这一点已经再明显不过了。

第 9 章

143 多重性的联合？

老是听人说，从前的欧洲什么事情都简单。这里的“从前”，大概指的是“六国欧洲”时代的美好旧时光。这六国最初于 1952 年组成欧洲煤钢共同体，后来又在 1957 年组建了欧洲经济共同体。当年，法国、联邦德国、意大利和低地三国[1]的确在根本问题上拥有更多共识，尤其是在通过不断前进的一体化来“建立更紧密的共同体”方面，比 1973 年加上了西北欧三国（英国、爱尔兰、丹麦）之后要齐心得多。至于几十年后的扩容，即 2004 年到 2013 年的东扩之后，就更让人无话可说了。

与 1945 年后西欧一体化的先行者们紧密相连的，是今天可以被人称作共同“叙事”的东西：一个关于二战教训的宏大故事。构成故事核心的是这样一个想法：“欧洲人之间再也不要发生战争了！”在过分的民族主义把旧大陆推向自我毁灭的边缘之后，欧洲意识到了是他们的人文主义和基督教的传统在最深处将欧洲人连在一起——这传统被看作西欧战后民主政体的共同基础。欧洲若是还想在世界上扮演正面角色，如果还想在两侧的美、苏两强之间站稳脚跟，就必须要有一个紧密的、尽可能与联邦相似的共同组织。这就是当时那一批政治家
144 的信条，其中有法国的罗伯特·舒曼（Robert Schuman）、德国的康纳

[1] “低地三国”，原文是“drei Benelux-Staaten”，也就是“Belgien, Niederlande, Luxemburg”（比利时、荷兰、卢森堡）三国的缩写。

德·阿登纳、意大利的阿尔契德·加斯贝利（Alcide De Gasperi）和比利时的保罗–亨利·斯巴克（Paul-Henri Spaak），这些都是 1945 年之后在各自国家当轴秉政之人。

不过早在 20 世纪 40 年代末和 50 年代，就出现过一些已经多次提到的非常热衷于民族主义的政治家。[1] 他们在法国的保守态度特别顽固。比如，1954 年 8 月巴黎国民议会否决欧洲防务一体化的项目，等到 1944 年的"解放者"戴高乐将军于 1958 年重新掌权之后法国的态度就更趋保守了。

然而，即使 1958 年法兰西第四共和国没有被第五共和国取代，欧共体内部依然会发生冲突。联邦德国出口工业的利益与法国农业的利益截然不同，即便是德国农场主与法国农场主的利益也并不完全一致。但戴高乐却在 1965 年 7 月初把一场关于农产品共同价格的争吵推向了顶峰：他召回了欧共体机构中的法国代表。这一"空椅子策略"直到 1966 年 1 月达成"卢森堡妥协方案"后才告结束。在该方案中各方就农业财政补助的时间表和建立关税同盟取得了共识，同时还商定以后在奉行多数决定原则的部长理事会中如有争执不下的问题，将遵循"停止争吵，接受分歧"的原则。法国贯彻了自己的主张，此后只要涉及一国的重大国家利益，会议就要一直开到所有与会者达成一致意见为止。从此，一致同意原则在可以预见的将来已不可改易。[2]

不难预见，欧洲共同体中的国家越多，平衡各方利益就越难。也正是出于这个考虑，戴高乐一直反对欧共体接纳英国（在他当政期间他做到了）。法国总统职位的第三个继任者，弗朗索瓦·密特朗（于 145
1989 年 6 月下了决心）把创造一种共同货币当成巩固欧洲团结和抑制德国经济及财政强势的手段。可这两个愿望都落了空：联邦德国在完成统一和放弃德国马克之后，依然可以用欧元施展它在经济上的强势，而共同货币远不能如其创立者所希望的那样——弥合民族国家之间的对立。

在2008年的金融及债务危机爆发之后，到处都在议论欧元区内部的某种“南北对立”。所谓的“北方”，指的是那些出色地遵守了预算纪律并且始终留意自身偿债能力的国家。而那些所谓的“南方”国家则对预算纪律和国债的不断累积满不在乎。一般而言，这里的“南方”首先指的是地中海沿岸的那些国家，宽泛点儿说也包括法国。属于“北方”的是德国、奥地利、荷兰、卢森堡、芬兰、波罗的海国家、斯洛伐克和斯洛文尼亚。至于地理上的“反例”，一方有马耳他，它像“北方国家”一样行事；另一方有比利时和爱尔兰，它们至少在一段时间之内如同两个“南方国家”。同时，与从前一样，这一分野中还有一个只在大而化之的层面上称得上正确的宗教社会学分野：“南方国家”主要受天主教影响，“北方国家”主要受新教影响。同样引人联想的，还有天主教普遍乐观的生活情绪和新教普遍严肃的态度。

心存怀疑者会觉得欧元区内包含了太多异质元素，以至于很难长期保持稳定。相反，共同货币的先锋们却并不那么在乎成员国各异的历史背景：他们把宝押在全体参与者的热情上，相信这些国家会因此遵守在预算赤字和国债方面已经商量好的规矩——事实很快证明这不过是个幻想。在引入欧元近两年之后，整合各国预算、财政和经济政
146 策工程的竣工日还是遥遥无期：那个能让偏好节俭者和偏好增长者停止无效争论的历史性妥协，依旧难觅踪影。[3]

就在欧元区内南北对立的危机日益显露之际，难民危机又将欧洲联盟内部经久不衰的“东西对立”揭示出来。那些在第二次世界大战之后能称为“西方民主政体”的国家，全都有过大量移民涌入的体验，这些移民不只来自其他欧洲国家，而且也来自远在天边的拥有不同文化的国家。相反，那些原属东方阵营的国家坚持将移民潮挡在门外；它们从前是向外移民，而非接纳移民的社会。其中最大的国家——波兰，只是在1945年之后通过强制驱逐和重新安置之后，才成为一个单

一民族国家。[1] 双民族国家捷克斯洛伐克共和国的各种局限性，今天依然存在于捷克斯洛伐克的捷克部分（即今天的捷克共和国）。

波罗的海三国的情况与此完全不同，这三个国家自 1940 年被苏联吞并之后直到 1990—1991 年一直都是苏联的加盟共和国。各自都有数量可观的俄罗斯民族（拉脱维亚有 29%、爱沙尼亚有 26%、立陶宛有 6%），这些人都是在三国失去独立之后才迁入的。中东欧和东南欧诸国的意图是：保住自己的民族身份并尽可能完整地保留刚刚失而复得的主权——基于这个意图，它们联合了起来，同时这也是这些国家在 2004—2013 年加入欧盟时的指导思想。

这些欧盟“新人”的共同特征之一，就是都拒绝接受来自欧洲之外的难民。不过其间也有些许差异：前南斯拉夫联盟国家斯洛文尼亚和波罗的海三国，比匈牙利、捷克和斯洛伐克表现得更为合作。波兰直到 2015 年政府更迭之后才发生转变，其政府从自由保守派变成了民族保守派，从而加入了“强硬派”的阵营。同样，由此构成的所谓“东 147
欧人”也并非铁板一块，可是这个完全违背历史而且实属冷战遗物的概念在西方依然很受欢迎。在文化和地理的意义上，俄罗斯、白俄罗斯和乌克兰东部才是东欧国家。2004 年成为欧盟成员国的那 8 个欧洲大陆国家其实是中欧的一部分，因此也是受西方教会和拉丁文化——传统西方（alten Okzidents）——影响的欧洲的一部分。这些国家通过共同的法律传统和彼此之间以及与传统西方国家之间密切的文化交流而联结在一起。然而，拜占庭和东正教影响下的东欧和东南欧，在很早的时候就与拉丁欧洲分道扬镳了。

因此，这并非偶然：当欧盟在 2007 年接纳两个受东正教影响的东南欧国家（保加利亚和罗马尼亚）时，共同体所遭遇的麻烦比 3 年

---

[1]　二战后，根据美国默许的苏联与英国之间达成的协议，波兰将一部分领土转给乌克兰（即转给苏联），同时从德国取得一部分领土作为“补偿”。德国被割让的这部分土地是原来的东普鲁士和西里西亚。二战结束后，在这些土地上生活的德意志人与生活在波兰的德裔居民一起被强制驱逐出境，总数有上千万人。而波兰由此大致成为一个单一民族国家。

前接纳 8 个中东欧国家时要大得多。保加利亚和罗马尼亚不但比欧盟在第一轮东扩时接纳的国家穷得多，而且腐败程度和有组织犯罪的发生率也高出一大截。被欧盟委员会一再斥责的弊病之一是这些地方缺乏独立的司法机构——其实在共产党掌权时就是如此。然而，法治传统的薄弱有其更为深远的根源：罗马尼亚和保加利亚（希腊也与之类似）无缘浸润西方中世纪的分权传统，即那种将属灵权力与世俗权力分开，同时也将君王权力与其他各阶层的权力分开的传统；同样，它们也未能在近代早期经历文艺复兴这段在西方历史上打下烙印的解放历程。2007 年的这群“新人”，更多地继承的是东正教和奥斯曼帝国的遗产——正是这份遗产令其通向现代西方的道路变得更加难行。[4]

时至 2008 年，即两国加入欧盟整一年之后，它们还是缺乏与腐
148 败和有组织犯罪做斗争的动力，这导致欧盟委员会取消了数百万援助金额，还使得德国和法国拒绝将它们纳入申根区。在罗马尼亚，新的社会民主党总理维克托·蓬塔（Victor Ponta）在 2012 年夏天挑起了与欧盟的冲突：他通过议员们的一项决议，暂时中止了保守派总统特拉扬·伯塞斯库（Traian Băsescu）的职务，并通过紧急命令修改了宪法，通过一次全民公决来罢免总统而使程序变得更加容易——该程序原本所需的 50% 登记选民的投票率不再是必要条件。欧盟委员会强令投票率标准回到旧的规定，并因而导致了此次公投失败。由此，蓬塔必须与伯塞斯库继续“同床异梦”，但他还是继续推进他削弱分权体制和“把法官都弄成自己人”[1] 的政策。尽管检察官对他提出了洗钱和逃税的指控，蓬塔还是在他的“左派”议员的议会多数支持下，直到 2015 年 11 月初还端坐在政府首脑的位置上。

罗马尼亚和保加利亚国内政治的发展情况让作为“条约的守护人”的欧盟委员会和支持欧洲一体化的力量头痛不已，可欧盟中这样令人

[1]　原文是“Gleichschaltung der Justiz”，直译是“司法的同质化”。“Gleichschaltung”是描述纳粹统治时期的一个重要概念，指的是一种由党来领导一切的统治形式或向该目标推进的实施过程。

头痛的“新”成员并不止它们两个。2010 年之后，有一个位于中欧东部并且无疑属于传统欧洲的国家持续霸占了各大报刊的头条：匈牙利。2010 年 4 月，曾在 1998 年至 2002 年担任总理的维克多 · 欧尔班领导下的民族保守主义的青年民主主义者联盟（Fidesz，以下简称“青民盟”）在议会选举中大胜：获得了近 53% 的选票和三分之二的议员席位。欧尔班与他第一次执政时一样，利用匈牙利签过的《特里亚农条约》为他的“大匈牙利”的说法造势——这个 1920 年的条约让匈牙利失去了三分之二的历史疆土。他还用限制性立法来打击自由派和左翼媒体的影响，并且在一切可能的时候促成对自己有利的人员变动。
2011 年 4 月发布的新宪法写入一系列有争议的修正案，这些修正案在 149
宪法法院也遭到诟病，但新宪法规定修正案只能经由三分之二多数废除。新宪法的序言将圣斯蒂芬王冠[1]提升为匈牙利主权的真正承载者和国家连续性的象征。随之而来的是一部有助于确保青民盟掌控权力的选举法和一项旨在将中央银行置于政府控制之下的法案。在欧盟委员会和欧洲中央银行的压力下，欧尔班不得不收回部分新法案。但这样的事能发生，完全是因为该国政府首脑只能靠欧盟的援助来延缓其严重的经济和财政困难。

为了使司法机构（特别是宪法法院）归顺，欧尔班在 2012 年 3 月让 270 名年长的法官提前退休，由那些看上去不会反对政府的年轻人取而代之。尽管欧洲法院于 2012 年 11 月做出的裁决，迫使欧尔班政府至少部分地撤销了这一措施，但用青民盟追随者置换掉宪法法院那些任期已满的法官的行动并未改变。通过修改宪法，议会还剥夺了总统审查法律合宪性的权力，并限制了他核准法律是否以正确方式正式生效的审查权。与此相伴随的还有：用鲜明的反自由主义文化政策破坏“制衡”原则，其中还包括在文化生活中压制自由派和左倾的犹太

[1] 又称“圣冠”或“圣伊什特万的王冠”，得名自 11 世纪的匈牙利国王斯蒂芬一世。相传这顶糅合了拜占庭、希腊和拉丁元素的圣冠千年来世代相传，成为匈牙利国家的象征。

人。在 2014 年 4 月的议会选举中，虽然总理的党所获的选票比 2010 年选举时少了 8%，但由于选举法的变化，仍占据了近三分之二的议会席位。

毫无疑问，欧尔班一定会把他的保守主义革命当作长期努力的方向坚持到底。2014 年 7 月 26 日，欧尔班在罗马尼亚伯伊莱图什纳德
150 （Băile Tuşnad）的一场颇受关注的演讲中称：他要在这个地方设立一个匈牙利知识分子和政治家的夏季学院，为的是将匈牙利转变为一个“以工作为基础的社会”——这样一个社会要把“自由民主”抛诸脑后，而自视为“非自由的国家”。被他奉为榜样的国家有：新加坡、中国、印度、俄罗斯和土耳其。他说这些国家之所以成功，正是因为它们没有接受西方式的自由民主模式的引导。[5]

欧尔班对自由西方的攻击越来越类似于弗拉基米尔·普京，这样一种相似性也在匈牙利总理 2014 年 7 月 26 日的演讲中被正式提到了。若是将欧尔班所建立的秩序称作独裁或威权主义政权，那也太过分了。由于他在物质上极为依赖欧盟的援助，所以他一直小心翼翼，生怕引发事端使欧盟与之决裂。至于说他到 2015 年为止所建立的这一套制度究竟是什么，柏林科学与政治基金会（Berliner Stiftung für Wissenschaft and Politik）的一位名叫凯-欧拉夫·朗（Kai-Olaf Lang）的专家在 2015 年 1 月给出了恰如其分的描述：“这是一种与竞争性民主体制对立和对抗性的体制，在其中，权力高度集中，而宪法法院的管辖权则被削弱。”[6]

2010 年至 2014 年，欧盟对罗马尼亚和匈牙利的几次干预，主要应归功于敏捷的属卢森堡基督教民主党的欧盟委员会司法委员维维亚娜·雷丁（Viviane Reding）的主动性。但是，欧洲议会中两个最大的党团却对这样的事没有什么强烈反应。事情危急时，维克多·欧尔班可以依靠其所属的政党派系——欧洲议会中的欧洲人民党，以应付来自左翼的攻击。而对维克托·蓬塔而言，则可以依仗欧洲社会民主党和社会主义党的团结精神。

如果到了一方涉嫌违反 1993 年的“哥本哈根入盟标准”或 2009 年的《里斯本条约》的地步时，就主要应由欧盟委员会出面负责。而当 2014 年欧洲选举的结果使欧盟委员会高层已经实质上对议会负责之后，委员会对罗马尼亚和匈牙利政府首脑的指责大为减少了。很有可能，这就是蓬塔和欧尔班所属的欧洲议会中两大党团有所顾忌而导致的后果。只要委员会还拥有议会中这两个最重要党团的支持， 151
他们就几乎可以不用理睬关于他们没有尽到“条约守护人”责任的指责。

欧盟对欧尔班的袒护，可能增加了匈牙利问题蔓延的风险。匈牙利推广民族保守主义的成果，给波兰法公党党魁、2006 年至 2007 年的总理雅罗斯瓦夫 · 卡钦斯基留下了很深的印象。卡钦斯基已经多次公开表示，要让华沙成为“维斯瓦河之滨的布达佩斯”。在“他的”候选人安杰伊 · 杜达（Andrzej Duda）于 2015 年 5 月总统选举中胜出，以及法公党在议会选举中获胜之后，他即于同年 10 月开始与欧尔班密切合作。当然，这些都仅限于内政方面。在外交上，这两位政治家的区别十分明显：欧尔班不但为“普京主义”着迷，而且还是在外交上亲俄的鼓吹者，并且主张欧盟取消自 2014 年俄罗斯吞并克里米亚半岛之后对俄实施的制裁。卡钦斯基则正好相反，一直都是个货真价实的“厌俄分子”。他甚至怀疑俄罗斯领导人是造成 2010 年 4 月斯摩棱斯克飞机失事事件的幕后黑手——他的双胞胎兄弟莱赫 · 卡钦斯基（Lech Kaczyński）正是在那次事故中丧生的。法公党阵营还指责空难发生时的波兰总理唐纳德 · 图斯克及其自由保守主义的公民论坛（Bürgerplattform）掩盖了事件真相。

但让法公党赢得选举的主要是其社会福利方面的承诺，而不是其民族主义的口号。其中最重要的政策是提高最低工资、儿童补助金（低收入家庭从第一个孩子开始领，其他家庭有两个孩子后开始领），为 75 岁以上的老人提供免费的医疗保障，以及将以税收支撑的健康

152 保障来代替健康保险体系。尽管从哪里弄钱来支撑这些承诺一直都是个问题，但对许多自认为是“新自由主义分子”转型过程的牺牲品的人而言，法公党喊出的这些直击人心的口号已经足以收割他们的选票。

新一届波兰政府的首脑并非卡钦斯基，而是那时还不为人所知的贝娅塔·希德沃（Beata Szydło），这位于 2015 年 11 月 16 日就任的新总理没有浪费一点儿时间，立即就在波兰完成了民族保守主义的转向。12 月 2 日，法公党凭借自己在议会中的绝对多数令波兰下议院选出了 5 位宪法法院法官。反对党的抗议十分激烈，因为早在这一年 10 月，当时占据议会多数的公民论坛及其盟友已经使下议院选出了 5 位法官，而杜达总统却一直没有让他们宣誓就职。而等到新法官被选出后，他却马上让他们宣誓就职：其中 4 人在 12 月 4 日到 5 日的夜间就已经宣誓；12 月 8 日举行了第五位新法官的宣誓仪式——第一轮宣誓时她受到了阻拦。在此期间，宪法法院于 12 月 3 日做出了一项裁决：上一届众议院只能选出 3 位法官，其余 2 位新法官需由新一届众议院选出。宪法法院只接受了 2 位由新一届众议院有权选出的法官。因此，这时宪法法院法定应有的 15 名法官中，经正确程序选出，宣誓且被接受宣誓的，只有 12 名。

对法公党政府而言，新法官的选举和宣誓只是限制宪法法院权力的步骤之一。12 月 22 日，众议院通过了一项关于宪法法院法规的修正案，两天后此议案在参议院也获通过。它规定，自此之后宪法法院的活动必须有 13~15 位法官在场的情况下完成（而不是像之前那样，有 8 位，即多数法官到场即可）。任何决定都必须在三分之二多数（而不是之前的简单多数）之下通过。以后，所有案件都需按立案的时间先后顺序处理，也就是说不再考虑这些争议问题的重要性差异。此外，
153 在提交案件和宣布判决之间的时间应为 3 到 6 个月。至于说在这样的条件下宪法法院究竟还能不能正常运作，不只反对党和大部分公共舆论在追问，其实每一个中立的观察家也不得不去想一想。

同样在公众间引发激烈争议的，是希德沃政府企图将公法媒体[1]（包括广播和电视台）置于其掌控之下。2005 年 12 月 30 日，法公党议员占据多数的波兰众议院通过了一项法律修正案（数日之后参议院也通过了），它规定：公法媒体的管理委员会和监督委员会不由各州的广播电视委员会多数票决，而是由财政部长直接任命。现任的管理委员会和监督委员会成员，在新法生效之后即丧失其席位。新法通过之后，反对党和记者协会立即予以猛烈抨击。四大公法电视台的台长宣布辞职，免得到时被解雇。欧盟委员会要求波兰政府应注意新的媒体法案与欧盟法律规定的一致性。

在 2015 年秋天政府更迭之后的几个月里，波兰看上去正在踏上成为第二个匈牙利的路。不过，在这两个中东欧国家之间，还是存在着不容忽视的差异。欧尔班的青民盟有着广泛的民意支持，而且在议会中拥有三分之二多数，而卡钦斯基的法公党在 2015 年 10 月的选举中仅获得了 37.6% 的选票，只是因为波兰选举法的独特性才在议会席位上获得绝对多数。在匈牙利，议会中的社会党和自由党等反对党自 2006 年 9 月以来已经彻底名誉扫地。这是因为那位 2004 年至 2009 年任总理的久尔恰尼·费伦茨（Gyurcsány Ferenc）在 2006 年 9 月的一次讲话中，以一种比较通俗的方式承认他向民众隐瞒了经济情况的严重性，彻头彻尾地欺骗了民众。[2]

虽然唐纳德·图斯克及其继任者埃娃·科帕奇（Ewa Kopacz）的波兰公民论坛可能因为治国时太爱出风头，并且过于忽视人们日常生 154

[1] 德语中的“公法媒体”指的是这样一类媒体：它属于全体公民（而不是属于官方），并且接受整个社会的监督，任何政党、政府和企业都不能对其节目施加影响，通常向听众和观众收取费用来维持经营。对公法媒体的监督由多个不同机构而不是一个机构进行，这样才能使公法广播、电视台的独立性得到保障。参见乌尔丽克·凯泽（Ulrike Kaiser）：《独立于国家——公法媒体的原则》，《德国之声》2008 年 10 月 9 日。

[2] 匈牙利人名在母语中一般把姓放在前面，名放在后面。本译文为保持西文人名的一致性，在标注匈牙利人原名时皆按英文人名习惯把姓放在后面。德文原文没有保持一致性，比如在此处依匈牙利文写的是“Ferenc Gyurcsány”，但前文介绍欧尔班时写的又是“Viktor Orbán”（依匈牙利文应该是“Orbán Viktor”）。2006 年 9 月，费伦茨在当年 5 月 26 日在执政的社会党内部会议上的讲话录音被曝光，他在讲话中承认，为了赢得选举，执政党和政府不断向选民撒谎。

活中的苦恼而受到指责，但不善管理经济和腐败的恶名不会落在这个如今已经成该国第二大党的政党头上。此外，与匈牙利相比，波兰有更加富有战斗性的自由派媒体和一个活跃的公民社会，其中最出众的是新成立的“捍卫民主委员会”。自 2015 年 12 月以来，这个委员会已经多次组织上万人在华沙和其他大城市的大街上游行示威，目的是抗议削弱宪法法院的权力和媒体的多样性。还有，在波兰没有任何形式的反欧口号：这里比其他新成员国都更支持欧盟。

新波兰政府的批评者的优势在于，与匈牙利的青民盟不同，法公党并不属于保守派和基督教民主派，即不属于欧洲人民党的政党系，而是属于欧洲保守主义者和改革主义者[1]的小团体，亦可与英国的保守党归为一类。这使欧洲人民党和在欧洲议会占据多数的亲欧盟议员更容易去尖锐地批评法公党政府，而不是欧尔班的青民盟。2016 年 1 月 13 日，负责法治问题的欧盟委员会副主席、荷兰社民党人弗兰斯·蒂默曼斯（Frans Timmermans）告知：委员会根据 2014 年 3 月通过的“法治国家基本评价机制”，将对波兰启动保护其法治国家属性的程序。据称，该程序将审核法治是否处在危险中，并且还会敦促波兰政府做出改变。

此前，众所周知的是，波兰外交部于 2015 年 12 月 24 日要求欧洲委员会对宪法管辖权改革进行评估——这是威尼斯委员会[2]的管辖范围。威尼斯委员会由独立专家小组组成，成立于 1990 年 3 月，专门负责讨论中东欧和东南欧那些刚刚成为民主政体的国家的宪法政治问题。但在布鲁塞尔和斯特拉斯堡讨论和筹备的那些内容，对波兰政府和议
155 会的行动毫无影响：1 月底波兰参众两院通过了一项法案，让司法部长接受总检察长的职权，从而用这种方式将检察官们置于两院掌控之下。

[1] 这里的“欧洲保守主义者和改革主义者”指的是不愿意欧盟进一步向欧洲一体化方向迈进的人。

[2] 威尼斯委员会是欧洲委员会的一个咨询机构，它的官方名称是“欧洲法治民主委员会”（European Commission for Democracy through Law），但因其开会地点在威尼斯而常被人称作“威尼斯委员会”。

2 月 26 日，威尼斯委员会完成了一份阶段性报告。这份报告送交了欧洲委员会全部 47 个成员国，之后又被转递到波兰最大的自由派报纸《选举日报》(*Gazeta Wyborcza*)那里，并在几天后刊登了出来——这又引发了针对司法部长兹比格涅夫·焦布罗（Zbigniew Ziobro）的新一轮愤怒的抗议。报告中，5 位来自欧洲和美国的法官得出的结论是：新一届的波兰众议院没有权利阻止上一届众议院选出的 3 位宪法法院法官履职。那部关于宪法法院的新法律也遭到拒绝：它被认为对法治、人权和民主体制的运行能力造成了威胁，因为它既不能再保障法院公平审理的权利，也不能保证法院监督国家立法时顾及人权的能力。报告的评估人特别批评了法案中对裁决时所需法定人数的提高、裁决时所需的三分之二多数、以后处理案件是按提交顺序而不是重要性排序等方面。其结论非常清楚：这部法律是不合法的，因此必须废除。

2016 年 3 月 9 日，距离这份报告经非官方渠道发布已一周半，波兰宪法法院以 9∶2 的票数通过判决：那部关于宪法法院改革的法案违宪，因此不具备法律效力。对此，希德沃政府在自己的官方通报中指出，这份判决是违法的，并据此不承认其法律效力。两天之后的 3 月 11 日，威尼斯委员会的 6 位来自欧洲和美国的法官拿出了一致通过的最终报告。这份报告在对事情的评判方面与之前专家们的阶段性报告并没有多大区别。该报告要求波兰政府放弃一切削弱宪法法院的企图，
否则民主、人权和法治都会被破坏。报告认为波兰政府拒绝公布宪法 156
法院的最新判决是一个前所未见的举动，将会加深宪法危机。因此报告要求波兰政府立即公布判决并承认其效力。

欧洲委员会总秘书长托尔比约恩·亚格兰（Thorbjørn Jagland）和欧盟副主席弗兰斯·蒂默曼斯在 4 月 4 日访问了华沙。但希德沃政府并不打算让步。4 月 6 日，世人已经知道，波兰司法部长焦布罗在给宪法法院院长安杰伊·热普林斯基（Andrzej Rzepliński）的一封信中否定了法院的一切合法性，并且警告各位法官：如果他们再进行之前那样的判决，将会遭到何种后果。波兰司法部副部长帕特里克·亚基

（Patryk Jaki）在4月7日再次强调，不会公布宪法法院的判决。同时，他透露了未来的修宪计划：它将使议会在三分之二多数赞成的情况下否决宪法法院的判决。

2016年5月，冲突达到了高潮。5月18日，欧盟委员会表示，如果波兰政府不纠正其在宪法法院引发争议的态度，欧盟将进一步对波兰采取措施。欧盟在采取相应措施前留给波兰的时限为5月23日前。不久之后，布鲁塞尔方面用严肃的口吻在公共媒体上劝希德沃总理做出以下让步：应让经正当程序选出的法官宣誓就职，并且在政府公报上正式发布宪法法院的判决。而法公党阵营则立即抗议布鲁塞尔的草率，并坚称波兰决不会向最后的通牒屈服。

在幕后，谈判也在同一时间继续进行着。5月23日，欧盟委员
157 会副主席弗兰斯·蒂默曼斯“闪电访问”了华沙。然而，无论是蒂默曼斯此次与希德沃总理和司法部长焦布罗之间的谈话，还是之后一周他给这位波兰女总理打的电话，都未能取得实质性的进展。6月1日，欧盟委员会副主席给这位女总理写了一封警告信，其中谈到了从法治的观点看，对宪法法院管辖权的改革应该处理哪些问题。信中限波兰政府在两周之内答复。

因此，欧盟委员会此时仍处于法治国家基本评价机制的第一阶段，即“评估阶段”。只有当这一阶段结束之后，委员会才会对成员国开启第二阶段：“劝告阶段”。如果届时的措施都没能取得委员会所预期的效果，那么时限一到就有可能会进入带有“后续手段”的第三阶段，即开启《里斯本条约》中所预先规定的“制裁阶段”。

欧盟委员会如此慎重，可能是因为布鲁塞尔方面不想在6月23日英国即将举行“是否脱离欧盟”公投之前与波兰爆发争吵。此外人们早就知道，《里斯本条约》第七条所规定的直至取消投票权的制裁，在此次波兰事件中只是一个空洞的威胁。实施相应措施的前提条件是欧洲理事会成员一致同意：涉事国严重且持续地伤害了欧盟所秉持的价值。匈牙利总理维克多·欧尔班早已放出话来，他是不会同意采取

这样的步骤的。

华沙当局在耗时间。2016 年 12 月 19 日被视为“反对派”的宪法法院院长热普林斯基将退休。占据议会多数的法公党打的算盘是，他的继任者可能会比他“更合作一些”。如果真的能把欧盟委员会耗到选新院长的时候，那就算赚到不少了。看起来，卡钦斯基阵营无论如何都不会害怕在那之前与布鲁塞尔斗上一局。

6 月 1 日，蒂默曼斯给波兰政府的那个两周的限期已然过去，波兰方面却没有任何表示。倒是欧洲委员会人权专员尼尔斯・穆伊兹尼克斯（Nils Muižnieks）在 6 月中旬评论一份官方报告的精神时的一番话引起了轰动。他谈及了波兰“法治的朽坏”，并且指出波兰政府在执行宪法法院判决和接受威尼斯委员会的劝告方面负有责任。波兰政府驳斥了报告中的说法，并且称这位专员的言论是片面和不公正的。从 6 月 23 日英国全民公投的那一天起，波兰的宪法争议暂时从头条新闻中消失了。英国公民们投票决定脱离欧盟的结果对波兰有着特殊的影响：有大约 85 万波兰公民生活在英国，他们大多都有一份很不错的工作，而现在则面临着一个不确定的未来。 158

英国公投两周之后的 7 月 7 日，波兰众议院以 238 票赞成一读通过了关于宪法法院的新法律草案，据说这是顶着欧洲委员会、欧盟委员会，甚至美国国务院的严厉反对而通过的。这个时间点是经过精心挑选的，几天之后，华沙就要迎接来参加北约峰会的极重要的贵宾：奥巴马总统。

占议会多数的法公党投票通过的议案，不但根据自由派反对党的意见，而且还根据独立观察家们的意见进行了一些粉饰工作。其中，最重要的修改是：宪法法院判决将不再需要三分之二多数了。取而代之的规定是，如果以后 15 位法官中有 4 位提出要求，那么判决的生效时间可以连续两次被推迟 2 个月。政府的意图是明显的：跟政府方面一条心的法官将因此获得某种悬置判决的否决权。那位兼任了总检察长的司法部长，也有了新的阻挠手段。按规定，某些特定的判决只有

在总检察长到场的情况下才能进行，所以他若是想阻挠某项判决生效，
159 只要远远躲开就行了——这就使得分权的理念陷入了荒唐的境地。

面对这种情况，欧盟委员会给出了强硬的回应。它在该法案通过 7 月 27 日向波兰政府发出了限期 3 个月的最后通牒：如果届时宪法法院的工作权限还不能以令人满意的方式得以恢复，将有可能采取剥夺波兰投票权的措施。对一个成员国发出施加制裁的警告，这在欧洲联盟的历史上还是第一次。[7]

2015 年，急速右转的欧洲前共产党执政的国家，并非只有波兰一个。在 11 月 8 日举行的克罗地亚议会选举中，由信奉民族保守主义的克罗地亚民主共同体（缩写为 HDZ，以下简称“民共体”）领导的“克罗地亚爱国联盟”成了第一大政治势力。与主张改革运动的“桥党”（Most，以下称“克桥党”）[1] 联合之后，民共体终于可以在 12 月组成一个以无党派企业家蒂霍米尔·奥雷什科维奇（Tihomir Orešković）为总理的联合政府。新内阁中富有争议的成员是文化部长兹拉特科·哈桑贝戈维奇（Zlatko Hasanbegović），此人是民共体内的历史学家和政治家，因为为 1941 年至 1945 年的乌斯塔沙法西斯主义政权辩护而出名。上任伊始，他就撤销了扶助独立媒体的委员会。对哈桑贝戈维奇的任命与新一届波兰政府对国防部长安东尼·马切雷维奇（Antoni Macierewicz）的任命一样，受到了西方民主国家的批评。马切雷维奇在发言中曾多次提到《锡安长老会纪要》（*Protokolle der Weisen von Zion*）[2]——这是一本由俄国反犹分子在 20 世纪初炮制的一本伪书，其中列举了犹太人用阴谋诡计统治全球的计划。除了波兰和匈牙利之外，现在克罗地亚也越来越被称作这样一类欧盟新成员中的一个：人

[1]　“桥党”是克罗地亚政坛第三大党，“Most”是克罗地亚语“桥”的意思。中东欧和东南欧不少国家（比如匈牙利、斯洛伐克）都有“桥党”，一般都主张睦邻友好和多民族和平共处。所以称克罗地亚的桥党为“克桥党”。

[2]　中文也译作《犹太人贤士议定书》或《锡安长老议定书》。此书在 20 世纪初仅在俄国传播，十月革命后随外逃的俄国贵族而传遍西方，后又经过希特勒政权的大肆宣传，遂成为 20 世纪各种阴谋论（特别是“共济会阴谋”）的一大源头。

们不清楚，这些国家今后的右倾化进程会将它们带向何方？

2016 年 6 月 3 日，克罗地亚的执政联盟解体了。起因是出现了对 160
副总理兼民共体主席托米斯拉夫・卡拉马尔科（Tomislav Karamarko）的妻子涉嫌腐败的指控。而此人拒绝接受克桥党主席博若・彼得罗夫（Božo Petrov）和（不久后）奥雷什科维奇总理提出的辞职要求。于是，民共体想与克桥党合作，共同提出对总理的不信任案。6 月 15 日，卡拉马尔科终于放弃了内阁中的位置。数日之后，议会发起了对总理的不信任案，最终导致整个政府辞职。克罗地亚的女总统科琳达・格拉巴尔–基塔罗维奇（Kolinda Grabar-Kitarović）在与各政党谈话之后得出结论，目前已经不可能再形成另一个议会多数，唯有举行新的大选。6 月 20 日，经 151 票中的 125 票赞成，克罗地亚议会（der Sabor）自行解散。新的大选日期被定在 9 月 11 日。8

自 2016 年 3 月 5 日之后，斯洛伐克也可以列入那些不可逆转的右倾化的国家了。这一天举行的议会选举在国外也备受瞩目，这主要是因为斯洛伐克即将在下半年成为欧盟的轮值主席国。罗伯尔特・菲科（Robert Fico）总理的党［社会民主–方向党（Smer-SD），以下简称“方向党”］属于欧洲社会民主党的政党派系，因想在选战中让排外的右翼政党失去支持[1]，于是将这些右翼政党描绘成想要全面封堵外来移民（尤其是穆斯林）的样子。

但菲科搬起石头砸了自己的脚。方向党的得票率从 2012 年上一次选举时的 44.4% 跌到了此次的 28.3%。虽然它仍然是第一大党，但失去了议会中的绝对多数。本次选举的赢家是各右翼党派。欧洲议会议员理查德・苏利克（Richard Sulík）领导的激进的反欧盟党派自由与团结党，得票率从 5.9% 上升至 12.1%，成为议会中第二大议会党团。
公开的民族主义团体和抗议性党派都赢得了很多选票。极右分子马里 161

[1]　原文是“den Wind aus den Segeln zu nehmen”（直译：“夺走其帆上的风”）。

安·科特勒巴（Marian Kotleba）领导的信奉新法西斯主义的“我们的斯洛伐克”党（LS-NS）的得票率从 8% 上升到 14%，另一个极右组织斯洛伐克民族党（SNS）取得了 8.6% 的选票，并以此得到了国民议会中的 15 个席位，而基督教民主派和其他温和派政党则失去了许多席位。

在近两周之后，新的执政联盟形成了。它由方向党和近来变得温和一点儿的斯洛伐克民族党、斯洛伐克桥党（Most-Híd——一个匈牙利少数民族的党，以下简称“斯桥党”）和自由派政党组成，这些党拥有议会 150 席中的 81 席——凑足了议会多数。这个不久后要成为欧洲理事会主席国的国家，总算由此而在国内政治方面实现了一定程度上的稳定。

欧盟因这些东面的成员国（特别是匈牙利和波兰）而遭遇的根本问题是，一个在欧盟东扩之前从未有过原则性的争议问题，现在有了不同的回答：民主是否只能存在于自由和多元主义的意识之中？当然，在实践中，西尔维奥·贝卢斯科尼领导下的意大利早已遭到人们的质疑：自由和多元主义真的在所有成员国都受到了绝对的保护吗？在接受打上了盎格鲁-撒克逊文化烙印的西方政治文化方面，那些曾经被共产党政权统治过的新成员国，比老成员国要晚得多。唯有那个在 1993 年分成了捷克共和国和斯洛伐克共和国的捷克斯洛伐克，有资格声称自己曾于两次世界大战之间长时间地经历过代议制民主，直到代议制民主下的捷克斯洛伐克在 1938—1939 年被纳粹德国摧毁为止。其他国家当时都很快拥有了自己的专制政权。匈牙利在 1919—1920 年直接从苏维埃共和国（Rätesystem）变成了一个由霍尔蒂海军上将（Admiral Horthy）领导的右翼专制政权——这样一位政治人与 1926 年后新独立的波兰的“强人”毕苏茨基元帅（Marschall Piłsudski）一样享有很高的威望，而他们两人分别出自维克多·欧尔班的国家和雅罗斯瓦夫·卡钦斯基的国家。

与一战之后的情况不同的是，在共产党统治结束之后，并没有一个中东欧和东南欧的欧盟成员国马上公开转为专制政权。很明显，加入欧盟让这些成员国获得了某种政治上的温和性。任何一种与专制传统相衔接，或是建立独裁政府的尝试，都可能导致与欧盟的决裂——这一风险，是任何一个中东欧和东南欧政府的领导人都不愿意承担的。但在赤裸裸的专制与刚刚及格的民主体制之间，还有一片灰色地带——而这是欧盟可以插手的地方，若不然，它也就没有资格再称自己为一个因价值观而凝结的共同体了。欧盟内部关于民主争论，以及同时牵涉的关于移民、难民问题的争议，揭示出了一个在西方长期以来被有意忽视的现象——“共时性中的非共时性”。[9] 在欧盟中，出自完全不同的时代背景的各种观念，彼此之间相互碰撞。当西欧的各民主政体在 20 世纪下半叶越来越具有“文化多样性”，至少是越来越具有种族多样性的时候，那些“社会主义国家”仍处在一种与在西方发生的“全球化”相隔绝的状态中。 162

对中东欧和东南欧人而言，那场 1989—1990 年的历史性转折意味着自己的民族认同终于有了自由发展的机会，这在当初共产党的统治下和“无产阶级国际主义”意识形态的笼罩下是不可想象的。当他们自己的国家也在一定程度上成了现代跨大西洋的“西方”的一部分时，他们却对这件“新鲜事”感到陌生：这个西方跟他们之前所想象的那个西方不一样。这个西方，被许多人（特别是那些比较保守的国民和政治家）视为好不容易才取得的国家独立的威胁，有些人甚至觉得欧盟是那种强加于人的国际主义新形式。在德国于新千年伊始（2000 年 1 月 1 日）施行的新《国籍法》中，国族认定将不再与“血统–文化–语言”的认定相关，而且按西方的共识将国族视为“因政治意愿而结合的共同体”。 163 但此时的中东欧和东南欧人还在沿用约翰·戈特弗里德·赫尔德（Johann Gottfried Herder）的那套“文化民族国家”的看法。按照那位出生于布拉格的法国政治学家兼评论家雅克·鲁普尼克（Jacques Rupnik）的说法，这里的人“通过语言、文化以及经常用宗教”来认定自身身份，并自视为“在历史上和地理上都是基督教文明对抗外来威胁的‘堡垒’”。[10]

当然，若是将二者并置为心胸狭窄、民族主义的东方与拥有世界公民精神的西方，则是一幅粗糙、失真的画面。一方面，中东欧大城市（无论是布拉格、华沙还是布达佩斯）中的知识精英完全清楚世界主义政治的传统；另一方面，西方民主国家中的“去民族主义化”并没有在整个社会中完成，而只是或多或少地影响了生活在城市中的、受过高等教育的居民和那些政治、经济精英。至于德国旧联邦州的“后民族主义”特别道路的发展，已经在另一处谈过了。[11] 在欧盟内几乎所有的“西方”成员国，倒退的、民族主义的、仇外的政党都甚嚣尘上——这样一种局面，与中东欧和东南欧民族主义的复兴一样，也是一种对全球化的抗议。

那种在西方常见的左-右对立的政党格局，在欧洲后共产主义国家却总是不能长久地保持。那些在 1989—1990 年剧变后自称为社会主义党或社会民主党的党派，几乎在各国都是由当初执政的共产主义政党转变而来的，因此很容易声名狼藉。组建一个“真正的”社会民主党之所以困难重重，其中一个原因是：作为 20 世纪 70 年代缓和政策的重要推动者的德国社民党，在之后的数十年里仅与华约国家内部的民权组织保持着十分疏远的联系，并且它还曾把波兰的独立工会“团结
164 工会”看成其实现“集体安全”的稳定政策的威胁。另一个原因是：1989 年之后出现的形形色色的反对派团体，既有自由派的，也有保守派的，但却没有西方意义上的社会民主党。

1989—1990 年之后，自由派和保守派政党的压倒性优势，促进了各个后共产主义社会在“新自由主义”（neoliberalen）意义上的转变。与国家社会主义的决裂越彻底，尽可能快地赶上先进的西方资本主义经济体的机会就越大——曾于 1991—1997 年出任捷克共和国总理，并于 2003—2013 年任捷克总统的公民民主党（Demokratischen Bürgerpartei，ODS）主席的政治家瓦茨拉夫·克劳斯（Václav Klaus），

长时间担任斯洛伐克总理的米库拉什·祖林达（Mikuláš Dzurinda），波兰财政部长莱谢克·巴尔采罗维奇（Leszek Balcerowicz）和波罗的海三国的决策者遵循的都是这条路线。在匈牙利，前改革派共产党人霍恩·久洛（Horn Gyula）领导下的社会党-自由党执政联盟从 1994 年起，也推行了与其他中东欧国家的“资产阶级”政府相似的激进紧缩路线。

总的来说，中东欧的欧盟新成员在 2008 年世界金融危机之后的应对比地中海区域的欧盟老成员要好得多。对这些国家来说，物资匮乏并不是一种全新的体验：这让它们得以与那些施行紧缩政策就意味着虚假福利下降的国家区别开来——说那是“虚假”福利，是因为最迟从引入欧元开始，这些福利至少有很大一部分根本不是这些国家自己能够负担的，而是靠货币联盟中那些经济实力雄厚的国家的信用才得以支撑。由此，欧盟东部与西部之间的差异，开始被北部与南部之间的经济差距所覆盖。[12]

与东部的那些成员国一样，北方的成员国也未能对欧盟形成一个整体做出多少贡献。直到 1991 年底苏联解体之前，芬兰都仅拥有有限的主权——它在 1948 年 4 月的一份友好、互助、合作条约中背负了如下义务：奉行亲苏联的外交政策，在两国中任何一国遭遇外敌入侵 165
时两国应互相支援。芬兰在 1992 年 1 月与俄罗斯联邦的一份条约中寻回了自己的独立。其中，双方只是规定：若两国之一遭到第三国入侵，对方不许帮助入侵者。

1995 年 1 月 1 日，芬兰与另外两个中立国——瑞典和奥地利——一起加入了欧盟。不过，加入欧盟对芬兰的意义比对任何一个北欧国家都要大。与丹麦和瑞典这两个分别于 1994 年和 1995 年加入欧盟的国家不同的是，芬兰没有要求任何特别安排，直接于 1999 年成为欧元区成员。那个名叫“芬兰人党”（后来又改名为“正统芬兰人党”）的右翼民粹主义党派也诞生在这里。正统芬兰人党在 2015 年 4 月的议会选举中获得了 17.7% 的选票，并且参与了由保守党领导的政府，拿下了外交部长、司法部长、国防部长以及社会与健康部长的职位。

斯堪的纳维亚国家由挪威、瑞典和丹麦三国组成，也并非铁板一块。将这三国联系在一起的，是它们有亲缘关系的语言、政治文化中的相似性，还有这三个君主国的一部分地区都或长或短地有一段共同经历的历史（丹麦的部分地区和瑞典南部地区，还有 1814 年至 1905 年的瑞典和挪威）。[1] 相对而言，这些斯堪的纳维亚国家与欧洲其他地区之间的联系就要薄弱得多了。欧盟并不能在任何一个斯堪的纳维亚国家中建立团结一致或命运共同体的感觉。同样，这三国的政治道路也十分不同。

其中，挪威对欧盟最为疏远。挪威政府曾于 1967 年与英国、爱尔兰和丹麦一起申请加入欧洲共同体。但在 1972 年 9 月的一次全民公决中，有 53.5% 的投票者反对加入，当时特别引发争议的是欧共体通过
166 的《渔业法》。两年后人们发现挪威海岸附近蕴藏着大量石油和天然气，这更强化了许多挪威人对布鲁塞尔的反对意见。在 1994 年 11 月举行的另一次全民公决中，由 52.2% 的投票者形成的多数派再次反对加入欧盟。与 1972 年一样，也是相对不太富裕的农村地区（即北部地区）的人反对，而奥斯陆周边东南地区的人赞成加入。

丹麦自 1974 年以来就是欧盟成员国，却在 1992 年 6 月的一次全民公决中以 50.7% 的多数拒绝加入《马约》。直到欧盟提出妥协之后，丹麦人才以 56.7% 的多数在 1993 年 5 月的第二次全民公投中赞成了修改之后的诸项条约。这项妥协允许丹麦在联盟活动的下列领域中有“不参与”（opt-outs）的权利——司法及内政政策的一部分（含庇护权）、

---

[1] 斯堪的纳维亚人能够理解彼此的标准语言。1397 年至 1523 年，由斯堪的纳维亚的丹麦、瑞典（包括芬兰）和挪威为主组成共主邦联——卡尔马联合（Kalmarunionen）。在拿破仑战争期间，根据 1814 年《基尔条约》，参加了反法联盟的瑞典可从丹麦手中获得挪威，但是挪威乘机宣布独立并颁布了宪法。瑞典于此时发动了一场短暂的战争，打败挪威并使之臣服于瑞典国王，由此成立了由瑞典主导的“瑞典－挪威共主邦联”，直至 1905 年该邦联解散。（此译注参考了维基百科相关词条。）

共同货币项目，并拥有自主的外交和防务政策。此后，仇视外来移民及社会融合计划的丹麦人民党对丹麦内政的影响与日俱增。在 2015 年 6 月的议会选举中，该党以 21.1% 的得票率稳居资产阶级政党中的第一位，并成为仅次于社会民主党的全国第二大党。拉尔斯·勒克·拉斯穆森（Lars Løkke Rasmussen）首相领导下的自由党少数派内阁需仰仗丹麦人民党的善意才组阁成功，其境况与他们上一次执政时并不相同。丹麦人民党的下一个目标，是通过取消某些特定的社会福利政策而尽可能地使丹麦在移民者眼中丧失吸引力——事实上这个政策完全成功了。

与丹麦不同，社会民主党领导下的瑞典长久以来就已成为全世界寻求庇护者的家园。2015 年的难民潮带来了近 16 万份庇护申请，从而引起了前文中提到的转变：瑞典开始大范围地对没有庇护资格和没有证明文件的难民封闭边境。斯特凡·勒文（Stefan Löfven）首相领导下的社民党和绿党少数派政府，面临着属于右翼民粹主义和种族主义党派的瑞典民主党的吸引力不断攀升的压力。瑞典民主党在 2014 年 9 167
月的议会选举中得票率为 12.9%，而且根据这几年的民意调查估计现在会有 20% 的支持率。强化与丹麦毗邻的海上边境控制显示出瑞典与邻国之间的关系已经跌入低谷：这两个国家极少出现这样相互不信任的情况。

当英国保守党领导人戴维·卡梅伦在 2010 年 5 月 6 日的下议院选举结束几天之后，出席保守党和自由党联合政府的峰会时，他很清楚，他迟早都必须兑现他在英国大选时最轰动的承诺：举行一次关于英国是否留在欧盟内部的全民公决。早在 35 年前的 1975 年，同一主题的全民公决已经在工党首相哈罗德·威尔逊（Harold Wilson）任上举行过一次了。在政府与欧洲共同体重新谈判并就一些经济政策问题达成妥协之后，那次公投以三分之二多数（67.2%）支持英国留在欧共体内。新一轮的公投是卡梅伦为赢得党内强大的反欧盟派的支持而必须付出的代价，他认为不这样做他根本住不进唐宁街 10 号。保守党领导人不得不一再对尼克·克莱格（Nick Clegg）领导下的亲欧盟的自由党保证，英国会在欧盟中起到积极作用，以换取自由党同意：今后如不经过全民公决批准，将不再向欧洲联盟让渡任何主权。

直到两年半之后，戴维·卡梅伦才在 2013 年 1 月 23 日的伦敦主题演讲中首次详细介绍了他对未来英国与欧盟关系的看法。首相在讲话中称，既要重视本党内部的反欧盟势力，也要照顾到亲欧盟的政治盟友，因此这只不过是一个“和稀泥”的讲话。卡梅伦赞扬了欧洲共同市场的成就，称自己决不是一个想拉起城门吊桥的孤立主义者。相
168 反，他说他要努力为英国和欧盟拿出更好的方案。他谈到了欧洲的竞争力危机，以及缺乏一种对欧盟决议的民主的问责制度。面对各成员国间的利益分化，他呼吁更多的灵活性，并且在可能的情况下将共同体的一些权责还给各个国家。为了 2015 年的下议院选举，他宣布保守党请求进行一场全民公决，其主题是“去或留？”的问题。如果关于新条约的谈判取得成果，他觉得英国人会想留在欧盟。由此，卡梅伦对于欧盟改革和英国继续留在欧盟的条件已经被摆在了桌面上。[13]

一直以来，英国都对自己欧洲共同体成员的身份疑虑重重，或者说早就对自己之于欧洲的政治归属存在疑问。一方面是地理上“位于欧洲”的问题，另一方面是“属于欧洲”，或者说在政治上成为欧洲的一部分的问题。英国的岛国地位一次又一次地发挥作用，让它能抵挡来自大陆国家的入侵者：无论这挑战是来自西班牙的菲利普二世，还是法国的波旁王朝和拿破仑，或是德国的威廉二世和希特勒。最符合英国利益的情况，是大陆上形成大致的“均势”，因为这样就能防止那些更大的国家取得霸权地位。即便当温斯顿·丘吉尔（Winston Churchill）在 1946 年 9 月 19 日在苏黎世大学的一次演讲中提出建立“欧罗巴合众国”时，当他建议建立作为这个合众国基础的德法伙伴关系（英国和英联邦并不属于这个架构，但也作为朋友和赞助者与之紧密相连）时，保持大陆上的力量平衡也是这位前保守党首相念念不

忘之事。[14]

依此逻辑，充满疑虑的英国也没有参与 1957 年成立的欧洲经济共同体。然而，与伦敦所期望的相反，而且与那个由英国推动的、在 1960 年初成立的、雄心小得多的欧洲自由贸易联盟（European Free Trade Association, EFTA，以下简称：欧自联）不同，欧洲共同市场发展得十分成功，以至于令哈罗德·麦克米伦（Harold Macmillan）领导下的保守党政府回转心意：他们相信加入欧共体在经济上的好处更大，于是于 1961 年 8 月申请加入。但直到最坚决反对英国加入欧共体的法国总统夏尔·戴高乐离开政治舞台 3 年之后的 1972 年，英国才得以加入。[15] 即便是在那之后，英国与欧洲共同体之间的关系也磕磕绊绊。接着 1975 年的再谈判和第一次全民公投的是 1984 年围绕着“英国回扣”[1] 的争吵——这场争吵以保守党首相玛格丽特·撒切尔成功地大幅减少了英国对欧共体缴纳的会费而告终。当卡梅伦于 2013 年初重新将英国是否留在欧盟的问题提出来时，他是可以继承一种老传统的。 169

对他的要求而言，英国首相可能能够把达成共识的希望主要放在那些与“布鲁塞尔”的价值观有一定距离的国家身上：欧盟的中东欧成员国，尤其是匈牙利、捷克共和国以及 2015 年政府更迭之后的波兰，甚至还有瑞典、丹麦和荷兰。荷兰政府在 2013 年 7 月呼吁应强化对“辅助性原则”的重视，根据该原则，只有民族国家难以更好地治理时，欧盟才能参与治理。一个月后，德国总理也提倡加强政府间合作，这意味着不再坚持“超国家一体化应具有优先性”的立场。[16] 卡梅伦的主题演讲在法国、欧盟委员会和欧洲议会都受到了尖锐的批评：人们指责伦敦政府领导人想要的是一种“在欧洲点菜”的状态，用德语说就是“樱桃只看好的摘”，也就是说只想要欧盟中的特权，而不

---

[1]　在那时的欧共体开支中，农业补贴占了很大比例。由于英国从欧共体那里获得的农业补贴要比法国等国少得多，英国感到自己在这方面吃了亏，以至于撒切尔夫人在布鲁塞尔吼出了一句：“I want my money back！”（我想要回我的钱。）双方谈判后，欧共体同意英国每年从其缴纳的金额中得到一定比例的返回款，即所谓的“英国回扣”。参见袁杰：《英国脱欧将会两败俱伤》，http://www.20qu.com/jingxuan/2016/331/1418190.html，访问日期：2018-07-28。

愿承担欧盟的义务。

在英伦三岛内部，最反对英国脱离欧盟的当属苏格兰。在2014
170 年9月举行的一次苏格兰全民公投中，多数投票者（55.3%）赞成保留与英格兰的联盟。不过大部分观察家都同意，如果伦敦与布鲁塞尔决裂，就可能会引起下一场引发苏格兰独立并使苏格兰加入欧盟的公投。英国最大的两个党——保守党和工党，在是否脱离欧盟问题上的意见并不一致。自由党是坚定的亲欧派政党，正如英国独立党（United Kingdom Independence Party, Ukip）是坚定的反欧派政党一样。在商业界和金融界是一片亲欧的声音：在这儿，欧洲共同市场的好处是留在欧盟内部的决定性理由。大部分街头通俗报纸和默多克集团的报纸［《太阳报》（*Sun*）、《泰晤士报》（*Times*）和《周日泰晤士报》（*Sunday Times*）］都持反欧立场，这早已广为人知。

在2015年5月7日的下议院选举之后，保守党占据绝对多数的席位。这一胜利使得卡梅伦能够认真地开始实施他“欧盟改革与全民公决”计划。2016年初，他成功地与欧洲理事会常务主席唐纳德·图斯克进行了谈判，在进行了多轮双边对话之后，他们达成了一致。在2016年2月18—19日的布鲁塞尔欧盟峰会上，妥协方案被定了下来——一共包括四个“篮子”。第一个篮子里装着对首相最重要的让步：在一定条件下，来自欧盟其他国家的求职者在4年内不能获得英国给予低收入者的工资补贴。这样一种特殊安排的限期为7年，而且只对英国生效。此外，只要来自欧盟内部的外国人子女是住在其来源国而不是英国，英国（以及其他任何成员国）就可以调整付给他们的子女津贴，以便与其来源国较低的生活费用相适应。

第二个篮子保证了英国可以不参与今后的政治一体化的权利。欧
171 盟方面承诺，未来的新立法不会再像《罗马条约》的序言中说的那样，以建立“一个欧洲各民族的越来越紧密的联盟”为基础。各国议会的角色应该得到加强。如果议会有55%的成员同意在12周之内援引辅助性原则反对欧盟委员会的立法提案，那么该问题就应该被迅速转入

欧盟部长会议的议事日程。在欧盟委员会处理这些问题之前，成员国不应继续讨论该提案。

在第三个篮子里，欧盟承诺，不属于货币联盟的成员国不应因欧元区国家的决定而处于不利地位。非欧元区国家则承诺，不阻挠货币联盟的进一步深化。最后，欧盟在第四个篮子中答应以具体步骤简化行政程序，并且改善欧洲经济的竞争力。

在戴维·卡梅伦看来，他的努力取得了巨大的成功，这将使他能够成为支持英国继续留在欧盟一方的领袖。如普遍期待的那样，他把公投日定在了 2016 年 6 月 23 日。然而，在 2 月 21 日星期天召开的一次内阁特别会议上，内阁成员们的想法并不一致。在 29 名内阁大臣中，有 6 名反对，其中有卡梅伦在政治上和私人关系上都特别亲近的司法大臣迈克尔·戈夫（Michael Gove）。几天后，反对者中又增加了很受欢迎的伦敦市市长鲍里斯·约翰逊（Boris Johnson）——此人是卡梅伦在保守党内的一个危险的竞争者。观察家们估计，共有 100~150 位保守党下议院议员（即议会党团中的三分之一到一半），在之后的几个月中会支持英国脱离欧盟。在布鲁塞尔峰会一周之后进行的民调显示，赞成“脱欧”的意见稍稍领先。对卡梅伦而言，他即将迎来自己职业生涯中的一场生死考验。[17]

与保守党类似，工党内部也存在分歧。不管是不是半心半意，该党的大部分下议院议员当然还是支持比较左倾的党魁杰里米·科尔宾（Jeremy Corbyn）留在欧盟内的意见。但该党也有少数党员支持出生于 172
巴伐利亚的下议院议员吉塞拉·斯图尔特（Gisela Stuart）[1]“英国脱欧”的主张，即退出欧盟。斯图尔特甚至还领导着一个鼓吹英国与欧洲联盟相分离的党外运动。

4 月初，“脱欧”的阵营得到了两个互不相干的事件的助力。在这段时间里，欧洲联盟轮值主席国的荷兰于 4 月 6 日举行了一场“参考

[1]　吉塞拉·斯图尔特本是联邦德国人，后入籍英国并成为议员。

性的”（也就是说对政府没有法律约束力的）全民公决。其主题是：作为欧盟 28 个成员国中唯一没有批准（之前已经在法律上生效的）欧盟与乌克兰之间的协助协定的国家，政府是否应该批准该协定。结果很清楚：多数投票者（61%）说“不”。当然，这次投票的投票率仅仅是刚刚超过下限（30%），而且这个结果还得益于那些支持批准者非其本意的助攻——这些人公开宣称更好的办法是抵制这种公投式民主的实践。很显然，这次公投的推动者主要想表达的是对欧盟的不信任，事实上与跟乌克兰的协助协定的关系并不那么大。整个欧洲也正是在这层意思上解读这次公投结果的，而且右翼民粹主义的英国独立党更是大肆庆祝。该党认为荷兰反欧盟势力的胜利，乃是 6 月 23 日本党大可期望的胜利的一个吉兆。

就在荷兰公投的第二天，戴维·卡梅伦首相不得不应付一桩倒霉事：根据《南德意志报》（*Süddeutsche Zeitung*）、北德意志广播电台（Norddeutschem Rundfunk）和联邦德国广播电台（Westdeutschem Rundfunk），以及约有来自 80 个国家的 400 名记者参与的国际调查记者同盟（International Consortium for Investigative Journalism）的一系列调查和揭露，几天以前，人们已经知道卡梅伦 2010 年去世的父亲，即股票经纪人伊恩·卡梅伦（Ian Cameron），在“避税天堂”巴拿马成
173 立过一家“空壳公司”（Briefkastenfirma，直译：“信箱公司”），并因此卷入了关于“巴拿马文件”（Panama Papers）的全球性丑闻——“巴拿马文件”是在巴拿马注册的莫萨克-冯赛卡律师事务所（Mossack Fonseca）的账簿。卡梅伦不得不在多次躲躲闪闪的说明之后承认，他到 2010 年 1 月为止（就是说就在他当选政府首脑前不久）在他父亲在巴哈马建立的离岸投资基金中拥有价值 1.4 万英镑的股份。他说自那之后他一直都足额纳税，没有违反任何法律，但他的这个保证并不足以化解他迟来的坦白给自己形象所带来的致命的负面影响。

同样给他带来负面影响的还有卡梅伦 4 月 9 日公布的报税表。报税表显示出，在 2010 年之后他除从他父亲那里继承了 30 万英镑的遗

产之外，还从他母亲那里接受了两次现金赠款（每次各 10 万英镑）——而按照英国法律，一次继承 31.5 万英镑以上的遗产就要交遗产税。戴维·卡梅伦是“留欧派”阵营的代表，凡是有损于他的事情，“脱欧派”都会加以利用。他们赢得 6 月公投的可能性在 4 月的前半个月里大大增加了。

不久之后，“留欧”阵营从外部获得了强有力的支持。4 月 22 日，访问伦敦的奥巴马总统警告说，如果英国脱离欧盟，它就不得不排队等候与美国的贸易协定。经合组织（OECD）秘书长何塞·安赫尔·古里亚（José Ángel Gurría）几天后也为英国人算了一笔账，到 2020 年为止，每一个英国家庭将为英国退出欧洲联盟付出 2200 英镑（合 2773 欧元）的代价。5 月底在日本伊势–志摩举行的七国集团（G7）国家领导人会议上，与会者警告英国脱欧会给全球经济增长带来严重风险。国际货币基金组织在 6 月 17 日也用类似但更加郑重的语气表态：英国脱离欧盟还会威胁到伦敦作为金融中心的地位。

布鲁塞尔方面表示，英国若是想像“脱欧派”所设想的那样脱欧 174
后再重新加入欧洲共同市场，将需要经过多年的谈判，而且即便像挪威那样谈判成功，也要对欧盟付出重金，还要承担遵守欧盟规定的义务——包括开放劳动力市场。最耸人听闻的表态来自欧洲理事会常务主席唐纳德·图斯克。他在 6 月 13 日对德国的通俗报纸《图片报》说，英国脱欧将“不但是毁灭欧盟，也是毁灭整个西方政治文明的开端”。

鉴于欧盟是英国最重要的贸易伙伴，在出口和进口贸易中所占的比例都接近 50%，所以反对英国脱欧的经济理由是很有分量的。而那个“脱欧阵营”，比如“黄色报刊”（yellow-press）[1] 和默多克集团的报纸，则用制造恐慌的策略来应对：最后一周的鼓动，就是专门针对

[1] 这里的“黄色报刊”与前面的“通俗报纸”一样，指的是那些以耸人听闻、夸张低俗为能事，但在新闻专业性方面声誉欠佳的报刊。这些报刊中经常会有色情内容，但这不是重点所在。“通俗报纸”的原文是“Boulevardblatt”（直译：街头报纸），但并不能说是“街头小报”，事实上《图片报》这一类大型“Boulevardblatt”的发行量要远远超过严肃、高品质的报刊（如《法兰克福汇报》《南德意志报》）。

普遍存在的、对来自欧盟和世界其他地方的大规模移民失去控制的恐惧而设计的。而且，其中还反复指称卡梅伦根本无法兑现把移民数量大幅降至每年 10 万人的承诺。

首相卡梅伦一再警告，如果退出欧盟，将可能导致英国的分裂——苏格兰会独立出去。这并非英国脱欧对自身统一造成的唯一威胁。如果爱尔兰共和国与北爱尔兰之间的边界成了欧盟的外部边境的话，那么在这条边境上就将实施人员及货物管制。替代方案是，阿尔斯特（Ulster）[1] 的居民若想去英国的其他地方，就需要接受边境检查。

6 月 16 日，恰在公投一周之前，一场政治谋杀的新闻震惊了英伦三岛。在英国北部的西约克郡[2]，衷心亲欧的 41 岁的工党议员海伦·乔安娜·考克斯（Helen Joanne Cox）在与她的选区选民进行对话之后，
175 被一名 52 岁男子用刀和枪击造成重伤，不久后不治身亡。据目击者称，行凶者是一名与激进右翼圈子有联系的精神明显有问题的英国人，并且他还在袭击时高喊“英国优先！”（“英国优先！”是一个以此命名的极端党派的口号。）英国留欧的赞成派和反对派都立刻决定停止 3 天的宣传造势活动；卡梅伦首相和反对党领袖科尔宾与下议院的其他成员一起于次日参加了在利兹附近的出事现场伯斯托尔举行的追悼会。当时，人们普遍认为这次袭击将会帮“留欧”阵营一把。在国际证券市场上，前几天“脱欧派”将获胜的民调结果还曾导致英镑和股价下跌，现在的走势又立即翻转了过来。6 月 16 日之后，连在博彩投注点下注的人也是大部分赌英国脱欧不会成功。

2016 年 6 月 23 日，终于到了见真章的时刻。与最后一次民调和赌徒们的预测相反，英国人以微弱多数（51.9%）赞成退出欧盟。赞成留欧的票共占 48.1%。投票率为 72%，高于 2015 年 5 月的下议院选举（66.1%）。引人注目的是地区间的差异。“脱欧派”仅在英格兰

---

[1]　阿尔斯特位于北爱尔兰。

[2]　原文写的是“约克郡”（Yorkshire），有误，应为“西约克郡”（West Yorkshire）。

（53.4%）和威尔士（52.5%）占有多数。在苏格兰（62%）和北爱尔兰（55.8%），“留欧派”都占据优势。在伦敦，大部分人（59.9%）也支持英国留在欧盟。至于英国的王家殖民地直布罗陀，则对“留欧”表示出了更加强烈的意愿（95.9%）。

对统计数据的初步分析表明，英国“留欧派”与“脱欧派”之间的分野跟年龄、受教育程度、收入和社会环境有很大关系。在年龄小于 45 岁的英国人中，有更多的“留欧派”而不是“脱欧派”，而对那些年纪较大的人来说，情况正好相反。最亲欧的是 18~24 岁的人 176
（73%），最不赞成留欧的是 65 岁以上的人（40%）。但在投票率方面，高龄投票者（超过 90%）要超过那些年轻人（超过 70%）。学生、学者和“过得不错的人”比工人和其他“小老百姓”更踊跃地投票支持留在欧盟；大城市居民比农村居民和小城镇居民更赞成留欧。“脱欧派”的平均年收入为 18 000 英镑，“留欧派”为 32 000 英镑（按 2016 年 6 月 28 日的汇率换算分别是 21 630 欧元和 38 460 欧元）。[1] 不出意料的是，凡是那些在撒切尔时代去工业化严重的经济落后地区和有“被抛离”感的人群都特别支持脱欧派。

英国公投的结果一出来，法国的马琳·勒庞（Marine Le Pen）和荷兰的基尔特·威尔德斯（Geert Wilders）这些大陆上的反欧盟政客就欢呼起来。此二人都明确表示，一旦他们能够做主，他们也会在自己的国家举行关于是否留在欧盟的公民投票。而在布鲁塞尔和大多数欧盟成员国的首都，传出的都是不安的声音；在柏林，这种惶恐不定的情绪自然比巴黎更盛。当欧洲理事会常务主席唐纳德·图斯克、欧盟委员会主席让-克劳德·容克和欧洲议会议长马丁·舒尔茨都纷纷催促英国政府尽快完成脱欧手续的时候，德国总理安格拉·默克尔却没有在这个问题上对伦敦施加太大的压力。从欧洲的“联邦主义者”那里

[1] 按 2016 年 6 月 28 日的汇率（1 英镑 =8.7855 元）换算，分别相当于人民币 158 139 元和 281 136 元。

传来的呼声，是要留下的 27 个成员国或至少是货币同盟成员国进一步深化一体化进程。与他们意见不一的“现实主义者”却把英国脱欧公投视为一个警告：在他们看来，欧盟应该正视坚守欧洲统一计划与相当一部分联盟成员意愿脱节的深层原因，而不能仅仅用“现在更要越挫越勇”的固执心态去面对英国的抗议式公投。

177 戴维·卡梅伦是这次公投的最大输家——他看上去像是一位波拿巴式的“全民公决派”（appel au peuple）[1] 人士，他在 6 月 24 日早上发布的声明称，他在到 10 月为止的短暂过渡时期之后，将不再担任首相一职。因此保守党大会需要决定谁是他的继任者，而按《里斯本条约》第 50 条应就脱离欧盟而进行一系列谈判，将交由下一届政府来进行。在工党方面，出现了反对党主席、老社会主义者杰里米·科尔宾的活动，许多人指责他在支持英国留在欧盟时不够积极而且说服力不足。影子内阁 [2] 中负责外交政策的影子部长希拉里·本（Hilary Benn）不再信任科尔宾，并因此愤而辞职，影子内阁中的大部分成员愿与他保持团结，于是也纷纷辞职。6 月 28 日工党议员们以五分之四的多数通过了对科尔宾这位党内基层力量代表者的不信任案。[3]

鲍里斯·约翰逊是“脱欧派”阵营中一位特别积极的代表，但在“那一天之后”他说话的语气就缓和下来。他说英国永远与欧洲连在一起，在公投之后并不会立刻发生决定性的变化，不用急着申请退出（“没必要启动第 50 条”）。从金融市场对公投结果的反应，人们能够意会为何这些“主张脱欧者”现在的言行如此低调：英镑已跌至 1985 年以来的最低水平。不仅仅是伦敦，而且是所有股票交易所的部分股票都在公投后的第二天出现暴跌，首当其冲的是银行和保险公司

---

[1] “appel au peuple”是法语“诉诸人民”的意思。在巴黎公社失败后建立的法兰西第三共和国早期（19 世纪七八十年代），议会中活跃着一股试图通过全民公决的方式复辟波拿巴王朝的势力，并自称为“全民公决派”（appel au peuple）。

[2] 所谓“影子内阁”是指施行内阁制民主的国家的在野党为日后执政而预先在党内选出的内阁人选，他们通常都是议员，一般都会跟现任内阁唱反调。

[3] 但在此党内不信任案通过后，科尔宾拒不辞职，所以工党只能重启一轮党魁选举。在 9 月 24 日的选举中，科尔宾凭借党内“草根”阶层的支持以 61.8% 的得票率再次当选党魁。

的股票。人们普遍认为，法兰克福将在未来取代伦敦成为最重要的金融中心。负责金融市场方面的欧盟委员并曾为“留欧派”积极拉票的英国人乔纳森·希尔（Jonathan Hill），在6月24日即宣布辞职。3天后，即6月27日，信誉评级机构惠誉国际（Fitch）和标准普尔（Standard & Poor's）不再给予英国最高信用评级：英国的信用评级被下调两级，降至AA。

然而，让“主张脱欧者”难以尽情享受胜利喜悦的，并非仅有物质方面的原因。6月24日，苏格兰政府首席大臣妮古拉·斯特金（Nicola Sturgeon）谈起了苏格兰再次举行独立公投的可能性。这里是全英国对脱欧公投最失望的地方；“脱欧派”没有在任何一个选区取得多数。许多观察家都认为，再举行一场公投则苏格兰很可能会独立。而且爱丁堡也讨论过，苏格兰议会是否对英国退出欧盟拥有否决权——尽管还不清楚这样的决定接下来会产生什么样的法律效果。 178

早在5月，当民调显示“留欧派”会以微弱优势获胜时，一名右翼极端主义者兼脱欧活动家就在互联网上发起过一个争取再次公投的行动。根据这一意见，公投的结果只有在超过75%的合格选民参与投票，并且获胜一方拥有60%的多数票时才具有约束力。而在“脱欧派”成功之后，又有许多“留欧派”响应这一动议。到6月26日为止，已经有300多万名支持者参与——不过他们并不都是英国人。

6月27日，首相成立了一个工作组讨论下一步该怎么办——这个迹象再次表明，大家对在4天前英国人所做出的这个决定都感到茫然。绝大多数英国人和欧洲大陆上的人一样，都觉得卡梅伦这回可“输惨了”：他玩了一把“全梭”[1]，然后输个精光。他搞公投的理由完全是战术性的：他想令本党之内的疑欧派满意，又想把英国独立党的支持

[1] 译文中“全梭”的原文是“va banque”，这是流行于17—19世纪的赌博游戏菲罗（Faro）中的一个术语，直译是“见银行”，它的意思是拿出自己的全部筹码与“银行”（相当于庄家）对赌，如果赢了就筹码翻倍，输了就输个精光。这与梭哈中的“全梭”并不完全一样，但用于借喻是相通的。

者抢过来。他的党内竞争对手鲍里斯·约翰逊所玩的游戏也同样危险：
估计约翰逊并非真的有如此想法，只是出于仕途上的考虑，才把宝押
到英国脱欧之上，然而在此之后他却无法掩饰他根本没有考虑过出现
179 这种结果的可能性。保守党内部对于他是不是接替卡梅伦合适人选也
一直有很大分歧。

卡梅伦和约翰逊是保守派“上流阶级”的典型代表，他们都是伊顿公学和牛津大学这类精英学校的毕业生；同时也都曾是布灵顿俱乐部（Bullingdon Club）[1] 的会员——这是个成立于 1780 年的、仅有少数人能参加的餐饮社团。这两人都轻率地出于党派的或个人的动机，而拿自己国家的命运冒险，这是他们把自己的党派乃至整个英国都置于危机状态中的核心原因。这个诞生了议会民主制的国家在还不到万不得已时，就动用了全民公决这样的最后手段，同时又故意无视这一手段的危险：这样一种决断并非出于对某一方案之利弊的冷静权衡，而是出于个人好恶的情感，也就是说是在“跟着感觉走”[2]。在英国脱欧公投一事中，怀旧情绪的感召力起了很大作用。2016 年 6 月 23 日有种得到宣扬的信念称：只要脱离欧盟，英国就能够更好地应对全球化带来的威胁，特别是那些来自“东欧”和“第三世界”的移民，并且英国就能从此夺回并更好地维护其自 1973 年 1 月 1 日加入欧洲共同体之后就一步步失去了的政治独立性。

俗话说得好，内疚总是短暂的。像约翰逊这样“脱欧主张者”中的领袖人物觉得，要是能在与欧盟分离之后继续保留在共同市场之内却不用再付出人员自由流动和会费的代价，也是不错并可以期待的结果。在公投之后，卡梅伦也发表了相应的评论。两人似乎都认为，在伦敦根据《里斯本条约》第 50 条提交其退盟申请之前，英国人可以

---

[1] 布灵顿俱乐部是牛津大学的一个学生社团，成员人数为 15~70，几乎都是王室、勋贵子弟和其他一些精英私立中学的毕业生。其活动不大为人所知，但肯定包括聚餐、滥饮和恶作剧。

[2] “跟着感觉走”的原文是“aus dem Bauch heraus”（直译：从肚子里出来），是德语中一句形容“凭感觉”“凭直觉”的词语。

与欧盟就未来英国与欧盟之间的关系达成一致。

布鲁塞尔和柏林的方针接踵而至。欧盟委员会主席容克于6月28 180
日告诉欧洲议会，他已经禁止委员会成员在英国提交脱欧申请之前与英方代表进行任何会谈。默克尔总理于同一天在联邦议院的发言与容克的精神完全一致：谁要是离开了欧盟大家庭，就不能指望既已摆脱了义务，却依然保有特权；按照“樱桃只看好的摘”的原则来进行谈判是行不通的。同在6月28日，当卡梅伦在布鲁塞尔举行的欧洲理事会会议上与其他国家首脑碰面时，得到的是一样的信息。次日，剩下的27个国家的领导人已经在讨论如何处理这个新情况，只是还没有形成决议。

6月30日中午12点，报名接替卡梅伦担任保守党领袖（同时也成为首相）的截止时间到了。果决的内政大臣特雷莎·梅（Theresa May）是一个严格限制移民政策的支持者，她此前虽从属于“留欧”阵营（尽管十分低调），但在表示愿意参与竞争时也受到了欢迎。接下来，能源国务大臣安德拉·利德森（Andrea Leadsom）成为候选人并不出人意料，她在公投前十分坚决地站在“脱欧派”一边。让人大吃一惊的反而是司法部长迈克尔·戈夫的申请，作为“主张脱欧者”，他曾是鲍里斯·约翰逊的亲密战友，然而后者现在却手足无措，既不能整合保守党、履行首相职责，也不知道该如何将英国带出欧盟。不过，真正具有轰动效应还是约翰逊自己的声明：在与党内伙伴交谈并审慎考虑议会中的情况后，他得出的结论是，他不是领导即将展开的与欧盟谈判的合适人选。

显然，约翰逊的误判不但使他没有做好与欧盟谈判的准备，而且 181
也使他丧失了领导保守党的机会。与党内情况不同，在下议院“留欧派”占多数，而且戈夫突然袭击式地宣布参选不但使约翰逊难以战胜人望甚高的特雷莎·梅，而且让他泄了气。戴维·卡梅伦与鲍里斯·约翰逊之间这场持续多年的争夺保守党党魁之位的权力斗争，在“对决”之后却是一个双输的结局：首相和他最可怕的党内挑战者都出局了。

那时，工党内部的权力斗争尚未结束：工党党魁科尔宾凭借着他在 2015 年 9 月的党内投票中所获得的民主授权，拒绝像下议院党团绝大多数党员要求的那样就此辞职。科尔宾所体现出的是英国怀旧病的左翼形态。如果说英国脱欧的支持者所代表的，是那种对恢复他们所认为的美好旧日时光——据说那时英国还能自己把握自己的命运——的向往，那么帮助工党党魁在 2015 年 9 月的党内选举中赢得了大部分党员和工会的那种保守态度，显露出的则是一种传统社会主义思想对社会公正永恒追求的信念——这套价值体系曾经因 20 世纪 90 年代之后人们的乐观主义而被托尼·布莱尔（Tony Blair）和戈登·布朗（Gordon Brown）领导下的“新工党”所抛弃。

公投过去一周后，英国与欧盟的关系似乎跟之前一样模糊。早在英国 1961 年申请加入欧洲共同体时，它就只想享受共同市场带来的好处，而从来不愿意与其他国家一起共同让渡主权，或是将部分主权交给超国家机构，更不用说伦敦不愿履行成员国所应当承担的义务。在围绕着英国脱欧的争斗中，两位最重要的主角间的关系同样暧昧不清。
182 长期以来，戴维·卡梅伦一直试图从对欧盟的批评中获益，直到公投快要开始之前，他才匆忙变成了主张捍卫英国的欧盟成员国身份的人。而直到 2016 年初，鲍里斯·约翰逊与其说是疑欧派，还不如说是亲欧派，结果他为了尽可能争取到继任首相的机会，突然一下当上了“脱欧派”的领袖。可他其实并不相信自己这一边会赢，也从不希望发生这样的情况。相反，他的如意算盘是：在“留欧派”以微弱优势取胜之后，失望的“脱欧派”会在争夺卡梅伦继任者的斗争中支持自己。

在大多数观察家看来，如果不是约翰逊这样一个人的热情鼓动，脱欧派可能不会拥有这场险胜。他退出保守党党魁人选的竞争，不但对“英国脱欧派”是一个沉重打击——他们中的很多人可能会把他的弃权当作临阵脱逃，而且在很大程度上让整个运动陷入了可疑的境地。更可疑的是，英国独立党党魁奈杰尔·法拉杰（Nigel Farage），这个一直把英国退出欧洲联盟视为目标之一的人，也于 7 月 4 日宣布结束政治生涯。

在“留欧”阵营中，7 月 2 日至 3 日的周末过后，越来越多的人在考虑让下议院不承认 6 月 23 日的投票结果，或是让下议院决议举行第二次公投，以便修改第一次公投的结果。同时被讨论的问题还有是否提前举行新一轮大选，如果这场大选带有了某种事实上的对英国是否留在欧盟进行表决的性质，那么它将有可能为“留欧”赋予合法性。自由民主党人甚至在公投几天之后就已经宣称，如果依他们的主张进行新一轮大选的话，他们将成为那个亲欧盟的党派。

不过事情发展几乎是覆水难收，7 月 11 日至 13 日，事态很快得到澄清：英国脱欧一事在可预见的未来不会再动摇。7 月 11 日，与特 183
雷莎·梅一起接受保守党下议院党团提名的议员安德拉·利德森出人意料地撤出了对保守党党魁和首相位置的争夺，这样一来现任内政大臣就成了唯一一位党内投票通过并且还留在名单中的候选人。同日，保守党党务委员会任命特雷莎·梅为党主席。两天后，卡梅伦辞去政府首相一职——这比他原计划的早了不少。伊丽莎白女王随即任命特雷莎·梅为新一任首相。她的政府工作所要遵循的原则看上去十分清晰：“英国脱欧，退了就是退了，而且我们还要退得富有成效。”

继玛格丽特·撒切尔之后的第二位女首相于 7 月 13 日就其内政目标所发表的声明，听起来更像来自工党而非“托利党人”，而且显然也是为了打动那些先前主要给反对党投票的选民。特雷莎·梅控诉了英国社会中存在的严重的不平等现象。在这方面，她提到穷人死得比中等收入者要早得多，工人子弟念大学的比例比其他社会阶层的人要少得多，女人们得到的薪酬比男人少，黑人比白人受到司法部门更严苛的对待，然后她宣布要在“更好的不列颠”（better Britain）的口号下实现社会和解的目标。她特别强调了其所在党派的全称——保守与统一党（Conservative and Unionist Party），并发誓要让英格兰、威尔士、苏格兰和北爱尔兰在联合王国中结成团结的联盟。最引人注目的是三个重要内阁职位的任命：新任外交大臣是英国脱欧运动中的“明星”——鲍里斯·约翰逊；领导新成立的“脱欧部”的是长年为英国脱欧而奋斗的老党员戴维·戴维斯；出自同一阵营的还有保守党的前任主席利亚姆·福克斯（Liam Fox），他将领导新成立的国际贸易部。
184 这三个任命全都具有信号效果。特雷莎·梅想让分裂中的保守党重新凝聚起来并好好看看外面的世界——现在政府的头号任务是如何在面对剩下的欧盟国家和整个世界时引导英国的“国家利益”。[18] 而对欧盟而言，没有理由再怀疑 2016 年 6 月 23 日的决断已经一锤定音。

第 10 章

英国脱欧将带来什么？ 185

对欧盟而言，2016 年 6 月 23 日的英国公投是一次深刻的危机。能与此事的震撼性相提并论的，在此之前只有 3 件事：2005 年 5 月底、6 月初，法国和荷兰的全民公投拒绝了欧盟宪法条约；1965 年下半年法国总统戴高乐将军锁闭欧洲经济共同体一事，即所谓的“空椅子策略”；1954 年 8 月末，法国国民议会否决欧洲防御共同体条约，并导致建立更紧密的欧洲政治共同体的计划受挫。

在之前的事件中，坚定的拥护者们总是用不断推进的欧洲一体化进程说明，西欧的超国家融合从来就是在危机中进行的，而且这些危机最终都会“让欧洲更加紧密”。到了 2016 年夏天，已经很少听见这样的观点了。早在这之前，就有人怀疑欧共体的成长会带来一个统一的内部市场，现在这种怀疑依然成立。

经济上的融合通过其成就赋予自己合法性，同时也帮助了那些支持一体化政策的政府。马斯特里赫特条约体系大大推进了一体化进程，
这改变了许多事——如果说不是改变一切的话。前联邦宪法法院法官 186
迪特尔·格林断定：“1992 年的《马约》在实现某一程度的一体化时，并没有询问各成员国公民的意见……在一体化方面，《马约》前进了一大步；可是在认可度方面，却是退步了。它标志着欧洲统一计划在公开性的设置方面发生了一个转折。《马约》让人们对欧盟的认可度下降了。从长远看，《马约》促进了反欧党派的发展，使得这些党派得以跻身欧洲议会，这促使亲欧议会党团必须采用组建大联盟的方式

来对付它们。”[1]

《马约》带来了一个至今无法解决的矛盾：创建了一种共同货币，却没有建立相应的共同财政构架。一边是传统上有严格财政纪律的国家，另一边是对此没有那么重视的国家。货币联盟制定的规矩来自前者的设想，却让后者感觉实在是做不到。后果就是：欧元，并没有像其赞成者所期待的那样拉近各国民众之间的距离，反而引起了他们之间的分裂。同样未能实现的还有另一个愿望：这就是法国总统弗朗索瓦·密特朗的计划，他企图通过把德国马克并入共同货币的方式，来约束重新统一后的德国的力量。

英国从一开始就不赞成货币联盟，但真正让欧盟在英国名声扫地的，还是欧元区自 2008 年经济动荡之后所陷入的危机。在英吉利海峡的另一端，布鲁塞尔的行政机构权力不断增长，欧洲议会想要拥有一个“真正的”议会所具备的权利行事，反而造成了更多的误解。与 2015 年的难民危机相关的，是德国的难民政策和“欢迎文化”给许多
187 不列颠人带来了深深的刺激。英国脱欧运动的诉求不仅在于其反对来自欧盟东部成员国的移民，而且（特别是在运动的最后阶段）也是害怕英伦三岛被来自亚洲和非洲的移民浪潮所吞没。无论人们如何衡量其他个别因素对2016年6月23日公投结果的影响，“英国脱欧支持者”的成功都少不了来自欧洲大陆的因素。

英国公投决定退出欧盟，并不单因为它是个有着传奇般“光荣孤立”历史的岛国。那些主张“离开”欧盟的人所斥责的许多事，在许多成员国的民粹主义那里也能听到相同或相似的声音，有一些在那些关心且支持欧洲统一的人那里也能听到。让最后一部分人不安的是：许多在布鲁塞尔做出的决定，民主合法性实在太弱，在没有得到成员国的主权拥有者（即其人民）明确授权的情况下，就将权力从民族国家层面转移到了共同体层面。以减少民主为代价来实现“更统一的欧洲”，长久以来，精英们的欧洲计划都是按这个模式发展的，由此也引起了人们的冷漠和厌恶。

自 2016 年 6 月 23 日之后，“亲欧”和支持欧盟就更没有从前那般天经地义了。要知道，一旦英国从共同体退出，那就意味着对欧洲的政治文化影响最大的那个国家要离开了。它是分权制、“代议制政府”、“法治”、“制衡”制度的祖国，同时还是拥有最佳全球网络和最富于外交经验的欧盟成员国，此外它还与法国比肩，是联盟中的两个军力最强的国家之一。人们可以预见，一个没有英国的欧盟，其大西洋特性和自由贸易的主张会比现在弱，而大陆特性和贸易保护主义会变强。经济和财政本来就很强的德国在欧盟的力量权重会增加，但 188
同时地中海国家对德国的压力也会增大，它们会试图让德国偏离条约中已经定好的规则，因为在它们看来，德国的路线过于死板。对德国而言，英国是一直保持市场竞争力方面的同盟。英国退出之后，德国恐怕更难以像现在这样，在面对绝大多数欧盟成员国的不同意见时坚持自己的立场。

英国与欧盟的分离现在已不可逆转，这就让大西洋联盟的价值凸显了出来——大多数欧盟成员国都加入了北约（尽管不是全部）。作为共同的安全政策的平台，北约不但会继续存在，而且很可能在将来被更多地利用。外交政策将再次成为伦敦与柏林，或巴黎与伦敦之间双边交流中极为重要的内容。鉴于法国的经济实力不强，未来在华盛顿、伦敦和柏林之间可能会出现一个新的跨大西洋权力三角。不过，可以想见的还有另一方面的发展。英国出于对自身主权的骄傲，一向反对一个共同的欧洲外交和安全政策。现在它退出欧盟了，那么阻挠其他成员国在外交、安全领域进行更紧密合作的障碍也就消失了。但与此同时，欧盟能投入军事方面的总体资金也减少了，这一情况让英国脱欧所带来的好处也变得有限。

在英国人公投做出脱欧决定之后，欧洲大陆上免不了要响起“现在总算好了”的声音。在这方面，欧洲议会主席马丁·舒尔茨和德国社会民主党主席西格马尔·加布里尔发表了一个共同声明，称要把欧盟委员会建成一个“真正的欧洲政府”。法国外长让-马克·埃罗

（Jean-Marc Ayrault）和德国外长弗兰克-瓦尔特·施泰因迈尔，声称要
189 朝着政治联盟的方向继续前进。施泰因迈尔还于6月25日在柏林召集了一场欧洲经济共同体6个创始会员国的外长会议，以讨论英国公投之后的形势，但这却招致不少新成员国（即波罗的海三国）的不满。[2]

坚定的欧洲联邦主义者，如比利时前总理、现在欧洲议会中的自由党议员居伊·伏思达认为，应该抓住这个机会强化“联盟方式”，并且继续让欧盟机构朝着联邦方向发展。在德国，几乎就在英国公投的同时，政治学家乌尔丽克·盖罗（Ulrike Guérot）出版了一本书，力主解构民族国家，组建地区间网络，并最迟于2045年5月8日成立欧洲共和国。书中常常提到奥地利作家罗伯特·梅纳塞这一点清楚地表明，她是从梅纳塞那里获得了这个“政治乌托邦”的原动力。然而，书中却没有提到梅纳塞的如下建议：在过渡时期应放弃民族国家的民主制度，而采用一种由布鲁塞尔的官僚机构实行的开明专制。[3]

有些人觉得大多数欧洲人已经准备好，甚至渴望为了一种各地之间和欧洲内部亲密无间的“自己人”感觉，而放弃自身的民族身份。对此，人们或许可以耸耸肩然后走开。但在“政界”，那种利用脱欧公投的契机来推进一体化的愿望影响甚大，令人无法回避。然而，要质疑这一愿望实现的可能性却十分简单。在英国退出之后还留在欧盟的27国之中，还有更多的国家坚决拒绝将主权继续交付共同体，其中包括荷兰、丹麦和瑞典这样的老牌民主国家。还有一些以维克多·欧尔班的匈牙利和雅罗斯瓦夫·卡钦斯基的波兰为代表的“非自由的民主”国家，不同意1993年的哥本哈根标准和2009年《里斯本条约》
190 的部分条款。在一些核心问题上，欧盟跟从前一样无法达成最基本的共识（比如分配内战难民和政治庇护者的问题）。要让这个国际联盟在这样的基础上向一个政治联盟乃至一个联邦的方向继续前进，无异于痴人说梦。

乍一看，尤尔根·哈贝马斯的建议似乎更现实一些，他主张不是让欧盟27国，而是让货币联盟内的19国在组织机构上向一体化的更

高层面迈进，从而实现人们所追求的“核心欧洲”。[4]但即使是在这个团体之中，也缺乏那种更紧密的、共同决策所需要的规范共识。比如，斯洛伐克是欧洲共同难民政策最坚决的反对者之一。又如，斯洛文尼亚在 2016 年夏季发生了一场政府的行政权与中央银行的金融权之间的权力斗争，这让欧盟委员会深感忧虑。

与此相关的，是让人心烦的“北方佬”与“南方佬”之间的分歧，它们争论什么才是国家债务与经济增长的正确关系，双方的领头人分别是德国和法国。只要在核心问题上无法达成共识，那么一个由欧元区国家构成的核心欧洲就无法想象。只要诸国在预算、财政和经济政策等领域没有达成一致，那么在缺乏这个牢固基础的情况下奢谈一种共同的社会政策（欧洲失业保险、部分国债的共同分担）是无法想象的。那些国债高企的国家，只有在自己承诺更可靠且不可逆的金融稳定性的情况下，才能期待让那些财政情况稳定的欧元区国家继续伸手援助。如果放弃这种一揽子计划的形式，就可能意味着抽去了“互惠思想”的基础，而这一思想正是实现团结最重要的条件。

现在，即使欧元区也成不了“核心欧洲”的核心，而且也很难再找到另一个。1957 年组成欧洲经济共同体的 6 个创始会员国无论如何也充当不了核心，因为在一些根本的财政和经济政策问题上，以及在更高程度的一体化是否可取的问题上，它们之间难以达成更多共识。
此外，这 6 个国家间更紧密的联合，将意味着西欧与东欧的一次新的 191
分裂，也就是说让 1989 年历史转折之后的无数心血付诸东流。而且说来说去，德法两国如果不首先达成一致，那么在任何一个领域加强一体化都是不可能的。在这两国协商好之前，所有在机构层面推进欧洲一体化进程的愿景都是空中楼阁。

2016 年夏季没有留给欧洲大陆人太多时间来反思英国脱欧的长期影响。其他事件很快引起普遍关注：首先是法国和德国遭遇了新的恐怖主义袭击，然后是 7 月 15 日土耳其发生那次失败的军事政变后，其国内外政策的巨大变化，以及俄罗斯作为近东和中东的政治、军事行动方日益增长的重要性。7月14日是法国国庆假日，这天深夜，一名曾在法国获得过临时居住和工作许可证的突尼斯人，在尼斯（Nizza）的滨海大道上用他驾驶的卡车袭击在那里庆祝的人群。袭击共造成85人遇难，400多人受伤，有些人伤势严重。为此，法国国民议会于7月19日将2015年11月巴黎恐怖袭击之后施行的紧急状态又延长了半年。

在尼斯的袭击发生4天之后，一名来自阿富汗的难民在从特罗伊赫特林根（Treuchtlingen）到维尔茨堡（Würzburg）的区域火车上用斧头和刀袭击了一些乘客；在这次袭击事件中，有4人受重伤，袭击者被警方击毙。7月23日，一名来自叙利亚的被拒绝入境的难民，在弗
192 兰肯行政区的安斯巴赫进行了自杀式袭击，造成15人重伤。7月26日，袭击者攻击了鲁昂附近的小镇圣艾蒂安-迪鲁弗雷（Saint-Étienne-du-Rouvray）的教堂，杀害了85岁的神父雅克·阿梅尔（Jacques Hamel），并重伤了一名修女。在所有4起案件中，“伊斯兰国”都承认是自己发动的袭击。

自7月中旬以来，土耳其也几乎每天都登上新闻头条。埃尔多安总统反击那批试图颠覆政权的军事人员的做法——在军队、国家机关、司法、教育、经济和媒体领域进行清洗。这场清洗是如此之广泛，以至于在很短的时间内就让一场悄悄进行的政变改变了性质。[5] 土耳其越来越朝着正发党强人个人独裁的方向前进，随之而来是专制总统制度与其真实的或假想的敌人之间的斗争变得越来越激烈。在外交方面，埃尔多安所进行的路线调整也毫不逊色，特别是调整土耳其与俄罗斯之间的关系。自从2015年11月底土耳其空军在叙利亚边境附近击落了一架俄罗斯飞机以后，俄土一直处于“冷战”状态。2016年8月9日，埃尔多安在圣彼得堡会见了普京，为的是使双边关系全面正常化——这一举措看上去成功了。

不久之后，土耳其总统宣布他同样致力于大力改善与伊朗的关系。

鉴于伊朗和俄罗斯是叙利亚总统巴沙尔 · H. 阿萨德的两个最亲密的盟友，因此可以合理地推断土耳其即将重新评估其对叙利亚的政策。土耳其可能在一定条件下与阿萨德达成协议，并且比以前更加坚定地投入与“伊斯兰国”的战斗中去。“伊斯兰国”是土耳其众多恐怖袭击事件的凶手，其中很可能包括发生在 8 月 21 日安纳托利亚东南部加济安泰普（Gaziantep）一次婚礼聚会上特别血腥的恐袭事件。当时共有 54 人殒命，其中包括许多儿童。8 月 20 日耶伊尔德勒姆总理向记者们宣布，他的政府觉得让阿萨德成为叙利亚在过渡时期的领导人是可以接受的，从而证实了上文对土耳其的推想。

埃尔多安并不想让他的路线转化为被西方理解的一种决裂。就在 193
美国副总统乔 · 拜登（Joe Biden）访问安卡拉的那一天——8 月 24 日，土耳其开始了精心准备的空袭行动，而且还同反政府的叙利亚自由军和美军紧密配合，展开了名为“幼发拉底河之盾”的地面进攻，打击“伊斯兰国”在叙利亚北部的阵地。通过这一系列行动，土耳其用比此前更可信的方式表明了自己身处西方的“反‘伊斯兰国’阵营”之中。不过更重要的是，埃尔多安将叙利亚库尔德人的军事组织“人民保卫部队”（YPG）赶出了其位于幼发拉底河西岸的阵地。该组织与在土耳其活动的库尔德人党派“库尔德工人党”（PKK）有极为紧密的关系，而库尔德工人党已被土耳其和北约国家归类为恐怖组织。土耳其阻止“人民保卫部队”在叙利亚-土耳其边境地带建立一个拥有封闭领土、自治，一旦有可能甚至还要独立的库尔德国家的努力，并且要在叙利亚-土耳其边境地带建立一个缓冲区域。

美国用以支持土耳其的进攻（只要土耳其对付的是“伊斯兰国”）不但有军事上的空中打击，而且还向其库尔德盟友发出了最后通牒，命其撤出幼发拉底河东岸地区，否则将中止与“人民保卫部队”的合作。8 月 24—25 日，在土耳其坦克和美国空军的大力协助下，叙利亚自由军将“伊斯兰国”赶出了主要由叙利亚阿拉伯人居住的边境城市贾拉布鲁斯（Dscharabulus）——对恐怖组织而言这是一个巨大的挫折，他们在叙利亚和伊拉克所控制的领土都在持续收缩。

在接下来的几天里，土耳其轰炸了“人民保卫部队”靠近土耳其边境的阵地，以迫使其撤出阵地。这样一来它就让美国陷入了极为尴尬的两难境地：“幼发拉底河之盾”行动越是发展为一场土耳其与美国在叙利亚的库尔德人盟友之间的军事冲突，美国在与“伊斯兰国”
194 作战中，就越难以协调自己与双方的关系。与土耳其相关的，还有其越来越强烈地请求引渡住在宾夕法尼亚州的阿訇费图拉·居伦——此人原先是埃尔多安的盟友，后来反目成仇。美国副总统拜登在 8 月 24 日与耶伊尔德勒姆总理一起举行的新闻发布会上拒绝了这个要求，其理由是任何美国总统都不能采取这样的措施，此权力只属于美国法院。

若是没有上述那些与普京之间达成的安排，埃尔多安恐怕不太敢下令让土耳其部队在叙利亚领土上动武。在那之前的几天里，“人民保卫部队”与阿萨德的军队之间发生了几次冲突，而这两个对头本来一直处于某种默契地互不进攻的状态。这些冲突同样也弱化了土耳其军事行动的后果。阿萨德尽管抗议土耳其的行动，但他其实可以看到，土耳其与俄罗斯之间新的合作关系将大大增加他掌控大部分叙利亚领土的机会。

土耳其转换路线之后的赢家，肯定还包括弗拉基米尔·普京。就在他与土耳其和解的同时，他也加强了与伊朗的合作。对不少观察家而言，一个新的“莫斯科-德黑兰-安卡拉力量三角”已经呼之欲出。俄罗斯借此填补了中东的战略真空，造成这真空的，是奥巴马政府 2011 年仓促从伊拉克撤军及其对叙利亚内战举棋不定的态度。

在另一处危机地带的表现，同样也表明了普京的确是政治棋盘上的大师：在此期间他没有根据 2015 年 2 月达成的《明斯克停火协议》（Minsker Waffenstillstandsabkommen）[第二版明斯克协议（Minsk Ⅱ）] 做任何部署来为平息俄罗斯与乌克兰之间的冲突创造条件。2016 年 7 月到 8 月，亲俄分离主义者与乌克兰联盟之间的流血冲突再次大量增加。在明斯克商量好的从顿巴斯“前线”撤出重武器的协议，无论是俄罗斯还是乌克兰都没有怎么执行。由于俄罗斯不愿意减少其在乌克兰东部地区的军事存在，基辅的国民大会就据此阻挠东部选举法案通过，而该法案正是在明斯克协商好的、在东乌克兰进行社区选举的基础。这个反击正好给普京提供了机会，把乌克兰和西方民主社会谴责他的话奉还给基辅：不根据明斯克协议为实现长期停火创造条件。这样发展下去，2016 年夏天在乌克兰实现和平已无可能。 195

8 月 22 日，意大利总理马泰奥・伦齐、法国总统弗朗索瓦・奥朗德和德国总理安格拉・默克尔，在那不勒斯海湾沿岸的意大利“朱塞佩・加里波第号”（Giuseppe Garibaldi）航空母舰的甲板上会面，以商讨欧洲联盟在英国公投之后的形势，并且为 9 月将在布拉迪斯拉发（Bratislava）[1] 举行的欧盟峰会做准备。这已是三人在 6 月 23 日公投之后的第二次会面。早在公投之后 4 天，默克尔就请他们到柏林进行了一场关于应对危机的对话。

三人的第二场会面，被东道主赋予了一重象征性的意义：与会的国家及政府首脑访问了那不勒斯附近的小岛文托泰内（Ventotene），这里曾是法西斯政权关押政治犯的地方。犯人中的一位正是欧洲共产主义者、杰出的阿尔捷罗・斯皮内利（Altiero Spinelli），他是 1941 年写成并很快被流传到罗马的《文托泰内宣言》（*Manifesto di Ventotene*）的主要作者。该宣言热情地支持解体拥有主权的民族国家，代之以欧洲联邦，而且作者还在同年写了一本研究报告，名为《欧罗巴合众国与各种政治趋势》（*Die Vereinigten Staaten von Europa und die verschiedenen politischen Tendenzen*）。[6] 根据他的遗愿，斯皮内利于 1986 年被安葬在文托泰内。奥朗德、默克尔和伦齐拜访了他的墓地，至少对意大利总理而言，这代表了对“欧洲价值观和文化”的一次新的认可——这样一个欧洲视“让世界更美好”为己任。[7]

---

[1]　布拉迪斯拉发是斯洛伐克共和国的首都。

196 会谈地点的选择也同样具有象征意义。那艘以意大利独立战争战士和民族英雄朱塞佩·加里波第命名的航空母舰，本来是要参加欧盟边境管理局在地中海的巡航，用以阻止偷渡者的。会谈的主要议题之一，就是如何有效地保护共同外部边界。在这一点上，三国元首和政府首脑的意见完全一致。但涉及那些跨越地中海到达欧洲的难民的分配问题时，意见仍与从前一样有分歧。越接近2017年春季的总统大选，法国就越不会在这个问题上让步，也就是说不会接纳更多移民。

在另一个问题上，奥朗德和伦齐倒是心心相印：德国应该放弃其“紧缩政策”，并同意为了更快的经济增长而增加公共债务。该意见遭到了默克尔的反对，这倒不仅仅是因为2017年9月的联邦议院选举。如果对条约中已经商定好的稳定性标准松口，将遭到所有实行预算纪律的国家的强烈反对，而且这还会削弱货币联盟乃至欧盟的凝聚力。在“加里波第号”上举行的联合新闻发布会上，默克尔总理指明了欧盟委员会的责任和稳定性协议留给欧盟成员国的空间。然而，默克尔强调共同体的权责的事实表明，她并没有坚决反对“布鲁塞尔”[1]对条约进行弹性解释。

人们普遍认为，伦齐呼吁加强欧洲共同性，主要是为了意大利债务的共同化——这并非毫无根据。意大利的国债占国内生产总值的133%，在欧盟中仅次于希腊；与2013年相比，其国债甚至还上升了4
197 个百分点。与欧盟委员会商量好的把预算赤字率控制在3%以内的目标几乎从来实现不了。意大利经济也停滞不前，2016年第二季度意大利的经济增长率为零。

此外还有银行业危机，世界上最古老的银行——意大利锡耶纳银行（Banca Monte dei Paschi di Siena）——已成为其象征：2011年至2014年，它一共亏损了146亿欧元。与其他银行一样，不良贷款是导致其衰弱的主要原因。所有意大利银行合在一起，2015年的不良贷款

[1] 此处的“布鲁塞尔”代指欧盟委员会。

共计 2100 亿欧元。这还不算总数为 1500 亿欧元的所谓“问题贷款”。为了保护为数众多的“小”储户，伦齐政府试图用国家资金救助银行。然而，按照欧盟现行的银行业条例，只有在“为了避免对某一成员国的经济造成重大破坏，而需维持金融稳定”的情况下，才允许国家对银行进行补贴。[8]

伦齐或许希望奥朗德和默克尔能理解他。2016 年底意大利举行了全民公决，事关是否在实质上废除比较烦琐的两院议会制度——这是这位年轻总理迄今为止所进行的最重要的改革之一。他曾威胁，如果这项重要的宪法修正案被否决，他就会辞职——鉴于悲观的民调结果，他在三人峰会上对这项声明的态度又有所回转。然而，欧盟及其成员国有理由担心伦齐在公投中失败。如果以荒唐的五星运动为首的民粹势力在意大利获胜并站稳脚跟，那么不单是欧元会被其推翻，而且整个欧盟都会陷入险境。

花言巧语的拒绝姿态、激情洋溢的陈词滥调和喋喋不休地重复文托泰内的欧洲神话，都解决不了意大利的结构性问题，这些问题只能通过坚定地推进由伦齐开创的改革进程来解决。伦齐试图讲述的欧洲 198
新“故事”，实际上是老故事，而且几乎无法在面对具体挑战时给出具体答案。这样一种补救性的、运用象征手段的政策唯一能做的，是去减少日益增长的、对欧洲统一计划的不信任。如果伦齐的意图是将意大利变成由欧盟里国土和经济总量最大的三个国家组成的非正式欧盟执委会中的成员，那么 8 月 22 日的会面也不会实现这一目标：对欧盟其余的成员国而言，没有人愿意服从这种“集体领导”。

跟意大利一样，法国也在抱怨欧盟的稳定性条例。而且它也与其地中海邻国一样，从欧盟的慷慨大方之中获益良多。这份慷慨来自让-克劳德·容克手下的那个“政治性委员会”和负责经济和财政的委员皮埃尔·莫斯科维奇，其手法是对欧盟相关规则进行阐释。莫斯科维奇还曾在 2012 年至 2014 年担任法国的财政部长，法国在这段时间里以及在此之后都无法实现既定的缩减赤字的目标。2016年其财政赤字占到了国内生产总值的3.4%，也就是说再次高于“马斯特里赫特上限”所规定的3%。根据迄今为止的经验看，法国为2017年定下的2.7%的目标多半也难以实现。[9]

由此，法国政府给出的在2015年到2017年减少500亿欧元国债的承诺也落了空。该政府在2017年选举年宣布提高56亿欧元预算开支，但这一开销并没有完全通过相应的节约计划来解决。法国政府的负债率已达97.5%，是自二战结束以来的第二高（最高的时候是2015年第二季度，达到了97.7%）。政府的财政支出占到了国内生产总值的57%，比德国高出了13个百分点。让现任总统和现政府感到安慰的是失业率略有下降，从2016年1月的10.2%降到了4月、5月间的9.9%。

199 瓦尔斯（Valls）[1]政府只有在付出了极大的努力之后，才能在劳动力市场推进改革。它要对付的是左派工会和大部分学术界青年的持续抗议，这些人要求的是轻松的“每周35小时工作制”和严格的解聘条件。由于众多社会党议员不愿意支持政府的改革计划，政府无法在议会中争取到多数。于是内阁行使了第五共和国宪法第49条第3款所赋予的专制权力：如果政府宣布某一法案的生效是出于国家预算或资助社会安全方面的迫切需要，那么国民大会只有采用对政府提出不信任案的方式才能阻止该法案生效。由于社会党议员的数目还不够发动不信任案，所以瓦尔斯政府最终还是赢了这一局。

与法国相比，2016年夏天的西班牙政局就特别让人看不清了。在2015年12月20日的议会大选中，产生了马里亚诺·拉霍伊（Mariano Rajoy）总理领导下的保守的人民党（Partido Popular，简称PP）政府。该党虽然再次成为议会中的最大党，却丧失了议会多数——这也与其一系列的投机腐败丑闻有关。作为反对党的工社党（PSOE）[2]也丢失

[1] 指出身社会党的法国总理曼努埃尔·瓦尔斯（Manuel Valls）。

[2] 西班牙工人社会党（Partido Socialista Obrero Español），简称工社党（PSOE）。

了选票，他们同样需要跟己方的一系列腐败做斗争。相反，两个新成立的党派，左翼民粹的社会民主力量党（Podemos，中文直译：“我们能”）和自由派的公民党（Ciudadanos）都斩获颇多。保守派想要组建一个大联盟政府的愿望被佩德罗·桑切斯（Pedro Sánchez）领导的工社党干脆地拒绝了，工社党的盟友社会民主力量党和公民党则主要陷入与工社党的内斗之中。于是拉霍伊依旧在看守政府中留任。

然后，西班牙在 2016 年 6 月 26 日举行了新的大选。人民党（PP）所获选票上升了 4 个百分点，达到了 33%；工社党也有所进展，22.7%；社会民主力量党和公民党不得不有些损失，分别获得了 21.1% 和 13.1% 的选票。桑切斯始终拒绝与保守派合作，这使他与他的前辈、 200
工社党前主席费利佩·冈萨雷斯（Felipe González）和何塞·萨帕特罗（José Zapatero）产生了巨大的矛盾。拉霍伊可以在与公民党联合的基础上勉强组建一个弱势的保守派政府，但两党加起来也只占到了全部 350 个议席中的 169 个，离取得绝对多数的 176 席还差 7 个席位。

要在第一轮总理选举获胜，必须要取得绝对多数。8 月 31 日总理选举开始，拉霍伊没有取得所需的 176 票，而仅获得 170 票，有一位加那利联盟（Coalición Canaria）的议员投了他一票。按规定第二轮总理选举最早可在 48 小时后举行，只要获得相对多数就能当选。但拉霍伊连相对多数也没拿到——选举的结果与两天前一模一样。根据宪法，要在两个月之后才能再次举行总理选举。如果那时候还选不出，就不得不再次举行新的大选——那可是在圣诞节期间。

看守政府的时间拖得越久，该国的经济问题就会变得越严重。各项法案都无法通过，而且 2017 年的预算计划也无法通过。尽管西班牙在 2016 年夏天迎来了一波旅游热潮（这是因为恐怖主义袭扰了许多国家，其中许多原先都是度假热点，比如德国、英国和北欧国家），但系统性地解决西班牙经济中的结构性难题一直都遥遥无期。这是因为，这里不存在一个能让自己的改革方案获得议会多数支持的政府。

9 月底，一部分工社党领导人开始反对佩德罗·桑切斯的不妥协路线。在工社党党代表大会的最高委员会中，多数委员于 10 月 1 日投票反对党主席，阿斯图里亚（Asturien）地区的主席哈维尔·费尔南德斯（Javier Fernández）将担任委员会的领导人。这一决定落实于 10 月 23 日。联盟委员会以 139 票对 96 票通过了决议，决定在关于看守
201 总理信任问题的投票中投弃权票。10 月 29 日，拉霍伊在国会举行的第二轮决选中拿到了 170 张赞成票、111 张反对票和 68 张来自工社党议会党团的弃权票。虽说这只是一个相对多数，保守党政府会因此在推行改革计划时缩手缩脚，但至少西班牙总算是避免了大家都担心的 2016 年圣诞节大选。

在此前的几年中，拉霍伊政府的紧缩路线还是取得了一些成果。该国的经济增长率在 2015 年达到了创纪录的 3.2%，在 2016 年也高于其他陷入危机的国家。2016 年第一季度，其 0.8% 的国内生产总值增长率高于欧元区 0.6% 的平均水平。失业率已经从 2012 年 8 月的 25.1% 下降到了 2016 年 6 月的 19.9%。2015 年的预算赤字率为 5.1%，高于跟欧盟委员会商定的最大限额：4.1%（当然也高于《马约》所规定的 3%）。其国债从 2013 年第二季度的占国内生产总值 91.9% 上升到了 2016 年第一季度的 100.5%。欧盟委员会本来完全有理由因西班牙未能在减少债务和财政赤字方面执行更严格的纪律而对其实施制裁，但顾及该国 2016 年夏天呈白热化的政治局势而放弃了各类惩罚，并给予西班牙一年宽限以使其实现所承诺的稳定财政的目标。

欧盟委员会对葡萄牙同样“慷慨”。2015 年 11 月底，也就是 10 月 4 日议会选举后的七个半星期，以前的保守党和社会党人组成的大联盟已经被安东尼奥·科斯塔（António Costa）领导下的社会党少数派政府取代，后者还融合了共产党主导的左翼集团。为了取得激进左派在议会中的支持，政府除了其他事项外，还保证提高最低工资、恢复
202 已被削减的公务员工资和退休金、恢复公务员领域的“每周 35 小时工作制”、恢复一些曾被取消的节假日，甚至还要扭转之前内阁所推行的私有化政策。

在负债为国内生产总值的 128.9% 的情况下，葡萄牙的 2016 年第一季度的经济增长率为 1.3%，低于 2015 年同期的水平。其失业率略有下降：从 2015 年 10 月的 12.4% 降到了 2016 年 6 月的 11.1%。2015 年的财政赤字率为 4.4%，根据葡萄牙财政部的估计，2016 年会降低到 2.5%，但在野的保守党声称真实的数字是 3%（最后证实降到了 2%）。布鲁塞尔的欧盟委员会对葡萄牙社会党人偏离整改路线表示忧虑，但跟对待西班牙一样，首先考虑的不是制裁。这样的慷慨之举同样主要是出于维护其国内政治稳定的愿望。

希腊依旧深陷危机之中。其国家负债率是欧盟国家中最高的，在 2016 年第一季度达到了 176.3%。这只比 2014 年第二季度的高点——181.8%——下降了一点点。其财政赤字率的数据在剧烈波动：2015 年第四季度是 14%，2016 年第一季度是 2.8%。其经济在 2015 年缩水了 0.2%；2016 估计欧元区国家的经济会下降 0.6%。希腊 2016 年 4—5 月的失业率为 23.5%，仅比 2015 年 10—11 月下降了 1%。2016 年 6 月，25 岁以下青年人的失业率为 50.3%，跟以前一样，远高于其他陷入危机的国家：西班牙（43.9%）、意大利（39.2%）和葡萄牙（26.3%）。

部分基于宪法的原因，部分因为妥协案的影响，船东和东正教会在税收方面享有的特权事实上依然没有被撼动——其中教会还是希腊仅次于国家的第二大地产主。民族民粹主义独立希腊人党是左翼民粹 203
主义的激进左翼联盟（Syriza）在议会中的盟友，该党担保这样不被撼动的情况将不会改变。希腊军方要感谢的同样也是这个党，因为是它让希腊的军费开支占到了国内生产总值的 2.38%，这是所有欧盟国家中最高的，在北约国家中也仅次于美国——对于此事，激进左翼联盟从来不敢公开指责。

2016 年 5 月 8—9 日，希腊议会在政府的支持下通过了一项有争议的法案：削减退休金，并以此来满足从欧洲援助基金（ESM）申请继续借债 103 亿欧元的条件。然而，在 2018 年希腊的改革计划取得成功之前，货币联盟内的财政部长们不想谈论雅典所要求的大规模债务减记。

2016 年 8 月，距离上一次欧洲援助行动刚刚 3 个月，欧盟委员会又不得不为希腊操心了。起因是最高法院检察官克塞妮·迪米特里乌（Xeni Dimitriou）引起轰动的做法：她控告具有国际声望的安德烈亚斯·乔治乌（Andreas Georgiou），后者曾在 2010 年到 2015 年掌管国家统计局。乔治乌一上任，就公布了修正过的国债和财政赤字数据，这样一来就将其前任的造假行为公之于众了。检察官控告他伪造数据和叛国罪。此外还说乔治乌不负责任地大肆渲染希腊经济的状况，从而使经济形势更趋恶化。

对此，布鲁塞尔的反应很快：负责社会事务的委员玛丽安娜·蒂森（Marianne Thyssen）在致希腊财政部长的一封信中表示，委员会完全相信乔治乌所给出的数字，而且希腊有义务让自己的行政机构和司法系统继续去政治化，若不然，将在本年进行的对援助计划的第二次审核中考虑此问题；欧盟成员国必须由此决定是否还能继续提供援助
204 贷款。[10] 如果说要找出一个证据，证明欧盟与希腊之间不同的政治文化是导致两者之间持续冲突的更深层的原因，那么这位检察长对待前希腊统计局负责人的做法就是最好的证据。

由于持续不振的经济形势，激进左翼联盟和亚历克西斯·齐普拉斯总理在 2016 年初秋已经不再拥有 2015 年那般广泛的民众支持了。在此时的民调中，执政的左翼党远远落后于保守党。当齐普拉斯邀请欧洲地中海区域内的国家和政府首脑于 9 月 9 日齐聚雅典参加地区峰会时，很可能是希望借助外交方面的荣光来提振他业已下降的民望。事实上，意大利、塞浦路斯、马耳他和葡萄牙的首脑，还有法国总统奥朗德，都来到了希腊首都。只有西班牙看守政府总理拉霍伊因为缺乏明确的政治授权而让一位国务秘书代他前来。

对与会者而言，在拒绝继续施行“紧缩政策”和在债务问题执行明显更具弹性的政策方面达成一致并没有什么困难。然而，此次雅典会议的参与者却没有达成任何实质性的成果。伦齐依然认为峰会取得

了巨大成功。在飞回罗马的飞机上，他向意大利记者们表示：由于弗朗索瓦·奥朗德的前来，南方国家现在终于可以集体发声。“现在我们的人很多而且可能会生气……现在已经成了一场运动，意大利在其中扮演着核心角色。”他还说，现在承受压力的是德国人了。返回意大利之后，伦齐又重复了他的观点：现在德国代表的那个有规则的欧洲，正在与“有理想、有社会关怀和有美感的欧洲”（即“有价值观的欧洲”）发生冲突。

雅典的地区性峰会之后，财政稳定的国家与陷入债务危机国家之间的鸿沟简直变得深不见底。但很显然，英国脱欧增强了南方国家的信心。英国离开欧盟之后，主张提升竞争力的阵营必然被削弱，而南 205
方国家会受到鼓舞，从而决定以后不再屈从于布鲁塞尔和柏林的“紧缩专政”。很明显，这对欧元区的危机而言会意味着什么：欧元区有患上慢性病的危险。[11]

在 2016 年 9 月 16 日召开的布拉迪斯拉发峰会之前，由于英国不参加非正式讨论，安格拉·默克尔完成了一连串堪称马拉松的会谈。8 月 24 日至 26 日在那不勒斯海湾与奥朗德和伦齐进行了三人会晤之后，默克尔又访问了塔林（Talinn）[1]、布拉格和华沙。在波兰首都，她会见了所有 4 个维谢格拉德集团（波兰、捷克、斯洛伐克和匈牙利）的政府首脑。8 月 26 日晚，在联邦政府的宾馆，即勃兰登堡州的梅瑟贝格宫，默克尔总理会见了荷兰、芬兰、瑞典和丹麦的总理；次日又与奥地利、斯洛文尼亚、克罗地亚和保加利亚的政府首脑举行了会谈。

会谈的内容几乎不为人知。不过，德国总理与大多数其他国家领导人在移民问题上的分歧却难以掩饰。尤其是那些中东欧和东南欧国家，坚决反对制定一个固定的分配额度，而且也决不愿承诺接受穆斯林难民。在布拉格、布拉迪斯拉发和布达佩斯，默克尔被看作导致穆斯林大规模移民欧洲的始作俑者，因而也要为英国脱欧担负连带责任。

---

[1]　爱沙尼亚首都。

在捷克首都，甚至因为她的到来而出现了反对她的抗议活动。

在与欧盟“老成员”的协商中，德国总理在难民分配问题上几乎无法从他们那里得到任何支持。意大利是一个例外，该国在 2016 年负
206 担了来自北非的移民（主要来自利比亚和埃及）——从 2016 年 1 月到 8 月，约有 12 万人通过这条路线来到了欧洲。不过，法国仍拒绝来自意大利的难民过境。毫无疑问，如果主要的移民路线从意大利-法国边境转移到布伦纳，奥地利也会照此办理。在布拉迪斯拉发首脑会议上，就难民分配达成协议已无可能。

在另一个领域，即内部和外部安全方面，各国达成了影响深远的一致想法。无可争议的是，除了在内部反恐方面进行更多合作，欧洲联盟必须比以前更有效地保护其外部边界。波兰和匈牙利甚至呼唤建立“欧洲军”——这个超国家架构的要求听上去真稀奇，要知道这两个国家可是一向抵制共同体的影响，而且一向主张伸张民族国家主权的。过去，英国一直反对任何有关军队欧洲化的事物。而当“脱欧派”在 6 月 23 日的公投中取胜后，至少在这个领域要推进“欧洲一体化”应该是更容易些了。

2016 年夏天，货币联盟和欧盟在未来的规范性身份依然存在争议。各国在经济增长与金融稳定之间的关系方面仍然没有达成基本的共识，这就使得货币联盟 19 个成员国之间的凝聚力无法获得长期保障。在欧盟 27 国内部，坚持遵守 1993 年哥本哈根标准的“老成员”与“新成员”之间，仍然存在深刻的分歧。哥本哈根标准要求尊重人权、权力分立和法治，而“新成员”（如匈牙利和近来的波兰）或多或少地限制了司法机构的独立性，并因此而让这些国家的法治变得可疑。只要存在这种根本性的思想分歧，欧盟发展成任何形式的政治联盟都是不可能的。

207 在 2016 年暑期休会的日子里，从欧盟委员会那里没有再传来关于共同体近期及远期发展的展望，连欧洲理事会常务主席唐纳德·图斯克也没有相应的表示。安格拉·默克尔在布拉迪斯拉发峰会前几周与

其他国家领导人进行的多次对话再次表明，英国脱欧投票后，欧洲机构之间的重心继续沿着之前一直存在的那个趋势发展：重心逐渐偏离欧盟委员会和欧洲议会，转到欧洲理事会和成员国那里。德国在其中起到了多么大的作用，已不必细说。但同时可以看到，德国在难民困境这样的关键问题上是多么孤立：这个结果，又一次以意想不到的方式表明了德国人在 2015 年 9 月一意孤行的后果。

8 月 31 日，也就是那场喊出了"我们能办到"口号的传奇性记者招待会举办整整一年之后，德国总理进行了小心翼翼的自我批评。在《南德意志报》对她的一次采访之中，她谈到了德国难民政策的错误。她特别提到，太晚才对难民问题和"一个全欧共同解决方案"的紧迫性加以重视。当 2004 年到 2005 年许多难民前往西班牙和其他有欧盟边境的国家时，德国让那些直接受到德国影响的国家自行"处理此事"，并且当时德国自己也反对按配额分配难民。而且对"保护外部边境"这个议题，德国也没有足够的认同，并且反对欧盟边境管理局对自身主权的限制。[12]

总理的自我批评无疑是正确的，但却回避了德国难民政策中最富争议的一项：2015 年 8 月至 9 月间的决断。这次采访对解决长期以来欧洲在难民问题上的分歧没有起任何作用。但就在同一天，8 月 31 日， 208
安格拉·默克尔在一场于意大利北部的马拉内罗（Maranello）举行的德国与意大利之间的政府会议上表示，非法移民潮必须被阻止。[13] 次日，从联盟党议会党团一次非公开会议中传出消息，总理说要强制遣返无资格受庇护的移民，因为唯有如此，才有可能让民众支持对那些真正需要帮助的难民提供援助。[14]

9 月 4 日，德国举行了梅克伦堡-波美拉尼亚州的地方议会选举。社会民主党尽管选票有所流失，但仍以 30.6% 的得票率成为最大党，并让埃尔温·泽勒林（Erwin Sellering）当上了州总理。而该州困难重重的大联盟中的小伙伴基民盟只获得了 19% 的选票，排在选择党的后面。选择党得票率高达 20.8%，成了第二大党。由于梅克伦堡-波美拉尼亚州是总理的“政治家乡”——她的联邦议院选区就在这里，基民盟的糟糕表现因此而激起了广泛关注。难民问题不单是选择党用于煽动民意的主要话题，甚至是整个选战的主题。选举结果导致的后果是让选战在很大程度上极端化。次日，远在中国杭州参加 G20 峰会的安格拉·默克尔表示对这个位于德国东北部的这个州选举惨败承担部分责任，但她同时也强调，她现在依然认为自己在难民政策上的决定是正确的。

在基民盟内部，几乎没有人对总理的自我辩护提出异议。而在其执政大联盟的盟友社民党那里，却可以看到试图倒阁的运动。社民党主席、经济部长加布里尔批评联盟党缺乏在社区层面执行难民救助行动的热情，却多次谈到德国容纳难民人数的上限。

毫不出人意料的是，对安格拉·默克尔的政策最严厉的批评来自
209 慕尼黑。基督教社会联盟党主席、巴伐利亚州州长霍斯特·泽霍费尔认为，选择党在梅克伦堡-波美拉尼亚州选举中的胜利给联盟党[1]在 2017 年 9 月的联邦大选中获胜的可能性蒙上了阴影。他称联盟党的处境“极度危险”，并且称基督教社会联盟党是否支持默克尔再次成为候选人这事还说不准。基社盟理事会 9 月 8 日的一篇文章要求以法案的形式为接收难民设置上限：每年不得超过 20 万人。这部《移民限制法》指出相对于其他移民，来自“我们欧洲基督教文化圈的”移民应优先予以接收；应尽一切可能，禁止接收穿全身罩袍的穆斯林妇女。这表明，在难民问题上，柏林的大联盟内部已经不再有共识了。因此，在 9 月 11 日基民盟、基社盟和社民党主席的例行聚会上，这个话题被避开了——这是一个清楚的信号：2017 年的联邦议院选举大战已经开打了。[15]

就在欧盟 27 国的布拉迪斯拉发峰会召开之前几天，卢森堡外长、

[1] 联盟党由基民盟和基社盟两党联盟组成。

社会党人让·阿塞尔博恩（Jean Asselborn）9 月 13 日接受德国的一家日报《世界报》（*Die Welt*）采访时的言论又引来广泛关注。在访谈中，他斥责维克多·欧尔班领导下的匈牙利政府的难民政策。他说，匈牙利对待难民简直像对待一群野兽，几乎就差“下令开枪”了。“像匈牙利这样对战争难民竖起铁丝网的国家，或是妨碍出版自由和司法独立的国家，都应该暂时（或有必要时永久）开除出欧盟。”[16] 匈牙利外长彼得·西亚尔托（Péter Szijjártó）[1] 反击说，由此可见阿塞尔博恩不在值得严肃对待的外交官之列。其他欧盟国家的代表表示，对他们而言，还不具备开除一个成员国的法律条件，而且还谈到与匈牙利这样的一个麻烦的伙伴也有必要保持对话。[17]

9 月 14 日，即让·阿塞尔博恩发表其言论一天之后，另一个卢森 210
堡人——欧盟委员会主席让-克劳德·容克——在斯特拉斯堡的欧洲议会上做了他本年度的《关于欧盟处境的报告》。他说欧盟现在“并非处于最佳状态”，难民危机是让人对欧洲留下负面印象的问题之一。甚至可以说，欧盟现在已经到了一个“生死存亡的关头”。他还说，委员会对英国公投的结果表示遗憾，但也表示尊重，即使在此之后，欧盟的地位也不会因此受到威胁。而今后的几个月，将决定欧洲是否还能联合在一起。

容克特别关注社会、经济和技术领域。他说欧洲必须是一个有社会关怀的欧洲，它不能是一个让青年人失业的大陆。它必须设法增加工作岗位，而且未来也要有能力缔结商约。这需要提振经济，也需要将 2014 年启动的投资计划（即所谓“容克基金”）所投入的资金从 3150 亿欧元增加到 6300 亿欧元。要完成这样一个数字化的共同市场，必须推动超高速的 5G 移动网络的建设。此外，这位欧盟委员会主席还宣布了一项对叙利亚的和平倡议和一项对非洲及其他难民来源国的投资计划，并且还介绍了由法国和德国主推的承担军事任务的欧洲联合

---

[1]　中国一般按匈牙利习惯译作西亚尔托·彼得。

司令部项目。他认为欧盟必须首先在军事和防御恐怖袭击领域紧密合作。“我们必须担负起保护我们的利益和‘欧洲生活方式’的责任。”[18] 容克这番混杂了批评诊断和乐观展望的讲话赢得了欧洲议会多数议员的热烈掌声。媒体对此反响一般，但基本上没有什么不友好的评论。

在布拉迪斯拉发的非正式（因为英国没有参加）会晤上，所有可能激化冲突的议题都被避开了。这些议题包括：波兰和匈牙利国内的
211 宪法政治争议、在分配难民方面确定有约束性的配额、在削减国债方面坚持《马约》标准。但在非官方层面，对这3个问题却有所触及：欧盟委员会主席容克和欧洲议会议长舒尔茨表示，承认维谢格拉德集团所宣称的“灵活的”或者说“有效的团结”，这说的是加强保卫欧盟外部边境的工作，或是对难民来源国的人道主义援助，或是用一种自愿的难民接收方式代替规定好的配额。然而，对于没有明确放弃难民配额一事，匈牙利总理维克多·欧尔班还是在事后发表了严厉批评。他的意大利同行马泰奥·伦齐也再次公开表示不满，因为会议没有按他的愿望取消由柏林和布鲁塞尔推行的“紧缩政策”。

9月16日会议中的积极部分，是与“布拉迪斯拉发路线图”联系在一起的《布拉迪斯拉发宣言》（Erklärung von Bratislava）。27个欧盟国家的国家元首和政府首脑承诺实现以下目标：进一步减少非正规渠道移民的数量，完全控制欧盟的外部边界，返回“申根”——开放的内部边界，以及就长期移民政策和对责任与团结原则的方向达成共识。

更具体地说，与会者呼吁执行《欧盟-土耳其协议》。该协议支持西巴尔干国家共同努力，确保保加利亚和土耳其之间的边界，并与其他“前线国家”保持团结——这主要指的是希腊和意大利。到2016年底，欧洲边境和海岸警卫队应能够快速且有效地应对挑战。与第三国签订条约以减少非法移民潮的安排，也应在2016年底前完成。峰会
212 在反恐方面也有相似的期望。此外还有，应在12月的欧盟峰会上通过关于解决青年失业问题的决议。

在会议闭幕时，欧洲理事会主席唐纳德·图斯克面向所有与会者发言，其中特别强调，以后再也不会像 2015 年那样让移民情况失控。欧盟在斯洛伐克首都所显现出的形象，是一个为追求经济利益、加强保卫外部边界和更好地协调加强内部安全工作而努力的共同体。[19] 然而，27 国的欧盟不再是一个“价值共同体”，各国在对 1993 年哥本哈根标准的解释方面和移民问题的团结方面的分歧太大了。

2016 年 9 月 18 日，即布拉迪斯拉发会议两天之后和梅克伦堡–波美拉尼亚选举两周之后，德国又举行了一次选举：柏林地区的议员选举。在此地两个执政党（社民党和基民盟）再次流失大量选票，而且损失是如此之大，以至于两党联合起来都无法取得议会多数（社民党的得票率从 28.3% 下降到 21.6%，联盟党从 23.3% 下降到 17.6%）。与此形成对比的是，选择党的战果与预期的一样好，拿下了 14.2% 的选票。对基民盟而言，这次选举与梅克伦堡–波美拉尼亚的那次不同（那里已经出现了一个新的大联合政府），它将失去在政府中的权力。很快，仅在第一次试探之后局面就很清楚了：新的参议院将以红–红–绿联盟为基础，即社民党、左翼党和绿党之间的联盟。

柏林大选后的第二天，默克尔总理以基民盟主席的身份举行了新闻发布会。她在这次发布会上所做的自我批评远远超过以往。她谈到了自己希望时光倒流。她承认了在难民政策上的失误，并承认在将难民分配到安全的第三国方面，德国和她本人长期以来都太依赖《都柏林条例》。就像她在接受《经济周刊》（*Wirtschaftswoche*）采访（采访内容人们在两天前就知道了）时那样，尽管她没有否定她自 2015 年夏天以来最出名的那句话（“我们能办到！”），但在她最近的这次坦白中，她承认这个口号包含了太多内容，以至于变得“空洞”了，还有些人甚至会感到受到了挑衅，这也是为什么她觉得“最好不要再重复”这句话的原因。 213

总理最振聋发聩的话，是那句“我们已经有很长时间没有进行足够严格的控制了”。不过，这并不是说她对自己让滞留在匈牙利的难民进入德国的决定感到后悔。如果听下去，会发现总理所批评的是正确政策的“执行偏差”所带来的未能预见的副作用。对于没有取得欧盟和邻国的一致意见一事，默克尔谈得很少，她同样也没有怎么强调时间紧迫的人道主义救援要求是导致她疏忽的原因。这样一来，人们依然不清楚，总理在那时是否知道她的发言会使德国边境门户洞开。

承认错误可能有助于弥合安格拉·默克尔与基社盟以及本党党员之间的裂痕。但总理本人和德国政治整体上自 2015 年后陷入的这场信任危机，却不可能因此解除。当然，人们已经不能指望从她那里听到更多的自我批评，假如真的继续深挖下去，她总理的位置怕是坐不稳了。[20]

然而，在实际操作中，默克尔修正其路线的工作早就在进行了。她竭尽全力遏制移民潮涌入德国。2016 年春，她尚在批评“西巴尔干路线”被阻塞。而在 9 月 19 日的记者招待会上，她第一次承认，难民人数的迅速减少不但是她积极推动欧盟与土耳其之间的“交易”的结
214 果，同时也是位于东南欧和中东欧的马其顿-希腊边境关闭的结果。她应奥地利总理克里斯蒂安·克恩（Christian Kern）之邀前往维也纳参加了西巴尔干地区会议，更加表现出她的这一新判断。克恩是 2016 年从他的社会民主党党内伙伴维尔纳·法伊曼手中接班的。与这两国总理对话的人是希腊、马其顿、阿尔巴尼亚、塞尔维亚、保加利亚、罗马尼亚、克罗地亚、斯洛文尼亚和匈牙利的政府首脑，以及欧洲理事会常务主席唐纳德·图斯克和欧盟难民事务专员季米特里斯·阿夫拉莫普洛斯。

正如图斯克特别强调的，各国在维也纳所达成的共识是：“巴尔干路线”必须完全和永久地关闭。德国总理用相对精确的数字证明，这条路线尚未被完全封闭：自 2016 年 3 月以来，已有 5 万人经过这条路线来到德国，有 1.8 万人去往奥地利。对于维克多·欧尔班要令匈牙利与塞尔维亚之间的边境无法穿过的设想，德国方面也没有任何异

议；同样，德国也没有否认这位匈牙利总理所提到的，他的国家每年要为维护边境花费 10 亿欧元的事实——而这其实是帮了奥地利和德国一个大忙。其实，欧尔班所理解的“灵活的团结”，指的正是这个。

针对“团结一致”，希腊总理亚历克西斯·齐普拉斯当然要为自己辩护，而且他得到了默克尔的保证，德国每个月都会从希腊和意大利接收数百名抵达那里的移民。而且，在遣返非法抵达人员方面，希腊政府也将得到比从前更有效的支持：“那些按人道主义观点并不应该留在欧洲的人，应该被送回自己的国家。”[21] 但默克尔却并不理会齐普拉斯关于制定严格的分配份额的要求。显然，这段时间德国政府的路线变更已经影响到了这个领域，几个月前德国在此问题所受到的孤立依然引人注目。在这个问题上，默克尔总理应该能确定，德国会得到布鲁塞尔方面的支持。

英国公投已经结束 3 个月了，人们依然不清楚联合王国究竟什么 215
时候才会按照《里斯本条约》第 50 条退出欧盟。不过在这段时间里已经可以肯定，这件事在 2016 年之内是不会发生的。英国媒体猜测，谈判可能要到 2017 年底或 2018 年初才会开始——根据欧盟法律，该谈判时长不得超过 2 年。直到 10 月 2 日特雷莎·梅才在伯明翰的保守党大会上揭开了这个谜团：她宣布，脱欧申请最迟将于 2017 年 3 月底递交。

之所以出现这样的延迟，主要是因为大部分支持英国脱欧的人忽视了这样一个事实：英国政府各部门远远没有那么多熟悉事务的专家去处理那么多与欧盟委员会和各国进行谈判所需要的材料，在脱欧之后，英国必须与这些国家一一缔结贸易条约。此外，在与欧盟的关系方面，保守党政府内部还有意见分歧：联合王国应该继续留在共同市场内部吗？如果是，那它准备同意欧洲联盟在劳动者自由迁徙问题上的要求了吗？或者，英国应该仅与欧盟签下自由贸易协定，然后像一个主权国家那样拿回其边境控制的无限自主权？[22]

同样，在欧洲大陆这一侧，对于未来与英国的关系也存在许多差异极大的想象。欧盟委员会被看作“强硬”路线的捍卫者：绝对不允许英国既从欧洲这块蛋糕上拈去葡萄干（即获得共同市场的入场券），而又在劳动力自由迁徙的领域坚持其特殊的主权立场。不然，其他一些属于“净贡献国”的欧盟成员国依葫芦画瓢的风险是显而易见的（这些国家包括荷兰、丹麦、瑞典和芬兰）。

216 与此相反的立场，则来自所谓的“布吕格尔集团”（Bruegel Gruppe）2016 年 8 月底的一篇文章。该集团是一个由 5 位经济学家、政论家和政治家组成的位于布鲁塞尔的智库，其中包括德国联邦议院外交委员会主席、基民盟议员诺贝特·勒特根（Norbert Röttgen）和布鲁塞尔经济学家安德烈·萨皮尔（André Sapir）。文章鼓吹一个由几个同心圆圈子组成的欧洲，欧盟是其核心，并且与欧洲经济空间中那些不属于欧盟的国家结成一种新型的“大陆伙伴关系”，除英国外，这些国家还包括冰岛、挪威和列支敦士登，或许有一天还会包括土耳其、乌克兰和北非诸国。除了外交和安全政策方面的原因之外，还有许多理由让欧洲联盟把英国视为一个特别重要的伙伴，因此“惩罚”英国的想法是要不得的。恰恰相反，应该尽可能与不列颠人处好关系，并继续允许他们进入共同市场。

布吕格尔集团认为，为了得到这些好处，英国人跟挪威人和瑞士人一样，也得“付钱”，即依然充当“净贡献国”，但这些作者似乎不需要对此进行论证。据说，与挪威（总体上已接受欧盟规则体系）和瑞士（已通过众多单独条约让欧盟法律与国内法衔接）不同的是，英国在外交、政治和军事上有着突出的重要性，因而就可以不承担完全开放劳动力市场的义务，而可以享受通过条约协商的份额来实施管理的好处。

按照这篇文章的说法，英国人为自由进入共同市场所付出的代价已经够高了：脱欧之后，英国失去了直接影响欧盟规则制定的机会。该文为英国想的出路是，可能可以通过在“大陆伙伴关系”中的政府

间合作来影响欧盟的立法。对欧洲联盟而言，“大陆伙伴关系”的巨 217
大好处是它可以成为一个外交和安全政策的论坛，靠这个地方，欧盟可以与英国进行许多紧密的合作。[23]

把英国看作欧盟这个“更紧密的联盟”的某种“外部联盟”，这样的想法有许多可取之处：双方的共同利益是如此显而易见，因此有理由去寻求一种让双方都感觉适度亲密的组织形式。但反对布吕格尔集团提议的理由也着实不少。挪威和瑞士的例子起不了什么作用，因为它们在进入共同市场时有许多严格限制，这与英国的情况完全不同。如果在劳动力自由迁徙的原则上对英国妥协，那就会误导欧盟中那些经济较强的成员国打起走英国道路的心思。

一旦发生这种情况，就有发生雪崩效应的危险：那些留下来的“强国”肯定会担心那些“弱国”弄出一个“多数专政”——这样一种态势，会为它们提供一个退出共同体的有说服力的理由。可事情真要是这样发展下去，欧盟就死定了，英国脱欧一事将在很大程度上成为欧盟灭亡的开端。所以，关于英国脱欧问题的另外一种解决方案更可能成为现实：欧盟与英国签订慷慨的自由贸易协定，并签署在外交和安全政策领域保持紧密合作的协议。

2016 年 9 月 27 日的布拉迪斯拉发，欧盟 28 国国防部长在英国公投之后的首次共同声明中，就肯定了在这一领域有达成共识的必要性。英国政府的国防大臣迈克尔·法伦（Michael Fallon）在会前就公开表示，他的政府坚决反对匈牙利和波兰所说的那种“欧洲军”，因为这
会造成“重复性工作”并会架空北约。对此，德国国防部长乌尔苏 218
拉·冯·德·莱恩（Ursula von der Leyen）立刻公开回应称，这里要谈的不是欧洲军，而是更紧密的欧洲合作；凡是能增强欧洲防务的事情，也必将增强整个西方联盟的防务——这一立场获得了北约秘书长、前挪威总理延斯·斯托尔滕贝格（Jens Stoltenberg）和欧盟委员会外交与安全政策高级代表费代丽卡·莫盖里尼（Federica Mogherini）的赞同。就像之前 27 国领导人在布拉迪斯拉发所协商的一样，欧盟各国国防部

长根据《欧盟条约》第 42 条第 6 款拟订在军事领域进行“持续结构性合作”。所以参与方应该都清楚，这一合作要到英国退出欧盟之后才会有具体的实施。[24]

经济方面，2016 年秋天的形势表明，对英国人来说脱欧并不像悲观的人所担忧的那样难以应付。经济状况在经历了公投的震撼之后很快就恢复过来了，证券市场甚至还在秋天创出新高。不过，那些领头的企业却另有看法。由咨询公司毕马威国际进行的一次问卷调查显示，英国的大企业中有四分之三在考虑将自己的厂址或重要的分厂迁移到国外，因为它们担心真正完成脱欧之后将面临的困难。《金融时报》（*Financial Times*）9 月底的一篇报道称，金融服务人员担心他们今后不能进入欧洲共同市场，在“资深金融客”之中，对“硬脱欧”的恐惧情绪不断滋长。[25]

对“硬脱欧”方案，即英国同时退出共同市场，到这时为止只有外交大臣鲍里斯·约翰逊和贸易大臣利亚姆·福克斯谈起过。不过到了 10 月初，情况就明朗了，在此期间，英国首相也决定要走这条路了。在保守党大会上，特雷莎·梅主张全面夺回联合王国的主权。她甚至应该感谢她的前任戴维·卡梅伦，因为卡梅伦是如此相信不列颠人民的判断力，以至于拒绝了下议院可以对公投结果再次表决的权利。
219 自此之后，特雷莎·梅的口号“脱欧就是脱欧”就不再只是个空泛的口号了。[26]

2016 年 10 月 20—21 日，英国公投之后的第二次欧盟例行峰会在布鲁塞尔举行，这同时也是特雷莎·梅担任英国首相之后参加的第一个欧盟峰会。然而，此次会议的焦点却并不是未来英国与共同体之间的关系，而是保护外部边境以及阻止来自地中海的非法移民入境。另一个重要议题是欧洲联盟应该如何应对叙利亚军队严重的战争罪行，这些罪行是叙军在其盟友俄罗斯的支持下在阿勒颇的战斗中犯下的，而且罪行还在继续。一方面，英国、法国、德国和波兰都主张对俄罗斯实施更加严厉的制裁（已经存在的制裁是因为 2014 年俄吞并克里米亚和东乌克兰冲突而宣布的）；另一方面，匈牙利、希腊和意大利都不希望对俄罗斯政府过于严厉。最后的结果是一个妥协方案，而它已经无法掩饰一个事实：共同体的外交一致性已经越来越弱。按该方案，欧盟各国虽然谴责了叙利亚及其盟友攻击阿勒颇平民的行为，但所持的态度却是：若不停止此恶行，将有可能采取各种手段。[27]

与会的各国领导人还一致同意，于下周（10 月 27 日）在布鲁塞尔隆重签署已经谈了长达 7 年之久的一个贸易协定：与加拿大的《全面经济贸易协定》(Comprehensive Economic and Trade Agreement，简称 CETA)。欧盟与美国也为一个贸易协定谈了很久（即《跨大西洋贸易和投资伙伴协定》，Transatlantic Trade and Investment Partnership，简称 TTIP）。与美国不同的是，贾斯汀·特鲁多（Justin Trudeau）的社会自由派政府领导下的加拿大在所有争议点上都与欧洲人达成了妥协——这些争议点包括环境保护、消费者保护和仲裁问题。因此，即使是像德国和奥地利这样有成百上千反对《跨大西洋贸易和投资伙伴协定》和《全面经济贸易协定》的抗议者走上街头的国家，也在敦促 220
尽早签署这项此间已进行了许多补充和精确化处理的条约。

从前，签订贸易条约是属于欧洲联盟的职权。只有签订“混合协定”，即会涉及各成员国的职权时，才需要在欧洲议会批准之后，再经过各民族国家议会批准相关条约。在《全面经济贸易协定》的问题上，欧盟委员会本来在内部法律中认为这应该作为“纯粹的”欧盟协定来处理。但德国政治家们（例如联邦经济部长、社民党主席西格马尔·加布里尔和巴伐利亚州总理、基社盟主席霍斯特·泽霍费尔）又一次要求本国议会参与其中，并最终在布鲁塞尔实现了这个愿望：欧盟委员会于 2016 年 6 月将《全面经济贸易协定》作为“混合协定”处理，后果是该条约还需要各国议会批准之后才能生效。由于有那么一个成员国——联邦制的比利时——规定地方议会在缔结贸易协定时也有广泛的参与权，这就意味着：在某些情况下，单单一个地方议会就能阻止《全面经济贸易协定》生效。

偏偏这种情况就在 2016 年 10 月出现了。几乎就在西格马尔·加布里尔与加拿大政府进行单独谈判并相信问题已经得到解决的时候，首府位于比利时那慕尔（Namur）的瓦隆大区（Wallonien）地方议会出来按下了暂停键。然而，瓦隆大区议会的反抗清楚地表明，与欧洲其他许多地区一样，其反对《全面经济贸易协定》（当然也反对《跨大西洋贸易和投资伙伴协定》）的根本动机是：害怕可能只符合大工业和农业康采恩利益的自由贸易，害怕本国议会的民主合法性被国际仲裁法庭取代，害怕转基因食品的胜利进军，害怕无休止的全球化。

瓦隆大区原先的支柱是煤炭和钢铁，而如今却充斥着工业废墟、
221 高失业率和几乎没有竞争力的农业，并且还感觉受到富裕的弗兰德地区的鄙视。具有讽刺意味的是，正是弗拉芒的自治主义者和分离主义者在 1970 年之后的数十年中推动比利时实现激进的联邦化，从而使得每个地区都拥有了参与决策的权利，这才让瓦隆大区的社会党总理保罗·马涅特（Paul Magnette）在获得当地议会大比例多数和布鲁塞尔地方议会的支持下，于 10 月 21 日对《全面经济贸易协定》的签署和临时生效[1]行使了否决权。他这样做，不但让赞成签约的自由党人夏尔·米歇尔（Charles Michel）领导下的比利时中央政府，也让整个欧盟颜面无光。要知道，贸易政策是欧盟职权中最核心的部分，现在欧盟却没有能力把事情办下去。而且其签约对象是加拿大，这可是一个大西洋彼岸的西方国家，它一向为自己受欧洲文化影响更深而且不同于南方那个强大的邻居（美国）而自豪。

欧洲议会主席马丁·舒尔茨与加拿大贸易部长克里斯蒂娅·弗里兰（Chrystia Freeland）之间的非正式“后续谈判”也未能取得积极成果：马涅特拒绝在加拿大政府所设定的“最后期限”10 月 24 日星期

[1]　在同意视《全面经济贸易协定》为“混合协定”的同时，欧盟委员会又决定：在各国议会最终批准该协定之前，协定最快将于 2017 年初便进入临时运行期，而这期间将有 90% 的协定条款开始实施。

一之前，劝说那慕尔的议会同意对《全面经济贸易协定》的批准。布鲁塞尔地方政府也支持这一立场。尽管米歇尔总理依然无法让比利时批准这项文件，欧洲理事会常务主席图斯克和加拿大总理特鲁多还是商定，将于 10 月 27 日按计划签署条约，同时也给瓦隆人更多时间对《全面经济贸易协定》进行讨论和表决。

中央与地方政府之间的谈判需要如此长的时间，以至于 10 月 27 日早晨，欧盟–加拿大峰会不得不无限期推迟。几小时之后，夏尔·米歇尔宣布对话取得了成功。为了让瓦隆人同意《全面经济贸易协定》 222
临时生效，比利时政府又添上了三个保证。第一，在条约临时生效期间（也就是欧盟部长会议和欧洲议会批准但各成员国议会尚未批准的那段时间内）进行评估，看看《全面经济贸易协定》是否对经济和环境产生了重大影响。如果影响的确很大，那么比利时就有权不批准条约。第二，要比现在更有效地确保针对投资者的仲裁法庭法官的独立性。第三，由于农业会因加拿大的进口陷入无法竞争的状态，将会通过针对这一劣势的补贴来保护农业——这是对贸易保护主义的妥协，欧盟决不可对此掉以轻心。

比利时政府的补充声明不但需要比利时地方议会的批准，而且还需要得到其他 27 个欧盟成员国的同意，此事在 10 月 28 日星期五午夜终于完成。同时，加拿大政府也发表简短声明，对此表示理解。在早就有多数议员支持《全面经济贸易协定》的欧洲议会，一切都不会有悬念（后来，在 2017 年 2 月 15 日的表决中，条约在 408 票赞成、254 票反对、33 票弃权的情况下得以通过）。接下来，诸条约的签字仪式在推迟了 3 天之后，于 10 月 30 日星期天在布鲁塞尔举行。让–克劳德·容克借此机会树立了一个根本标准：以后一切要与欧盟签订的贸易条约，都必须参照《全面经济贸易协定》的标准。

但这并不意味着《全面经济贸易协定》已经性命无忧了。在荷兰，自由贸易的反对者们在 10 月底宣布，准备发动一场全民公决来反对与加拿大的条约。在德国，尽管联邦宪法法院在 10 月 13 日的一份关于多项宪法申诉的快速判决中准许联邦政府让《全面经济贸易协定》暂时生效，但其最终判决将取决于对该条约合宪性的检查。而且，是不是所有成员国的议会都会批准《全面经济贸易协定》，也还说不准。
223 就德国而言，大致可以估计赞成批准条约的议员在联邦众议院中占绝大多数。但联邦参议院能否批准（如果相关法案被视为需要参议院批准的话），可就不得而知了。

比利时内部对通过条约的抵抗，以及欧盟-加拿大峰会最终不得不改期，都沉重打击了欧盟的声誉。如果这个共同体在与加拿大这样一个文化相近的伙伴缔结贸易条约时都困难重重，甚至还有可能缔结不了，那么它在全球展开活动时究竟还有什么执行力？就连许多从前一直都把欧洲一体化视作一路凯歌的人，现在也提出了这样的问题。委员会主席让-克劳德·容克需要面对的指责是：他为什么要在诸成员国巨大的，但却是反条约的压力下，把《全面经济贸易协定》划分为“混合协定”，以至于非要取得各国议会的同意不可？反过来，批评也可以指向各国政府，比如上面提到的德国政府，为什么要坚持条约的批准需经过所有成员国议会同意？这些政府削弱了共同体最根本的职权，即缔结商约的权利，这才导致了《全面经济贸易协定》危机。

事实上，新型自由贸易条约中所包含的合法性问题早就不能忽视了。这种新型商业协定超越了传统的进出口领域，而广泛地延伸到国内政治的结构性权利之中，或者说触碰到了民族国家的主权。假如欧盟坚持要单独处理此事，那么那些反全球化的公民运动就会被驱赶到从根本上反对这个共同体的立场上去。许多对《全面经济贸易协定》的指责也是有道理的（当然，这也适用于《跨大西洋贸易和投资伙伴协定》）。它们指向的是一种新自由主义的激进市场主义，该主义在许多国家动摇了人们对市场经济的信任。承担这些批评的是贾斯汀·特
224 鲁多领导下的加拿大政府，这是该条约最终得以通过的决定性原因。如果欧盟委员会不准备把《全面经济贸易协定》作为“混合协定”处理，这种情况将不大可能出现。

欧盟委员会因 2016 年 10 月以戏剧性方式遭遇的 CETA 危机而损失了信誉，为此它自己要承担很大责任。在谈判贸易条约方面，它花了太长时间就不同的解决方案进行秘密谈判、取得阶段性成果，而这段时间里质疑自由贸易和全球化的反对者越来越多。当然，这些人早已不仅仅反对欧盟委员会，而是也反对各成员国的议会和政府。

反《全面经济贸易协定》和反《跨大西洋贸易和投资伙伴协定》运动的活跃分子有各种各样的政治背景，有些来自左翼，有些来自右翼，有些出自绿党的环保运动，有些出自工会。其中许多人都把自己视为真实民意的代表，从而（至少是暗示性地）质疑代议制民主的合法性。荷兰这样的成员国竟可以用全民公决的办法处理国际条约（而且还是在投票率低于法定人数的情况下），这无疑意味着向公投的压力投降。比利时的极端联邦化也有相似的效果：在紧要关头，却无力捍卫民族国家的行动力。

在贸易政策方面，《全面经济贸易协定》危机的高潮也带来一个学习的过程：让-克劳德·容克宣布在未来的条约中，将明确区分共同体的责任和各成员国的责任。这只能说明，欧盟想要把精力集中在传统的贸易条约所涉及的对象上，即进出口领域。而那些涉及国内法律问题，则交由各成员国去批准，或至少是拥有深度参与决策的权利。如果这成为现实，将推动职权重新回到各成员国手中，同时也是在更高程度上实现了辅助性原则。继英国公投之后，围绕着《全面经济贸 225
易协定》的争斗是 2016 年的第二场危机，它们都让欧洲联盟不得不放弃“以不变应万变”的格言。[28]

2016 年 11 月 3 日，英国最重要的高等地方法院（即管辖英格兰和威尔士地区的伦敦高等法院）的一个判决又让舆论大吃一惊，并被普遍认为是特雷莎·梅政府和“脱欧派”的一个失败之举：根据该判决，在没有得到下议院的批准之前，退出欧盟将无法实现。法庭和提起诉讼的原告引发了一轮国民的愤怒。《每日邮报》（*Daily Mail*）在封面发表了一幅图片，在几位参与审判的头戴假发、身穿红色罩袍的法官旁边标上了“人民公敌”的字样。政府对判决的反应平静，并宣布会到最高法院反击高等法院的判决。当时估计，最高法院将在 2017 年 1 月宣判。按照唐宁街的想法，这个时间点将不会影响预定计划，最迟将于 2017 年 3 月底向布鲁塞尔提交脱欧申请。[29]

伦敦高等法院的判决公布近 3 周之后，内阁中的少数“留欧派”代表之一、财政大臣菲利普·哈蒙德（Philip Hammond）于 11 月 23 日对下议院和英国媒体宣布了自 6 月公投以来的一系列令人不快的事实。他痛陈英国经济生产力低下、以基础设施落后而闻名，而且其他大城市在福利方面与伦敦之间有巨大的落差。2016 年 3 月发布的预测所说 2017 年和 2018 年的经济增长率分别为 2.2% 和 2.1%，这时被他分别调低至 1.4% 和 1.7%。

相反，这位财政大臣将对 2017 年通货膨胀率的预测从 2.3% 调高至 3%。其前任财政大臣乔治·奥斯本（George Osborne）定下的在
226 2021 年实现财政盈余的目标已经谈不上了，哈蒙德预计新增国债将比原计划（本来正在削减）超出 560 亿英镑（相当于 664.3 亿欧元）——按照许多经济学家的看法，这个估计还是太过乐观了。仅在 2016 年，哈蒙德估计还要增加 680 亿英镑的债务，这比 3 月预计的要多出将近 130 亿英镑。

那些在“脱欧派”的成功中扮演了重要角色的“小人物”试图用以下声明让财政大臣冷静下来：政府已经将最低工资提高了 30 便士，即从 7.2 英镑提到了 7.5 英镑（相当于 8.75 欧元），而且还新设立了一个数十亿英镑的投资项目，为的是提供让大家买得起的房产。就在哈蒙德的下议院演讲之前两天，首相已经宣布要大幅降低企业税，以应对工厂外迁的危险。不过，特雷莎·梅政府究竟能不能用这些措施让人们对经济形势的预期变得乐观起来，依旧不得而知。公投后的次月，即 2016 年 7 月，有 42% 的家庭明显看淡未来的经济形势；到了 11 月，这一比例上升至 49%。[30]

针对英国未来政策方向依然存在的不确定性，特雷莎·梅于 2017

年 1 月 18 日在伦敦的兰开斯特府举办了一场释明根本原则的演讲。其核心内容是，她的政府已经决定“硬脱欧”，也就是说将让英国退出欧洲共同市场。她说，政府这样做就是不想为“半脱不脱”付出代价，因为政府不准备继续施行现存的欧盟内部人员自由通行的政策。英国将尝试与欧洲联盟订立一项“勇敢且高要求”的自由贸易条约，并重视与欧盟的友谊和建设性伙伴关系。特雷莎·梅称，英国与欧盟拥有同样的价值观。然而，对共同体的超国家机构她却不屑一顾。据她说，这些不符合英国的政治传统和生活方式。

引人注目的是，这位保守党的政府首脑强调了她对自由贸易的信 227
念和本国国际主义（嗯，还是全球视野）的未来道路——连演讲所选用的口号都是“一个全球性的英国”。她所讲的，听上去好像是在说，她相信只有当英国人从布鲁塞尔的束缚中解放出来并以一种新的形式重新实现“光荣孤立”之后，英国才会回归帝国时代的伟大。她向英格兰、威尔士、苏格兰和北爱尔兰这“四个族群”保证，他们将参与同欧盟的谈判；北爱尔兰与爱尔兰共和国之间的边界将保持开放，“共同旅行区”将保留。谈判的结果将先呈交下议院，然后再递交欧洲议会——这个让步让一些观察家感到惊讶。

绝大多数英国人都对兰开斯特府的演讲反应良好，这首先应归功于首相的表述：她保证，未来英国将绝对自主地决定，想要接纳多少以及接纳哪些移民。不同的意见来自反对党：自由民主党主席蒂姆·法隆（Tim Farron）指责首相的决定是一个“拆台式的脱欧”；工党主席杰里米·科尔宾责备首相，称其退出欧洲共同市场的决定是将本国经济的未来置于危险的境地。爱丁堡的议会干脆拒绝了这次演讲的说法：该议会支持苏格兰留在欧洲共同市场之中。苏格兰政府首席大臣妮古拉·斯特金表示，在特雷莎·梅的讲话之后，将很有可能举行一次新的苏格兰独立公投。

布鲁塞尔对此反应平静。欧盟委员会主席让-克劳德·容克对英国首相澄清众多问题这一举动表示欢迎，但同时也说，提交脱欧申请之后的谈判将是异常艰难的。与之前一样，其原则就是与英国达成的这项“交易”既要公平，又不能太有吸引力，否则其他一些受到刺激
228 的国家会纷起效仿。至于英国威胁称一旦不能与欧盟达成一致就会把自己打造成一个避税天堂，这一说法其实并不必太当真。英国的财政赤字已经如此之高，以至于几乎无法再进行大规模减税了。此外，在出口方面，相对于欧盟对英国的依赖，英国对欧盟的依赖性要高得多。让对方看到自己手上的牌是不明智的——在这一战术思想上，伦敦与布鲁塞尔并无二致。[31]

欧盟及各成员国的领导人都在推测，英国决心在脱欧谈判中走“强硬路线”可能与白宫在2017年1月20日易主有关。新任美国总统唐纳德·特朗普在竞选期间就多次对英国脱欧表示支持，而且还在胜选之后宣布他将很快与英国缔结一项自由贸易条约。尽管美国在英国外贸中的比重比欧盟低得多，但这表明英国有希望也在其他领域与美国重塑它们之间的“特殊关系”。

1月15日，英国人抵制了一场由法国发起的中东会议，会议的主题是在“两国方案”的基础上调停以色列与巴勒斯坦人之间的关系。次日，英国外交大臣鲍里斯·约翰逊在匈牙利和爱沙尼亚外长的支持下，阻挠了欧盟外长对巴黎决议的支持声明。这表明，英国的外事领导人已经完全站到了一直格外表示亲以色列的特朗普的路线上。那些曾经期待欧盟与英国在外交方面还能继续保持合作的人，现在最好不要再抱有这种指望。

就在英国首相阐明路线的演讲过去约一周之后，伦敦的最高法院
229 于1月24日宣布了对以下事项的判决：按照《里斯本条约》第50条，政府是否有权自主决定脱欧申请中的立场？是否需要先取得议会的批准？法庭陈述了英国的宪法传统，并依此强化了议会的权利：相关申请在得到议会两院批准之前不得提交。不过，法庭认为威尔士、苏格兰和北爱尔兰地方议会的批准并不是必需的。

对一直不认同在脱欧申请一事上需要取得下议院同意的特雷

莎·梅政府而言，最高法院的判决是一个巨大的失败。但这个政府依然战斗力旺盛，它宣布能保障英国按第 50 条提交申请的法律草案的筹备工作进行顺利。现在一切都取决于下议院的投票，但这场投票几乎不会否决全民公投的有效性。不过，政府依然需要提防苏格兰民族主义者、自由民主党和工党的企图，因为其会要求政府在与欧洲联盟的谈判中加入某些特定的条件，而且会用这种方式让政府偏离自己“硬脱欧”的既定方针。苏格兰地方政府对最高法院没有授予爱丁堡的议会共同决定权感到失望。首席大臣妮古拉·斯特金表示，一天比一天清楚了，苏格兰的呼声求告无门。这不是在宣布一次新的独立公投，但从政府首脑的立场看，离做出这一决定的日子更近了。[32]

为了保证其时间表不受影响（脱欧程序最迟于 2017 年 3 月开始），特雷莎·梅政府在最高法院宣判之后两天（1 月 26 日）就拿出了其所要求的法律草案。它就只有一句话：“首相可以按照联合王国的意图提交申请，按照《欧洲联盟条约》第 50 条第 2 项内容退出欧盟。”保守党在下议院的党团主席戴维·利丁顿（David Lidington）表示，他准备让这一提案在政府所希望的时间（2 月 8 日）通过。在下议院通过后， 230
提案还要交上议院讨论。在那儿，反对意见估计会更多。但如果下议院已经接受该提案，上议院也不大可能否决它。

下议院对脱欧法案的三读和表决于 2 月 9 日举行。在拒绝了所有修改意见之后，政府的提案最终获得 494 张赞成票和 122 张反对票。如果不是工党领导层要求议员们投赞成票的话，投票结果不会显得这么一边倒。工党党团这样要求的理由是，大多数工党获胜的选区在 2016 年 6 月 23 日的公投中都投了“脱欧派”的票。不过，还是有 52 名工党议员投了反对票，大约占其议会党团的三分之一。上议院于 2 月底、3 月初处理了脱欧提案，并在表决中以多数通过了两点补充：第一，政府应该首先保证 330 万正生活在英国的欧盟国家公民的居留权，并保证这一点与脱欧谈判的结果无关；第二，上议院推动一项立法，令谈判结果必须取得议会两院的批准。3 月 13 日，下议院拒绝了这两项要求，并且批准法案以其原先内容形式通过。当天夜里，上议院放弃继续跟下议院“打乒乓球”并接受了后者的决议。如此，特雷莎·梅政府按《欧洲联盟条约》第 50 条向布鲁塞尔提交申请的道路已经畅通无阻。

不过，3 月 13 日最抓人眼球的事件并不是英国议会两院的表决，而是苏格兰首席大臣妮古拉·斯特金宣布，将在 2018 年底或 2019 年
231 初举行一次新的苏格兰独立公投。其理由是，特雷莎·梅政府所追求的“硬脱欧”将给苏格兰带来严重的负面影响，可是由此引发的苏格兰人隐忧却在伦敦求告无门。斯特金认为，如果苏格兰能在英国脱欧之前决定独立，就能保住欧盟成员国的身份——其实这个想法几乎得不到布鲁塞尔的赞同。不过，不同于 2014 年 9 月按苏格兰民族党意愿举行的那次，一次新的公投并不容易。民调显示，有 52% 的苏格兰人赞同留在联合王国之内。同时，特雷莎·梅的反应是坚决拒绝妮古拉·斯特金的挑战。然而，苏格兰地方政府的最新动议，已经明显增加了英国政府在与欧盟谈判时来自国内政治的压力——至少，斯特金已经可以把这一成功记在自己的功劳簿上了。

3 月 28 日，爱丁堡议会在经过激烈辩论之后，以 69 票对 59 票通过了地方政府关于举行一次新的苏格兰独立公投的申请。一天前，斯特金试图让首相同意在英国脱欧谈判结束之前进行民族自决，但徒劳无功。要让特雷莎·梅在这个问题上松口，几乎是不可能的。

3 月 29 日，英国驻欧盟大使蒂姆·巴罗（Tim Barrow）向欧洲理事会常务主席唐纳德·图斯克提交了英国首相的信，此信即是英国根据《里斯本条约》第 50 条退出欧洲联盟的申请。特雷莎·梅在信中强调，英国正在脱离的是欧盟，而不是欧洲。同一天，如同她在信中所解释的，她在下议院也表示，自己的国家想与欧洲联盟建立一种新的、深入的伙伴关系。她说，恰恰是在这个时代，世界更加需要欧盟自由和民主的价值观——这句话，引来了亲欧的自由民主党人和其他反对党议员讽刺性地冷笑。

在提交脱欧申请的这个当口，特雷莎·梅关于未来与欧盟关系的表述与以往明显不同。从前，她的说法是："对英国来说，与其达成一个坏交易，不如根本不达成交易。"与首相的最新表态相比，外交大臣鲍里斯·约翰逊的说法显得更加露骨，他说就算英国与欧盟之间完全没有贸易协定，那也"完全无所谓"——用英国工业联合会主席卡罗琳·费尔贝恩（Carolyn Fairbairn）的话说，这种想法是一种"会在多个领域造成混乱的毒药"。事实上，如果谈判失败，那么就会采用世界贸易组织（WTO）的规则。比如，对汽车的进口关税最高可收 10%。繁荣的英国汽车工业有超过一半的配件需要进口，四分之三的产品需要出口，如果照此规则办理将会造成一场灾难。所以，"不达成交易"会是"最坏的情况"。 232

根据《里斯本条约》，脱欧谈判应在 2 年之内完成。而人们预先就可以想见，这场与欧盟的谈判将会格外复杂。欧盟方面估测，英国为其已尽的义务所付出的代价是大约 600 亿欧元，其中包括英国应支付的欧盟官员养老金的份额和尚未结项的欧盟计划（比如机构和研究项目）。英国则认为，远不应该有这么多。

若真如英国首相在她 3 月 29 日的下议院演讲中所说的，要在 2 年之内，不但谈好脱欧条件，而且还要与欧盟缔结自由贸易协定，那可真是一个极具野心的大工程。在欧盟总部，人们会记得欧盟与加拿大之间的《全面经济贸易协定》谈了 7 年之久（尚待各成员国批准）。对英国而言，假如欧盟与英国的谈判在 2018 年秋季之前完成，那么在最理想的情况下也能获得欧盟 27 国的议会批准。不过，这样一个时间表，没有几个观察家认为是能够实现的。

英国首相可能会期待，如果英国在安全政策方面和欧盟合作的话，那么欧盟或许就会在贸易政策上让步。她还希望脱欧条件谈判与自由贸易协定谈判能够同时进行。然而，她可能并不能确定欧盟也有同样的想法。同样不能依仗的是英国经济在 2016 年第 4 季度意想不到的强劲增长（约 0.7%），因为难以预计退出欧盟对它的实际影响究竟是什 233

么。相反，冷静的观察者都认为，“脱欧派”这一次玩的“全梭”将把英国带入近来历史中最危险的一个篇章。首相大人及其政府成员试图展现出来的若无其事的样子，其实根本无法掩饰这一点。[33]

在向布鲁塞尔提交脱欧申请近 3 周之后，特雷莎 · 梅于 4 月 18 日用她就任以来最重要的一个内政决定让舆论大吃一惊：政府建议于 2017 年 6 月 8 日提前举行下议院改选。由此，梅完成了一次战术转化——在此之前，她的目标一直是不提前结束立法机构的任期，而瞄准 2020 年年初的例行选举。

从特雷莎 · 梅的角度看，新选举的时机是有利的：根据民意调查，保守党比内部争吵激烈的工党领先 19 至 21 个百分点。如果要让首相的党派在选举中大幅领先，首相必须站在本党的强硬“脱欧派”和英国独立党的对立面，同时也反对舆论和议会中那些坚决亲欧的议员，而且也免不了要对欧盟更加强硬。此外，首相还赢得了时间：她将有更大的机会在 2019 年退出欧洲联盟的负面效果出现时保住政治地位，并能在 2022 年新一轮议会选举之前稳坐首相的位置。

234 工党领袖杰里米 · 科尔宾认为首相的改弦更张不值得信赖，但却赞成举行新一轮大选。而且他还声明，工党将为一种有社会关怀的条约式脱欧而奋斗。自由民主党也显得比较高兴。作为一个坚定亲欧的党派，该党声称要在提前举行的新一轮选举中引领那些曾经投票给保守党或工党的“留欧派”，以及那些“硬脱欧”的反对者。几乎可以肯定，6 月 8 日的选举将不会是一次反对英国脱欧的“半全民公决”。但英国议会中的力量对比，完全有可能因此而发生重大改变。

4 月 19 日，下议院对政府要于 5 月 3 日解散下议院的提案进行投票，结果不仅达到了所需的三分之二多数，而且几乎是一致通过（522 票赞成、13 票反对）。人民这个主权者，再次掌握了英国近期发展的政治决定权。但与 2016 年 6 月 23 日的投票不同的是，这次英国人所要求的，是通过经典的、符合本国宪法传统的方式来表达自己的意愿：不是全民公决，而是代议制——授权给议会和受多数议员信任的政府。

当然，梅在4月18日的决定还是会带有一种全民共同决定的色彩。这位首相是因为保守党党魁卸任而不是通过选举上台的，她请求她的国民以民主的方式给予她全面的信任。因为无论在内政还是外交方面，她都需要这样的支持，从而让其常规政策和特别关注的脱欧政策的施行看上去都有民意的支持。这正是下议院在2017年6月8日提前举行选举的真正原因。[34]

第 11 章

235 美国将向何处去？

2016 年 4 月，记者杰弗里·戈德堡（Jeffrey Goldberg）在《大西洋月刊》（*The Atlantic*）上发表了名为《奥巴马主义》（The Obama Doctrine）的长篇文章，其内容同一系列与这位美国总统的深入访谈有关。该文的要点是谈美国一般性的国际角色，特别是美国对叙利亚内战的态度。戈德堡所展示出的（包括奥巴马自己所展现的）总统形象是：奥巴马会仔细斟酌其外交决定可能产生的后果，以免像其前任小布什那样留下一些难以善后的祸根（比如 2003 年出兵伊拉克）。

2012 年 8 月 20 日，奥巴马给叙利亚总统巴沙尔·H. 阿萨德画了一道“红线”，警告他不可动用化学武器。几乎就在整整一年之后，2013 年 8 月 21 日反叛者控制的地区遭受了大规模毒气攻击，毫无疑问这笔账被算在了叙利亚政府军的头上。但与全世界，特别是华盛顿的“鹰派”（甚至国务卿约翰·克里也是其中一员）所期待的不同：奥巴马并没有用武力说话，没有动用美国空军和导弹攻击阿萨德。

2014 年 8 月 30 日，奥巴马明确拒绝了一切因“红线”这个词而激化事态的可能（用“红线”这个词时未经深思，他自己也承认这是
236 一个疏忽）。就在奥巴马的众多批评者咬死这个决定是这位总统在外交上的“原罪”时，对他自己来说，2014 年 8 月 30 日在某种意义是解放了他自己的一天——这一天他与华盛顿的主流意见决裂了。否则，为了他自己说话算话，美国将在紧急情况下再次陷入一场前景不明的战争。

如果直接卷入叙利亚内战，那这将成为美国在还没开始多长时间的 21 世纪里，继阿富汗战争、伊拉克战争和利比亚战争之后，在伊斯兰国家参与的第四场战争。阿富汗和伊拉克战争是小布什开打的。而利比亚战争是奥巴马自己于 2011 年 3 月发动的，他在英、法两国和本国国务卿希拉里·克林顿的压力下，在联合国安理会批准下同意采取干预行动。不过，当时没有哪个西方国家的政府真正清楚应如何处理与穆阿迈尔·卡扎菲（Muammar al-Gaddafi）政权的关系，那时候军事行动的直接目标是阻止政府军对班加西守卫者的大屠杀。

当独裁者被杀害之后，利比亚陷入了严重的无政府状态，这为“伊斯兰国”的渗透创造了机会。在叙利亚，美国无法阻止接受其军事援助的温和反对派叙利亚自由军去跟恐怖主义者合作——比如其合作对象，原名努斯拉阵线的征服沙姆阵线（Jabhat Fateh al-Sham），其实是基地组织的一个分支。美国直接攻击阿萨德政权所要冒的风险，不只会跟该政权的保护者俄罗斯、伊朗发生冲突，而且还必须考虑到，大马士革的政权更迭可能会让激进分子获益。

在奥巴马看来，如果美国进行一场针对阿萨德治下之叙利亚的战争，几乎就跟针对萨达姆·侯赛因治下的伊拉克的战争一样明显不符合美国的利益。整体上看，美国在中东地区的战略利益已有所减少，
而且这些年美国对该地区的石油也不像过去几十年那样依赖了。奥巴 237
马并不害怕俄罗斯在中东地区消解美国的霸权，他认为普京治下的俄罗斯在经济方面太虚弱，而且早就有在战略上过分扩张的危险。

然而，俄罗斯对比邻自己的东欧地区就不这么看了。在这里，就像俄罗斯吞并克里米亚和在东乌克兰进行混合型战争所显示出的那样，俄罗斯政府用了比在叙利亚多得多的手段来实现近来所谓的“以激化得统御”。但乌克兰和格鲁吉亚都不是北约成员国，而且与前任总统不同，奥巴马也不打算承诺今后让这两个国家加入北约。欧洲联盟所关心的是以某种形式在乌克兰东部实现和平。普京应该不会对美国履行北约成员国义务的决心有丝毫怀疑。如果真有一条不带“如果”“然

而”等词修饰的“红线”，那就是这一条了。而这也是“奥巴马主义”的一部分，总统在他与杰弗里·戈德堡的谈话中阐明了这一点。[1]

在奥巴马第二任期（即最后一个任期）的最后一年，奥巴马的表现完全不像一只“跛脚鸭”[1]。之所以这么说，首先是因为他在外交方面（至少是其中的某些领域）的表现。在本书的其他地方已经提到，2016 年 1 月，自 1995 年开始的对伊朗的制裁停止了。[2] 3 月，这位总统为美国与古巴之间近 60 年的对抗画上了休止符：他赴哈瓦那（Havanna）国事访问，在那儿与国家兼政府首脑劳尔·卡斯特罗（Raúl Castro）的谈话，很可能会开启一个合作的新时代［劳尔的兄长菲德尔·卡斯特罗（Fidel Castro）是 2008 年初退休的］。2016 年，由美国领导的“反‘伊斯兰国’联盟”也在伊拉克取得了成功。2015 年、2016 年之交，拉马迪（Ramadi）被攻下；接着费卢杰（Falludscha）也在 6 月被拿下；2016 年 10 月中旬，伊拉克政府军、逊尼派武装和库尔德联盟的佩什梅格武装开始向“伊斯兰国”在伊拉克北部的重镇摩苏尔（Mossul）突击——这是一个百万人口的大城市。

238 在叙利亚，“伊斯兰国”同样被打退了：2016 年 3 月底，曾被圣战运动分子大肆破坏的历史古城帕尔米拉（Palmyra）被政府军攻下（尽管只是暂时拿下）；8 月，库尔德联盟占领了具有重要战略意义的曼比季（Manbidsch）；10 月，叙利亚自由军占领了被神话传说笼罩的达比克（Dabiq）[2]。不过，世界舆论的焦点还是集中在争战不休并让平民百姓饱受折磨的阿勒颇。在那儿，政府军、“温和”反对派和曾经的“努斯拉阵线”混战在一起。国际社会协商的停火往往只在短时间内有效。在俄罗斯的支持下，阿萨德的空军率先攻击医院、学校、供水系统和其他民用设施，置西方民主国家的反对和激烈抗议于不顾。

---

[1]　“跛脚鸭”指任期将满又不再参与下届竞选的政治家（也包括国会）在临近任期结束时的状态，在此期间此类人员或机构的政治能力将大打折扣。

[2]　达比克之说带有神话色彩是因为先知穆罕默德在《言行录》（*Hadith*，又称《圣训》）中预言，达比克将成为世界末日到来前穆斯林“哈里发国”大军与非穆斯林之间一场大战的战场。正因为如此，“伊斯兰国”（IS）的官方月刊也被命名为《达比克》。

在利比亚，俄罗斯也扮演着拆台者的角色。普京一边倒地把宝押在执掌托卜鲁克政权的哈夫塔将军身上，这位将军坚决拒绝与受到联合国和以美国为首的西方国家支持的的黎波里统一政府合作。不过，就如同对待叙利亚问题一样，奥巴马在利比亚也拒绝采取任何可能导致他的继任者承担长期义务的措施。

在外贸领域，这位总统也费了一番力气，但未能取得重大成果。2016 年 2 月签署的充满自由贸易精神的《跨太平洋伙伴关系协定》（TPP），在美国遭到参与者甚众的贸易保护主义联合阵线的反对，连那些美国总统职位最有力的竞争者也加入了该阵线。《跨大西洋贸易和投资伙伴协定》（TTIP）也遇到了一样的情况，当然，这份协定在欧洲（特别是在德国和法国）也同样充满争议。出现这一局面的原因在于，美国谈判代表对欧洲人在环境和消费者保护、工人利益，以及特别重要投资者保护和仲裁法庭适用性方面[1]的顾虑丝毫不妥协——这样一 239
种态度与加拿大人在《全面经济贸易协定》相关的类似谈判中友好协商的态度截然不同。到 2016 年秋天，已经可以确定无疑，关于《跨大西洋贸易和投资伙伴协定》的谈判不可能再如奥巴马所愿在其任期内达成协议了。

在美国民主内，争取成为其继承人的斗争早就开始了。2015 年 4 月，希拉里·克林顿宣布再次参加总统竞选。她是美国第 42 任总统比尔·克林顿的妻子、纽约州 2001 年至 2009 年的参议员，2008 年她在争夺民主党总统候选人提名的竞争中失败，后又于 2009 年至 2013 年担任国务卿。很快，她就有了竞争者。一个月后，佛蒙特州参议员伯尼·桑德斯（Bernie Sanders），这个自称美国参议院中唯一的社会主义者，也宣布将角逐合众国的最高职位。

[1] 美国更倾向于用“投资者-国家争端解决机制”（investor-state dispute settlement，简称 ISDS）来解决贸易纠纷。该机制颠覆了传统国际法上争端解决程序仅适用于国家之间纠纷的惯例，如果外国投资者的权益遭受东道国不法措施的侵害，将不再只能寻求母国的外交保护，而是能作为争端一方与东道国在仲裁庭对簿公堂。欧盟不愿意承认该机制的适用性，要求用新的司法体系（比如专门法院）解决贸易纠纷。

当时已经 73 岁的桑德斯出生于犹太移民家庭，比希拉里·克林顿大 6 岁的他看上去明显像一个政界的局外人。但他却凭借对私人财富分配极度不平等的攻击，对银行和大型商业集团垄断社会和政治权力的斥责，赢得了大量在校学生和青年工人的支持。他批评希拉里·克林顿与“华尔街”的各家银行走得太近，而且在外交政策方面有不少“罪孽”——比如投票支持发动 2003 年的伊拉克战争。在其支持者的欢呼声中，桑德斯说美国需要一场革命，而他就是要领导这场革命。在党内初选中，他在新罕布什尔州、华盛顿州、阿拉斯加州和夏威夷州的胜利引起了全国和国际上的瞩目，但最突出的是他在密歇根州的胜利，因为民调早就预言希拉里[1]将在该州取胜。

对希拉里·克林顿尤为不利的是，许多美国人几乎条件反射似的
240 不信任她。她被看作是非常聪明，但也极有事业野心的女性，同时人们觉得她不正直，并且很贪财。她卸任后，演讲的报酬高得令人咂舌。另一项对她的指责是，她在担任国务卿时曾经照顾过由她和她丈夫创立的克林顿基金会。

杀伤力更大的是，另一件发生在利比亚内战中的事件：2012 年 9 月 11 日，基地组织的追随者冲击了美国驻班加西领事馆，并杀害了在场的美国大使和另外两位美国公民。人们指责希拉里失职，因为她作为国务卿，未能在高危地带有效地保护外交人员。为此，希拉里不得不于 2015 年 10 月在一场长达 8 小时的听证会中为自己辩护——问询她的是一个专门为调查此问题而组建的国会委员会。然而，这次问询给她带来了一直未能摆脱的伤害。

她在国务院任职期间最糟糕的事情是，她用自己的私人电子邮箱处理公务，而且还用它发送了一些需要保密的信息。联邦调查局（简称 FBI）在深入调查该事件之后，于 2016 年 7 月最终得出结论：尽管

---

[1] 此处的原文是“克林顿”而不是“希拉里”（除非格外想显示“亲热”，西方人在正式场合一般称姓不称名），但考虑到中文世界已经习惯用“克林顿”代指“比尔·克林顿”，用“希拉里”代指“希拉里·克林顿”，译文还是依此习惯进行了改动，下同。

希拉里的做法的确粗心大意，但没有证据表明她有犯罪行为，因此也没有理由提起公诉。不过，这个结论当然阻止不了她的国内政敌把这个“电子邮件事件”当作未来选战中的一大话题。

当民主党于 7 月底在费城召开党代表大会时，在此期间已经明显“左转”了的希拉里所吸引的代表显著多于桑德斯，而且由民主党委员会所指定的“超级代表”大多支持希拉里。在经过了长达两周的犹豫之后，桑德斯最终表示支持希拉里，这让他的许多激进的追随者
感到失望。2016 年 7 月 26 日，希拉里 · 克林顿被提名为总统候选人， 241
由她推荐的弗吉尼亚州参议员蒂姆 · 凯恩（Tim Kaine）被提名为副总统候选人。

在共和党方面，争夺总统候选人提名的斗争更加激烈。2015 年 6 月 16 日，69 岁的前纽约房地产商、赌场经营者、电视制片人、真人秀明星兼亿万富翁的唐纳德 · 特朗普宣布参加竞选。多亏了多位调查记者的探访，此时人们早已知道特朗普是靠无所顾忌的办事方式来积累财富的：他与那些跟美国或俄罗斯黑手党关系密切的律师、承包商、工会大佬、投资人和赌博投机商都有生意往来；他在雇用工人时系统性地钻法律的空子，而且他的商业帝国还几次濒于破产，只是由于当时政府机构、检察官和法院的过分宽大，他才逃过一劫。尽管其形象如此可疑，又没有担任过任何公职，并曾在党派立场上多次改换门庭，特朗普还是在党内初选中将其他竞争者抛在了后面——这些竞争者包括佛罗里达州州长、小布什的弟弟杰布 · 布什（Jeb Bush），佛罗里达州参议员马可 · 鲁比奥（Marc Rubio）和得克萨斯州参议员特德 · 克鲁兹（Ted Cruz）。

显然，对“老大党”（Grand Old Party，共和党的代称）的支持者而言，特朗普关于少数族裔的肆无忌惮的煽动言论，对女权文化整体性的负面评价，以及对美国的可靠伙伴们的轻视，都不是什么大问题。他称墨西哥人和其他“拉丁美洲人”为犯罪分子、走私分子和强奸犯，许诺要在靠墨西哥的边境竖起一面高墙，同时还要禁止穆斯林入境。

他质疑美国对欧洲的北约国家和波罗的海国家的同盟义务，他觉得这些国家对自身的国防做得不够；他甚至说这些盟友昏聩，尖刻地攻击安格拉·默克尔的难民政策，多次表现出对弗拉基米尔·普京的钦佩，
242 甚至并没有明确表示俄罗斯对克里米亚的吞并是违反国际法的。他还想取消 2014 年 1 月与伊朗达成的综合性协议——该协议将有可能解决多年来围绕核问题的争端。

特朗普质疑地球变暖与二氧化碳废气的排放有关，也就是说他认为这根本不是人类造成的。相反，他认为这是中国在造谣，其目的是伤害美国的工业，他还声称将退出 2015 年 12 月由奥巴马签署的《巴黎气候协定》(Pariser Klimaschutzabkommen)。

在经济政策方面，他要对内推行超自由主义政策，对外推行贸易保护主义政策。他要大力放松奥巴马时代针对银行业、采煤业、油气工业的种种管制。他说，将不会批准《跨太平洋伙伴关系协定》；将中止《跨大西洋贸易与投资伙伴协议》的谈判。特朗普许诺，各类贸易条约都要重新审核［头一个就是关于《北美自由贸易协定》(NAFTA)］，看看它是否符合美国的利益；同时他还宣称，要将那些已经搬到国外（比如墨西哥或中国）的工厂搬回美国，而且还将打造一个促进基础设施建设的大项目并以此来创造新的工作机会。统摄这一切的口号是“美国优先”，他用的是当年反对富兰克林·D. 罗斯福的一群孤立主义者的口号，也借用了 1940 年 7 月成立的极右翼且越来越反犹的“美国优先委员会”(America First Committee)的名字。

共和党建制派的知名人物，如曾参加过总统竞选的约翰·麦凯恩(John McCain)和米特·罗姆尼（Mitt Romney），前国务卿科林·鲍威尔（Colin Powell）和康多莉扎·赖斯（Condoleezza Rice），尽管都试图与特朗普的粗鲁表现和煽动性口号拉开距离，但他们都无法让本党大众接受一位更好的候选人。2016 年 7 月 18 日至 21 日在克利夫兰
243 举行的共和党大会上，特朗普获得了大多数代表的支持，与他一起获胜的还有他的竞选搭档，超级保守的、信仰福音派教义的印第安纳州

州长迈克·彭斯（Mike Pence）。非常保守的参议员特德·克鲁兹是这场竞争中的失败者，当他 5 月在印第安纳州的初选中失利后，他拒绝劝说他的支持者转而支持特朗普参选时，他不得不面对一片嘘声。直到 9 月底，克鲁兹才公开宣布加入对共和党候选人的支持。[3]

在两个大党的总统候选人中，还从未出现过像特朗普这样的“民粹主义者”。不过，这种民粹主义并不是美国政治中的新现象。早在 19 世纪的最后十年就出现过这个概念，与之相连的是 1892 年成立的人民党（People's Party）。这个带有农村和小城市特色的党反对金本位，主张施行特别严格移民准入政策、更多的直接民主，支持铁路和电报系统的国有化，这是一个反智、反城市，常常也反犹的党派。

正如历史学家理查德·霍夫施塔特（Richard Hofstadter）所描述的，这类“原初民粹主义者”（Urpopulisten）的乌托邦并不在未来，而在过去。后来延续这条路线的还有某些激进的“反新政分子”，如围绕在路易斯安那州州长休伊·朗（Huey Long）周围的“分享我们的财富俱乐部”；20 世纪 30 年代围绕在用广播布道的天主教神父查尔斯·库格林（Charles Coughlin）周围的全国社会正义联盟（National Union for Social Justice）；1968 年代表独立党（Independent Party）参加总统竞选的老种族主义者、亚拉巴马州州长乔治·华莱士（George Wallace），为本党夺下了 13.5% 的选票；接下来还有奥巴马任总统期间出现的超级保守的茶党（Tea Party），该党在此期间赢得了广泛支持并影响了共和党的纲领和代表。[4]

特朗普凭借其攻击性的语言和直截了当的口号——“让美国再次伟大”，首先赢得了那些感觉自己在全球化的进程中正在被社会“抛离”的白人群体。这些人觉得自己被“华盛顿”、“精英”和“建制 244
派”（Establishment）鄙视了，而且那些“精英”并没有认真地关心自己的担忧。这些人就是那些没有取得大学学位以及因为整个地区的去工业化进程而丢了工作或害怕丢掉工作的美国人。但向特朗普欢呼的，并非只有这些贫困的美国人。民调显示，在特朗普的支持者中也有许多受过高等教育且家境优渥的公民，他们大多是共和党的铁杆选民，饱受保守主义熏陶。他们对现存秩序抱有深深的不信任感，在他们看来，这种秩序威胁着美国的自我认同和主权——这种态度可能会导致他们易于相信右翼的阴谋论，也会让他们坚定地捍卫不受限制的私人持枪权。[5]

当美国的选战于2016年秋季进入“白热化”阶段之后，整个美国社会呈现出深度分裂的状态。即使是经验丰富的观察家，也从未在美国选战中见过如唐纳德·特朗普的演说中那般简单粗糙的语言，也未见过其支持者那般程度的仇恨：几乎在每一场选民见面会上，这些人都齐声高呼把民主党的女候选人关进监狱（“把她关起来”）。

特朗普在言论中表现出了对女性和残疾人的轻视。在一次与希拉里·克林顿的电视辩论中，他指责这位女对手可能对她丈夫不忠，这大约是对录音带事件实施的报复：2016年10月初，一卷包含特朗普在2005年关于女性的下流言论的录音带曝光。此外，民主党人还找出了证据，证明特朗普这位亿万富翁有整整18年一直在利用现存的法律漏洞不缴联邦所得税。

10月19日，在特朗普与他所谓的“恶心的女人”进行了第三场（最后一场）电视辩论，并指责深度腐化的希拉里、民主党和媒体系统
245 性地操纵总统选举之后，他声称如果竞选失败，他不一定会承认这个结果——由此美国选战进入了一个关键时刻。美国的政治文化此时陷入了深刻的危机，以至于共和党内部普遍达成共识：本党并不一定要为本党指定候选人的所有言论辩护。

10月28日，联邦调查局扔下了一枚“炸弹”（尽管司法部极力请求不要这样做）：前共和党人、联邦调查局局长詹姆斯·科米（James Comey）告诉国会（等同于告诉了公众），他的部门又发现了一批希拉里·克林顿的电子邮件，可用于判定她是否有犯罪行为。这些有疑问的邮件来自一台民主党国会议员安东尼·韦纳（Anthony Weiner）和他

的妻子胡默·阿贝丁（Huma Abedin）合用的电脑，后者是希拉里亲密的合作伙伴。（这对夫妇在此期间已经因为韦纳的出轨事件曝光而离婚了。）

科米没有透露关于邮件内容的任何信息。他说他也无法判断这些邮件的意义。愤怒的民主党人认为联邦调查局在“希拉里邮件事件”中的情报政策违背了法律条文，因为法律规定联邦调查局不可以干预正在进行中的选举。如果说截止到此时的大部分民调都显示希拉里大幅领先特朗普的话，那么现在其领先优势已缩小到了数个百分点之内。

10 月 31 日，民主党人不得不接受一个新的打击：网络平台维基解密曝光了 2016 年夏季初选时的一段插曲（长期以来，维基解密都被怀疑接受了俄罗斯特工的支持并受其操纵）。据称，在希拉里与其党内对手伯尼·桑德斯的一场电视辩论之前，一位在美国有线电视公司工作的专家至少将一个问题事先透露给了希拉里，而且该问题后来也在电视辩论中出现了，这让希拉里在面对其竞争者时获得了部分优势。不管这份最新爆料的背景如何，其目的都十分明显：把希拉里的选举搞砸，帮特朗普获胜。

11 月 6 日，即大选投票日之前两天，联邦调查局局长科米再次发 246
言。对新发现的希拉里所收发邮件的调查，并没有得出任何与 7 月不同的结论：这位前国务卿的行为是很粗心大意，但并没有犯罪。此后，警方中止了“电子邮件事件”的调查。特朗普立刻就说，这是因为一个有操纵能力的体系在支持希拉里。虽然民主党候选人的民调成绩有所回升，但有数百万美国人已经投出了选票——他们中的许多人所依据的正是科米 10 月 28 日的“爆料”。

那些几乎全都预言希拉里·克林顿将险胜的大选专家，至少有一点没有说错：这位民主党总统候选人的确比共和党候选人多得了 280 万张选票，在有效选票中她得了 48.2%，特朗普得了 46.1%。然而，一锤定音的是选举人票。在 12 月 19 日举行的选举人投票中，希拉里获得 227 票，特朗普获得 304 票——比当选总统所需要的票数多了 34 票。他能取得这样的优势，是因为他赢下了大多数“摇摆州”，其中包括佛罗里达州、艾奥瓦州、密歇根州、俄亥俄州、北卡罗来纳州、宾夕法尼亚州和威斯康星州。希拉里赢下了美国东北部海岸和整个西海岸这些民主党的票仓，却不足以扭转大局。大选的投票率为 55.4%，创下自 1996 年以来的新低。

美国大选普选票中的多数之所以有可能与选举人团（Electoral College）中的多数产生重大差异，是因为宪法所规定的选举方法有利于地广人稀的州，而不利于人口稠密的州。因此，在州权专家和政治学学者那里，对此一直有激烈的争论；然而，取消这一选举方法却被
247 认为在政治上是不可行的。此外，引入选举人机制并不是制度性扭曲投票人意愿的唯一可能方式。另一种主要的方法是，共和党人在其所控制的州内推行精心设计过的选区划分，好让自己的党从中获益。这一“重新分配多数项目”（Redistricting Majority Project）的方式只不过是 19 世纪初有名的“杰利蝾螈”（gerrymandering）[1] 的一个现代变种：与 19 世纪的用法一样，在 2016 年总统选举中，这种技巧被用以增添本党所不喜欢的群体（比如非洲裔美国人）在实际投票中的困难。

第一份选情分析证实了观察家们在选战时已经注意到的事实：特朗普能在“摇摆州”取得决定性的选票优势，要感谢的是以往主要把票投给民主党的白人劳工群体。特别显著地转向共和党候选人的地区——中西部那些完成了工业化的“锈带”和阿巴拉契亚山脉附近（常常是已经关停了）的煤矿区域。受教育水平越低，投票支持特朗普的比例越高。但根据收入金字塔排出的选票分布与之相反，在高收入

[1]　“杰利蝾螈”是一个源自美国的政治术语。1812 年美国马萨诸塞州州长埃尔布里奇·格里（Elbridge Thomas Gerry）将某一选区划分成不寻常的蝾螈（salamander）状，以让民主共和党得胜。格里的政敌于是将格里（Gerry）与蝾螈的字尾（mander）组合成“gerrymandering”，用来影射为照顾党派利益，不公平划分选区的方式。参见维基百科相关词条，https://zh.wikipedia.org/wiki/%E5%82%91%E5%88%A9%E8%A0%91%E8%9E%88，引用日期：2018 年 11 月 11 日。

群体中特朗普的得票稍稍领先，而在低工资群体和低收入的自由职业者中希拉里得票领先。希拉里·克林顿是第一位有望成为总统的女性，这个事实并没有在大多数白人女性那里让她获得支持，只有那些拥有本科以上学历的女性才倾向于支持她。大多数参加了投票的黑人和“拉美裔”支持希拉里，不过，特朗普从这些人那里获得的选票要超过 2008 年和 2012 年那两次奥巴马胜选的总统大选中的共和党候选人——这也是支持选举人团分配选票的一个原因。

特朗普的胜选与之前的选战一样，清楚地显现了横贯美国社会的裂痕。这主要不是穷人与富人之间的分裂，而是内地与大城市、定居已久者与新移民、全球化的赢家和输家、保守的美国人与宽泛意义上 248
的自由派美国人之间的分裂。2016 年 11 月 8 日的选举是一场围绕文化霸权的斗争。在美国，过去 40 年里知识界争议的焦点与其他西方社会一样，关注的都是一些“后物质主义”的议题：个人的完全解放，消灭各种形式的歧视，支持性向、种族和文化–宗教方面的少数派群体构建“多样性”乃至自己的“身份政治”的权利。特朗普胜选之后，许多自由派人士反省，自己是不是忽视了某些同样重要的东西：感同身受的能力，以及理解那些觉得自己被社会抛弃的人的感受。

这部分美国社会，或者简单说就是“锈带”，如果民主党精心筹备选举的话，这部分人是可能争取的对象，它与南方诸州的那条长期支持共和党的“圣经带”完全不同。这两个地区都投了特朗普的票，这既是抗议经济上的不平等，同时也是一次“文化反击”；既是物质发展上落后的美国人的一次呐喊，也是保守派美国人的一次起义，因为奥巴马时代就意味着对一切喜爱和珍视保守势力者的拒绝——这类保守思想中的一条就是：处于美国权力之巅的应该是一个白种男人，而不应该是非洲裔美国人或女人。希拉里·克林顿很爱鄙视这个向着特朗普欢呼的驳杂联盟，她把她竞争对手的一半追随者统称为“可悲之人”，这是她在整场选举中所犯下的最严重的错误。这使得这群从长期看并非同心同德的人，彼此紧密地团结在了一起。[6]

在2016年美国总统大选中的这场剧变发生之前，系统性地在宣传战场上出击的不但有像福克斯新闻（Fox News）这样的右翼电视台，还有专门在所谓的“社交媒体”（如“脸书”和“推特”）的“回音
249 室”内故意制造假新闻的运动——后者与独立的、具有批判性的媒体不同，它们专门影响某一被分割出来的用户群体。例如，在选战的“白热化阶段”，特朗普的女婿贾里德·库什纳（Jared Kushner）在英国大数据公司“剑桥分析”（Cambridge Analytica）的帮助下，以专业的操控手法对非洲裔美国人进行了大规模的数字化“加工”——这群人因其固有特征而被认为是希拉里的潜在支持者。该手法是向这些人传播经过精心设计的、他们喜欢看的信息，促使他们抵制这场选举。这一电子操控手法所取得的实际效果，让2016年的美国总统大选成为所有西方民主国家的一个警示标志——它警告人们，如果“精英”与“民众”之间的疏离继续发展下去，那么在美国出现的趋势也会出现在其他地方。

在欧洲联盟的诸创始国，“建制派”的民主党派和大部分报纸，都与美国的民主党人和自由派媒体一样，难以理解美国的选举结果。11月9日，德国总理安格拉·默克尔用罕见的坦率言辞表达了她的担忧。她提醒，德国与美国因共同的价值观而联合在一起，其中包括民主、自由，无论一个人的出生地、宗教、性别、性取向和政治观点如何，都尊重此人的尊严，而且默克尔还提议“在这些基础之上”与特朗普紧密合作。对此，《纽约时报》（*New York Times*）评论说：还从没有一位当选总统需要这样的提醒。这份报纸还把德国女总理说成唐纳德·特朗普胜选之后“自由西方的最后捍卫者”。[7]

不过，在另一些欧洲国家的首都，特朗普会听到满意和友好的声音。英国外交大臣鲍里斯·约翰逊对英美关系的这一新篇章感到高兴，他称这一关系是“十年来最重要的地缘政治联盟”。匈牙利总理维克多·欧尔班把特朗普与自己为“非自由的民主”而进行的奋斗联系起
250 来，他于11月9日称这是一个“大喜讯”，并由此得出结论：“民主

一直都还活着。”另外一份类似的格外热情的祝贺来自捷克总统米洛什·泽曼（Miloš Zeman），他也是早在选战期间就把宝押在了特朗普的党一边。

同样欢欣鼓舞的，还有西欧极右派的领导者们。法国“国民阵线”（Front National）主席、总统候选人马琳·勒庞祝贺特朗普和“自由的美国人民”在 11 月 8 日的决定。荷兰自由党（PW）主席基尔特·威尔德斯评论说：“美国人民夺回了自己的国家。”特朗普的前辈、前英国独立党主席奈杰尔·法拉杰现在红得发紫，其所获殊荣是成了第一位受到“新当选总统”（President-elect）[1] 接见的欧洲政治家。不久之后特朗普表示，希望英国人能让法拉杰成为英国驻华盛顿大使。令人惊讶的是，有一些政治光谱中的左翼党派也对唐纳德·特朗普的胜选做出了积极评价。首先，称赞他的当选有利于与普京治下的俄罗斯搞好关系。其次，也称他所宣布的大型投资项目将推动基础设施的建设——德国左翼党的议会党团主席之一萨赫拉·瓦根内克特（Sahra Wagenknecht）在 11 月 23 日的德国联邦议院预算辩论中称，相比于大联盟的紧缩政策而言，这是一种更好的做法。[8]

这位“新当选总统”在选举之后所传递出的信息，只有一部分是用来平息他所引起的忧虑的。11 月 10 日，与奥巴马在白宫的椭圆形办公室交谈之后，特朗普第一次表示了对这位现任总统的尊敬，称他是一个“好人”；他同时还表示不会完全废弃奥巴马的医疗改革，而只是想修正它。几天之后，特朗普又谈到，他当总统后不会因“电子邮件事件”而起诉希拉里·克林顿，这一点在 11 月 9 日希拉里向他的 251
胜选表示祝贺之后特朗普立刻就告诉她了。关于在靠墨西哥的边境建一面大墙的说法，他的表态也软化了：他说可能会在某些地点布置铁丝网。他也放低了关于驱逐非法入境者的态度，降低了预期数量。

---

[1]　“President-elect”指的是新近胜选，但尚未就任的美国总统。

这位当选总统在 11 月 22 日的一段视频引起了全世界的瞩目，视频中他斩钉截铁地说，他上任的第一天就要退出《亚太自由贸易协定》（即 TTP，奥巴马已经签署，但国会尚未批准）；此外，他还明确重申了“美国优先”的根本原则。某些签约方，尤其是日本，对此表示震惊。许多人担心，接下来中国会全力取代美国刚刚放弃的亚太地区角色。

特朗普的第一批人事任命名单，给人的感觉是非常的“右”。他选了斯蒂芬·班农（Stephen Bannon）担任首席战略顾问，此人在 2016 年夏天之前一直是投资银行高盛的高管，之后他成为这位共和党候选人最重要的选战助手。同时，他还是激进民族主义网站布赖特巴特新闻网（Breitbart News）的老板，该网站是一个超保守主义的茶党和极右的“另类右翼”（Alternative Right，简称 AltRight）的网络平台。几乎跟班农一样“右”的亚拉巴马州共和党参议员杰夫·塞申斯（Jeff Sessions），被特朗普选为司法部长。此人是坚决的反堕胎人士，还曾对种族主义组织“三 K 党”（Ku-Klux-Klan）表示过同情。安全顾问人选是迈克尔·弗林（Michael Flynn），此人是一位退役的将军，普遍认为他是伊斯兰的敌人，普京治下俄罗斯的朋友。被任命为中央情报局局长的迈克·蓬佩奥（Mike Pompeo）身上同样贴着“非常非常右”的标签，这位国会议员兼超保守的茶党的代理人也是副总统迈克·彭斯
252 极为信任的人。与上述人选相反，特朗普策略性地任命共和党主席莱因霍尔德·理查德·普里巴斯（Reinhold Richard Priebus）为具有特别重要意义的白宫幕僚长，作为相对温和的共和党建制派的代表。

接下来，11 月底的一些人事任命与特朗普在选战时期贬斥“建制派”的说法很不相符。将担任财政部长的是新当选总统多年的老朋友，曾在选战中担任财务总监的银行家史蒂文·姆努钦（Steven Mnuchin），此人在高盛长期任高管，后来创立了自己的对冲基金。将担任经济部长的是特朗普的另一位早期支持者，亿万富翁威尔伯·罗斯（Wilbur Ross），此人的财富来自对纺织和钢铁企业的资产重组。

教育部长的候选人贝齐·德沃（Betsy DeVos）也是一位亿万富翁，她非常保守并且推崇私立学校。交通运输部部长[1]应该会属于出生于中国台湾的赵小兰（Elaine Chao），她的丈夫米奇·麦康奈尔（Mitch McConnell）是共和党的参议院领袖。

对于国防部长和国务卿的任命会特别让人悬心。12 月 2 日，“新当选总统”表示他决定让退役的四星上将詹姆斯·马蒂斯（James Mattis，绰号“疯狗”）执掌五角大楼。马蒂斯曾参加过 1991 年的海湾战争和后来的阿富汗战争、伊拉克战争，被认为是具有战略头脑的保守派，但缺乏外交方面的经验。与特朗普在选战期间的言论不同，马蒂斯说他反对任何形式的酷刑。他的另一个与当选总统相左的观点是，他依然认为俄罗斯是一个危险的敌人。不过这两人一致认为伊朗不可信任，而且与德黑兰缔结的核协议靠不住。

2012 年的共和党总统候选人米特·罗姆尼曾经一度被认为有望担任国务卿。然而，由于罗姆尼在选战中反对过特朗普，“新当选总统”的这一斟酌中的人选遭到了党内右翼的激烈反对，并最终作罢。12 月 253
13 日，特朗普提名石油集团埃克森–美孚（Exxon Mobil）的老板雷克斯·蒂勒森（Rex Tillerson）出任国务院未来的领导人。亿万富翁蒂勒森没有什么从政经验，但与俄罗斯和普京总统都有极好的关系，普京还曾在 2013 年因他为双边经济关系所做的贡献而授予他“友谊勋章”。对包括 2008 年的总统候选人约翰·麦凯恩在内的一些共和党参议员而言，蒂勒森与俄罗斯之间的生意往来和他对西方对俄经济制裁的批评，都足以令人对这项任命的后果感到警惕。此外，批评者还指出，即将举行的关于蒂勒森的参议院听证会的结果还尚不可知。欧洲联盟，而且特别是波罗的海国家和波兰，也有同样的忧虑：对那些感觉自己正受到俄罗斯侵略性政策威胁的国家而言，一个亲俄的美国总统再配上

[1] 此处的原文是“基础建设部部长”（Ministerin für Infrastruktur），但若是根据英文“United States Secretary of Transportation”原名应该译为“交通运输部部长”。

一个亲俄的国务卿实在是一个让人极为沮丧的组合。

但唐纳德·特朗普对这些看法无动于衷，而且他也不会让美国国内的批评扭转他亲俄的态度。中情局在 12 月初向新闻界透露，根据其情报，俄罗斯通过黑客攻击手段干预了美国大选，目的是诋毁民主党候选人，并帮助共和党候选人取胜。对此，特朗普指责驻外情报机构并不专业，他还提出：正是中情局关于萨达姆·侯赛因掌握大规模杀伤性武器的错误情报，导致了 2003 年的伊拉克战争。而他，特朗普，作为总统无意定期接受情报机构提交例行报告。[9]

特朗普对俄罗斯显现得非常亲善，他对中华人民共和国的态度就多少有点不怀好意。12 月 2 日，这位新当选的总统与蔡英文通了电话。
254 这是 1996 年的共和党总统候选人鲍勃·多尔（Bob Dole）谋划的结果，多尔长期以来一直为中国台湾地区充当说客。特朗普心里清楚，他的这通电话打破了几十年的禁忌：他以此动摇了一个中国政策，该政策自理查德·尼克松 1972 年宣布恢复与中国的外交关系以来就已实施，并得到此后历任美国总统的遵循。

特朗普打算与北京在一个中国政策的问题上讨价还价。12 月 12 日，他在一次采访中表示，如果中华人民共和国想让美国继续遵循该政策，就需要“在其他方面达成交易”。他想表达的意思，首先是要中国降低对美国产品的关税和其他课税——这个意图立即被中国领导人坚决地回绝了。与他对中国的公开态度形成鲜明对比的是，特朗普宣布将任命有亲华形象的艾奥瓦州共和党州长特里·布兰德斯塔德（Terry Brandstad）担任驻华大使——这是中国国家主席习近平的一位老朋友。批评家们不禁再次质疑这位未来的总统在政治上的判断力，不知道他和他身边的那些顾问究竟对美国总体的对外关系，特别是与那个远东大国的关系的复杂程度是否有最基本的认识。[10]

这位“新当选总统”对中东问题更熟悉吗？看上去同样让人悬心。12 月 16 日，特朗普宣布了他所设想的驻以色列大使人选：他的顾问、律师戴维·弗里德曼（David Friedman）。此人是一个正统派

犹太人，支持以色列在其所占领的约旦河西岸修建定居点的政策。弗
里德曼马上抓住特朗普在选战时的承诺，宣布他将把美国大使馆从特
拉维夫（Tel Aviv）迁移到现在在法理上依然处于分治状态的耶路撒冷
（Jerusalem）。此言一出，立刻受到了以总理内塔尼亚胡（Netanjahu）
为首的以色列右翼势力的热烈欢迎。而巴勒斯坦方面则由此判断，美 255
国放弃了“两国方案”并且开始一边倒地支持以色列政府的政策。于
是，这位新总统还未上任，就撕开了中东冲突中的一块伤疤。

到了 2016 年底，即将登场的特朗普内阁的社会成分已经一清二楚了：这是一个由亿万富翁、千万富翁、将军、经理人和银行家组成的政府。考虑到特朗普曾在选战期间对华尔街的痛斥，不由得让人对其中来自投资银行高盛的经理人比例之高而感到吃惊：除了首席顾问斯蒂芬·班农之外，还有首席经济顾问格雷·科恩（Gray Cohn）和财政部长姆努钦。事后看来，那些选战期间的民粹主义口号不过是存心虚晃一枪。美国多年以来都没有出现过像特朗普政府所组建的这么“资本主义”、这么“上流社会”的内阁了。这位共和党候选人曾说要向建制派宣战，可现在看来，他只不过是用高度保守的建制派替换掉了那些自由主义的建制派。显然，特朗普合作者的政务经验是可有可无的。他所看重的，是能让经济实力增值的经验和执行军事命令的经验。

对于私人利益与公共利益可能出现混杂的危险，这位“新当选总统”没有显出丝毫担心。如果他选来担任国务卿的那个人要跟某些意欲挑战美国的国家打交道，而“此人的”公司正好在这些国家有巨额投资，那么他会如何行事呢？未来的财政部长和商务部长会做出违背银行界利益的决定吗？那可是他们“起家”的地方。

其实总统本人也面临类似的问题。他将他的猛犸集团的领导权以
“毫无保留地信任”的方式托付给了他的三个儿子，但在大多数观察 256
家看来，这远不足以阻止公私利益的混杂。特朗普在众多国家有商业
利益，这也让人有理由猜测，这种情况是否会影响这位总统的决策。
在 11 月 23 日一次详尽的访谈中，《纽约时报》的编辑向特朗普提出

了这些问题，特朗普说了很多，却难以让人信服。

2017 年 1 月 9 日和 11 日，特朗普宣称他做出了两个决定（但却依旧算不上“建立可信形象的措施”）：第一个，任命他女儿伊万卡的丈夫、纽约地产商贾里德·库什纳为他的“高级顾问”（Senior Adviser）；第二个，把他的大集团公司“特朗普集团”（Trump Organisation）转变成一个基金会，并由他的儿子埃里克（Eric）和唐纳德（Donald）打理。特朗普承诺，在他担任总统期间不跟儿子们谈生意上的事；库什纳也表示，自己将完全从他的公司经营之中退出。但是，这些口头承诺并不能消除人们对生活中实际情况的怀疑。特朗普及其部长们未能在自己的经济利益与美国的政治利益之间划出清晰的界限，这将是新一届政府的阿喀琉斯之踵。[11]

在白宫进行权力交接前的最后一周里，美国经历了历史上第一次由尚在任总统和新当选总统构成的“双头统治”。早在在任总统与大选的胜利者在对华政策方面各行其是的时候，这一点已经变得很明显了。但在任总统并不亏欠其继任者任何东西。12 月 20 日，为了防止唐纳德·特朗普的能源政策可以预见的对环境的破坏，奥巴马签署了一项总统行政令，禁止在阿拉斯加的近海水域进行原油钻探——对于这项措施，他可以从艾森豪威尔时代颁布的一项法令［1953 年通过
257 《外大陆架土地法》（Outer Continental Shelf Lands Act）］得到支持。但很明显，特朗普将竭尽全力让这一措施失效。

还有一件更令人吃惊的事：对联合国安理会 12 月 23 日的一项敦促以色列中止在其占领的地区实施移民政策的决议，奥巴马放弃对其行使否决权。这份决议案最初是由埃及发起的，但在特朗普与埃及的塞西（Sisi）总统通电话之后，埃及又撤回了提案，而安理会的其他几个成员国（马来西亚、塞内加尔、新西兰和委内瑞拉）又重新发起提案。

这是美国第一次在面对反对以色列的决议时放弃行使否决权，而且也是安理会表决时唯一一个投弃权票的国家，其背后的主要原因是

国务卿克里长期以来所捍卫的路线。这位国务院的领导人在 12 月 28 日用一篇讨论原则问题的演讲强化了该决议的内容，在演讲中他特意告诫以色列：应从自身利益考虑，在“两国方案”的框架下致力于与巴勒斯坦人和平共处，而不是继续制造冲突。特朗普的反应却显示出这个分裂的政府即将转变路线——他在推特上要以色列保持“强硬”并等待自己的任期到来。

同样，这位“新当选总统”也明确表示不赞成奥巴马 12 月 29 日做出的驱逐 35 名俄罗斯外交官的决定，奥巴马此举是为了报复人们所猜测的俄罗斯在总统大选期间对美实施的黑客攻击。俄罗斯外交部长拉夫罗夫本已声称要用驱逐美国外交官的方式实施报复（这也是各方意料之中的事），但被普京叫停了。这位俄罗斯总统这时把希望完全放在了公开怀疑黑客攻击是俄罗斯所为的特朗普身上，而特朗普也正好可以把普京的克制反应当作自身政治智慧的明证。

2017 年 1 月 6 日，美国的情报部门拿出了关于大选中黑客对民主
党实施攻击的最终报告。报告基本证实，攻击的发起者来自俄罗斯的 258
最高层，也就是说来自普京。报告称，普京的目的是降低希拉里·克林顿当选的机会，并帮助共和党候选人获胜。尽管特朗普在此前一直怀疑俄罗斯干预大选的真实性，并且为此还曾引用维基解密创立者朱利安·阿桑奇（Julian Assange）的话，他现在也只得承认或许有过这样的尝试，但依然称这些尝试对大选的结果没有任何影响。对于这件事，他说他的对手们发动了一场“政治猎巫”[1]。

在外贸政策领域，特朗普表现得好像他已经是在任总统。他要求像通用和福特这样的美国汽车集团不要到墨西哥开设新厂，并要把相应的工厂设在美国。他威胁，如果这些公司拒绝这样做，他将对从墨西哥进口的小轿车征收高额惩罚性关税。在福特公司那里，这位新当

[1] 在美国的政治术语中，“猎巫”指的是“政治迫害”：因政治或道德上的偏见而搜索和指控与本群体有差异的人，而且如同历史上的猎巫一般以成见和不公正对待被指控的人。

选总统的施压奏效了：福特放弃了在墨西哥建厂的计划，承诺转而在美国追加投资。事实上，这次结构调整本已计划了很长时间。

1月6日，特朗普又搞了个大新闻：他像往常一样，在推特上用最后通牒式的口吻要求日本的丰田汽车集团不要按原定意图在墨西哥投资，而应该到美国投资。结果，丰田马上推掉了自己在墨西哥投资的修改方案，并宣布要在美国新投资100亿美元。从意大利与美国合资的菲亚特-克莱斯勒汽车集团那里，人们听到消息，该集团正在酝酿大力削减自身在墨西哥的汽车产量，甚至在一定条件下会完全停产。

对美国的这个拉丁美洲邻居而言，特朗普的这些威胁是致命的。多年来，墨西哥一直深陷在与毒枭们内战般的斗争之中；该国因为严重的腐败丑闻和最近一段时间内席卷全国的抗议汽油涨价运动而动荡不已；在许多观察家看来，这个国家现在是一个“正在走向失败的国
259 家”。墨西哥的货币“比索”（Peso）一直在贬值：从特朗普2016年11月8日胜选到2017年1月10日，已经跌了16%。如果特朗普将他在经济政策方面的民族主义设想完全贯彻下去，那么墨西哥迟早都会迎来一场经济、社会和政治上的崩溃——最终，这对与之比邻而居的美国而言也将是一场噩梦。

特朗普经济政策的长期后果在2017年初已经可以看得一清二楚了：“美国优先”这一口号所带来的路线方针，不仅会重创美国的贸易伙伴和世界经济，连美国自己也将深受其害。墨西哥这个案例就是不祥之兆：根据华盛顿的伍德罗·威尔逊国际学者中心（Washingtoner Woodrow Wilson International Center for Scholars）的研究，2011年墨西哥的工厂在生产中使用了1400亿美元的来自美国的零部件，与此对应的是，美国的工人在生产中使用了1110亿美元进口墨西哥的零部件。威尔逊中心的结论是，如果美国突然中断与墨西哥的贸易，将损失约500万个工作岗位。美国首都的另外一家智库，彼得森国际经济研究所（Peterson Institute for International Economics）的估算结果是，美国与墨西哥之间的贸易每年使20.3万个工作岗位被转移至墨西哥，但同

时也在美国创造 18.8 万个就业岗位。总之，墨西哥是美国的第二大出口市场。[12]

1 月 11 日，纽约那栋特朗普大厦的大厅内被无数面美国国旗装饰了起来，特朗普在这里召开了他早就（从 2016 年 7 月起）说要召开的新闻发布会。除了把个人商业利益与总统职位切割开来的话题之外，他还不得不详细回应数小时之前刚刚爆出的新闻：据说俄罗斯的情报机构为了败坏他的名声收集了一些材料，并且随时可能把它们透露出去。其中包括 2013 年 11 月莫斯科一家宾馆在十分隐秘的情况下采集 260
的特朗普的录像，当时特朗普正为了他发起的环球小姐竞选而奔走；此外他还谈到了灰色的商业活动，以及特别引人瞩目的新闻：据称他的总统竞选团队与俄罗斯特务有非常密切的联系。

与这些新闻相关的还有前英国特工克里斯托弗·斯蒂尔（Christopher Steele）的报告，此人在俄罗斯的情报圈子内有很多人脉，而且在他的美国同行那里也有很高的声望。给他布置任务的是特朗普的共和党对手——因为特朗普以前是民主党人。美国的情报部门觉得自己无力验证这些文件的真实性，不过也会足够认真地对待它们，以便在 1 月初向奥巴马、特朗普和其他 8 名重要的国会议员报告。至于媒体是如何打听到这份报告的，还不得而知。

在谈到这些“假新闻”时，特朗普一直怒不可遏。他说，要是美国的情报部门让这份报告泄露出来，那就是一种人们在纳粹德国时代见识过的污蔑伎俩。在新闻发布会上，特朗普还谈到了他要在靠墨西哥的边境上修墙的想法，而且指出不管以什么方式，这修墙的经费都必须由墨西哥来承担。他尖锐批评了美国的制药公司，因为在过去的一些年里，这些公司通过跨国并购将自己法律上的注册地址改到了国外；他要求这些制药企业迁回美国，由此在新闻发布会举行之时就在股票市场上给全世界的制药公司带来了巨大的压力。关于对俄关系，他表示，如果普京喜欢他唐纳德·特朗普，那对美国而言也不是一个劣势，而是一个优势。他说，像 2016 年大选期间那样的由克里姆林宫操纵的黑客攻击以后不会再有了，因为在他特朗普执政之后，普京会重新开始尊重美国。

在国内问题方面，这位“新当选总统”将奥巴马引入的医疗保险
261 （“奥巴马医保”）称之为他不得不尽快终结的一场“灾难”。但他对此却没有更详细的阐述，同样暂付阙如的是他对经济政策的具体想法。传统上，以前的总统都会公开自己的个人所得税申报表，但特朗普却拒绝这样做，他的理由是除了记者没人会关心这些东西。在无数到场支持者的欢呼声中，他拒绝给予那些来自批评他的媒体（比如世界知名的 CNN 电视台）的记者提问的机会。那些曾经期待特朗普有能力在上任之后把选战中的那一套抛诸脑后的人，现在失望了：1 月 11 日的记者招待会，让美国和全世界看到了特朗普正式入主白宫之后将会呈现出的样子。

就其继任者在纽约举行记者招待会的那天晚上，巴拉克·奥巴马在他的政治故乡芝加哥与自己的支持者们告别。理所当然地，他在总结其 8 年任期时给出了正面评价。这位即将离任的总统提到，当美国和世界在 2008 年陷入了严重的经济衰退之后，他成功地与之进行了斗争；除掉了全世界最危险的恐怖分子乌萨马·本·拉登（Osama Bin Laden）；他提到了与伊朗签订核协议的重要意义，与古巴关系的缓和，以及大量减少了美国在伊拉克和阿富汗的驻军；他提及了他的医疗改革，并声称他会公开支持一切改进“奥巴马医保”的建设性意见。他传递给下一任总统的信息是：不要把每一个经济问题都视为在工作的白人中产阶级与苟且偷生的少数族裔之间的斗争，这样做会危害社会的凝聚力。

“是的，我们办到了”——奥巴马对着鼓掌欢呼的人群呼喊，这回应了他 2008 年的竞选口号“是的，我们可以”，这也让人暂时忘记
262 了那些他没有办成的事情：他承诺过要关闭位于古巴的关塔那摩监狱，但被国会阻挠了；整体上，他没能为中东带来和平，特别是没能平息巴以之间的冲突；他也没有弥合美国社会的分裂——这一分裂在 2016

年的大选中显露无遗。在芝加哥，奥巴马也没有提到他那些错误的决定：比如 2011 年过快地从伊拉克撤出了几乎全部军队；同年，在没有准备好后续方案的情况下，临时决定干涉利比亚；还有，2012 年 8 月他向叙利亚的阿萨德发出警告，令其不要跨过使用毒气的“红线”——这个警告被阿萨德无视了，但奥巴马什么也没有做。

不过，尽管他在有些方面失败了，但这位美利坚合众国的第 44 任总统还是做了一些事情，对许多人而言，这些事在其任期开始时已经不再是天经地义的了：他在全世界面前显现出，美国并非只有他的前任总统小布什展现出的那般帝国主义的傲慢模样，美国还有另外一面，在那一面里有 1776 年建国者的理想——不可剥夺的人权、法治和“制衡”的分权体制。至于说他的后继者，那个被选举人团于 2016 年 12 月 19 日选定的人，是否还能在某种程度上珍视这些西方共同的根本价值，就只有天知道了。正因为如此，许多观察家事先就将奥巴马与特朗普之间的权力交接视为美国历史——其实也是整个西方历史——的一个重要的转折点。[13]

1 月 10 日之后，特朗普所任命的各部部长和其他重要岗位的候选人，都必须在参议院的相关委员会举行听证会。让参议员们和在电视上旁观“听证”的公众们感到吃惊的是，大多数候选人都与特朗普
在选战中的（而且在那之后依然坚持的）立场保持了明显的距离。被 263
任命为国务卿的雷克斯·蒂勒森，竭力摆脱他在人们眼中的是“普京通”的这个并无贬义的印象。尽管他还是不愿意把普京归类为“战争罪犯”，但他承认俄罗斯在叙利亚轰炸平民的做法已经违反了国际法。

蒂勒森把俄罗斯称作美国的“威胁”，并且认为吞并克里米亚是非法的。他说，俄罗斯必须为此付出代价。作为国务卿，他不会放纵俄罗斯的扩张企图。欧洲盟友们对俄罗斯的担心是合理的，在北约的框架内，美国所承担的共同防御的义务是无可置疑的。

有望执掌五角大楼的曾经的将军詹姆斯·马蒂斯指责普京意欲分

裂北约。虽然他与特朗普一样认为与俄罗斯合作是必要的，但也认为一旦美国进入不可能与俄罗斯合作的领域，也只能与之对抗。最重要的是，认清美国所要打交道的普京究竟是个什么样的人。面对俄罗斯，有必要采取一种威慑政策。美国政府必须准备好，在出现相应情况时与盟友们一起采取外交乃至军事措施。

其他的候选人也纷纷试图与未来的总统拉开距离。应该会担任司法部长的杰夫·塞申斯，反对特朗普禁止穆斯林进入美国的要求。同样，被任命为中情局局长的迈克·蓬佩奥拒绝应用“坐水凳”
264 （Waterboarding）[1] 这类手段来对付恐怖主义，这就与特朗普此前的暧昧说法产生了矛盾。特别引起关注的是，未来的国土安全部部长，曾经的将军约翰·凯利（John Kelly），他说在靠墨西哥的边境建墙是毫无意义的，因为这并不能阻止非法入境。

由特朗普选出的这些未来的同事在听证会上所显示出的意见分歧，对这位“新当选总统”来说是件非常棘手的事情。很明显，当他公布这些人事任命时，他并不知道这类分歧的存在。现在，人们知道，他与蒂勒森在此前从未谈过俄罗斯问题。就算这些候选人的许多表述只是战术性的动作，为的是让那些参议员放心，但出现这种情况仍然预示着：在这届新政府中，总统与政府成员在这些根本问题上意见并不完全一致，而这种一致是一个行政机构能统一行动所必需的。

特朗普试图对这些分歧轻描淡写：他说他的同事都是独立的人，他们表达自己的观点，不一定是他的观点；如果出现疑问，他们可以给他打电话。但他难以消除的印象是：他的众多决定缺乏系统性的准备，并且没有取得必需的基本共识。正像他的无数对手一直以来所认为的那样，他真的是个政治门外汉。所谓的无与伦比的个性，只是唐纳德·特朗普自己无限的自负：这个发现足以令美国和整个世界都感

[1] “坐水凳”是水刑的一种。拷问者会让被拷问者躺在一张脚部略高于头部的长凳上并固定其双手双脚，然后在被拷问者的头部盖上布，接着在其头部持续浇水，如此会让被拷问者产生溺水的错觉而心生恐惧。“9·11”恐怖袭击事件后，中情局曾多次使用此方法审问基地组织成员。

到不安。

如果还需要什么来证明作为总统的特朗普本来就不愿意当“政客”，乃至“政治家”的话，那么 1 月 16 日见报的，他所同时接受的英国《泰晤士报》和德国《图片报》的采访又是一个证据。他称北约是“陈腐”的，又说它现在还是很重要的。他指责北约在反恐斗争上不利，还说（这早已不是第一次了），欧洲的这些盟友对自己的防御 265
做得太少，其生存依赖美国的付出。他高度评价英国的脱欧，甚至显露出他将欢迎其他国家效仿英国的做法；至于欧盟是合是散，他完全无所谓。尽管特朗普说他很尊敬（个人还很喜欢）德国总理安格拉·默克尔，但他把默克尔的难民政策称作灾难性的错误；同时他还威胁，如果像宝马这样的德国汽车公司把准备卖到美国市场的汽车放到墨西哥去生产，就将对其征收高额的惩罚性关税。在谈到他未来的那些部长在诸多问题上与他意见相左时，他觉得那是小事一桩。显然，他确信即便出现游移不定的情况，总统的意志也一定会贯彻下去。[14]

2017 年 1 月 20 日，特朗普在国会大厦的台阶上宣誓，之后的就职演说意图不在于和解，而在于推进政治极化。这场演说听上去完全不像是“总统的”口气，却仿佛是选战的延续。新总统在这篇不长的演讲中用了大量篇幅去攻击上一届政府的政策。他说华盛顿的一个小集团用美国人民的血汗发家致富了，而且从来只根据自己的利益来行使权力。现在他特朗普来了，将会把权力归还给美国人民，归还给那些“被遗忘的男男女女”。在一切领域，都会遵循“美国优先”的口号。他说美国过去让其他国家富裕了起来，却忽视了自身的发展。从现在起，美国将拿回自己的工作岗位，强化自己的边界。

特朗普呼吁他的同胞购买美国货，并且只雇用美国人。美国将不再允许其他国家把国防责任转嫁给美国，为此他还威胁要撤回美国士兵。他宣布，要把恐怖分子从地球上消灭掉，却没有谈包括对俄关系 266
在内的外交问题。他心目中的听众是且仅是他的选民。对这位总统而言，另外一个美国仿佛并不存在，而且他对其他国家也不感兴趣，除非这些国家要么在他看来会威胁到美国，要么在剥削美国，要么有机会跟美国达成一笔“交易”。

成百上千的支持者热情地向着特朗普欢呼。但航拍显示，聚集在国家广场前的人，比 8 年前巴拉克・奥巴马就职时要少得多。当美国媒体公布这一事实时，特朗普指责这是虚假的报道。他在 1 月 21 日在中情局总部演讲时还说，他陷入了与媒体的“战争”之中，而且记者绝对是世界上最不体面的一群人。他的新闻发言人肖恩・斯派塞（Sean Spicer）声称，还从未有一位美国总统的就职仪式有如此大规模的公众参加；他威胁那些对此持异议的媒体将为此而付出代价。特朗普的女顾问凯莉安妮・康韦（Kellyanne Conway）面对一位言及此事的记者时，用“另类事实”一词来为新闻发言人辩护。

特朗普的国内的反对者在 1 月 20 日星期五和接下来的周末也出现在了华盛顿，而且其人数比特朗普的支持者明显多得多。他们在大多数情况下都是和平示威，但有时也使用暴力。他们以此来反对那个被少数美国人选上美国最高权力宝座的人——也因此使他成了世界上最有权势的人，这些反对者并不把特朗普看作“他们的”总统。在其他美国大城市，以及所有的西方民主国家（新西兰、澳大利亚、加拿大，以及欧洲），也都借着白宫进行权力交接的这个时间点举行反对特朗普的大规模抗议活动，而且在他就职演说的次日，抗议尤为众多：因为 1 月 21 日这天妇女联盟呼吁全世界抗议这位出了名的反对女权的总统。

267 西方民主国家的政府对这位新总统首次演讲的反应要么是显露出不快的沉默，要么是冷淡的客套。真正欣喜若狂的，只有那些欧洲的右翼党派，他们的党魁（法国的马琳・勒庞、荷兰的基尔特・威尔德斯、德国的弗劳克・彼得里）于 1 月 21 日出席了在科布伦茨（Koblenz）举行的民族主义者大会。他们欢庆特朗普的美利坚民族主义为欧洲诸民族树立了榜样。

特朗普在他履职第一天所推行的政策与美国一直以来的政策之间的裂痕是显而易见的。他在国会山的演讲，没有一个字谈到不可剥夺的人权，而这正是美国在 1776 年立国的标志。特朗普没有谈到任何本国在世界范围内的责任和美国应对其欧洲盟友以及全世界的自由之友所尽的义务。对理解总统的施政方针而言，他保持沉默的部分与他大声说出的部分一样显著。

在伍德罗·威尔逊治下的美国于“一战”后介入欧洲并为中欧的民主铺平道路百年之后，美国第 45 任总统对本国与欧洲民主国家出于内部理念而结成的最紧密的同盟明显不感兴趣。美国 1945 年之后的政策使之与欧洲之间结成的种种相互影响的关系，对特朗普而言显然毫无意义。在他看来，一个分裂的欧洲比一个统一的欧洲更加符合美国的利益。在他眼里，能与之平等交流的伙伴并不是大西洋彼岸的那些民主国家的领导人，而是想象中的那些执掌大国的强人——俄罗斯的普京算是头一个。当跨大西洋关系的一个新的、充满冲突的时代到来时，欧洲可要小心了。[15]

第 12 章

269 欧盟会崩溃吗？

2009 年 9 月 11 日，克罗地亚举行了 10 个月内的第二场大选。6 月，执政的中右翼联盟（Mitte-Rechts-Koalition）发生分裂，从而导致议会选举提前举行。在此次选举中，以克罗地亚民主共同体（Kroatische Demokratische Gemeinschaft，缩写为 HDZ，以下简称“民共体”）为核心的民族主义保守阵营赢得了 61 席，明显领先于社会民主党人领军的国民阵营，后者只拿到了 54 席。

大多数观察家认为，民共体会再次与温和保守的改革党派克桥党组成执政联盟。民共体此时的党魁是安德烈·普连科维奇，人们普遍认为他比他主张民粹主义的前任托米斯拉夫·卡拉马尔科（Tomislav Karamarko）显得温和一些。然而，现在要说克罗地亚整体上已回归“中间路线”还为时过早。曾担任过文化部长的兹拉特科·哈桑贝戈维奇（Zlatko Hasanbegović）还在该党的主席团中，这可是一个极端的、亲法西斯主义的和可疑的民族主义者。况且，即便是社会民主党的领导人、曾担任过总理的佐兰·米拉诺维奇（Zoran Milanović），也在选战中使用了大量极端民族主义的攻击塞尔维亚人和波斯尼亚人的口号。

大选结束约 4 周之后，新的政治联盟“成立”了。除了民共体和克桥党的议员之外，联盟中还有克罗地亚农民党（HSS）和少数民族的议员，这样一来，该联盟应该可以取得稳定的议会多数。10 月 20 日，这个联盟把普连科维奇选为总理；这甚至是克罗地亚 1991 年宣

布独立以来所出现的最大规模的议会多数。与之前的政府不同，这届 270
内阁中不再有极端民族主义者。由兹拉特科·哈桑贝戈维奇这样的右翼所鼓吹和推动的文化斗争，显然已经告一段落。普连科维奇甚至在 1 月底宣布，他的政府将立场坚定地批判法西斯主义的乌斯塔沙政权（Ustascha-Regime）[1]——在此之前，这个犯下了累累罪行的政权还没有被彻底清算过，而且哈桑贝戈维奇还曾为之辩护。由此可见，克罗地亚没有滑向那个“非自由的民主”的阵营。对欧盟而言，来自萨格勒布（Zagreb）[2] 的消息基本上是正面的。1

在另外一个从前南斯拉夫独立出来的国家，波斯尼亚和黑塞哥维那，在 2016 年 9 月因在塞族共和国（Republika Srpska，简称 RS）[3] 举行的分裂性公投引起了舆论的瞩目。根据 1995 年的《代顿协议》（Abkommen von Dayton），这个主要由塞尔维亚人居住的部分国家“实体”中，占有新成立的波斯尼亚和黑塞哥维那联邦 49% 的领土（剩下的领土分给了由波斯尼亚族和克罗地亚族统治的波黑联邦）。9 月 25 日，塞族共和国按照政府和米洛拉德·多迪克（Milorad Dodik）总理的意愿举行了全民公决，公决需处理的问题是：今后是否把每年的 1 月 9 日命名为“塞族共和国日”并且举行庆祝。

波斯尼亚和黑塞哥维那全国宪法法院称这次公投违宪，因为所选择的这个日期会让人想起 1992 年 1 月 9 日非法成立的塞族共和国，以及在波斯尼亚和黑塞哥维那发生的那场血腥的“种族清洗”，而且还

---

[1] 乌斯塔沙政权是一个成立于 1929 年，旨在让克罗地亚脱离南斯拉夫独立的政治、军事组织。该组织信奉种族主义，主动投靠意大利法西斯和德国纳粹，在二战中残酷镇压塞尔维亚人、犹太人和吉卜赛人，并在战争中被盟军粉碎。但由于该组织带有民族主义和反共的性质，又在克罗地亚独立之后受到右翼势力的崇拜。

[2] 萨格勒布是克罗地亚的首都。

[3] 塞族共和国（也译作斯普斯卡共和国）与塞尔维亚共和国（Republika Srbija）不是一回事。按照《代顿协议》，主权国家波斯尼亚和黑塞哥维那有两个政治实体，分别为占有 51% 领土的波黑联邦（即穆克联邦）和占有 49% 领土的塞族共和国。这两个政治实体都有各自的总统、议会、中央银行、军队和警察部队。塞尔维亚共和国是另外一个由前南斯拉夫分离出来的国家。

会因此对本国的其他民族构成歧视。尽管如此，塞族共和国的政府和议会还是冲破禁令：公投的参与者们（投票率为 55.8%）几乎以全票通过（99.8%）的形式批准了这一塞尔维亚民族主义的宣示。他们这样投
271 票，最终意味着塞族共和国与这个小小的多民族国家的决裂；而且这也违背了“代顿精神”——要知道，正是靠着这一精神才有可能在 21 年前终结那场发生在 20 世纪末欧洲的可怕内战。公投的时间点是经过精心选择的：这次投票是为下周日（10 月 2 日）举行的地区选举做动员。这天，到处都能看到民族主义团体，不仅在塞族共和国是这样，而且在波斯尼亚和克罗地亚人的那部分国家“实体”中也是这样。[2]

在一周之后的 2016 年 10 月 2 日，举行了另一场远比塞族共和国的公投更加吸引欧洲媒体瞩目的公投。在匈牙利，维克多·欧尔班政府让国民就以下问题投票：“您是否愿意让欧盟拥有如下权利：即使在我国议会不同意的情况下，也可以把非匈牙利公民强制性地分配到我国定居？”在匈牙利，多数人的意见结果其实是毫无悬念的。各种民调都显示，80% 以上的人反对承担接纳移民的义务。因此，这次公投只不过是为了给政府的政策加上民意的背书，同时也是展示给欧洲其他国家的反移民势力的一个信号。

所以在 10 月 2 日的公投中，有 98% 的投票者按维克多·欧尔班的意思选了“不”也就丝毫不让人惊讶了；然而，尽管政府进行了大规模宣传，还是没能让公投的投票率超过宪法所规定的 50% 的门槛——这倒让人很意外。由于仅有 43.3% 有投票权的人走向投票箱，这次公投失败了。欧尔班试图淡化这场失败并且忽略这个让人失望的结果，依旧宣布按照多数意愿添加宪法修正案。可以肯定的是，匈牙利政府不会改变反对移民（特别是来自伊斯兰国家的移民）的立场。不过，此事还是让这位心高气傲的总理丢了不少面子。在欧洲联盟，人们也因此而感到一丝宽慰：匈牙利人毕竟没有让维克多·欧尔班的小树苗长成参天大树。

对这位总理而言，下一个失败也接踵而至：11 月 8 日，政府要 272
求按照那场已经失败的公投来修改宪法的提案，以 2 票之差未能达到修宪所必须达到的三分之二多数；其提案的内容是限制欧盟向匈牙利分派非欧盟公民的移民。欧尔班本来指望激进右翼党派尤比克党（Jobbik）[1] 会投赞成票，但该党主席沃纳・加博尔（Vona Gábor）却反过来要求政府保证将来不再向任何富有的外国人发放居留许可，即使这些人愿意购买匈牙利的国债券。由于欧尔班不愿做出这一让步，尤比克党与左翼反对党反对这个宪法修正案，哪怕该法案“本身”是完全符合激进右翼心意的。

当然，这样的打击对欧尔班来说算不了什么。2016 年匈牙利人所经历的可不是只有政府的失败，还经历了一场新的管制过程，对它除了“更加严酷的舆论一致化”（Gleichschaltung）[2] 之外无可形容。欧尔班政府已经将一连串私人媒体纳入政府控制的企业手中，连此前一直属于外国投资者的媒体也不例外。

这一个过程的高潮是《人民自由报》（*Népszabadság*）的关停。这份发行量最大的跨区域报纸原是共产党机关报，1990 年之后成了独立的左翼自由派报纸，而且一再揭露政治丑闻。由于读者群一再缩减，这份报纸最终成了控股方瑞士荣格出版社（Verlagshaus Ringier）手中的亏本买卖。在一场冗长的谈判之后，该报被卖给了一个与政府关系密切的寡头，后者于 2016 年 10 月 8 日将它关停。关于此事，从欧盟委员会那里得不到任何信息，似乎人们对此并不关心，也不曾留意过事态的发展。[3]

同样，欧盟面对波兰不断瓦解的法治也束手无策。2016 年 10 月 273

[1]　尤比克党（全称是 JOBBIK Magyarországért Mozgalom，即“为了更好的匈牙利”）的党员以青年人为主，党主席是沃纳・加博尔（Gábor 是姓，所以在匈牙利他被称作加博尔・沃纳）。

[2]　又译为“清一色化”，是德国人在描述纳粹政权（以及其他极权政府）时常用的一个概念，指的是政府控制舆论和言论，强令媒体只能成为政府的耳目喉舌。

14 日，欧洲委员会下属的威尼斯委员会拿出了一份关于波兰宪法法院冲突的新报告。该报告称，尽管波兰下议院新通过的宪法法院改革法案在某些地方比 2015 年 12 月 22 日的初稿要好一些，但其中的一些规定依然明显违背了法治的原则。比如该法案规定，在有争议的案件中，只要（15 位法官中的）4 位法官就可以行使否决权，让案件推迟 6 个月再审。而且，司法部长还可以直接用缺席的方式阻挠法庭运转。委员会报告提到的另一条款，使该法案有可能让总理在选举宪法法院院长时发挥决定性作用。[4]

10 月 27 日，欧盟委员会于 7 月 27 日就此事向波兰政府发出的为期 3 个月的最后通牒已经到期了。然而在一周之后，专门负责法治问题的委员会副主席弗兰斯·蒂默曼斯只是在采访中用加以警告的方式附带提及了波兰的问题。这就给波兰政府总理贝娅塔·希德沃壮了胆，让她敢于继续推动波兰向“非自由的民主”方向转型。

新的《游行示威法》就是这类努力之一，它规定在一日之内只能有一个团体举行示威活动，而且教会和国家机构还拥有优先权，哪怕它们登记得晚一些。在实际操作中，政府可以用这个办法阻止任何不讨自己喜欢的抗议活动。民主运动人士和反对党号召大家在具有象征性意义的 12 月 13 日举行抗议集会——此日正值 1981 年雅鲁泽尔斯基（Jaruzelski）将军实施戒严 35 周年。[1] 全国有数千人响应了这一号召，但即便如此他们也无力阻止该法案通过。

274 与此同时，政府也在继续按自己的意愿改造宪法法院。按照该法案，一旦现任宪法法院院长的位置空缺，将不再像之前规定的那样在选出新院长之前由副院长代行其职责，而是由高级司法和律政机构任职时间最长的法官代理。其意图十分明显：现在那位坚定的自由派院

[1] 1981 年 12 月 13 日，因团结工会运动在波兰蓬勃发展，刚于 1981 年 10 月开始担任波兰统一工人党中央委员会第一书记的沃伊切赫·雅鲁泽尔斯基（Wojciech Jaruzelski）以救国军事委员会主席的身份宣布在波兰实施“战时状态”戒严令。此前，雅鲁泽尔斯基曾长期担任波兰国防部长（1968 年 4 月至 1983 年 11 月）。1990 年，雅鲁泽尔斯基把总统职位让给团结工会领导人瓦文萨，于是波兰成了第一个“改旗易帜”的东欧国家。

长安杰伊·热普林斯基将于 2016 年 12 月退休，接任者将不再是他（同属自由派）的副手，而是一位在 2015 年底由法公党占据多数的波兰下议院推选出的女法官尤利娅·普日文布斯卡（Julia Przyłębska）。而且，估计这位法官还会让另外 3 位去年 12 月占据议会多数的政府违反当时法律选出的法官（“备选者”）参与审判，而这些人在热普林斯基当主席时是根本没有参与权的。事情若如卡钦斯基阵营所计划的那般发展下去，那么亲法公党的法官就会由 4 位增加到 7 位。这虽然还未占据多数，但通过进一步修改法案，以后应该只要（15 人中的）5 位法官就足以向总理建议法院院长的人选。

12 月 14 日，弗兰斯·蒂默曼斯在欧洲议会就波兰的新情况表明了自己的立场。他说，该国的状况并未改善；新通过的 7 个规定会激化“法治危机”；若要强化民主，议会中的多数派应该认识到法治的边界所在。可直到这一天，蒂默曼斯依然没有讲明，波兰领导人如此违背法治的根本原则，究竟会引发委员会采取怎样的措施。

蒂默曼斯的这番讲话刚过去两天，雅罗斯瓦夫·卡钦斯基的党就
显示出他们对这位欧盟委员会副主席的告诫有多么不屑一顾。12 月 16 275
日，波兰下议院不但通过了 2017 年的财政预算，而且还通过了多数派政府提出的一项法案，旨在限制对议会活动的自由报道。以后，对于国民代表辩论的声、像报道只能通过由政府控制的内部电视频道进行，而且报道不能直接在下议院进行，而必须去另外的“媒体中心”，这样就限制了记者与议员或部长的联系。

反对党议员和在场的媒体代表共同抗议这一新的压迫行径；愤怒的议员们占领了讲台和主席台，示威者们把下议院大楼占据了好几个小时，当局不得不出动大量警察以中止他们的阻挠活动。而与此同时，占据议会多数的法公党离开了被反对党占领的议会大厅，在另一个大厅中通过了 2017 年预算案——这是一次挑衅，因为绝大多数人都认为这样不合法。为此，反对党议员请求总统杜达斡旋多数党政府与反对党之间的争端。12 月 20 日，占据多数的法公党撤回了关于议会报道

新办法的提案，但依然坚持在反常状态下通过的预算案的有效性。对于这一挑战，自由派反对党现代党和公民论坛宣布，它们将把从 12 月 16 日开始的对议会大厅的“占领”坚持下去，直到 2017 年 1 月 11 日下一次例行会议开幕。

在此前一天，执政党在自己最关心的控制宪法法院的问题上，取得了一个重要的阶段性成果：当现任院长安杰伊·热普林斯基因年龄于 12 月 19 日退休之后，执政党将有希望在不久之后把这个波兰最高等级的法院变成有利于推行本党政策的工具。总统杜达在此期间已经按照占据议会多数的法公党的新决议，任命受政府操控的女法官尤利娅·普日文布斯卡为院长。

276 如果卡钦斯基和他的政治伙伴们曾相信欧盟现在会对波兰的宪法冲突袖手旁观的话，那么他们在 12 月 21 日可是领到了教训。欧盟委员会由其副主席弗兰斯·蒂默曼斯出面向波兰宣布了一个于 2017 年 2 月 21 日到期的新“解释期限”。他说，尽管 7 月底所提到的某些问题已经得到解决，但是核心问题依然存在。此外，蒂默曼斯还对接任法院院长的规定提出了警告。他宣布接下来还有谈判解决的可能，但如果不愿谈判，就将进入制裁程序。

制裁程序的最后一环是按照《里斯本条约》第 7 条剥夺投票权，当然这需要欧洲理事会内的所有国家（制裁所针对的国家不算在内）一致投票同意方可执行。鉴于匈牙利总理维克多·欧尔班已经公开宣布将在这一投票中行使否决权，波兰政府方面不但对这个“最后手段”毫不畏惧，而且还把蒂默曼斯的威胁当作一把没有锋刃的剑。不过，在走到剥夺投票权这一步之前，可能还会有许多让波兰领导人不快的事情出现。如果他们真要不管不顾地走上这条路，那么他们就要冒着使波兰在欧盟内部进一步受到孤立的危险，而且作为一个不愿合作的成员国，波兰还有可能在共同体内让自己陷入各种物质和非物质方面的劣势。

无论在雅罗斯瓦夫·卡钦斯基于 2015 年秋夺回国家权力之前还

是之后，他都反复提到，他认为匈牙利的维克多・欧尔班是他的榜样。同样，匈牙利的这位政府首脑也在宣传中坦率地把波兰法律与公正党的党魁树立为“非自由的民主”典范。在通向这一目标的道路上，与2010 年 4 月就重掌政府的欧尔班相比，卡钦斯基这几年的步伐要快多了。意味深长的是，这一显著区别在 2016 年 12 月吸引了波兰社会学 277
家兼评论家斯拉沃米尔・谢拉科夫斯基（Sławomir Sierakowski）的注意。他说，欧尔班就好像一个玩世不恭者，随时都做好了走实用主义路线的准备；而卡钦斯基则如同一位幻想家，把实用主义路线看作软弱的标志，因此在他的党内，那些务实的政治家都有被他当成叛徒的危险。

谢拉科夫斯基认为，对卡钦斯基这样的政治家而言，这样一种心理缺陷潜藏着巨大的危险，因为一个幻想家每时每刻都有能力违背自身和本国的利益行事。“他总是游走在政治自杀的边缘。在最近的这次（围绕着议会活动自由报道权的）冲突中，雅罗斯瓦夫・卡钦斯基是第一次真正尝试自杀。”不过，到 2016 年末，再指望卡钦斯基的学习能力已经没有多大意义了。其实，他以后还能不能像从前一样全面掌控他自己的党都成问题。因此，波兰宪法冲突的最终结局也同样扑朔迷离。[5]

在 2016 年底的欧洲联盟之中，即将到来的最激动人心的事情无疑是将在 2017 年春天举行的法国总统大选。大有希望进入第二轮决选的国民阵线领导人马琳・勒庞，早已确定要代表她的党参选。社会党方面则到 12 月 1 日都尚不清楚，现任总统弗朗索瓦・奥朗德是否会再次角逐这一最高职位。如果是的话，就意味着接下来他将参加社会党人的初选，但大幅下降的民众支持率让他力不从心。在民调中表现更好的曼努埃尔・瓦尔斯总理，对成为候选人明显有更大的兴趣。被视为进步主义改革家的埃马纽埃尔・马克龙（Emmanuel Macron）早在 11 月 16 日就正式宣布参加竞选，此人在 2016 年 4 月创立了自己的党——“前进运动”（En marche），后来还在 8 月底辞去了瓦尔斯政府中的经

278 济部长一职。除他之外，属于宽泛意义上的左翼的候选人还有 6 个。其中有曾担任部长的社会党人阿诺·蒙特布尔格（Arnaud Montebourg）和伯努瓦·哈莫（Benoît Hamon），以及 2012 年参选的左翼党（Parti de gauche）党魁让-吕克·梅朗雄（Jean-Luc Mélenchon）。

第五共和国奠基人戴高乐所属的党自 2015 年以来已经由“人民运动联盟”改名为“共和党”（Les Républicains），该党决定用一个新办法来提名候选人：推举候选人的初选不但本党党员可以参加，而且一切认同共和党纲领并愿意交纳 2 欧元的人都可以参加。

在很长一段时间里，公众的目光聚焦在两位候选人身上：一个是于 2007 年至 2012 年担任总统的尼古拉斯·萨科齐（Nicolas Sarkozy）；另一个是现任波尔多市市长，并于 1995 年至 1997 年在前总统雅克·希拉克手下担任总理的阿兰·朱佩（Alain Juppé）。萨科齐试图让自己的政治立场显得偏右，尤其反对政治伊斯兰主义和虔信派穆斯林，并希望这能成为打赢国民阵线的最好办法，而朱佩则以温和改革派的形象来拉票：他主张把退休年龄从 63 岁推迟到 65 岁，降低企业税，改革学校和监狱系统。

大部分民调都显示朱佩远远领先于萨科齐。然而，就在第一轮初选的前几天——11 月 17 日，三位共和党候选人最后一次举行电视辩论的时候，另一位候选人弗朗索瓦·菲永（François Fillon）却异军突起并领先于朱佩。菲永在希拉克手下先后担任过劳工部长和教育部长，并且在 2007 年至 2012 年萨科齐当政期间担任总理。他充分利用了自己在经济和社会政策改革方面的声誉：菲永宣称要裁减 50 万公务员岗位并由此大幅削减国家支出；取消每周 35 小时工作制，把公共机构的
279 工作时间提升至每周 39 小时；大力削减劳工权利，包括取消对解雇的限制。他自称支持法国的天主教传统，认同关于婚姻、家庭和祖国的传统观念；他虽然不会推翻奥朗德任内所引入的“同性婚姻合法化”，但力主取消同性伴侣们的领养权；他赞成与俄罗斯接近并取消从 2014 年底开始的对俄经济制裁，主张通过加强国家层面合作的办法来进一

步整合欧盟；而且，他在所有人面前都显示出，他才是共和党总统候选人中“最忠实的戴高乐主义者”。

在 11 月 20 日举行的第一轮投票中，菲永、朱佩和萨科齐分别赢得了 44%、29% 和 21% 的选票。对此萨科齐表示他将从激烈的政治活动中退出，并建议他的支持者在第二轮决选中投菲永的票。朱佩没能在之后与菲永的电视辩论中遏制住后者的势头，11 月 27 日的第二轮投票结果一目了然：在有效选票中，菲永得票率 66.5%，朱佩得票率 33.5%。

许多观察家认为，与初选中胜出的那位共和党候选人相比，其实朱佩在总统选举的第二轮决选[1]中战胜勒庞的可能性要更大一些，因为他能吸引中间选民和左翼选民的票。在经济和社会政策的议题上，国民阵线此时主张强调社会关怀，甚至具有社会主义的面貌，这样的主张更容易打动陷入分化的左翼中那些失望的选民，并促使他们投票给勒庞，而不是投给那位在经济问题上奉行超自由主义的菲永。话又说回来，由于菲永在社会政治方面的保守态度和亲天主教会的立场，他很有希望在那帮“老法国人”（France Profonde）[2]中挖走勒庞的选票，而这种能力是朱佩这样的自由派候选人所不具备的。无论如何，对共和党的支持者而言，候选人问题已经不存在了：他们让一个人在初选中独领风骚，他们已经很久没有像现在这样团结在一个人的背后了。[6]

2016 年 12 月 4 日的晚上，欧洲的温和左翼和中右翼政治力量经 280
历了一番大起大落的情绪波动。在这一天，奥地利和意大利举行了两场激动人心的投票。在意大利举行的是一场关于修宪的全民公决，起因是马泰奥·伦齐总理想用公投为自己的政策背书。在奥地利，人们

[1] 按照法国总统选举的规则，如果在第一轮投票中没有任何一位候选人得票率超过 50%，将举行针对在第一轮投票中获得选票最多的两位候选人的第二轮投票。由于第二轮投票几乎总会发生，所以政论家们会格外关注候选人在这一“关键投票”中的潜力。

[2] 法语中的“profonde”与英语中的“profound”同源，所以直译是“深法国人”（英语的对译是“Deep France”），指的主要是那些生活在“外省”、农村，深受天主教文化熏陶，反对巴黎开明思想的保守居民。与此对应的，英语中也有“Deep England”（推崇自治和田园文化的英国人）、“Deep South”（美国那些在南北战争前属于蓄奴州的地区）等说法。

不得不对同年5月20日举行的第二轮决选进行重新投票，这一决定是由宪法法院做出的，其理由是计算邮寄选票的程序有瑕疵。在5月的选举中，在第一轮选举中得票第二的绿党前主席亚历山大·范德贝伦（Alexander van der Bellen）以3万张选票的微弱优势击败了属右翼民粹派的奥地利自由党候选人诺伯特·霍费尔（Norbert Hofer）。在此次重新选举中，他的胜利是无可置疑的：强调与欧盟亲善的范德贝伦获得了53.8%的选票，而他那位右翼的竞争对手仅拿到了46.2%。从绿党、社民党到自由党再到基督教民主党，欧洲联盟中的各大“政党系”都长长地松了一口气：民粹主义的势头终于第一次被打了下去。[7]

在意大利，投票站直到晚上11点才关闭，比奥地利晚了5个小时。由伦齐推动的宪法改革，早在几周前就成了热议的对象。意大利的《1947年宪法》建立在“完全的两院制”之上。众议院和参议院都由国民直接投票选出，只不过参议员的选举要“以地区为基础”（第57条）。在职权方面，两院之间并没有明确的区分。众议院和参议院共同进行立法工作，这一再导致立法进程的延宕，有时候甚至完全进行不下去。

此次改革的目标是把参议院转变成某种联邦宪法机构性质的代表
281 各地区的议院。它将不再由国民直接选出，而是由74个地区议会的代表和21个关键地区的市长组成。其议员的人数将从315名削减至100名，其中有5名议员跟现在一样是由共和国总统任命的终身议员。考虑到意大利参众两院议员的津贴是全欧洲最高的，如果参议院真的能完成这番大变革，还能大幅减轻纳税人的负担。修宪的其他内容还涉及全民公决的举行办法和旨在加强代议制民主的一些措施。

在经过艰难的辩论之后，参众两院最终批准了宪法改革方案——按照宪法第157条，只要有绝对多数议员赞成即可，如果要求三分之二多数的话，那全民公决就很难举行了。全民公决要求在3个月内有参议院或众议院五分之一的议员或50万选民，或五分之一的地方议会提出申请。即使没有这样的申请，伦齐总理依然先期决定举行公投。

他表示如果公投结果为“否”，他就宣布辞职，由此他将自己的政治命运与这次公投捆绑在了一起。

事实很快证明，这样的捆绑是一个严重的政治错误。伦齐这样做，相当于把无数反对他的人都动员起来，一起为一个“否”而努力。这些反对者有的来自激进右翼的北方联盟（Lega Nord），有的来自以前电视喜剧演员贝佩·格里洛（Beppe Grillo）为首的“五星运动”，其中还有本来一直支持改革的西尔维奥·贝卢斯科尼，甚至还有自己民主党（Partito Democratico）阵营中唱反调的人：比如前总理马西莫·达莱马（Massimo D’Alema）和前党主席皮埃尔·路易吉·贝尔萨尼（Pier Luigi Bersani）。他们最有说服力的理由是，整场改革只会引起行政权的上升（现在马泰奥·伦齐就是行政权的化身），反而会削弱整个民主制度。也许，有许多人就是这样想的。但也有一些人，或是因为对现任总理的政策不满，或是不管什么原因就是想看到他失败，也会以防止共和国变专制为借口而投下反对票。

对政府阵营和伦齐自己来说，只能指出现行体制不容忽视的弊病， 282
再讲明改革失败将会带来的危险：如果对国家稳定的信心受挫，那么意大利的国债利率就会继续上升，这可能导致银行业失去迅速复苏的希望，特别是面临破产威胁的意大利锡耶纳银行的情况会继续恶化；这还会削弱意大利在欧盟中的地位。令人印象深刻的是伦齐提到，围绕在贝佩·格里洛周围的民粹主义力量正在接近权力中枢，对此人们不得不做最坏的打算：意大利有可能退出欧元区，甚至完全退出欧盟。按这个说法，如果伦齐在 12 月 4 日失败，那么不只意大利，而且整个欧盟都会陷入混乱。

然而，这些警告只是徒费口舌。晚上 11 点之后不久，计票结果显示“否”的投票数取得了非常明显的优势，这跟民意研究者此前对伦齐预言的一模一样。这场改革的反对者以 59% 对 41% 的得票率压倒了支持者。伦齐信守诺言，次日即向总统塞尔焦·马塔雷拉（Sergio Mattarella）提交了辞呈。总统请求他等到 2017 年财政预算案通过之后再离职，这意味着伦齐至少还能多任职些时日。

“否”战胜了“是”，这是全民公决中常常出现的那种否定性力量的合力所产生的结果，而这种合力既没有意愿也没有能力进行建设性的合作。反对改革的力量在意大利南部（Mezzogiorno）、西西里岛和撒丁岛（Inseln Sizilien und Sardinien）这样经济发展水平较低的地方占上风，但同样也在富庶的北意大利相当强大——这里是北方联盟的老巢；而在托斯卡纳大区（Toscana）和艾米利亚-罗马涅大区（Emilia-Romagna），唯一坚定支持改革公投的党——伦齐的民主党——力量特别强大；支持改革的还有主要讲德语的南蒂罗尔地区（Gebiete
283 Südtirols），这里的人们希望修宪能巩固该地的自治。在包括罗马在内的大城市，“是”与“否”的分野常常根据社区之间的贫富差距来划线；仅有少数大城市［米兰（Mailand）、博洛尼亚（Bologna）和佛罗伦萨（Florenz）］明显赞成改革。年龄在55岁以上的意大利人普遍比年龄在18~35岁的同胞更倾向于反对改革，而后者才是受到失业问题重创的世代。唯一能使所有反对改革者取得共识的方面是，对马泰奥·伦齐的政策及其个人的不信任，然而对他们中的许多人而言，对伦齐的不信任已经与对所有建制派政党的不信任，乃至对整个政治体制的不信任混合在一起了。

理论上，这次宪法改革纯属意大利内政。可是来自由五星运动和北方联盟组成的反改革阵线的最强烈的呼声，却把反改革的斗争与反欧盟的议题紧密连接了起来。此外，贝佩·格里洛还倡议举行一次“是否继续留在欧元区”的全民公决。最新的民调显示，这类意见并非没有市场：2016年11月，赞成继续留在欧盟的意大利人仅有极微弱的优势（51%）。

这样看来，这场反改革阵营的胜利也是欧洲联盟的失败，而且是自6月23日“脱欧派”在英国脱欧公投中取胜后，欧盟在2016年遭遇的第二场大败。来自欧盟的信息显然不如民粹主义者的话语动听，而且使12月4日成为一个令人难忘的日子的原因，除此之外还有：意大利是欧洲共同体的创始国，而且几十年来一直都被看作特别亲欧的会员国。伦齐是一个多年未见的，最敢于锐意改革的意大利总理。其中特别重要的是对僵化的劳动力市场的改革，尽管这场改革尚未达到欧盟对这位充满活力的年轻总理的期许，但它还是保证了意大利努力提升竞争力的趋势。

每当伦齐故意不承认导致本国经济停滞的真正原因时，他也总是 284
毫无顾忌地用煽动性的口吻攻击欧盟委员会和德国。而且在这次公投之前，他也用发放价格不菲的“选举礼品”的方式继续推高了早已过度扩张的国债：其中包括提高公务员工资、给每个孕妇发 800 欧元补贴、给每个 18 岁的青年发一张“文化支票”。尽管如此，与该国国内政坛上那些反对他的人相比，他在欧盟中依然被视作欧洲一体化的朋友，一个多多少少为意大利考虑的欧洲公民。而在他离职之后意大利会变成怎样，会有怎样的欧洲政策，就只有天知道了。

12 月 7 日，参议院批准了此前众议院已经通过的 2017 年财政预算案。同日，伦齐宣布辞职。12 月 11 日，马塔雷拉总统委托此前一直担任外交部长的民主党人保罗·真蒂洛尼（Paolo Gentiloni）组阁，并授权此政府一直工作到 2018 年初——其常规法定执政期限到期为止。五星运动和北方联盟强烈反对国家元首的这个指令，这两个党都主张尽快举行新一轮大选，其理由是 12 月 4 日已经推翻了此前的一切政策。

当然，要举行大选无论如何还要先扫除一个障碍：伴随着修宪的失败，参议院选举法也作废了，后继法律必须与众议院选举法相兼容。真蒂洛尼组建的这个政府，从人事方面看就是一个没有伦齐的伦齐内阁，因此一旦新选举法颁布是存活不了多久的。此外，要求举行新大选的压力太大了。组建一个新内阁似乎能够保证今后一段时间里意大利政策的连续性。但这场大选，无论是在 2017 年举行，还是拖到 2018 年初举行，都会有让五星运动这类势力问鼎权力的危险，这种情况势必将极大地动摇欧洲联盟的基础。[8]

285 12月15日—16日，欧洲理事会在布鲁塞尔召开了2016年的最后一次会议。会上讨论了阿勒颇平民所遭受的可怕苦难，在这儿，受到俄罗斯空军及伊朗、伊拉克和黎巴嫩的什叶派民兵支持的叙利亚政府军攻占了反政府联盟据守的最后一个街区——对联合国、西方国家联盟和欧洲联盟而言，这一人道主义悲剧证实了自己的无能。与会者对此事没有做出具体的决议，同样也没有对欧洲难民政策改革做出决议——这一议题被推迟到了2017年的夏天。

峰会与会者一致认为，尽管埃尔多安总统在国内实行越来越严重的镇压政策，但还是应该坚守与土耳其达成的难民合作协定。在荷兰政府的推动下，会议通过了一项与乌克兰合作协定的补充声明，该声明允许荷兰忽略4月“参考性”公投的结果而批准该条约。尽管包括斯洛伐克、匈牙利、希腊和意大利在内的一些成员国对此表示忧虑，欧洲理事会最终还是延长了自2014年3月起因吞并克里米亚一事而对俄罗斯实施的制裁时间。

普京总统大概会对此决议感到失望，不过他有理由期待欧盟内部反对制裁的呼声会在新的一年里越来越响亮。11月13日，在经济上，特别是在能源供应上非常依赖俄罗斯的保加利亚举行了总统选举，亲俄并公开反对制裁的社会党候选人、退役将军鲁门·拉德夫（Rumen Radew），战胜了比较保守的纹章党[1]的女候选人、议会主席泽茨卡·佐奇赫娃（Zezka Zatschewa），紧接着佐奇赫娃最重要的支持者
286 鲍里斯索乌（Borissow）总理宣布全体内阁辞职。新一轮议会选举预计将于2017年3月提前举行。而在那时人们自然无法预知议会选举的结果，同样无从揣测的是，拉德夫是否真的会大幅改变保加利亚的政治路线——在选举期间他清楚地表达过对欧盟和北约的支持。

在其邻国罗马尼亚，亲俄的社会民主党赢得了12月11日的议会

[1] 该党的全称是“保加利亚欧洲发展公民党”，缩写是GERB，正好是保加利亚语“纹章”的意思，所以被称为“纹章党”。

选举：尽管该党的一些头面人物有腐败和选举舞弊的丑闻缠身，该党还是和其自由派的小搭档自由民主联盟（ALDE）一起掌握了议会中的绝对多数。可以预见，社会党人索林·格林代亚努（Sorin Grindeanu）领导下的新政府将比现在执政的、由独立专家组成的过渡内阁更多地考虑到俄罗斯的利益。

在保加利亚举行选举的同一天，摩尔多瓦也在 2016 年 11 月 13 日举行了总统选举——这是一个欧盟于 2014 年与之达成过援助协定的苏联加盟共和国。亲俄候选人社会主义者党主席伊戈尔·多东（Igor Dodon）以 52% 对 48% 的得票率优势，战胜了亲欧洲的候选人马娅·桑杜（Maia Sandu）。观察家们认为，这次选举的结果是对猖獗腐败的抗议，因为腐败的主要受益者和保护伞都是亲欧政党。

而另一个东南欧的欧盟候选国黑山的局势发展，恐怕会让普京皱起眉头。到目前为止，这个巴尔干国家在长期执政的米洛·久卡诺维奇（Milo Đjukanović）总理的领导下一直奉行亲西方的路线；2015 年 12 月，北约正式邀请该国加入大西洋联盟。2016 年 9 月，该国爆出了一个由激进的塞族民族主义者和俄罗斯右翼激进分子策划的政变计划，据称还牵涉前情报部门人员。在 10 月 16 日的议会选举中，久卡诺维
奇的党尽管在选票上告负，但依然是该国最强大的政治力量，并且还 287
能在一些少数民族小党的支持下重新组建政府。

对俄罗斯而言，重塑与土耳其的关系在战略上无疑要比黑山的事情重要得多，而且土耳其还是一个自 2005 年起就与欧盟展开入盟谈判的国家。自 2016 年 7 月 15 日那次失败的军事政变之后，总统埃尔多安执行着越来越强硬的专制路线；到这年年底，已经有 3.8 万人被捕，10 万人被开除公职。12 月 10 日，分离运动组织库尔德工人党在伊斯坦布尔进行了一次血腥袭击，造成 44 人死亡（其中包括 36 名警察），在这之后政府逮捕了 59 名亲库尔德人的人民民主党议员中的 12 人，其中包括反对党领导人。欧洲议会以土耳其的法治愈加退步为由，通过了一个对各国政府并无约束力的决议：暂停与土耳其的入盟谈判，

直至另行通知。土耳其政府对此表示愤怒，但丝毫没有停下将土耳其变成一个总统专制国家的脚步。

2016 年，土耳其与俄罗斯双边关系的发展趋势则完全不同。自 8 月初埃尔多安与普京在圣彼得堡会晤之后，俄罗斯与土耳其的立场在原来有争议的叙利亚问题上也开始趋近。阿勒颇于 12 月中旬陷落之后，俄罗斯外长拉夫罗夫与伊朗和土耳其的外长聚到了一起——拿下此城对叙利亚总统阿萨德最重要的盟友俄罗斯和伊朗而言（与对他自己一样）都是一个巨大的战略成就。这场会晤于 12 月 20 日在莫斯科举行——就在一天前，俄罗斯驻土耳其大使被一名土耳其警察杀害。与会者表示，叙利亚冲突亟须一个“政治性”解决方案，并决定从 2017 年初开始在哈萨克斯坦首都努尔苏丹举行谈判。次日，俄罗斯和土耳其在阿萨德政权和温和派反政府组织之间就在叙利亚实现停火问题进行斡旋。停火将在俄罗斯和土耳其的共同保证下，于 12 月 30 日午夜
288 生效。联合国和美国有意识地没有参与这份停火协议。

2017 年 1 月 20 日白宫易主之后，美国与俄罗斯之间的关系究竟会如何发展变化，在 2016 年底还难以看明白。但根据唐纳德·特朗普在选战期间的言论，以及这位“新当选总统”的公开声明和先期公布的个人决定，还是可以推测：让美国政府与俄国政府结成某种战略性伙伴关系，是这位新总统在外交方面的优先事务。在欧盟方面，普京不但可以把东南欧这些亲俄政治家和政党的胜选看作自己的成功，而且对脱欧公投也可以此观之——此事削弱了欧盟，同时也让人无心再管克里米亚。

对于欧洲将在 2017 年上半年所面临的一些重大选择，这位俄罗斯总统也完全有理由保持乐观。在年初的法国“总统选举”中，两位亲俄的政治家（保守派候选人弗朗索瓦·菲永和国民阵线领袖马琳·勒庞）都很有希望进入第二轮决选。属于亲俄派的还有荷兰民粹主义者基尔特·威尔德斯，民调显示他在 2017 年 3 月举行的议会选举中也大有胜算。无论如何，弗拉基米尔·普京都是国际局势的赢家之一，而

他本人一直都是局势发展的深度参与者。而且他大概还会期待，2017 年也是属于他的一年。[9]

在 2016 年的最后两周内，德国遭遇了两起恐怖袭击：12 月 19 日傍晚快 8 点的时候，一辆波兰牌照的大挂车在没有刹车的情况下冲进了威廉皇帝纪念教堂（Kaiser-Wilhelm-Gedächtniskirche）[1] 前方的布莱特沙伊德广场（Breitscheidplatz）。这场袭击明显以 7 月 14 日的尼斯 289
滨海大道袭击为榜样，共造成 12 人丧生，50 余人受伤——其中许多人伤势严重。袭击者在数小时之前在柏林劫持了这辆大挂车，车上的司机波兰人卢卡什・乌尔班（Lukasz Urban）被控制，后来被枪杀。这辆大卡车在袭击地点行驶了七八十米后，这辆车内置的自动刹车系统使得它无法再行动，此后凶手成功逃脱。

次日，“伊斯兰国”宣布对此事件负责。安全部门的调查结果是，1992 年出生于突尼斯的阿尼斯・阿姆里（Anis Amri）制造了这起事件。此人为了逃避在本国的牢狱之灾，于 2011 年逃到意大利，然后又在那儿因重罪（其中包括在接待中心纵火）被判处 4 年监禁。刑满后，他紧接着就被驱逐出境。而当突尼斯拒绝接纳他时，他被勒令离开意大利，之后被释放。不久后，他成功地借道瑞士非法进入德国，在那里他提交了一份政治庇护申请并在 2016 年夏天被驳回。然而，将他遣送回故乡的努力又一次失败了——因为这名庇护申请者没有证件，而补办证件的事情又因突尼斯否认此人是本国公民而拖延了下来。

自 2016 年 2 月以来，阿尼斯・阿姆里先后用了 14 个不同的名字，他先去了巴登-符腾堡州，后来又在北莱茵-威斯特法伦州与柏林之间交替居住。他通过贩毒赚钱，并生活在一种激进的萨拉菲主义

[1] 威廉皇帝纪念教堂是柏林最著名的景点之一，位于繁华的选侯堤大街一侧。在二战中教堂的主体部分被摧毁，战后柏林人保留了剩余部分的残破状态，作为对历史的纪念。

（Salafismus）[1] 的环境中，位于德国掌握的约 550 名“伊斯兰国危险分子”的名单之列。安全部门甚至发现了一些他预备从事严重威胁国家安全的暴力行动的迹象：他已经自学了制造管状炸弹和炸药的知识，并且与“伊斯兰国”有联系。然而，柏林的总检察长却因为没有具体的疑点，而在 2016 年 9 月 21 日结束对他的监视。几周之后，他就不见了。

290 2016 年 10 月当上了“伊斯兰国”“外籍战士”的阿姆里，在制造了柏林恐袭之后还有 4 天可活。他经由荷兰、比利时和法国，逃向北意大利。12 月 23 日凌晨，当警察在米兰北部的工业城市塞斯托-圣乔凡尼（Sesto San Giovanni）的火车站广场前进行一次例行证件检查时，他马上用手枪向警官们射击，并在击伤了一名警察后被警方击毙。阿尼斯・阿姆里的死讯传出之后，“伊斯兰国”立即公开了一段视频，在其中，这位柏林恐袭的制造者宣布自己加入恐怖组织，宣誓向“伊斯兰国”领导人阿布・巴克尔・巴格达迪（Abu Bakral-Baghdadi）效忠，并誓死对欧洲的“十字军”复仇。

这次袭击在德国激起了对欧洲及德国反恐工作有效性的广泛讨论。凶犯阿姆里曾在意大利服刑的事，德国安全部门直到此人被释放之后 2 个月才知晓。在德国，尽管阿姆里已经被归类为“危险分子”，他依然能在各联邦州之间自由穿行。他还可以从德国前往瑞士——他的手枪显然就是在那儿搞到的，他就是用这把枪杀死了 12 月 19 日被劫持的波兰挂车司机。当柏林检察官于 2016 年 9 月中止对他的监视时，并不知道就在 2 天之前，摩洛哥的国内情报机构已经向德国的新闻机构提供了关于这个突尼斯人危险性的新证据。2016 年 10 月，突尼斯方面已表示，可以在不监禁阿姆里的情况下为他补办证件。

不出所料，选择党马上借 12 月 19 日的袭击事件在政治上大做文章：还在 19 日当晚，他们就恶毒地喊出了遇难者是“默克尔所杀之

[1]　萨拉菲主义是宗教激进主义的一种，其名称来源于“虔诚的祖先”（al-salaf al-salih），主张严格效法先知穆罕默德和他早期的追随者，支持实施“伊斯兰教法”（Sharia）。

人”的口号。当然，关于申根区外部边境和德国边境失去控制的后果的讨论早已进行很久了，而且这种讨论也是必要的。在柏林的大联盟 291
内部，首先是联盟党（而且特别是其中的基民盟）把在 2016 年底之后加强国内安全的议题推向前台。

就在数周之前的 2016 年 11 月 20 日，安格拉·默克尔已经宣布她将在 2017 年 9 月举行的联邦议院选举中再次（即第四次）竞争联邦总理的职位。她从 12 月 6 日在埃森（Essen）举行的基民盟党代会重选党主席的过程中应该可以感觉到，她的难民政策在本党之内存在争议：这天她在党代表中的得票率是 89.5%，比 2014 年下降了 7.2 个百分点。与 2015 年夏末及秋季相比，她的政府在涉及移民问题的实际政治操作中早就打了许多折扣，但总理在公开表态时依然与从前一样，不愿给人留下自行改正错误的印象，也不愿承认自己的疏忽和错误决定。许多观察家越来越怀疑，在 2017 年的选举中她的这套办法行得通。[10]

另一个德国政党——绿党——通过邮寄选票初选的方式，为本党确定两位参加联邦议院选举的候选人。竞争者包括绿党的联合主席之一杰姆·厄兹代米尔及议会党团的两位联合主席卡特林·约英-埃卡特（Katrin Göring-Eckardt）和安东·霍夫赖特（Anton Hofreiter），还有石勒苏益格-荷尔斯泰因州（Schleswig-Holstein）党主席、环境部长罗伯特·哈贝克（Robert Habeck）。由于绿党的党章规定，党的两位联合领导人中至少要有一名女性，那么属于党内右翼或者说“现实派”的卡特林·约英-埃卡特事实上已经赢定了。而属于“现实派”的厄兹代米尔和哈贝克，将与属于“初心派”或者说左翼的霍夫赖特争夺男性候选人的位置。

1 月 18 日，结果揭晓。厄兹代米尔得票率为 35.96%，以 75 票的极微弱优势战胜了哈贝克（35.74%），霍夫赖特（26.19%）则远远地排在后面。卡特林·约英-埃卡特得票率为 70.63%。倘若党内左翼在竞争男性候选人的环节中胜出，那么就有更大的可能出现一个与社民党 292
和左翼党组成的联盟——“红-红-绿”联盟。而现在“现实派”的胜出则标志着绿党成员们更倾向于一个与联盟党组成的“黑–绿”联盟，如果这样还不足以形成议会多数而且自民党（FDP）能重回联邦议院[1]的话，那么他们还会支持一个“牙买加方案”[2]：一个由基民盟 / 基社盟、绿党加自民党组成的联盟。

作为联盟党当下的执政伙伴，社民党原计划于 2017 年 1 月 29 日公开自己的候选人。就在这之前 5 天，《明星》（*Stern*）杂志对西格马尔・加布里尔的专访于 1 月 24 日出人意料地刊载了出来。在采访中，加布里尔表示将辞去党主席的职位，并且不会参加总理竞选。对这两个位置，他都推荐了于 1 月 18 日卸任欧洲议会主席的马丁・舒尔茨。1 月 24 日晚上，社民党主席团批准了他的推荐。加布里尔还表示，想辞去经济部长一职而转任外交部长。现任外交部长弗兰克–瓦尔特・施泰因迈尔是执政联盟共同支持的德国总统候选人，以取代早在 2016 年 6 月初就表示因年龄不再连任联邦总统一职的约阿希姆・高克（Joachim Gauck）。新的经济部长将由以前的司法部长布丽吉特・齐普里斯（Brigitte Zypries）担任。

让加布里尔做出这个意外决定的原因，是糟糕的民调结果。在“星期日提问”中，社民党的得票率才刚刚到 20%（所提的问题是：“假如下周日举行联邦议院选举，您会选哪个党派？”）。加布里尔个人的受欢迎程度一再远远地落后于安格拉・默克尔。哪怕是社民党的支持者，也乐见默克尔而不是加布里尔当总理。但如果选项换成了“舒尔茨还是默克尔”，那么舒尔茨还是遥遥领先。

从民调结果看，舒尔茨是社民党所能推举出的最受民众欢迎的总
293 理候选人。除了其他条件之外，他还来自北莱茵–威斯特法伦州，而该州将于 2017 年 5 月举行州议会选举——这使他与其他可以想见的总理候选人相比，在面对奥拉夫・肖尔茨（Olaf Scholz）这位即使在社民

[1]　作者这样说，是因为按照联邦德国法律，在联邦议院选举中得票率超过 5% 的党派才有资格进入议院，而自民党（党团标志为黄色）在上一次的选举中没有达标。

[2]　之所以取这个名字，是因为牙买加国旗的图案是“黑绿黄”组合。

党外也享有声望的汉堡市市长时，也拥有优势。更为重要的是，尽管马丁·舒尔茨与奥拉夫·肖尔茨一样属于“右翼”社民党人，但舒尔茨却远比肖尔茨更受到社民党左翼和青年党员的拥护。与加布里尔相比，舒尔茨的优势在于他没有入阁，所以他在与国内政坛的主要竞争对手联盟党的斗争中，比已经加入大联盟政府的人更能放开手脚。当然，舒尔茨的声望不是作为德国政治家，而是作为欧洲政治家积攒起来的。他良好的民调结果是否能在联邦议院选举中展现出来，自然还有待观察。

1 月 25 日，舒尔茨在社民党议会党团的热烈欢迎中宣布，他决定“无论局势如何变化”都会代表社民党竞选总理。两天之后，加布里尔作为外交部长、齐普里斯作为经济部长在联邦议院宣誓就职。又两天之后，1 月 29 日，社民党党委会批准了主席团提案，提名马丁·舒尔茨为党主席和总理候选人。对党主席的正式选举，于 3 月 19 日在柏林召开的特别党代会上举行。在会上，舒尔茨从代表手中获得了党史中前所未见的 100% 的赞成票。在接下来选他成为总理候选人的过程中，同样既没有反对票，也没有弃权票。

这个历史最悠久的党改换党魁，并不意味着它在党派联盟方面提前做出了什么决定。在官方层面上，社民党人一直说任何选择都有可能。根据 2017 年初的民调，该党左翼所期待的“红-红-绿”联盟在议会中无法取得多数。此外，这样一个联盟在外交政策上的矛盾是不可调和的：左翼党的目标之一是让德国退出北约，而对社民党人和大多数绿党党员来说，确保德国的北约成员国身份是必须做的事。过去数年间的经历，使得任何一派社民党人都不想再（与联盟党）组建一个新的大联盟。但也并不是说，组建新联盟的可能性完全不存在。如 294
果联盟党依然是最强的政治势力，以至于一个由社民党领导的政府无论如何都无法取得议会多数（“红-红-绿”不行，社民党联合自民党、绿党的“交通灯方案”也不行），而联盟党又无法与其他政党组成联盟（就是说既无法单独与绿党联盟，也无法与绿党加自民党联盟），那么就只好将 2005—2009 年和 2013—2017 年这几年中的联盟再组建一次——最后这个没有办法的办法，是这两个“大”党无法舍弃的。[1]

有那么一个党派，是所有政党在讨论结盟对象时都不予考虑的：德国另类选择党。根据最新的民调数据，尽管在 2017 年初已经可以确定该党在 9 月将以两位数的得票率进入第 19 届联邦议院，但鉴于其高调的民族主义，反欧盟、反欧元的纲领和煽动行为，依然不会有任何党派考虑与它结盟。选择党的联合主席之一弗劳克·彼得里（Frauke Petry）于 1 月在科布伦茨的民族主义政党大会上与法国国民阵线的马琳·勒庞和荷兰自由党的基尔特·威尔德斯会晤，结果引发了本党内部的反对声音。彼得里的批评者认为，选择党的党主席与国民阵线的领导人同台出现会伤害选择党，因为国民阵线的诉求还是“社会主义式”的。

彼得里还要求将图林根州的党主席比约恩·赫克（Björn Höcke）开除出党，此人于 2017 年 1 月 17 日在德累斯顿（Dresden）的演讲中说德国的纪念政策应该来个“180 度的大转弯”；他同时还暗示性地提到了柏林的大屠杀纪念碑：他说德国人是世界上唯一一个“在自己首都的心脏地带竖立耻辱纪念碑”的民族。尽管党委会多数成员都同意彼得里的看法，认为赫克的极右口号会吓坏中产阶级选民，从而伤害选择党，但还是仅启动了党内的训诫程序。

295 到目前为止，选择党吸引的主要是那些对联盟党、社民党和左翼党失望的选民。该党包括像赫克在内的一些右翼领导人还认为，选择党很有希望赢得更多极右翼的德国民族民主党（Nationaldemokratischen Partei Deutschlands，简称 NPD）的选民选票。（2017 年 1 月 17 日，联邦参议院一项查禁该党的申请被联邦宪法法院否决，其理由是：尽管德国民族民主党的行动违背宪法，但因其选民和席位稀少，不会对德国的自由民主秩序构成威胁。）

[1] 最后成为现实的，正是这样一个“没有办法的办法”。

彼得里首次想要把赫克开除出党时，没有在党委会找到足够的赞同者，这足以表明党内（尤其是德国东部各州的党委）对此人的支持力量有多么强。不过，2 月 13 日，彼得里还是在一种法律意见（赫克与希特勒言辞之间的相似性）的支持下，让党委会内三分之二多数委员同意启动把这名图林根州党主席开除出党的程序。而赫克警告说，这项决议有令本党陷入分裂的危险。

开除赫克的程序可能要走好几个月，而且结果并不确定。选择党领导层中的多数派与少数派在战术方面的分歧是否会降低该党在 2017 年竞选活动中取胜的机会，尚不可知。也有可能，这种情况会使该党更容易既吸引民族保守主义的选民，又吸引激进右翼的选民。无论如何，仍然可以猜想到选择党将进入下一届联邦议院，从而使其他政党组建一个有执行能力的联盟变得难上加难。[11]

法国在 2017 年初已经完全进入了总统大选季，两轮选举分别于 4 月 23 日和 5 月 7 日举行。作为第一轮选举中的热门人选，国民阵线 296
主席马琳·勒庞于 2 月 4 日在里昂被正式推举为总统候选人。起先，在莫斯科注册的第一捷克–俄罗斯银行（Ersten Tschechisch-Russischen Bank）曾答应给予国民阵线 2000 万欧元的贷款，而现在这家银行已破产，该款项也被俄罗斯中央银行（Russischen Zentralbank）撤回。而勒庞在 12 月已因为为国民阵线争取俄罗斯的资金援助而上了头条新闻。1 月初，当勒庞以 2014 年 3 月的那场有争议的公投[1]为由称俄罗斯对克里米亚的吞并为“非法”时，人们普遍认为这是在尝试对莫斯科的贷款决策施加有利于己方的影响。

同样引人注目的是，这位国民阵线主席于 2017 年 1 月 12 日受邀拜访了纽约的特朗普大厦。她虽然没能见到唐纳德·特朗普本人，没

[1]　2014 年 3 月 16 日，克里米亚自治共和国政府于发起了一场公投，让克里米亚居民决定是否从乌克兰独立并且加入俄罗斯联邦。16 日的投票结果显示，绝大多数（约 97%）选民赞成脱乌入俄。大部分西方国家和乌克兰临时政府拒绝承认此公投的合法性。

能和他最亲密的顾问进行磋商，但勒庞与这位“新当选总统”的老朋友、专门负责与欧洲右翼联系的意大利商人圭多·隆巴尔迪（Guido Lombardi）进行了长时间的交谈。这次会面所传递出的信息显而易见：欧洲最强大的民族民粹主义党派的领导人展现了她与未来的美国权力核心之间的密切关系——而且美国那里同样也是位民族民粹主义的总统。

1 月 24 日，马琳·勒庞估计会觉得真是天上掉下来一个大馅饼：法国的讽刺刊物《鸭鸣报》（*Le Canard Enchaîné*）发表了一篇报道，指责勒庞在总统竞选中最强劲的竞争对手、共和党候选人弗朗索瓦·菲永涉嫌私用公款。报道称菲永的妻子佩内洛普在没有提供任何服务的情况下，多年（1998—2002 年）间断断续续地领走了 50 万欧元。这个丑闻的要点并非国会议员为自己的家属安排工作——这在法国司空见惯而且是合法的，而在于佩内洛普完全是在吃空饷。弗朗索
297 瓦·菲永坚决否认了这一点，并提到这是一场敌视女性的运动。但财务检察官认为此事极为重要，值得展开调查。[12]

至于社会党是否能够从共和党候选人卷入的这件事中得益，这时还未知。12 月 1 日，弗朗索瓦·奥朗德因对自己的民调结果失望而成为第五共和国历史上首位自行放弃连任的总统。他的继任者将经由与共和党方式类似的初选产生：除了党员之外，一切对该党抱有好感的，并且愿意象征性地缴纳 1 欧元的人都可以参加这个初选。在 1 月 22 日第一轮选举中，得票率领先的两位候选人是建设部前部长伯努瓦·哈莫（36.35%）和 12 月辞职的总理曼努埃尔·瓦尔斯（31.11%）。

由于居于第三位的党内左翼代言人、经济部前部长阿诺·蒙特布尔格（得票率 17.5%）要求他的追随者在第二轮投票中支持同属左翼的哈莫，这让哈莫成了最有希望获胜的候选人。事实上他也在 1 月 29 日取得了一场大胜：哈莫得票率为 58.7%，瓦尔斯得票率为 41.3%。在初选期间，哈莫主张为所有 18 岁以上的法国人提供 750 欧元的无条件基本收入，这一要求被务实的改革者瓦尔斯认为是无法负担的，他

称这对法国经济而言是一个危险的乌托邦。初选的结果意味着社会党猛烈地向左摆动，同时也是在向奥朗德总统和瓦尔斯的继任者贝尔纳德·卡泽纳夫（Bernard Cazeneuve）领导的政府政策宣战。

当然，哈莫接班奥朗德当总统的可能性实在是太小了，他甚至连进入第二轮决选都勉强。在民调排名中，两位没有参加过社会党初选的候选人，即经济部前部长埃马纽埃尔·马克龙和左翼党主席梅朗雄，显然排在社会党的所有候选人之上。如果不是哈莫，而是瓦尔斯赢得 298
了第二轮初选，那么他对马克龙和菲永而言将是一个更危险的对手。

在总统选举的早期阶段，最出人意料的角色当属无党派的马克龙。到 1 月中旬，由他创建的“前进运动”在全法国聚集、注册了 14.7 万名支持者。他的演讲集会极为火爆。他攻击那些“政府机关”丧失了一切革新的意愿。马克龙强烈支持对劳动力市场和教育系统进行彻底改革，赞成加强欧盟，并尽可能构建紧密的德法合作关系，此外他还对德国总理的难民政策抱有好感。他说他将在 3 月公布一个更加详尽的计划。在 1 月中旬的民意调查中，马克龙以 20% 的得票率排在勒庞（26%）和菲永（25%）的后面，位居第三。

正当民众对共和党候选人的指责发酵之际，马克龙也受到了滥用公款指控：有两位记者在他们的书中宣称，马克龙在 2016 年 8 月辞去经济部长职位前，已将部里的预算用去了 80%，而且其中有 12 万欧元的花费至少是部分地服务于他自己竞选总统的目的。马克龙称这一指责为诽谤，并将该书的作者们告上了法庭。由于在某一政府部门的工作与该部部长党派性的政治动机之间实在难以画出一条清晰的界线，这两位记者的指控遭到了普遍的质疑。

就在《鸭鸣报》爆料菲永后一周，该刊物于 2 月 1 日又追加了一篇报道：据称，佩内洛普·菲永作为她丈夫在议会中的协作者和国民大会中的后备议员一共得到了 90 万欧元的酬劳。此外，弗朗索瓦·菲 299
永还因为一份可疑的顾问合同拿到了 20 万欧元的酬劳，而且他作为参议员还把他的尚在大学念法律的女儿玛丽、儿子查理聘为“助手”，从而使两人（在可能并未从事相关工作的情况下）总共获得了 8.3 万欧元的工资。几乎就在同时，财务检察部门也宣布他们已经把调查范围扩展到菲永的儿子和女儿。2 月 2 日，法国电视二台的一个节目公布了一段 2007 年《每日电讯》（*Daily Telegraph*）对出生于威尔士的佩内洛普·菲永的采访录像。佩内洛普在这段采访中称，她从未担任过其丈夫的助手。

弗朗索瓦·菲永依然表示这是他的政治对手，甚至是政府圈子想要抹黑他的活动，并强调只有在他被起诉的情况下，他才会退出总统竞选。然而，在 2 月初的民调中，他已经首次落在了马克龙的后面。民调结果是：第一轮选举最受欢迎候选人马琳·勒庞得票率为 26%~27%，马克龙得票率为 22%~23%；菲永得票率为 19%~20%。同期的另一项民调显示，有 61% 的法国人要求菲永放弃竞选。到了这个时候，共和党内部也第一次出现了要菲永退出竞选的声音，有人认为他可能已经变成了保守派阵营的负担。菲永本人尽管于 2 月 6 日为自己雇用家庭成员的事情公开道了歉，但还是坚称此事在当时并不违法，同时他也依然拒绝退出竞选。[13]

在某些 2004 年或 2007 年加入欧盟的“新”成员国中，从 2017 年初开始出现了越来越强烈的偏离联盟内自由主义“主流”的“民粹”或“非自由的民主”的倾向。在波兰，政府与反对党之间最初似乎还
300 出现了某些缓和的迹象：1 月 9 日，希德沃政府撤回了饱受争议的媒体管理法提案——该提案极大地限制了媒体对议会工作的报道。3 天后，反对党议员对下议院议事大厅的占领宣告结束，他们是从 12 月 16 日起因反对该提案而开始这次引人注目的行动的。然而，在执政多数派于 12 月 16 日在非常规情况下通过的预算计划的合法性问题上，法公党阵营并不退让。反对党曾请求杜达总统调停此事，但他于 1 月 14 日签署了 2017 年预算案。

反对党已经不可能指望从宪法法院获得公正了。在服从于法公党

的女法官尤利娅·普日文布斯卡于 2016 年 12 月底取代自由派法院院长安杰伊·热普林斯基之后，并且在另一位自由派法官也宣布退休之后，法院实际上已经不可能做出反对政府的裁决。在新的一年开始后，民族保守派排挤反对党的势力增强了：法公党主席雅罗斯瓦夫·卡钦斯基于 1 月中旬宣布了一项法案：所有市长、区长和其他由选举产生的社区或地区官员最多只能再参加一次选举，也就是说只能连任一次——这个新办法是专门针对自由派（大多深受爱戴）的现任官员的。

议会中的反对派则太不团结，以至于不能组织起有效的反抗。议会之外的保卫民主委员会（KOD）组织了大多数针对法公党政策的抗议活动，却因为其主席马特乌什·基约夫斯基（Mateusz Kijowski）而陷入困顿。基约夫斯基这位总是把无私奉献挂在嘴边的电脑专家不得不承认，他的家族公司因提供互联网服务而得到了 2.1 万欧元。他对自己将保卫民主委员会拖入危机的事情表示道歉，但却拒绝辞职。

反对党也很难期待从外部获得援助。尽管欧盟委员会要求波兰在 301
2 个月内恢复宪法法院合宪性的最后通牒到 2 月底才到期，但在新年伊始之际，早已没有多少波兰人觉得波兰政府会对欧盟服软。还有些人希望有部分法公党党员（甚至包括杜达总统这样的领导层人员）不再无条件地服从卡钦斯基的指令，而到目前为止，这也纯属幻想。现在，波兰的局势发展正朝着“非自由的民主”的方向不断前进着。[14]

首先提出“非自由的民主”这个概念的匈牙利总理维克多·欧尔班，也在新的一年里尽一切努力巩固着这种统治形式。他现在要集中火力对付令全球专制政府都头疼且加以打击的对手：追求实现公民社会的非政府组织（NGO）。与他的偶像弗拉基米尔·普京相似，欧尔班也把这类机构的工作人员贬斥为受雇用的间谍，称他们从国外意图伤害国家利益的人以及国际金融财团的手中获得“贿赂”。

很长一段时间以来，青民盟政府的头号打击对象是出生于匈牙利、现在定居美国的亿万富翁兼慈善家乔治·索罗斯。此人强烈批评其家乡的专制化趋势，并资助了如“开放社会基金”（Open Society

Foundation）、布达佩斯的中欧大学（Central European University）和赫尔辛基委员会（Helsinki-Komitee）这样的自由派机构。索罗斯除了与欧尔班作对之外，也把新当选的美国总统唐纳德·特朗普视为追求独裁的代表而与之斗争——这一点令匈牙利的政府首脑十分开心。这样一来，他就可以期待他要求各 NGO［其中包括“透明国际”（Transparency International）］领导人公布其财产关系的计划将获得来自华盛顿的赞同，同时其政府对国际自由派“压力集团”（pressure groups）的宣传战加大火力的做法也会获得青睐。特朗普在还是“新当
302 选总统”的时候就邀请他访问白宫，这着实让他受宠若惊。从长期看，特朗普显然会将欧尔班视为他在欧盟内部的一位志同道合的伙伴。普京在 2017 年 2 月 2 日（两年内）第二次访问了布达佩斯，对普京而言，欧尔班大概早已是令人愉快的伙伴了。[15]

匈牙利的东南欧邻国罗马尼亚的自由派力量也在 2017 年初陷于防守状态。社民党在 2016 年 12 月在议会选举中取胜之后，有德国血统、本身属于自由派的总统克劳斯·约翰尼斯（Klaus Johannis），任命最大党派的政治家索林·格林代亚努为总理。然而，对社民党人而言，格林代亚努只是暂时帮助社民党主席利维乌·德拉格内亚（Liviu Dragnea）占住这个政府首脑的职位。而德拉格内亚之所以按现行法律不能担当总理，是因为他在 2016 年因竞选舞弊而被判处了 2 年徒刑，此外还因为滥用职权而接受审判。

为了让德拉格内亚在这种情况下还能当上总理，格林代亚努领导的由社民党与自由民主联盟（ALDE）组成的联合内阁准备放宽《反腐败法》的规定：以后，如果滥用职权造成的损失小于 20 万列伊（相当于 4.45 万欧元），将免于刑事处罚（德拉格内亚的涉案金额估计为 10 万列伊）。约翰尼斯于 1 月 18 日亲自造访内阁，得以让这项法案推迟发布。布加勒斯特（Bukarest）当天就出现了反对政府做法的大规模抗议活动。1 月 22 日星期天，包括总统约翰尼斯在内的约 2 万人参加了相同主题（未经申报）的游行示威活动。

对此，政府的反应是宣布启动罢免总统的程序——这样的做法在 2012 年有过先例：当时，（后来因腐败而判刑的）社民党总理维克 303
托·蓬塔发起了一项旨在罢免保守派总统特拉扬·伯塞斯库的全民公决，尽管公决取得了多数赞成的结果，但由于没有达到宪法所规定的 50% 投票率底线，所以作废了。1 月 24 日，约翰尼斯针对此事告诉议会，他根据宪法第 90 条发布了一项全民问卷，问民众：在罗马尼亚，针对腐败和滥用职权的斗争是否还要继续下去？

在这方面，格林代亚努可没给人留下什么深刻印象。1 月底，司法部长弗洛林·约尔达凯（Florin Iordache）宣布就内阁的大规模大赦项目进行公开磋商。根据这项计划，所有被判处 5 年以下徒刑的人都将被释放，以便缓解监狱中过于拥挤的状况。而实际上，政府的首要目的是要为本党被捕的党员脱罪。

1 月 29 日，布加勒斯特再次爆发了反对执政联盟偏袒腐败政治家的示威。据估计，参加者有 5 万人。在听取公民社会代表的意见后，司法部长宣布将于次日对草拟的议案进行某些修改，但并没有说修改哪些地方。1 月 31 日，政府通过发布紧急命令的方式实施了大赦——这样一种挑衅立即在布加勒斯特引发了新的大规模抗议活动，随后抗议活动也出现在其他城市。2 月 2 日，在罗马尼亚首都自 1989 年以来最大的抗议示威中出现了流氓分子的骚乱活动，据称这些人是为政府办事的“煽动分子”。在此之前，商务部长弗洛林·日亚努（Florin Jianu）已经出于对大赦的抗议而宣布辞职，总统约翰尼斯也在宪法法院起诉政府，希望能用这种方式废除政府的命令。

2012 年，欧盟的卢森堡基督教民主党司法委员维维亚娜·雷丁曾经把与罗马尼亚的腐败做斗争当作自己的分内之事，可是与那次不同的是，欧盟在 2017 年初却长期保持沉默。雷丁的继任者，捷克人薇 304
拉·尧罗娃觉得没有必要干预罗马尼亚总统与政府之间的冲突。尧罗娃是一位出身于以安德烈·巴比什（Andrej Babiš）为核心的右翼民粹政党“是的 2011”（ANO）的政客——这个巴比什也曾在 2006 年因腐败嫌疑而接受调查。而且尧罗娃也从来没有表示过，一旦某个“新”成员国违反了法治秩序的根本原则时应该怎么办。

欧盟委员会主席容克对此同样没有发表任何看法。负责法治问题的副主席弗兰斯·蒂默曼斯于 2017 年 1 月 25 日发表了一份例行声明，确认罗马尼亚在打击腐败和确保司法独立方面取得了更大的成就。他提到，罗马尼亚在 2007 年加入欧洲联盟时所开启的进程（“对罗马尼亚司法改革和反腐败的合作与核查机制”）是否还能在本届委员会任期之内（至 2019 年）完成，将取决于罗马尼亚方面。他认为，如果该国迅速且不走样地执行委员会的建议，并且避免让已经取得的成果毁于一旦，那么完成进程就是可能的。从布鲁塞尔的这份声明中，很难读出对格林代亚努政府袒护腐败及滥用职权的斥责，至多只有温和的警告。

直到 2 月 2 日的紧急命令发布之后，欧盟委员会的态度才变得更加明确。在同一天，容克和蒂默曼斯都警告罗马尼亚政府：反腐败的斗争决不可放松；并且两人都对罗马尼亚局势的新发展表示担忧。蒂默曼斯还在 2 月 2 日对欧洲议会的讲话中用下列语句强调了警告的严肃性：如果大赦生效，那将有可能影响欧盟对罗马尼亚的拨款。如此一来，罗马尼亚的国家和宪法危机终于上升到了欧洲层面。

2 月 5 日，格林代亚努政府撤回了紧急命令，并宣布将通过法律
305 途径解决争议问题。但示威活动还在继续。抗议者的目标现在已经变成了要求由社民党和自由党组成的联合政府下台，因为从到目前为止的经验看，难以指望其与腐败和滥用职权进行坚决的斗争。2 月 8 日，反对党在议会提交的不信任案未能通过，因为至少需要 232 票赞成才能推翻政府，而其仅获得了 161 票。约翰尼斯总统究竟何时才会下令用全民公决的方式与腐败做斗争，还难以知晓。命令发布的时间必须由格林代亚努政府决定，而该政府并没有兴趣参与其中。[16]

2017 年 1 月 18 日，欧洲议会的一个时代结束了——在这一天，

其上议院主席、德国社民党人马丁·舒尔茨的第二个任期宣告结束。在舒尔茨之前，欧洲议会还从来没有出现过一位权力意识如此清醒的主席。他是欧洲社民党和社会党在 2014 年选举中共同推举的“领头候选人”，自那一年开始，他与卢森堡的基督教民主党人让-克劳德·容克合作得如此紧密，以至于不久后两人的名字就在布鲁塞尔被合称为“舒容”。舒、容二人代表了社民党与基民党之间的非正式大联盟，实际上，自由党和绿党也加入了这个旨在遏制来自左边或右边的反欧盟势力及民粹主义势力的大联盟。

2014 年，通过将基民党“领头候选人”容克设为欧盟委员会主席的形式，委员会领导层实现了实质上的议会化，这两个机构（欧盟委员会和欧洲议会）相对于欧洲理事会的地位上升了。如我们已经看见的，这个委员会自然越来越像一个“政治”委员会，而忽略了它最初作为诸条约看护人的任务；同时，这个议会也越来越脱离一直以来
作为委员会监控者的角色。这对这两个机构和欧洲联盟整体的公共形 306
象来说都是不利的：可是在 2017 年初的布鲁塞尔，这个事实却无人谈及。

然而，欧洲议会党团为舒尔茨安排后继者的方式，却并不利于巩固欧盟的合法性。基民党从 2014 年起与社民党达成谅解，将在 5 年法定任期的后半段由基民党这个议会中的最强的党团推举主席。即便是在容克的劝说之下，基民党也不愿意放弃这一权利。若按着容克的意思，他倒是很愿意为权力平衡，襄助舒尔茨第二次连任。现在的结果是，这两个最大的党团推举了一系列“竞选人”：代表基民党和保守党参加竞选主席的是西尔维奥·贝卢斯科尼常年的盟友、意大利力量党（Forza Italia）的创始人之一、工业巨子安东尼奥·塔亚尼（Antonio Tajani），代表社民党和社会党的是他们的议会党团主席、意大利人詹尼·皮泰拉（Gianni Pittella）。在自由党的候选人、曾经的比利时首相居伊·伏思达为了塔亚尼的利益而退出选举之后，塔亚尼最终在第二轮决选中战胜了皮泰拉。

塔亚尼应该能想到，与舒尔茨所领导的机构相比，他的机构的代表性和行动力都要弱一些。容克在 1 月 18 日傍晚谈到，以后与议会的合作将变得更加艰难。但他并不愿意承认，曾存在于布鲁塞尔和斯特拉斯堡的大联盟关系真的已告终结。他认为，鉴于敌视欧盟的民粹主义者和民族主义者的挑战，欧洲议会内部那些原则上向往融合的力量别无选择，至少在那些“大”问题上只能继续保持合作。但委员会同时也应该预见到，会有更多的批评和矛盾。由此，议会议长的换届或许能让议会重新理解自己的本来角色，这样的任务比 2014 年之后执行的那些政策要更加现实。

307 2017 年 1 月 23 日，就在斯特拉斯堡欧洲议会议长换届之后几天，位于法兰克福的欧洲中央银行公开了一封该行行长马里奥·德拉吉写给两位本国同胞的短札。两位收信人都是由五星运动推举的国会议员：马尔科·瓦利（Marco Valli）和马尔科·赞尼（Marco Zanni）。之所以会出现这封不同寻常的信，是因为五星运动的领导人贝佩·格里洛在意大利 2016 年 12 月举行的宪法公决前一周承诺：如果他的党执政，就将举行一次决定意大利是否留在欧元区的全民公决。德拉吉在信中发出了严厉的警告：“若一国决意脱离欧元体系，则该国的国家银行必须结清欠欧洲央行的权益或负债。”

对意大利而言，这意味着退出货币联盟之后该国政府必须向欧元系统支付 3586 亿欧元（按照 2016 年 11 月的数据计算）——这就是其他国家支援意大利这个欧元区伙伴的金额。德拉吉想给这两位五星运动的议员传递的信息，对欧元区内其他高负债国家的民粹主义者也同样有效：退出货币联盟的代价是如此之高昂，以至于任何一个有责任心的人都不会做此设想。国家破产，也是可能的后果之一。[17]

一方的负债，就是另一方的权益。据法兰克福的德国联邦银行计算，所谓的“第二目标系统”（Target2-System）的总额已达 7540 亿欧元。常年担任慕尼黑经济研究所（Münchner Instituts für Wirtschaftsfors-chung）所长的汉斯–维尔纳·辛恩早就一再指出，这个

系统自身带有固有的危险。如果说多个乃至所有欧盟内陷入危机的国
家突然崩溃的可能性还很小，那么德拉吉的信至少表明了一件常常被
忽略的事实：欧元区的长期稳定依然遥遥无期。只不过，与其他政治 308
领域在 2017 年初所集中爆发出的离心危机相比，欧元的危机还不那
么显眼罢了。[18]

第 13 章

309 西方会分裂吗？

在唐纳德·特朗普任职的前 4 周里，这位美国的新总统几乎天天都登上新闻头条，并且常常还引来人们的愤怒。特朗普 2017 年 1 月 20 日上台后的首批行政令之一，就是部分废除奥巴马医保。紧接着，他又于 1 月 23 日兑现了他在竞选中的承诺，废除了在奥巴马任期内已经签署的《跨太平洋伙伴关系协定》，此举惹恼了加拿大、墨西哥、秘鲁、澳大利亚、新西兰、日本、马来西亚、新加坡和越南等国。次日，这位总统又重启了被奥巴马叫停的两条有争议的输油管线的建设，结果引起了环保主义者和受影响的印第安原住民的抗议。

1 月 25 日，特朗普签署了一项行政令，准备在靠墨西哥的边境处建墙。据称，这座为防止非法移民而建的墙将耗资 400 亿美元，此笔钱先由美国方面承担，但晚些时候将会让墨西哥以这样或那样的方式还回来。特朗普发推特表示，假如墨西哥总统恩里克·培尼亚·涅托（Enrique Peña Nieto）不愿负担这笔钱，他也可以取消原定于下周在华盛顿举行的会晤，墨西哥总统放弃了这次会面。对此特朗普表示，将对墨西哥的商品征收 20% 的惩罚性关税。[1]

特朗普宣誓就职一周后，就干了他任期内的第一件引发国际轰动
310 的事。1 月 27 日，他发布了一条立即生效的入境禁止令，针对的是 7 个伊斯兰国家的公民（伊朗、伊拉克、叙利亚、也门、利比亚、索马里和苏丹）。对叙利亚人而言，该入境限制是没有时限的，对其他 6 国人而言，限制令的有效期为 4 个月。可作为例外处理的，只有受歧

视的宗教少数派——这显然是在为这些国家的基督徒考虑。据称，之所以一定要颁布这项规定，是为了帮美国把恐怖分子挡在国门之外。可说不清楚的是：为什么某些特别具有“恐怖嫌疑”的伊斯兰国家（比如沙特阿拉伯、阿联酋和巴基斯坦）却不在入境限制的名单上呢？有些评论家揣测，总统有意识地挑出名单上这几个国家，是因为特朗普集团在那些地方没有商业利益。

这一“穆斯林禁令”在全世界都引起了抗议的浪潮。在美国本土，无数城市都爆发了反对总统最新措施的大规模示威游行。在美国的各大国际机场，总统的禁令引起了混乱。一些持有有效护照的人被拒绝入境，或是被拒绝登机；众多家庭因此而被拆散；上万名“绿卡”持有者也被拦了下来，其中一些人已经在美国生活和工作多年；此外，还有一些常年为美军工作（比如充当翻译）的伊拉克人也被波及。这项总统令显然已经过于任性，以至于纽约的联邦法官安·唐纳利（Ann Donnelly）在禁令签发的次日就接受美国公民自由联盟（American Civil Liberties Union）的申请，给予所有被波及的、滞留于美国机场的 7 国民众以临时居留许可，并禁止遣返他们——采取这项举措的理由是：如果不这样做，总统的命令可能会带来无法修复的伤害。

华盛顿州的总检察长在西雅图联邦法院提起的诉讼则更进了一步：2 月 3 日，他称特朗普的行政令违宪，因为他歧视穆斯林并因此而侵犯了宗教信仰的基本权利。为此，该禁令在审判情况变化之前暂时失
去了法律效力。政府方面正式反对这项诉讼，但负责此案的旧金山联 311
邦法院于 2 月 5 日同意了一审的判决，并使总统首度遭受重大挫折。特朗普先是宣布要把官司打到最高法院，不久之后又发布了一个新的、经过斟酌修改之后的旅行禁令。他的第一反应是称西雅图的联邦法官为一个“所谓的法官”，并说这位法官的决定是“可笑的”，这使得连被普遍认为是非常保守的共和派法官尼尔·戈萨奇（Neil Gorsuch）也站出来批评了他。而特朗普在几天前（1 月 31 日）才刚刚公开提名这位戈萨奇成为填补最高法院已经空缺了 1 年的席位的候选人。[2]

特朗普在 2 月 3 日所做的事没有“穆斯林禁令”那么显眼，却同样具有重大意义。是日，他试图让国会放松奥巴马总统对银行业以及其他金融机构的限制。这项限制是为了保护银行业免受无监管的金融衍生品的负面影响的伤害。其主要内容，即是国会 2010 年 7 月通过的《多德-弗兰克华尔街改革和消费者保护法》(Dodd-Frank Wall Street Reform and Consumer Protection Act) 和补充性的《柯林斯修正案》(Collins Amendment)，该修正案考虑了在巴塞尔 (Basel) 制定的关于银行间国际清算的规则——其中规定了银行最低限度的自有准备金 [《巴塞尔协议Ⅲ》(Basel Ⅲ)]。[1]

共和党人不能够阻止《多德-弗兰克法案》的通过，但之后却在该法案生效后的实施过程中设置了许多障碍，以至于尽管人们难以对这份早已被国会千方百计削弱过的法案抱有很高的期待，但奥巴马政府的管制成果比预想的更少。直到奥巴马第二任期内的 2013 年 12 月，一份限制银行从事自营证券业务和参与对冲基金的法案才生效。而这项法案现在也面临调整。事实上，连同该法案一起被抛弃的是奥巴马
312 治下的美国从雷曼兄弟集团破产案中学到的全部教训——雷曼兄弟曾是美国第 4 大投资银行，它在 2008 年 9 月的崩溃引发了全球经济的剧烈动荡。[3]

在特朗普执政的第一个星期里，美国政府的外交政策令人摸不着头脑。与他在竞选时期的承诺相符的是，总统于 2 月 3 日启动了针对 25 个伊朗单位和机构的立即生效的制裁，以作为对伊朗政府试射火箭的回应（这次试射有可能是被掩盖起来的建立核武装的准备工作）。但与特朗普一直以来的言论相矛盾的是新政府对俄罗斯的公开声明。2 月 2 日，美国驻联合国代表尼基·黑利 (Nikki Haley) 在安理会谴责

[1] 1988 年 7 月通过的《巴塞尔协议》全称是《关于统一国际银行的资本计算和资本标准的协议》，它是全球银行业最具有影响力的监管标准之一。2004 年的《新巴塞尔协议》(又称《巴塞尔协议Ⅱ》) 进一步提高了对银行资本充足率的要求，但被 2008 年的金融危机证明这项协议仍然存在巨大漏洞。2010 年 9 月出台的《巴塞尔协议Ⅲ》进一步加强了对银行业的监管，特别注意防范某些金融机构“大到不能倒”而产生的系统性风险。

了俄罗斯对乌克兰的侵略政策；她说，只有当俄罗斯结束对克里米亚的非法占领，并且把该半岛的控制权交还给乌克兰之后，才会停止从2014 年开始的制裁。2 月 15 日，白宫发言人肖恩 · 斯派塞明确表示，总统已经对俄罗斯讲得很清楚，取消制裁有两个必不可少的前提条件：俄罗斯必须缓和其针对乌克兰的政策，而且必须把克里米亚交还给乌克兰。

在其他领域，特朗普也不得不修改自己的方针。1 月 29 日，他在接受一家基督教电视台基督教广播网（CBN）的采访时表示，（他在选举时期承诺过的）将美国驻以色列大使馆从特拉维夫迁至耶路撒冷一事其实“并不是一件简单的事情”。他对要办成此事必须要研究那么多的细节问题而感到吃惊，而这些工作完全不适合他。在不久之后的2 月 10 日，他在接受以色列的日报《今日以色列报》（*Israel Hayom*）采访时首次表示对内塔尼亚胡政府扩建定居点政策的担忧：“这样的土地是有限的，每次定居时占去一点，剩下的地域就会少一点。”2 月 10日，特朗普首次与中国国家主席习近平通了电话。据他说，通话是“非常亲切友好的”。应中国国家主席的愿望，特朗普毫不含糊地表示美 313
国将继续奉行一个中国的政策。[4]

特朗普的立场变化是否与持续不断的学习过程有关？这还不好说。在华盛顿以及世界各大城市，人们都在猜测：谁会对总统施加这样的影响？他最信得过哪位顾问？最常在答案中被提及的，是他的首席战略顾问斯蒂芬 · 班农和他最重要的演讲撰稿人斯蒂芬 · 米勒（Stephen Miller）——人们认为正是此人撰写了 1 月 20 日的那篇带有鲜明民族主义色彩的就职演说。总统甚至允许班农参加国家安全委员会（NSC）的会议，要知道总参谋长和情报协调官都不曾拥有这项特权。鉴于班农在意识形态方面一直被视为极右派，有内部人士从特朗普将他任命为该委员会固定成员的决定中推测，特朗普更加倚重的不是实事求是的委员会，而是更能印证他自己的设想，并能尽可能为复杂问题提供简单答案的人。另一件能说明班农影响力的事情，是他能够为另一位信奉“美国优先”方针的极保守的知识分子迈克尔·安东（Michael Anton）在国家安全委员会中谋得一个负责联络工作的重要职位。[5]

新政府在各部部长层面显得比其最高机关（白宫）更加务实。面对来自欧洲的访客，如德国外长西格马尔·加布里尔及其同事国防部长乌尔苏拉·冯·德莱恩，他们各自的“对口官员”雷克斯·蒂勒森和詹姆斯·马蒂斯都强调了美国对盟友不可动摇的忠诚。马蒂斯2月15日在布鲁塞尔举行的北约防长会议上也做了类似的声明。3天后副
314 总统迈克·彭斯在慕尼黑举行的国际安全年会上，要求欧洲伙伴们最迟在2017年底践行它们在2014年威尔士北约峰会上做出的承诺：至少将国内生产总值的2%用于国防。（事实上，当年商定的是在2024年之前朝着这个目标“靠近”。）彭斯说，如果欧洲人不理会这个要求，美国将削减其在欧洲的军事投入。

在特朗普任职的第1周，他唯一亲自接见的欧洲国家领导人是特雷莎·梅。这位英国首相在白宫听到的，是对“脱欧派”的鼓励。为了取悦自己的访客，特朗普表达了迅速达成一项双边自由贸易协定的愿望，并以此说明英、美两国之间“特殊关系”的光明前景。在会晤前一天，梅在费城举行的共和党大会上表示：两国都在致力于变革自身，两国有望再次携手同行。

英国首相回国之后，不得不面对过于巴结特朗普的指责，而在那些需要明确反对特朗普的地方（比如对于酷刑的可接受性），她却没有说话。还有人警告她不要重蹈其前任托尼·布莱尔覆辙，后者曾在伊拉克战争问题上完全依从了美国总统（当然是另一位总统，小布什）。令大多数英国公众感到愤慨的是，梅邀请特朗普在不久的将来对英国进行国事访问——这个决定一再使首相遭到抗议，共有180万人在网上签名请愿：请把特朗普挡在国门之外。同时，此事也在下议院引发了激烈的辩论。[6]

2月14日，特朗普失去了领导团队中的首位成员：国家安全顾
315 问迈克尔·弗林。据《华盛顿邮报》（*Washington Post*）揭露，弗林在

12 月 29 日（也就是说还在奥巴马当政时期）多次与俄罗斯大使谢尔盖·基斯利亚克（Sergej Kisljak）通电话，讨论未来的总统特朗普取消美国最近因俄罗斯干涉美国大选而对其采取的制裁问题，弗林谈及了美国官方政策的细节并因此被认为违法。在面对副总统彭斯时，他否认曾经谈及取消制裁的话题，但后来有一段录音向国家安全委员会证明弗林的话是谎言。

早在弗林被迫辞职之前数周，特朗普已经通过司法部了解到了事件的全过程，但他却没有采取任何措施；他甚至一直把他的副总统蒙在鼓里。自 2 月中旬起，华盛顿的人们已经开始谈论总统与其副手之间的信任危机，以及特朗普那些最亲密助手之间的权力斗争。在他的“穆斯林禁令”被独立的法庭中止之后，如此迅速地失去他最重要的顾问之一，成了这位刚刚宣誓就职的总统不得不面对的第二个重大挫折。

各方都非常尊重的三星将军兼拿到博士学位的历史学家赫伯特·雷蒙德·麦克马斯特（Herbert Raymond McMaster）迅速被任命为弗林的继任者，但这并不意味着弗林离职事件就此画上了句号。人们所讨论的中心话题是：特朗普在选战中的高级助手与俄国情报部门的代表究竟谈了些什么。人们之所以觉得存在这番谈话，是因为从 2 月中旬起《华盛顿邮报》和《纽约时报》的先后爆料。虽然目前尚不能坐实特朗普的助手曾经参与过俄罗斯（以捧特朗普、打压希拉里为目的）干涉美国选举的过程，但其中的重重疑云还远未廓清。特朗普本人依旧坚决否认曾经与俄国有过任何形式的联系。这时，不但有民主 316
党人，而且有共和党的头面人物开始支持对特朗普阵营的“通俄”事件展开国会调查。2 月还没过完，参议院和众议院的情报委员会已经开始了相关侦讯。

某些观察家认为，新近从尼基·黑利和肖恩·斯派塞口中说出的对俄政策之所以如此严厉，根源在于特朗普希望扭转他多少受普京操纵的印象——有此印象的人不在少数。然而，政府对俄国的态度并不一以贯之。国务卿蒂勒森于2月15日在波恩举行的G20外长会议上谈及了乌克兰问题（他在会上刚刚见过他的俄国同行拉夫罗夫），尽管他要求坚决遵守致力于实现东乌克兰地区和平的《明斯克停火协议》，但却绝口不提把克里米亚归还给乌克兰的（会被莫斯科立即拒绝的）要求。3天后，副总统彭斯在慕尼黑安全会议当着拉夫罗夫的面表示，俄罗斯将为自己的政策付出代价——这只能理解为：对美国政府而言，改善与俄国的关系尚不是优先目标。

以2017年2月15日以色列总理本雅明·内塔尼亚胡的来访为契机，特朗普在另一个外交问题上又发表了一个重要的新看法：在调解巴以冲突的问题上，他告别了美国一直奉行的，而且认为是唯一可行的“两国方案”，转而表示他完全可以接受以色列和巴勒斯坦合并成一个国家。他没有说还有哪些他认为可行的方案，因而也对根本问题不置一词。根本问题是：如果以色列人和巴勒斯坦人作为平等的公民生活在一国之内，那么以色列就不再是一个犹太国家了——这对以色列民族主义者而言是完全不能接受的；如果不给予巴勒斯坦人完全的
317 公民权，那么以色列就不再是一个民主国家了，而变成了一个专制的、施行种族隔离制度的政权。如果特朗普所声称的政策转向延续下去，那么得益的将是以色列的强硬派，在美国这位新总统仅做温和告诫的情况下，他们会继续推进约旦河西岸定居点的建造，并以此来进一步缩小巴勒斯坦人的领土。

那些以前怀疑特朗普的女婿贾里德·库什纳对总统施加了巨大影响的人（库什纳是一个亲近以色列右翼和内塔尼亚胡的纽约正统派犹太人），会觉得此事证实了自己的猜测。但无从知晓特朗普的此次表态是否意味着美国将采取新的中东政策。次日，即2月16日，尼基·黑利就此事表态：在任何情况下，美国将一如既往地坚定支持“两国方案”，而且这一立场从未动摇过。于是全世界都要开始猜谜了：到底谁的话算数？是总统呢，还是他派驻联合国的代表？

在2月15日登上媒体头条的，还有安德鲁·普兹德（Andrew

Puzder）退出任职程序的消息，特朗普本来是要安排他就任劳工部长一职的。普兹德在政治上是个有争议的人选，因为他作为一家快餐连锁店的老板反对提升极低的最低工资和加班费。参议院在举行听证会之后发现，他长年雇用一名在美国没有合法居留身份的家政服务员。保守的共和党人讨厌他，是因为他在非法移民的问题上持有相对宽松的立场。最终，他赶在参议院正式否决他之前退出了。而特朗普为教育部选择的部长候选人贝齐·德沃能在参议院涉险过关，全靠副总统彭斯行使了自己打破僵局的特别决定权——因为任命部长的争议而弄到这个地步，实在是前所未见。

面对最近的这些挫折，特朗普的反应是于 2 月 16 日召开了一场 318
引人瞩目的记者招待会，会上他指责一大批媒体是制造系统性谎言的先锋，还指控它们泄露机密。他否认白宫内部一片混乱，反而称他的政府运转得像一台设定好的机器。次日，他又在推特上发文，说像《纽约时报》这样的报纸和全国广播公司（NBC）、美国新闻电视台（News）、美国广播公司（ABC）、哥伦比亚广播公司（CBS）和美国有线电视新闻网（CNN）这样的电视台都是"制造假新闻的媒体"，他还说这样的媒体不是他个人的敌人，而是"美国人民的一个敌人"。他的这番话，又让约翰·麦凯恩这样的共和党参议员和新上任的国防部长詹姆斯·马蒂斯发表了与他拉开距离的评论。

2 月 18 日，面对他在佛罗里达州的热情支持者，特朗普在演讲中用模糊的语句谈起：前一天晚上在瑞典发生了一起恐怖袭击事件。但此事纯属子虚乌有。在瑞典政府向美国提交申诉之后，特朗普把责任推给福克斯新闻台（Fox News）关于瑞典移民的一个报道，不过该报道并未提到最近发生了恐袭事件。在特朗普履职 4 周之后，在全世界范围内，人们对这位美国第 45 任总统在政治上的可预见性越来越怀疑。[7]

2017 年 2 月 2 日到 3 日在马耳他首都瓦莱塔（Valletta）召开的（部

分正式又部分非正式的）欧盟峰会上，美国的总统换届并非正式议题之一，但却是最重要的非正式议题。1 月 31 日，在旨在讨论欧洲联盟未来的 27 国领导人非正式会议（因为英国缺席）上的致辞中，欧洲理事会常务主席唐纳德·图斯克用罕见的直白言辞将美国新政府“令人
319 不安的表态”列为现在欧盟的重大地缘政治威胁之一，而且还说：“特别是华盛顿的权力交接令欧洲联盟陷入了新的困境，因为新一届政府动摇了美国过去 70 年来的外交政策。”（与此并列的重大地缘政治威胁还有：越来越相信自身道路的中国的崛起、俄罗斯对乌克兰的侵略性政策，以及非洲和中东地区的战争、无政府状态和恐怖主义。）图斯克以美洲开拓者约翰·迪金森 1768 年写就的《自由之歌》（*Liberty Song*）中的口号收束：“我们联合则存，分裂则亡。”

马耳他峰会的重点议题是确保欧盟的共同外部边界，尤其是与利比亚的合作问题。2016 年，通过地中海中部路线登陆意大利而来到欧洲的 18.1 万人中，有多达 90% 的人都是从利比亚出发的；在这个过程中，还有四千五百多人因乘坐不适合出海的船而丧生。欧盟内部对移民分配问题的分歧非常大，但诸国在拒绝非法偷渡者入境方面，在封闭致命的穿越地中海的北非路线方面，以及在按照欧盟的人道主义要求、运用联合国难民署和国际移民组织（IOM）的工作网络在当地建立难民接收机构方面，同样也有强烈共识。

利比亚问题的特殊性，在于该国始终没有一个统一的并能有效运作的政府。根据 2016 年 3 月的消息，在由联合国建立的、在法耶兹·萨拉杰总理领导的“统一政府”之下，尽管各方已经签约保证和衷共济，并且同意在克里特岛（Kreta）训练利比亚海岸警卫队，但是萨拉杰政府仅能控制首都的黎波里附近相对狭小的区域，只是在这年夏天才又攻占了此前一直是“伊斯兰国”盘踞地的港口城市苏尔特（Sirte）。在该国的其他地方，都是相互敌对的军阀们说了算。在东部掌权的是托卜鲁克受到国际承认的议会，更确切地说是与议会合作并受埃及、阿拉伯联合酋长国和俄罗斯支持的哈利法·哈夫塔将军，这

股军事势力在 2016 年 9 月后已经控制了重要的石油出口港拉斯拉努夫（Ras Lanuf）和艾西达（Es Sider）。

据欧盟所知，2017 年初在整个利比亚共有约 90 万来自撒哈拉以 320
南非洲的客籍劳工或移民；据称其中至少有 35 万有意前往欧洲（另一些人估计远远不止这个数目）。几乎所有来自援助机构的报道都表明，无论从哪个角度看，那些容纳了成百上千人的自行建立的难民营的情况都是灾难性的。只要这种状况不改变，把人从意大利遣返回利比亚的行动就难以想象。因此，在瓦莱塔通过的关于在移民问题上加强与北非国家合作的愿景中涉及利比亚的部分，暂时只能停留在纸面上。

2 月中旬，即欧盟举行马耳他峰会近 2 周之后，从开罗传来了一个带给人一丝希望的消息：在埃及军队的斡旋之下，法耶兹·萨拉杰总理与哈利法·哈夫塔将军在未直接见面的谈判中，就利比亚国家新秩序的远景计划达成了一致。按照该计划，萨拉杰政府的国家委员会将与托卜鲁克的国会组成一个联合委员会，其使命是起草利比亚宪法，并且负责实现联合国于 2015 年 12 月通过的《斯基拉特和平协议》。同时，的黎波里和托卜鲁克这两大权力中心应就一个过渡政府内阁达成一致，并最迟于 2018 年 2 月举行议会和总统选举。但该协议并没有说清楚，哈夫塔将军会在过渡时期以及在那之后扮演什么角色。这份在开罗达成的协议怎样落实，将取决于埃及、阿联酋和俄罗斯会对那位倔强的将军施加何种压力。

开罗的谈判才过去 2 周半，人们即看到达成的一致其实建立在流沙之上。在 3 月第一个星期的周末，以伊斯兰营为主力的部队将哈夫
塔将军的部队赶出了具有战略价值的出海口拉斯拉努夫和艾西达。的 321
黎波里的萨拉杰政府表示他们与这场战斗无关，但却从伊斯兰营手中接管了这两个油港。伊斯兰营方面宣称，接下来他们要把哈夫塔的军队赶出班加西。托卜鲁克的那个与哈夫塔结盟的议会对此的回应是：退出《斯基拉特和平协议》，单方面宣布于 2018 年初举行新一轮大选，并且宣布不承认萨拉杰政府的合法性。与此同时，忠于哈夫塔的部队

在班加西附近向伊斯兰营发起了攻击。托卜鲁克与的黎波里这两大争权阵营之间的仇隙，已经扩大到了前所未有的地步。

在北非国家中，让欧盟计划中的难民接收营方案陷入困境的，并不只有一个利比亚。2 月 14 日，突尼斯总理尤素福·沙海德（Youssef Chahed）在访问柏林时表示，他的国家已经挤满了大量来自利比亚的难民，并且还要照顾他们，因此难以再建立新的营地。本来默克尔总理要在 2 月 21 日为同一话题出访阿尔及利亚，却由于该国总统布特弗利卡（Bouteflika）临时告病而不能成行。

2 月 17 日，有 500 名（3 天后又有 350 名）来自撒哈拉以南非洲的移民从摩洛哥翻过了高高的铁丝网，进入了西班牙的北非海外属地。西班牙政府马上表示，他们推测摩洛哥未阻拦这次越境行动的动机是想给西班牙和欧盟施加压力，以便在移民问题上达成一笔对自己更有利的"交易"——摩洛哥政府驳斥了这个猜测。根据德国安全部门的内部估计，此时约有 660 万来自非洲或中东的人在欧洲周边游荡，他们都想尽快进入欧洲。[8]

2017 年 2 月，几乎就在移民问题发酵的同时，欧元区危机又重新
322 回到了欧洲政治的议事日程之中。具体而言，是救助希腊计划的一笔贷款的偿付出了问题——希腊政府本应该于 2016 年 7 月偿付这笔 70 亿欧元的贷款。另一个问题是，国际货币基金组织是否还会继续参与救助计划？国际货币基金组织要求进行债务减记（损失由欧洲债权人承担）——不管其他国是什么态度，德国都会坚决反对这个要求，直至援引《马约》之中"不救助"原则。

国际货币基金组织在第三次救援希腊的计划中向救助者承诺的是：从 2018 年起，希腊的财政预算应实现相当于国内生产总值 3.5% 的"毛盈余"（即不考虑利息和偿付的财政盈余）——现在，该组织已经觉得这不太现实。实现这个目标需要进一步紧缩财政，多数欧元区财长都支持这样做，但齐普拉斯政府却断然拒绝。特别有争议的部分，是缩减养老金和降低所得税的免税额。根据齐普拉斯的说法，他不得不考

虑到，他的政治联盟可能会因此而失去岌岌可危的多数。而如果他拒绝进一步改革，那就难保自己的国家不被欧元区开除。在新一轮大选中，齐普拉斯有下台的危险：各类民调都显示，基里亚科斯·米佐塔基斯（Kyriakos Mitsotakis）领导下的属于保守派的“新民主党”（Nea Dimokratia）明显领先于属左翼民粹主义的激进左翼联盟。

2 月 20 日，欧元区各国财长再次与欧盟、欧洲央行和国际货币基金组织的管理人员赶赴雅典，以争取与希腊达成可能的共识。正如欧元集团主席、荷兰财政部长杰洛·戴松布伦所强调的，目前最紧要的还不是以恢复竞争力为目标的经济改革所需要的那样大力紧缩；欧元集团以及其他机构都认为，最要紧的是降低所得税的免税额：目前 8636 欧元的免税额使得约半数希腊人不用为收入缴税。但降低免税额 323
将会增加低收入者的负担，从而导致激进左翼联盟在大选中失败——这也是为什么齐普拉斯政府会坚决反对任何变革。

退休金问题也是同样道理。在希腊的年度财政负担中，有 10% 要拿出来填补退休金系统的缺口；而此项开支比例的欧洲平均水平是 2.5%。让债权人感到不满的还有：公务员的工资和退休金在公共开支中占的比例过高。但如果没有相应的改革，似乎就不可能产生预算盈余，而这样的盈余已被债权人视为同意重新审核该国的债务可持续性的先决条件。2 月 22 日之后，齐普拉斯已经不能指望近期会出现债务减记了：这天，国际货币基金组织总裁克里斯蒂娜·拉加德（Christine Lagarde）在柏林表示，现在没有必要进行这样的债务减记。2 天后，齐普拉斯表示，他将与债权国据理力争，直至 3 月 20 日。[9]

在 2017 年初让货币联盟内其他国家操心的，并非只有希腊这一个欧元区国家。在过去的一年里，意大利无意减少其负债。自 2014 年以来，其负债率一直在 131.9%~133%，相当于《马约》所规定的 60% 标准的 2 倍还多。2015 年 4 月，伦齐政府的财政计划曾经设定了到 2019 年把负债率降到 120% 以下的目标，可一年之后就向上调整了数字，并于 2016 年 10 月再次调整为：到 2019 年降到 126% 以下。然而，连这个新的、非常有限的目标，也早就显得遥不可及了。

财政部长帕多安（Padoan）——他也在接替伦齐的保罗·真蒂洛尼内阁中保住了自己的位置——于2月初拒绝了欧盟委员会所提出的让意大利削减0.2%（或者说34亿欧元）预算赤字的要求。他的回应是，他希望目前不要在这些领域采取措施，但他会在4月将减少常规开支、提高烟草和石油税纳入中期财政计划。

324 这时还不清楚，在4月之前的这段时间里意大利的国内政局会如何发展。自2016年12月的全民公决否定了宪法改革之后，包括北方联盟、五星运动乃至伦齐的民主党之内的许多党派都要求尽快举行新一轮大选。2017年1月24日，宪法法院宣布现行的选举法——《意大利法》（Italicum），在涉及参议院的地方违宪。不过，选举法的缺失还不是举行新大选的唯一障碍。总统塞尔焦·马塔雷拉认为人们所谈论的这场新大选将是一次危险的冒险，于是他动用自己的影响，以求真蒂洛尼政府一直执政到2018年初举行常规议会选举为止。其实，所有已当选的议员（其中有三分之一来自民主党）也都对新大选不感兴趣——他们2013年才取得这些席位，只有把议员当到2017年9月才有获得养老金的资格。

2月19日，伦齐辞去了民主党主席一职，但这并不意味着他将告别政坛，而是为了迫使本党召开一次全党大会并初选主席。这种办法，让他在党内左翼（和前共产主义的）的那些没有想到这么早就要面对权力竞争的对手陷入被动（这些对手包括前党魁皮埃尔·路易吉·贝尔萨尼和前总理马西莫·达莱马）。对人们所谈论的新一轮议会选举，伦齐现在已开始保持沉默。最新民调显示，民主党和五星运动的支持率都在30%左右，也就是说都低于40%这个神奇数字——按照现行的选举法《意大利法》，达到这个数字的最大党可以享有取得绝对多数席位的特别权利。现在，伦齐的目的显然是先把本党拉到自己身后，并且让本党在民调中拥有领先于贝佩·格里洛的民粹运动党的明显优势，然后再力图借选举令自己重回权力中枢。

伦齐不会不知道他的举动有可能会分裂民主党，但他觉得可以接 325
受这个结果。但在 2 月 25 日事情竟然已经到了这个地步：在贝尔萨尼和达莱马的支持下，前议会党团主席罗伯托・斯佩兰扎（Roberto Speranza）、托斯卡纳大区党主席恩里科・罗西（Enrico Rossi）、工会领袖吉列尔莫・埃皮法尼（Guglielmo Epifani）和其他民主党左翼代表人物一起，试图效法西班牙的“社会民主力量党”（Podemos）和希腊的激进左翼联盟，在罗马创立了“民主与进步运动”。有 38 位民主党众议员和 12 位民主党参议员宣布改投新党。此时，民主党人尚不知道这会对选情产生多大的影响。初步估计，支持率的波动会在 2~8 个百分点。而要是伦齐的党失去 3 个百分点以上的支持率，它就有可能落后于五星运动：要知道，在民主党分裂之前它的支持率（31%）只比五星运动（28%）高 3 个点。

在经历了 2016 年 12 月的政府更迭后，意大利的经济形势和财政状况并没有好转。2017 年 2 月 16 日，众议院通过了一项法案，它授权真蒂洛尼政府动用 200 亿欧元拯救银行业。当债台高筑的意大利锡耶纳银行在自由市场上募集 50 亿欧元以充盈资本的努力失败之后，仅这一家银行估计就需要 80 亿欧元。专家们怀疑，众议院批准政府动用的那些款项，可能根本不足以填补意大利各银行自身资本的缺口。

在 2 月的第一个星期里，市场上意大利国债的风险溢价上升了 2%——这表明投资人越来越紧张。不久之后，加拿大的信用评级机构多美年债券评级服务（DBRS）去掉了意大利信用评级中的 A，而且多美年债券评级服务已经是最后一个这样做的大型信用评级机构了。欧盟委员会还因意大利削减国债不利而威胁要对其实施惩罚。鉴于最新民调显示拒绝欧元的意大利人口比率已经达到了创纪录的 46%~48%，
尤其是考虑到实施这一惩罚的时间点与意大利议会选举开始的时间可 326
能重合，那么它将有可能带来致命的后果。

意大利 2016 年的经济增长率仅为 0.9%，远低于欧盟 28 国的平均值（1.9%）。意大利一直都是一个陷入危机的国家，马泰奥・伦齐在 2

月中旬把这个事实归咎于自 2012 年起实施的严格的财政纪律。其实，经济停滞的肇因在意大利内部，可无论是这位前总理还是“政坛”上的其他人物都拒绝正视这一点。[10]

2017 年 2 月 17 日，欧盟委员会于 2016 年 12 月给波兰开出的按法治原则调整宪法法院秩序的 2 个月最后期限到期了。对于布鲁塞尔的要求，波兰政府一直没有给予任何答复。2 月 21 日，出现了一封波兰外长维托尔德 · 瓦什济科夫斯基（Witold Waszczykowski）写给欧盟委员会副主席弗兰斯 · 蒂默曼斯的信，而蒂默曼斯早在 2 月 17 日的慕尼黑安全会议期间，就与这位波兰外交的首席代表有过一次激烈的舌战。

瓦什济科夫斯基在这封信中说：波兰不存在法治问题，其分权机制运行良好，所以没有理由对波兰的民主说三道四；蒂默曼斯的说法有其政治动机，这样干是为了羞辱某个成员国。写信人对欧盟委员会发言人的回答是，一旦涉及法治性问题，委员会就是政治上的色盲。要是某一个成员国的法治情况遭到怀疑，那么这对其他所有成员国而言都是一个问题。在一国成了欧盟成员之后，事情就只能这样理解。然而，人们难以指望波兰的这个问题能有一个迅速的决断——2 月 22 日，委员会主席容克的一位发言人声称，现在做决定还为时过早。

327 波兰的民族保守政府公开宣称，自己在与欧盟的斗争中已经取得了胜利。这时的宪法法院已经被纳入政府控制之下。法公党阵营坚决否认自己采取了违背宪法的手段。同时，司法部长兹比格涅夫 · 焦布洛（Zbigniew Ziobro）又给了司法独立新的一击：司法部又制定了 3 个法案，旨在把最高法院法官和其他下层法院法官都置于司法部和掌控了议会多数的政府之下。

焦布洛的这些新措施的要点在于改革全国法官委员会（KRS）。该委员会一直由 17 名高级法官、6 名议员、司法部长和 1 名总统代表组成。这些法官是由法官大会选举出来的：全国法官委员会有权决定包括最高法院在内的全国法官的任免；它通过监察和其他措施来维护法院的独立性。如果按照司法部长的意思办，那么全国法官委员会将由下议院主席提名，并由议会多数选出。

此外，新措施还要将全国法官委员会分成两个小组，第一个由 15 名法官组成，第二个由 6 名议员、司法部长、总统代表和 2 名法官组成。这种做法，无异于要把议会多数派的否决权用法律的形式固定下来，使其可以否决自己不喜欢的法官或监管。根据新措施，以后只有在全国法官委员会的这两个小组协商一致的情况下，才能对任命新法官和实质性事务做出决定。被任命的新法官，将无一例外地毕业于受司法部控制的法律学校。本来，出类拔萃的法学教授、律师和检察官都有机会被任命为法官，焦布洛的改革法案生效之后就没有这种可能性了。

这位司法部长为了尽可能迅速、完全地将司法机构置于自己的控制之下，试图推迟更换约 500 名地方法官，直至新法律通过。由焦布 328
洛选出的 500 人已经于 2017 年 11 月开始工作，但他们要等到 4 年后，在司法部对其工作做出正面评价之后才能被任命为法官。一个新的特别纪律小组将对已经宣誓就职的法官实施控制，该小组的总检察长由司法部长亲自兼任。

焦布洛的计划引起了波兰独立法官们的愤怒。最高法院院长马乌戈热塔·格斯多夫（Małgorzata Gersdorf）在 1 月底的一次高级法官聚会上宣布："我们可以凭借我们宪法第 2 条来为一个民主、法治国家奠定坚实基础"的时光已经一去不复返了；现在，"我们必须为法律和法律的尊严，为每一寸正义而战斗"；而且有奋斗就会有牺牲。法公党的反应很迅猛：3 月 2 日，一个由该执政党的 50 名议员组成的集团表示他们已经向宪法法院提交了罢免马乌戈热塔·格斯多夫的请求。据他们说，2014 年对最高法院院长的任免是有问题的；在她任期内进行的所有判决都必须推翻。

该国的公民社会团体还一再向欧洲委员会和欧盟委员会请愿，希望它们不要再让波兰的法治受到新的伤害。然而，从波兰政府控制其宪法法院的过程看，很难让人对布鲁塞尔抱有什么希望。欧盟委员会只会一再拖延时间，而且就算欧洲理事会建议实施制裁（唯一适用的措施是暂停该国的投票权），也会因为匈牙利的否决权而失败。这些年来，在与中东欧的“非自由的民主”国家打交道的过程中，欧盟的表现实在是乏善可陈。[11]

自 3 月初起，法国的总统大选看起来已经完全成了右翼候选人马琳·勒庞与社会自由派候选人埃马纽埃尔·马克龙之间的一场“对
329 决”。3 月 2 日，前经济部长马克龙在巴黎提出了自己的竞选纲领。他当着约 400 名记者宣布，他所追求的是一场对该国的全面、激进的改革。除了其他措施之外，他还声称要整合多轨运行的退休金系统、改革失业保险和职业教育体系，让劳动力市场更自由，松动关于每周 35 小时工作制的规定，施行更灵活的退休年龄制度，削减 12 万个公务员岗位并同时新增 4000 个教师岗位和 1 万个警察岗位；而且还会减轻企业和作为社会中坚的中产阶级的税负。

马克龙表示自己是一位亲欧政治家。他赞成一个拥有不同发展速度的欧洲、一个深化合作的货币联盟、一个拥有独立财政并共同承担负债的欧元区，以及独立的欧洲防务政策和全欧盟统一的边防警察。其政策的核心是重新加强法、德关系。他认为，法国必须向德国显示出自己是一个可靠的伙伴，并且说服这位莱茵河右岸的邻居加入一个克服欧洲经济增长不均衡的共同投资计划。他关于“买欧洲货法案”的想法，听上去就像是那位奉行贸易保护主义的美国新总统想法的翻版：在公务采购中将优先考虑欧洲供应商，欧洲之外的供应商要享受这样的待遇，必须有一半以上的产品是在欧洲生产的。

马克龙的纲领主要针对的是中间选民，不过也同样兼顾温和的左翼及右翼选民。这时，他的“前进运动”已经登记了超过 20 万的支持者，这个数字几乎与共和党相当，而且是国民阵线的 2 倍。当然，

“前进运动”还远不是一个组织严密的党派——马克龙迟早要面对这 330
个问题，如果他真的当上了法兰西共和国的总统，他就需要马上解决它。倘若在新选出的国民大会中，他得不到一个可靠的多数派的支持的话，那么他就不可能去推行一套改革方案。[12]

同样是在 3 月 2 日，正当马克龙公布其纲领时，欧洲议会遵从法国司法机构的要求，（尽管只是部分地）解除了马琳·勒庞的豁免权。法国司法机构指控这位国民阵线主席非法传播恐怖组织“伊斯兰国”的暴力图片，其中包括一位美国记者在 2014 年被斩首的图片。欧洲议会的这个决定，将使得法国的执法机构得以因此事而审讯勒庞。目前，在涉及其他类型的犯罪时，勒庞还是享有议员豁免权的保护。欧盟反欺诈委员会（OLAF）指责这位女政治家让自己的同事侵吞欧盟财产，其手法是让她的助手用这些钱在法国为国民阵线从事党务工作。此外，在法国还有人怀疑勒庞在作为欧洲议会议员的财产声明中，部分隐瞒了其所拥有的不动产的价值。国民阵线的这位女党魁将这一切都斥责为政敌的政治手段，而且这套说法在她的支持者那里也很吃得开——无论是法国司法机构还是欧盟反欺诈委员会的调查都没有对她的受欢迎程度产生负面影响。

共和党的候选人弗朗索瓦·菲永也有官司缠身。基于他妻子佩内洛普以及其他家庭成员“吃空饷”的嫌疑，财务检察官展开了初步问讯，其结果是 3 位调查法官于 2 月 24 日起开始调查，并将于 3 月 15 日展开正式的刑事程序。这位保守派的候选人本来已于 1 月底宣布退出竞选，但现在他已将那些话抛诸脑后。他说这是红色法官和作为流
言制造机的媒体的一次合谋，是一次政治谋杀；而且还有一些共和党 331
议员掩人耳目地扮成“人民”的样子以民粹主义的伎俩反对他，所以他要骂这些人为“叛徒”。虽然他在人权广场上的一次演讲中承认他不该安排自己的妻子当助手，而且他应该早点把这些讲出来而不该犹豫不决，但是他坚持说他所做的一切都是合法的。重要的是在他看来，他在从初选中脱颖而出之后就担负着全体法国人的希望。

这时的共和党已经有些乱了阵脚。无数菲永的支持者都开始与他划清界限，其中包括他的竞选经理、他的新闻发言人、他的外交事务顾问和200多名议员，这些人大多都要求他放弃竞选。许多人怂恿在第二轮初选中失利的阿兰·朱佩出来取代菲永角逐总统宝座。不过这位波尔多市市长在3月6日坚决表示他不会响应这样的呼声。他谈到了共和党现在已经因为菲永的行为而走进了死胡同，而且还指出法国正陷入一场道德危机。他认为法国生病了，法国虽然看得到改革的必要性，但就是无法推行改革。鉴于他在2004年那场导致他被判监视居住18个月的党内财务丑闻中的角色，他承认他担不起引领法国人进行这场深刻变革的重担。

数小时后，共和党的领导层召开了一场紧急会议，菲永也列席其中。会议的结论是：全体党员都支持本党所选出的候选人——这其实是在没有其他选项的情况下宣示团结。如果民调的预测正确，那么朱佩完全有机会在第一轮选举中获得最多选票，并在第二轮决选中击败勒庞。而所有的民调都认为，如果共和党人支持菲永，那么马克龙会在第一轮选举中领先菲永（甚至有一个民调显示他会领先勒庞）；而且马克龙和勒庞进入第二轮决选的态势几乎已成定局。更令这样的局
332 面不可动摇的是，不久前，民主运动党主席弗朗索瓦·贝鲁（François Bayrou）宣布为了马克龙的利益而放弃竞选。

与此相反，左派的力量相对而言难以集中到一处。参加总统竞选的不但有社会党的伯努瓦·哈莫，还有左翼党和共产党的联合候选人让-吕克·梅朗雄。民调显示，哈莫在3月初的支持率在13%~14%，梅朗雄约为12%。这两位候选人都是欧盟及其紧缩政策的批评者；梅朗雄更进一步，在其共同承担负债和取消欧洲央行独立性的要求得不到满足的情况下，他甚至不排除退出欧洲联盟的选项。

在这种形势下，任何一位左派候选人都没有希望进入第二轮决选——这个局面与2002年很相似。当年，社会党候选人、总理利昂内尔·若斯潘（Lionel Jospin）即因左派的分裂而没能进入决定性的第二

轮决选。那次进入第二轮的，是让-玛丽·勒庞（马琳·勒庞的父亲）和保守派的在任总统雅克·希拉克，这让后者决定性地赢得了自己的第二任期。由此看来，2017 年总统选举的结果之一已经确定无疑了：法国左派的危机将在此后大大加剧。[13]

在法国之外，在 3 月的前半个月占据新闻头条的并不是围绕着爱丽舍宫的争斗，而是另一个话题：土耳其总统埃尔多安为了自己主推的宪法改革而进行的对外宣传。按照正发党建立专制总统国家的时间表，将于 2017 年 4 月 16 日对此进行全民公决。为了让在欧盟国家生活的土耳其公民投赞成票，土耳其的部长们从 2 月起就在诸多欧洲国家穿行。耶伊尔德勒姆总理将他旅行的起点选在德国，这里生活着 140 万有投票权的土耳其人。他于 2 月 18 日在上议院进行了一次演说，受到了埃尔多安支持者的狂热欢迎。

3 月 2 日，巴登小城加格瑙（Gaggenau）的市长出于安全原因禁 333
止了一场私人申报的活动——土耳其司法部长贝基尔·博兹达（Behir Bozdağ）的演说。这位部长因此取消了与德国司法部长海科·马斯（Heiko Maas）的会晤，并把其演讲被禁一事称为“法西斯行为”。还有其他一些城市也出于跟加格瑙一样的理由禁止了土耳其政府官员发表演讲的集会，这些集会的发起人并没有对德国方面讲清楚拟演讲的土耳其政府官员的实际目的。不过，有些地方也允许土耳其部长进行演说，比如土耳其经济部长尼哈特·泽伊贝克奇（Nihat Zeybekçi）就于 3 月 6 日在科隆发表了演讲。

3 月 5 日，埃尔多安在公开演说中指责德国人，说他们现在的做法与之前的纳粹分子没有什么区别。在同一天的另一场演说中，土耳其总统宣布，如果他愿意的话他明天就要来德国，要是他被禁止入境或被禁止演讲，那他就“发动一场起义”。

3 月 7 日，在汉堡的土耳其总领事馆，土耳其外交部长梅夫吕特·恰武什奥卢（Mevlüt Çavuşoğlu）完全是在埃尔多安所暗示的意义上对着数百名本国同胞使用了“第三帝国”一词。次日，他与德国外交部长加布里尔见了面，后者反对这样用“纳粹比喻”，但没起什么作用。在要求释放德国日报《世界报》驻安卡拉记者一事上，德国方面的态度同样无足轻重。具有德国和土耳其双重国籍的记者德尼兹·于杰尔（Deniz Yücel），在 2 月底因为所谓的“为恐怖组织（这指的是库尔德工人党）进行宣传并煽动民众暴乱”而被拘留审讯，此事让德国人非常愤怒。埃尔多安全然不顾各方抗议，一再称于杰尔是个恐怖分子兼德国间谍。他还在 3 月 15 日的一次电视讲话中斥责默克尔是恐怖分子的庇护者。

334 从这时候开始，土耳其的全民公决运动早就不再是仅涉及德、土两国之间关系的事件了。2 月 27 日，奥地利外长塞巴斯蒂安·库尔茨表示奥地利不欢迎参与修宪的土耳其政府成员。3 月 11 日，荷兰政府拒绝给予载有土耳其外长恰武什奥卢的飞机降落的许可，恰武什奥卢原计划到该国说服住在鹿特丹的同胞在公投中投赞成票。在这次事件中，土方也同样没有告知地方当局举行活动的实际目的。

就在同一天傍晚，土耳其家庭部部长法蒂玛·贝图尔·萨扬·卡亚（Fatma Betül Sayan Kaya）坐汽车从德国“微服”前往鹿特丹，为的是在那儿的土耳其总领事馆对正发党的支持者发表演说。但就在她即将到达目的地的时候，她被警察拦下并被强制送回德国，最终从德国飞回了土耳其。次日，埃尔多安又开始谴责荷兰政府，称其仿效纳粹和法西斯的行为。土耳其外长恰武什奥卢称荷兰为“法西斯主义的首都”，不久后他与土耳其欧洲部部长厄梅尔·切利克（Ömer Çelik）一样开始质疑与欧盟进行的“难民交易”。土耳其与荷兰的关系降至冰点，甚至连 3 月 11 日当天不在土耳其的荷兰驻土大使都被禁止再次入境。

土耳其的激烈反应使得一些欧洲国家站出来表达自己对荷兰的支持。丹麦政府请求土耳其总理耶伊尔德勒姆，在目前的局势下推迟原定于 3 月 20 日的访问。德国总理也同样发表了支持荷兰的声明。安格拉·默克尔提醒土耳其，荷兰曾遭纳粹荼毒至深。总理府主任彼得·阿尔特迈尔（Peter Altmaier）表示，德国政府在法律上有权阻止土耳其政府代表在此地的选举造势行为，并且不排除行使这一权利的可能性。

埃尔多安采取这种应对策略的意图是显而易见的。只要欧洲国家 335
继续阻止土耳其的部长前去为投票做宣传，这类宣传在海外土耳其人中的效果反而会比从国内派人过去演讲更好。埃尔多安关心的是欧洲的反应所带来的动员和凝聚效应，他把这些效应理解成故意施加于土耳其的轻蔑和歧视。事实上，除了亲库尔德人的党派以外，各反对党也站在总统和政府一边。如果说此前的民调显示公投中准备投反对票的人稍占多数，现在——至少按正发党的说法——想投赞成票的人已居多。

到目前为止，埃尔多安想必会对自己针锋相对策略的成果感到满意。不过，他又进一步推动了冲突的升级。3 月 17 日，他号召在欧洲生活的土耳其人："别只生 3 个了，要生就生 5 个孩子，欧洲的未来是你们的！" 3 月 20 日，他指名道姓地责难德国总理，说她采用的是"纳粹的做法"。他说，欧洲可能会因此重新修建集中营和毒气室，只是"她"可能还不敢。当德国联邦新闻官布鲁诺·卡尔（Bruno Kahl）在 3 月 19 日的一次采访中质疑土耳其政府关于居伦运动是 2016 年 7 月政变的幕后推手的说法时，土耳其国防部长菲克里·厄舍克（Fikri Işik）反过来质疑：德国特工是不是真的没有参与煽动政变呢？

3 月 21 日，埃尔多安称欧盟整体上是"种族主义的、法西斯主义的和野蛮的"，还宣称将在公投之后重新检视与欧洲联盟之间的关系。与此同时，正发党在德国的后援组织宣布，在公投前将不再安排土耳其政治家到德国进行投票的拉票工作。这很可能是土耳其总统对德国的警告做出的反应，如果土耳其政府继续用拿纳粹打比方的做法诋毁现在的德国，那么德国不但可能继续禁止正发党代表来演讲，而且可 336
能会收回土耳其在德国各大城市建立地方投票站的许可。或许，埃尔多安现在也觉得他的挑衅策略已经达到了预期的动员海外土耳其人的目的，以后只要在国内攻击一下德国和欧盟就行了。[14]

在2017年的3月，受投票气氛主导的并非只有土耳其政治。荷兰政府之所以对来自安卡拉的挑衅反应如此强烈，同样与选举日期临近有关：3月15日要举行议会选举。民调显示，反伊斯兰、反移民、反欧盟的右翼民粹主义者基尔特·威尔德斯非常有希望在选举中胜出；他的自由党得票将在20%左右，明显超过现在执政的由首相马克·吕特领衔的右翼自由派政党自由民主人民党（VVD）。在这一年里，对每一个把来自其他文化（特别是来自伊斯兰国家）的源源不断的移民视作对自身文化身份的威胁的荷兰人而言，威尔德斯已经成了他们的代言人。同时，这批荷兰人觉得欧盟是一个人们无从认识、无法控制的强权，这个强权总想要越来越紧地管控自己的成员国，甚至使之丧失自主权。

自2012年以来，执政的右翼自由派和社会民主党用来应对民族民粹主义挑战的方法是：他们放弃了“越来越紧密的同盟”的口号，转而于2014年7月讲明了以下原则——只有在民族国家应付不了的地方，才需要在欧洲层面实施治理。在2017年选战期间，吕特以前所未见的尖刻言辞要求已定居荷兰的移民和在荷兰的外国人要么就全面、完整地适应荷兰的生活方式，要么就离开这个国家。在他1月23日以报纸
337 广告的形式发布的一封致全体荷兰人的公开信中有一句最后通牒般的话，其口气简直登峰造极：“你要规规矩矩做人，否则就滚蛋！”

吕特受到了其执政伙伴的严厉批评。劳工部长洛德韦克·阿斯切（Lodewijk Asscher，他同时也是工党推举的领头候选人）称自己的政府首脑的样子是“照着民粹主义者描出的蹩足形象”。反对党基督教民主党的主席西布兰德·布马（Sybrand Buma）说正在发生一场难以置信的“剧变”；现任内阁的做法使得这个国家的“公共道德已然沉沦”。然而，大多数荷兰政党都反对不加控制地移民。同样，它们大

多也反对继续将国家主权交托给欧洲联盟。强调对移民和欧盟友好的只有耶西·克拉韦尔（Jesse Klaver）领导的绿色左翼党，该党在年青一代的荷兰人中颇受欢迎。

吕特关于反击土耳其挑起荷兰内部权力斗争的企图的决定，几乎受到了所有党派的欢迎。很明显，这位首相是希望从他那些民粹主义对手那儿夺走公众的关注[1]，不过他的支持率还是在不断地增长。3 月 15 日，吕特成了选举的胜利者。他的自由民主人民党得票率为 21.3%，尽管比 2012 年少了 5.3%，但还是保住了最强党派的地位。威尔德斯的自由党的得票率增加了 3 个百分点，但依然因得票率 13.1% 而远远地落在第 2 位。基督教民主党（12.4%）和左翼自由派的“D66”[2]（12.2%）的得票率也上升了（曾经分别为 3.9% 和 4.2%）。同样，绿色左翼党也因增加了 6.8 个百分点而得票率为 9.1%。选举最大的输家是工党，作为执政联盟中的成员，也为支持吕特严厉的紧缩政策付出了代价：其得票率比五年前下降了 19.1%，仅剩下 5.7%。这次选举的投票率达到了 81%，是过去 30 年来最高的。

人们在选举之前就可以预见到，这次的组阁将是一件十分困难的
事情。现在，由右翼自由派和工党组成的大联合政府已经失去了议会 338
中的多数。观察家们估计，需要由 4 个党派在右翼自由派领导下完成组阁，而且说不定还要把绿色左翼党加进来。但鉴于左、右翼党派之间的巨大分歧，这样一个组合可能会很成问题。实际上所有的党派都坚决拒绝威尔德斯的党入阁，即使在选举之后它们的态度也没有丝毫变化。

在得知选举结果之后，让荷兰及其欧洲邻国们长出一口气的是右翼民粹主义的得票比预计的少得多（之前人们对此很是担心）。在属右翼民粹派的奥地利自由党候选人诺伯特·霍费尔在 2016 年 12 月的

[1]　“夺走公众的关注”的原文是“Donner zu stehlen”，直译是“窃取雷声”。

[2]　“D66”的全称是“Democraten 66”，中文一般翻译为“六六民主党”，支持者主要集中在大城市。

联邦总统选举中失利之后，2017 年 3 月的这场荷兰选举是欧洲右翼民粹主义者所遭遇的第 2 个沉重打击。如果说这些人将 2016 年 6 月的英国脱欧公投和 11 月的特朗普胜选视作他们的胜利的话，那么他们也把奥地利和荷兰的选举视为他们的失败。自由派和亲欧势力开始更加相信，接下来法国人会在 2017 年 4 月和 5 月的总统选举中阻击民族主义者的势头。

当然，欧洲力量在荷兰的胜利所带来的欢乐还是不会太长久，要知道不仅是吕特的右翼自由派，而且是该国几乎所有的党派都早就开始反对“更紧密的同盟”，它们转而支持将欧洲层面的职权拿回到民族国家层面来，它们所想要的“欧洲项目”首先是各民族国家政府之间更加深入的合作。在移民事务方面，荷兰政府的立场也是高度现实性的。在过去的数十年里，荷兰一再触碰到自身接收和容纳能力的极限。因此多数人都反对缺乏控制的移民再继续进行下去。假如吕特不
339 考虑这种非常普遍的态度，那么在议会选举中胜出的很有可能就不是他，而是威尔德斯了。然而，威尔德斯还远远未被打垮：自由民主人民党已经能将他们的议员席位从 15 席增加到了 20 席，而且还从荷兰的第三大党升格成了第二大党。[15]

越临近 2017 年 3 月 25 日，这个纪念日就越是能引发对欧洲联盟之未来的讨论。60 年前的这一天，各国签订了关于建立欧洲经济共同体和欧洲原子能共同体的《罗马条约》。欧盟成员国将于此日一起在罗马欢庆和纪念这一成果，并且表达各自对未来的欧洲计划的看法。

3 月 1 日，欧盟委员会希望用一本《关于欧洲未来的白皮书》（Weiβbuch zur Zukunft Europas）来为这场讨论提供框架。全书共分 5 个部分，展望了欧盟在 2025 年的样子。第 1 部分的口号是“继续前进”，或者说是“摸着石头过河”，瞄准的目标是逐步实现“更紧密的同盟”。第 2 部分的主题是共同市场，对此欧盟已经考虑到，各成员国能达成共识的政策领域可能会越来越少。第 3 部分的口号是“谁

要得更多，就做得更多”，陈述的是一个存在速度[1]差异的欧洲。第 4 部分，主要讨论的是少数比一直以来的预期发展得更快的领域。第 5 部分更多的是联邦主义者的畅想：各成员国会在越来越多的政策领域共享职权和资源，并做出共同的决定。

该书论及不同速度的欧洲的第 3 部分特别务实——其实德国总理安格拉·默克尔和法国总统弗朗索瓦·奥朗德同样都多次谈到过不同
速度的欧洲。但维谢格拉德四国集团（波兰、捷克、斯洛伐克和匈牙 340
利）会强烈反对这种看法，其觉得这种区别对待的方式乃是一种歧视。该集团在 3 月 2 日发表的共同声明中称：赞同继续发展共同市场（特别是在数字化革命和能源供应领域），认可共同防护欧盟的外部边界和防备恐怖主义的必要性，最后还强调了在民族国家层面对欧洲一体化进程进行民主化控制的必要性。来自布鲁塞尔的回应是，在起草罗马峰会的共同声明时会考虑这些特别看重主权的中东欧国家的看法。现在人们放弃了“多重速度”的欧洲的说法，改称“不同步调”的欧洲，但其实谈的都是一回事。

正如该书第 4 部分所预见的，在个别政策领域，无论是“老成员”还是维谢格拉德集团都会赞成欧洲联盟的集中化。在保卫共同边境安全领域尤其如此。3 月 6 日，欧盟 27 国的外长和国防部长在布鲁塞尔就组建一个负责境外任务的中央指挥部达成了一致。欧盟为了避免给人以欲与北约争锋的印象，特意没有使用“总司令部”这个名称。据该计划的高级代表费代丽卡·莫盖里尼（Federica Mogherini）称，其目标并非组建一支欧洲陆军，但部队会有一个能有效执行军事任务的规模。至少在这一点上，欧盟 27 国能完全达成一致。

在欧盟各国外长和防长于布鲁塞尔会面 3 日之后，欧盟各国以及英国的领导人也在同一地点碰面，以共同磋商一些不那么有争议的问

[1] 更准确地说，这里的“速度”应该指的是一国能接受的欧洲一体化进程的速度，而不是一国的发展速度。后文中的英文词“pace”（步调）的确是一个更好的表述。

题，比如经济增长、安全与防务（比如阻止来自北非和亚洲的非法移
民入境）。其中的 27 个国家在会前就已经达成一致，再度选举唐纳
341 德·图斯克为欧洲理事会主席，让他完成为期两年半的第二任期。唯
一的例外是那个图斯克于 2007 年至 2014 年担任总理的国家：波兰。

波兰之所以与其他欧盟成员国产生这样的分歧，是因为法公党党魁雅罗斯瓦夫·卡钦斯基对图斯克抱有深深的敌意。波兰总理贝娅塔·希德沃提议，由相对不太知名的亚采克·萨里尤兹-沃尔斯基（Jacek Saryusz-Wolski）接替图斯克成为欧洲理事会主席（此人是欧洲议会里欧洲人民党党团内的波兰籍议员，本身隶属于“公民论坛”），但没有任何国家领导人表示支持。希德沃的回应是阻挠峰会通过闭幕宣言，结果大家不得不放弃由理事会主席公开宣读闭幕宣言的仪式。波兰的政治家们早就因图斯克是“听命于默克尔的候选人”的而看不上他，现在更是把他的再度当选称作“德国的独裁”。

这次挫折中尤为让波兰政府伤心的地方，是连匈牙利、捷克和斯洛伐克都同意图斯克连任。本来，卡钦斯基治下的波兰与维谢格拉德集团内的其他国家在守卫民族国家主权和坚决拒绝接受移民的问题上一向都意见一致。在捷克，特别坚决地奉行民族民粹主义路线的是前社民党人米洛什·泽曼总统和以安德烈·巴比什为核心的右翼民粹政党“是的 2011”——巴比什自 2013 年起一直在由社民党领导的联合政府中担任财政部长；在斯洛伐克，包括名义上[1]的社民党人罗伯尔特·菲科在内的所有党派都奉行这样的路线。

匈牙利的民族保守政府领导人维克多·欧尔班乃是中东欧“非自由的民主”先锋，他在 2017 年初推出了一项法案，目的是把移民放到靠近塞尔维亚边境的集装箱营地（Container-Lagern）里圈禁起来，结果引发了联合国难民救助机构和人权组织的强烈抗议，但维谢格拉德

---

[1]　本书作者所在的德国，一个社会民主党人（更不用说是党魁）支持民族、民粹主义是不可想象的事情，所以作者称菲科只是个“名义上”（nominell）的社民党人。

集团内的其他国家却纷纷表示理解。3 月 28 日，这项圈禁法案生效了。不过早在 1 天前，欧洲人权法院临时禁止了将布达佩斯附近的 8 位少 342
年和 1 位孕妇送到该营地的行动，并因此而给该法律今后的适用性设置了一些限制。为此，匈牙利青民盟的议会党团主席威胁要让匈牙利退出《欧洲人权公约》(Europäischen Menschenrechtskonvention)，但欧洲法院并没有更改自己的判决。

欧尔班、泽曼和菲科在一个关键的外交问题上与卡钦斯基有分歧：这位波兰法公党党魁极其反感普京治下的俄罗斯，而其他三人则强调对俄亲善。所以，维谢格拉德集团并不是铁板一块，只不过它们在这方面的矛盾并未像有关图斯克再度当选的矛盾那样充分暴露出来。眼下还不确定的是，如果欧盟委员会因波兰政府无视欧盟委员会和欧洲委员会的态度而执意操控宪法法院一事，建议欧洲理事会对波兰实施制裁，捷克和斯洛伐克两国会做何反应。反正匈牙利是早就站在了波兰一边：欧尔班毫不犹豫地表示他不会同意暂时取消波兰的投票权——由于此事必须获得欧洲理事会全体通过一致方可施行，所以也就不可能通过了。不过这位匈牙利总理的态度倒也符合逻辑：他自己早已把包括宪法法院在内的司法独立机制置于囊中，以至于匈牙利已经没有什么有效的分权制度可言。[16]

就在罗马纪念峰会召开前几日，欧盟 6 国（意大利、法国、德国、奥地利、斯洛文尼亚和马耳他）和瑞士以及阿尔及利亚、突尼斯、利比亚的内政部长们于 3 月 20 日在罗马会晤，目的是尽可能进一步阻止从非洲涌向欧洲的移民潮。临时参加“合作方”对话的还有利比亚统一政府领导人法耶兹·萨拉杰。他给会议的发起人、意大利内政部长马尔科·明尼蒂（Marco Minniti）递上了一份利比亚海岸警卫队的需求清单：为了阻止移民穿越地中海中间的路线，特别需要救生艇、直 343
升机、越野车、通讯和雷达设备。满足这些要求总共需要约 8 亿欧元，这比萨拉杰之前跟欧盟报过的数目（2 亿欧元）高出了一大截。

同时，跟萨拉杰政府进行磋商到底能有多大用，依旧是个未知数。

就在不久之前，的黎波里和托卜鲁克这一对利比亚势不两立的两大权力中心之间相互和解的前景又再次破灭了。这既是因为最近在的黎波里又新出现了与反政府分子的激烈冲突，同样也因为连此前相对平静的米苏拉塔区（Misrata）也出现了权力斗争。统一政府一直没有树立权威，它既没有执行力又腐败。欧洲联盟的利益所在是显而易见的：它希望来自非洲的移民最起码能在利比亚海岸被拦截住，以免他们踏上危及生命的、向欧洲偷渡的旅程，并且欧盟能建立监控犯罪分子的机制。然而，如果利比亚的国家权力还是像这个所谓的被人们不恰当地称作“统一政府”的黎波里政权一样虚弱，那么这个目标能否实现就依旧很成问题。[17]

庆祝《罗马条约》签订 60 周年的大会都快要开始了，但人们还不知道“英国离开”之后的欧盟 27 国领导人究竟能不能按计划一起在展望欧盟未来的宣言上签字。波兰政府因唐纳德·图斯克再度当选理事会主席一事，还在生那些国家的气。该国与雅罗斯瓦夫·卡钦斯基过从甚密的国防部长安东尼·马切雷维奇在此时对图斯克这位曾经的总理提起刑事诉讼，指控他与 2010 年 4 月的斯莫棱斯克坠机事件有关。那次坠机导致当时的总统莱赫·卡钦斯基（他是雅罗斯瓦夫的双胞胎兄弟）丧生。贝娅塔·希德沃总理已经威胁要抵制这次的罗马声
344 明，只是在教皇弗朗西斯与之进行了私人密谈之后才听劝作罢。本来希腊总理齐普拉斯对宣言草稿也很有意见，最后终于用添加关于跟失业问题做斗争的内容的办法及时解决了。3 月 25 日，所有领导人都签署了宣言——该宣言在唐纳德·图斯克、让-克劳德·容克和欧洲议会主席安东尼奥·塔亚尼的领导下于数周前起草完成，并获得了所有成员国的同意。

这份《罗马宣言》称欧盟是一个“独特的，拥有共同组织机构和鲜明价值取向的同盟，是一个珍视民主、人权和法治的共同体”。“不同速度的欧洲”在宣言中用精挑细选的字句表述如下：“像我们过去已经做到的那样，当我们继续沿着这个方向前进时，我们将共同行动

（如有必要会有不同的方式和力度）；这一切会与诸条约保持一致，而且对今后想加入进来的人，大门永远敞开。我们的联盟是统一的和不可分的。”

该宣言把“重视国际规则的、有效的且可持续的移民政策”，保卫共同边境，反恐斗争和打击有组织犯罪，降低失业率和犯罪率，解决人们贫困和被社会边缘化的问题，通过投资来推动连续和可持续的经济增长，进行结构改革并完善经济和货币改革，以及强化共同的安全和防务工作等“罗马议程”作为共同目标。分裂和争吵是不应景的，《罗马宣言》对法治问题、司法机构相对于行政机构的独立性相关分权体制问题，以及警惕中东欧国家“非自由的民主”的问题都避而不谈。“我们幸而能合为一体”，这话听上去与十年前的《柏林宣言》
（Erklärung von Berlin）一模一样。“欧罗巴是我们共同的未来。”好歹 345
把价值观上不容否认的根本分歧掩饰过去了，宣言的起草者和签署者都为此感到无比欣慰。能把事情办得这么和谐，这已是欧盟 27 国在 2017 年初所能奢望的极限。

伴随着庆典的，是支持和反对欧盟的示威活动。在罗马反对欧盟的主要是批评资本主义和全球化的左派；按计划在罗马以及许多其他欧洲城市支持共同体的是新近于 2016 年 11 月在法兰克福兴起的跨党派运动：“欧洲脉动”（Pulse of Europe）。后者致力于捍卫欧洲一体化思想，在言论和行动上反击国家领导人身后的民族主义分子，并且已经对欧洲议会内和议会外的民粹主义分子宣战。很可能是民族主义在 2016 年的两次重大胜利（英国脱欧公投和美国总统选举）激发了成千上万人产生了公开发声的热情，他们支持一个统一的、民主的欧洲，当然，他们在 2017 年初的集合上并没有提出什么具体的安排。除了奥地利的联邦总统选举跟荷兰的议会选举之外，“欧洲脉动”的出现同样是一个标志，它们都显现出右翼那种用“极度简化特征”得来的吸引力已经越过峰值开始走下坡路了。

2017 年 3 月 29 日，在罗马峰会举行 4 天后，英国根据《里斯本条约》第 50 条提出的离开欧洲联盟的申请到了布鲁塞尔。由于这个日期是早在 3 月中旬就定好的，所以欧盟有时间做好后面的准备。按计划，4 月 29 日会在布鲁塞尔举行一次特别峰会以决定后续程序的基本事项，5 月底或 6 月初将开始正式谈判。除此之外，正如图斯克 3 月 31 日所讲明白的，会先谈英国脱欧的条件，再谈未来欧盟与英国的关
346 系（这个顺序与英国所期待的不同）。无论谈判的结果如何，欧洲联盟都将根据当时的条件与共同体内的第三大经济体最终告别。[18]

2017 年 3 月 26 日，即罗马峰会的次日，保加利亚举行了因总理博伊科·鲍里索夫（Boyko Borissow）为 2016 年 11 月总统大选的结果辞职而不得不提前进行的大选。鲍里索夫所在的党，保守的保加利亚欧洲发展公民党（Gerb，以下简称“公民党”），与 2014 年 10 月的那次大选一样取得了 32.7% 的选票。这样一来，其得票率就比选票大幅增长的社会党（27.2%）要高得多了。之前公民党最重要的执政伙伴——右翼自由派改革联盟仅拿到了 3.1% 的选票，连《选举法》所规定的 4% 的进入议会门槛都没有达到，所以鲍里索夫只得再重新寻找能构成议会多数的伙伴。最理想的联盟对象应该是“爱国者联盟”（Linie die Vereinigten Patrioten），这个民族主义的、部分观点极右的党取得了 9.1% 的选票；另一个潜在的结盟对象是得票率 4.15% 的“意志党”（Partei Wolja）——它由对政治甚为热心的大企业家韦塞林克·马雷斯基（Wesselin Mareschki）组建。

公民党的胜利显然与它坚决的亲欧和亲西方的态度有关，该党最大的竞争对手保加利亚社会党（Bulgarischen Sozialistischen Partei）坚决拒绝这样的标签——它以坚定亲俄而闻名。不过，鲍里索夫潜在的盟友们（特别是爱国者联盟）也对普京治下的俄罗斯很有好感，在面对未来的总理时，它们肯定会为自己的支持开出高高的价码。有一个解决方案是根本不用去想的——社会党人早已断然拒绝跟公民党组成“大联盟”。

很明显，普京更愿意看到社会党人获胜。但他并不是唯一一个对保加利亚议会选举结果感到失望的外国领导人，土耳其总统埃尔多安 347
已经想尽一切办法支持在保加利亚生活的土耳其裔居民的党（Dost），可是该党还是只拿到了 2.9% 的选票，连议会也进不去。因此，作为少数民族的土耳其裔所依靠的发声渠道就只能还是“争取权利与自由运动”（die Bewegung für Rechte und Freiheiten），不过该党早就因彻底腐败而臭名昭著了（得票率近 9%）。

如果鲍里索夫无法取得议会多数，那么他就只好去试着与他的政敌社会党人科内利亚·尼诺瓦（Kornelia Ninova）共同组阁。要是这样也不行，就将重新再提前举行大选。由于保加利亚将于 2018 年上半年担任欧盟的理事会轮值主席国，鲍里索夫极有可能愿意做出重大让步，以换取自己能尽快成为一个能运转的内阁的首脑。

5 月初，事情有了进展：鲍里索夫与爱国者联盟组成了执政联盟。从前的共产党特工，现在亲俄的右翼民族主义者，“保加利亚民族运动”（IMRO）的党魁克拉斯西米尔·卡拉卡特尚诺夫（Krassimir Karakatschanow）当上了国防部长，同时还兼任负责安全和公共秩序的副总理（副总理共有 4 个）。公开的种族主义者，曾把吉卜赛人称作“野猴子”的“拯救保加利亚国民阵线”（Nationalen Front für die Rettung Bulgariens）主席瓦莱里·西梅奥诺夫（Walerij Simeonow），成了另一个负责经济与人口政策的副总理。作为政治联盟的一部分，以著名的反犹主义者沃伦·西多罗夫（Wolen Sidorow）为核心的阿塔卡党（Ataka Partei）是爱国者联盟中的另外一个亲俄政党，该党经常因为对土耳其穆斯林的攻击而上新闻。

与 2014 年的那次选举不同，欧洲议会中的欧洲人民党党团（公民党也属于该党团）没有对极右党派联盟的行为发出严厉警告。鲍里索夫保证，他与他的执政伙伴已经协商好，保加利亚将奉行亲西方的路线，并巩固自身作为欧盟及北约成员国的地位。至于说布鲁塞尔对这份保证能信几分，就不得而知了。[19]

348 2017 年 4 月 2 日，就在保加利亚议会选举 1 周之后，其邻国塞尔维亚举行了总统大选。最热门的候选人是总理亚历山大·武契奇（Aleksandar Vučić），这个曾在斯洛博丹·米洛舍维奇（Slobodan Milosěvić）的内阁中担任情报部长的极端民族主义分子，现在已经改换了支持塞尔维亚加入欧盟的纲领，但仍旧十分重视与弗拉基米尔·普京治下的俄罗斯保持良好关系。武契奇不但掌控着由他领导的民族保守主义的进步党（Fortschrittspartei），而且还掌握着情报机构和大部分媒体。人们普遍认为，若是他从竞选中胜出并接替托米斯拉夫·尼科利奇（Tomislav Nikolić）成为总统，他将会在新内阁中安插更具代理人性质的人选以扩张权力，并会任命一位亲信为总理一职的接班人，也就是说让该国悄悄发生了一场转向总统制的宪法变革。4 月 2 日的选举结果一目了然，省去了决选的麻烦：武契奇获得了 55% 的选票，其他候选人中表现最好的是前人权活动家萨沙·扬科维奇（Saša Janković），得票率 16.4%。

欧盟诸国普遍对选举的结果感到满意（塞尔维亚的入盟谈判已从 2014 年开始）。然而，4 月 2 日之后，有成千上万的年轻人在贝尔格莱德和其他塞尔维亚城市举行了长达数周的反武契奇示威活动，他们指责武契奇系统性地操纵了选举，布鲁塞尔则对这一切保持沉默。武契奇主张塞尔维亚奉行亲欧路线，但同时他也很想让塞尔维亚的舆论保持传统的亲俄气氛。大家指望这位未来的总统能稳定塞尔维亚政局，这对阻止那些想继续前往临近欧盟国家的移民而言尤为关键。至于武契奇并不会真正反腐以及他治下的媒体弊病丛生，相比之下就没有那么重要，也没什么人关心了。

在相对稳定这一点上，塞尔维亚已经比另一个从前南斯拉夫分离出来的国家——马其顿——强得多了。2016 年 12 月 11 日的议会
349 选举之后，马其顿的执政党民族保守主义的“马其顿内部革命组织”（VMRO）与反对党社会民主党之间就陷入了僵局。借由阿尔巴尼亚总理埃迪·拉马（Edi Rama）的穿针引线，马其顿社民党党魁佐兰·扎

埃夫（Zoran Zaev）成功地在阿尔巴尼亚少数民族诸党的协助下确保了议会多数。但在现任总理尼古拉·格鲁埃夫斯基（Nikola Gruevski）的压力下，同属民族保守主义党派的总统格奥尔基·伊万诺夫（Gjorge Ivanov）拒绝任命扎埃夫为总理。

总统否决此任命的公开理由是（格鲁埃夫斯基也同意）：如果像社民党人那样退让，允许（只有在部分国土上通行的）阿尔巴尼亚语成为全马其顿的第二官方语言，就将危及国家的主权和统一——这会使国家动乱甚至陷入内战。不过观察家认为，语言问题并不是民族保守派阻止民主交接的唯一原因。现政府所关心的问题显然还有：不再延长调查窃听丑闻的特别检察官的特别权限（2017 年 5 月到期）——该丑闻已经开始牵涉格鲁埃夫斯基。

马其顿自 2005 年起就是欧盟候选国了。一直到 2017 年，希腊始终在阻碍入盟谈判开始，因为它认为“马其顿”这个国名侵犯了希腊同名省份的权利（出于同样的原因，联合国从 1993 年起一直称马其顿为“前南斯拉夫马其顿共和国”，简称 FYROM，这个名称后来也被欧盟采纳）。欧盟在该国首都斯科普里（Skopje）的影响力比在塞尔维亚要小得多：2017 年 3 月，总统伊万诺夫以日程紧张为由，拒绝了欧盟扩盟专员约翰尼斯·哈恩（Johannes Hahn）的谈判请求。4 月底，现任总理的那些民族主义追随者冲击议会，意图阻止新出现的社民党-阿尔巴尼亚党多数派选出议长。此举导致包括扎埃夫在内的多名议员受 350
伤。5 月 17 日，伊万诺夫最终还是不得不任命扎埃夫为政府总理。为了平息这场危机，总统还是需要欧盟的帮助。

然而，鉴于马其顿通过封闭本国与希腊（即巴尔干路线）的边境而在 2016 年初的难民危机中所显现出的战略意义，可以预见欧盟在未来将会尽一切努力保持这个巴尔干国家的稳定。一如既往，这取决于这些想加入欧盟的国家的政治成熟程度：只要它们位于巴尔干路线之上，此时的它们就对欧盟有重要意义——这可是它们可以打的一张牌。[20]

在所有的欧盟入盟候选国中，土耳其总是麻烦最多的那个。但即便如此，该国与欧盟的关系也从未像 2017 年前 4 个月那样紧张：在这段时间里，这个横跨博斯普鲁斯海峡的国家正陷于宪法改革的斗争之中，斗争的目的是按照其总统雷杰普·塔伊普·埃尔多安的意愿，使土耳其在不久前尚可勉强运转的议会制转变为专制总统制，为此而进行的全民公决将于 4 月 16 日举行。

最迟在 2016 年 7 月那场失败的军事政变过去之后，人们已经很难再说土耳其的政治辩论是“自由的”了。总统、政府和正发党，已经意图把这场草率的政变当作借口搞起了自己的“政变”——借此多次延长紧急状态。在此期间，媒体在很大程度上（尽管尚未完全）被政府收编了；大多数亲库尔德人的人民民主党议员被撤销免遭逮捕的政治豁免权；军方遭到大规模“清洗”；上万名不讨政府喜欢的教授、
351 公务员、检察官、法官被解雇，其中有很多不经庭审就被投入监狱。独立的记者、知识分子、作家受到进一步羞辱和迫害。谁要是鼓吹在公投时“说不”，马上就会被指为“叛国者”。自 2016 年的盛夏以来，土耳其就一直被这样的严肃气氛所笼罩。

按照土耳其司法部的说法，所要进行的这次宪法改革将强化分权制度。事实上它仅仅强化了一项权力：属于总统的权力。今后，总统将不必像现在这样中断与某一政党的关系，因此他将有机会把自己的“政治家族”一直引向最高国家机关。他可以用政府的个人联盟来取代从前总理的作用，而总理府也和部长理事会一样不再是自主的机关。总统有权在议会的法定期限到达之前就解散它。未来，议会和总统选举将每隔 5 年同时举行。总统可以连任一届，如果是提前举行的总统和议会大选，则可以连任两届。

按照修改之后的宪法，议会将失去批准和监督部长们的权利，他们将全部由总统任命和罢免。总统令能替代法律。如果总统行使否决权，议会只有用绝对多数才能将之推翻。如若总统触犯刑法，只有在五分之三的议员批准的情况下才能启动司法程序。据说，法院将会是

独立的和超党派的。然而，由于总统、司法部长和议会多数党在最重要的法院法官、检察官委员会的人事设置上拥有决定权，他们自然会对法院有巨大的影响力。总统可以依据其喜好任命代理人，也可随意将他们解职。他可以任命和罢免任何公务员，是土耳其官僚机构的实际首脑，同时也依然是军队的最高统帅。

西方民主国家中也有总统制政权，其特点是权力高度集中于国家 352
元首。可是，正如美国和法国等不同形式所表现出来的那样，能正常运作的议会、独立的司法机构，以及以新闻自由的形式存在的强大的“第四权力”和一系列得到保障的基本权利，构成了该体制中的制衡力量。根据欧洲委员会下属的威尼斯委员会判断，修订后的土耳其宪法草案仅在有限的范围内规定了这些“制衡”措施。这次修宪进一步限制了该宪法中原本就不完整的分权和法治，而遵循了一种总统专政的内在逻辑：埃尔多安的坚定支持者尽管否认这样一种看法，但他们其实对此保持沉默。

支持选“是”总统所在的党派，即“温和的”伊斯兰正义与发展党，掀起了巨大的宣传攻势。但即使是在该党的干部、党员和支持者中，也有不少人对权力过分集中于埃尔多安手中这一事实感到不安。属于中左派的共和人民党（CHP）的领袖想要联合亲库尔德人的人民民主党（HDP）一起选“否”。在其主席德夫莱特·巴赫切利（Devlet Bahçeli）领导之下的极右党派“国民运动”（MHP）在修宪一事上站在埃尔多安一边。有一部分坚决反对引入总统制的少数派议员脱离了本党，但在为选“否”造势的运动中格外积极。这部分人的代表梅拉尔·阿克谢内尔（Meral Akşener）曾在 1997—1998 年短暂地担任过内政部长，并因其口才和亲和力而被视为埃尔多安的强劲对手。修宪公投之前数周，民调显示赞成和反对修宪的阵营大体上势均力敌。

在为公投造势的最后阶段，埃尔多安宣布了继续举行下一场公投 353
的可能性。他说，如果在议会不能以修宪所需的多数通过恢复死刑的决议，那么他将让人民来做出决定。他还暗示，说不定会举行一场对欧盟关系的公投。这位总统在 4 月 14 日表示，只要他还是国家元首，那么拥有德国–土耳其双重国籍的记者德尼兹・于杰尔就不会被释放和被送往德国。而且一切因有恐怖活动嫌疑而被逮捕的德国–土耳其双重国籍者都将照此办理。埃尔多安为自己的这一立场找到的理由是：德国方面并没有把持有土耳其护照的恐怖活动嫌疑人交给土耳其。在公投举行前一天，《法兰克福汇报》碰巧在报道一名拥有土耳其–库尔德血统的德国人在伊斯坦布尔被捕一事时用了如下标题：“埃尔多安的人质”（Erdoğans Geiseln）。至少，土耳其总统总算是没有再掺和到此事的审判之中——要知道，在是否释放被捕的批评家的事情上，他现在已经把自己当成了最高权威。

正如之前的民调所预测的那样，在 2017 年 4 月 16 日举行的公投中两种意见的得票率非常接近：有 51.4% 的投票者赞成修宪，即赞成埃尔多安搞的总统制；有 48.6% 的人投了反对票。土耳其社会由此分裂成了两个规模相当又彼此敌对的阵营，胜利的一方并不在乎国家转入威权体制，失败的一方将继续反对埃尔多安攫取权力的进程。那些居住在欧洲的海外土耳其人对埃尔多安的支持力度要大得多：住在法国的土耳其人有近 65% 支持他，在德国的有 63%，而在比利时、荷兰和奥地利，其支持率甚至超过了 70%。

作为国际观察组织的欧洲安全与合作组织（OSZE）和欧洲委员会认为，正在实施的紧急状态限制了基本权利的履行；在计票方面，高级选举委员会也存在违法操作：将一些缺少法定公章的信封和选票也
354 计为有效。反对党估计，没有盖公章的选票有 250 万张之多，而且还认为计票中存在很多其他不规范行为，乃至舞弊行为，这些情况在安纳托利亚东南部地区尤为严重；他们要求重新计票，也就是说让这次公投的结果作废。在伊斯坦布尔和其他主要投反对票的地区，有数万名公民用抗议集会的方式支持这一要求。

埃尔多安对自己这场险胜的反应，并不是去修建一座通向投反对票的土耳其人的和解之桥，而是宣布，他很快会为恢复死刑而提出一

项动议。次日，政府决定将紧急状态再延长 3 个月。议会于 4 月 19 日批准了这项措施。

埃尔多安很清楚，一旦恢复死刑，欧盟就将中断入盟谈判，但他还是迈出了这强硬的一步，因为民调结果早就显示这样干是获支持的。在欧洲，特别是在德国，保守党派和基民盟还在土耳其公投结果出来之前就被认为在土耳其放弃加入欧盟一事上负有一定责任：有人说，这些中间偏右的党派其实从来就不想让土耳其加入欧盟，它们只是违心地或是假装同意举行入盟谈判，以便延缓埃尔多安近年来推行的专制政策——此人最初充满改革的意愿，继而却对欧盟感到失望。

事实上，导致自 2005 年开始的入盟谈判几乎停滞不前的是其他一些原因：正如欧盟委员会每年的进展报告所显示的，埃尔多安政府所进行的政府改革远远达不到欧盟的期望；在开启正式谈判这个阶段性目标实现之后，土耳其政府就懈怠了，在言论及宗教自由和司法改革领域尤其如此。此外，塞浦路斯分裂问题上，土耳其方面一直不愿履
行对欧盟所许下的承诺；土耳其议会甚至坚决不愿意通过一份埃尔多 355
安已经同意的关于 1963 年 9 月《联系国协定》的附加议定书。

至于说现在把跟土耳其的关系搞得这么僵，欧盟自身当然也要承担一部分责任。早在当年欧洲经济共同体及其首任委员会主席瓦尔特·哈尔斯坦与土耳其缔结《联系国协定》时，其态度并非出于一种冷静的观察，却是在表述一种愿景：把正式成员国身份当作完成所期望条件的奖品。这种看法实在是太不现实了，因为欧洲共同体从一开始就是以反对民族主义为其根基的，而土耳其却从未想过与其激进的民族主义告别——从国父凯末尔的时代开始，民族主义在土耳其就已经具有了一种国民宗教的特征。

如果对欧洲共同体，特别是由其在 20 世纪 90 年代初转变而成的欧洲联盟而言，也有一种国民宗教的话，那么它就是西方跨大西洋民主政体共同的政治文化。对国父凯末尔及其后继者而言，毫无保留地对这种文化敞开大门，并不是“一战”后开始在土耳其推行的现代化

进程的一部分；“温和的”伊斯兰主义者埃尔多安当然也不例外。自21世纪初以来，那些基于地缘战略因素主张让土耳其加入欧盟的人支持与土耳其政府保持紧密关系。尽管如此，欧盟也不可能让一个不满足欧盟成员规范条件的国家成为正式成员国——除非欧盟愿意背弃自我认同，或愿意退回自由贸易区的形态。在让土耳其成为欧盟成员国一事上，还从未有人公开从这一“哲学层面”讨论问题——这正是那些支持土耳其入盟并与之谈判的人的关键性错误。

356 公投结束之后，欧洲（特别是德国）的那些本来一直支持土耳其入盟的中左派政党开始要求立即中止入盟谈判。而大多数政府以及欧盟委员会的反应则非常保守，它们这样做自有道理。尽管布鲁塞尔方面早就多次表示过，重新引入死刑就意味着入盟谈判的终结，但若因埃尔多安的仓促决定而给他一个采取更强硬政策的借口，也是不明智的。反正，只要土耳其转变为专制总统制，它就肯定不再有机会成为欧盟成员国了。既然如此，欧盟不如等到下一次例行峰会的时候再正式宣布自己的立场。[21]

美国几乎是在接连不断的“号外新闻”之中度过2017年春天的，因为他们的第45任总统差不多每天都会来这么一出。2月28日，唐纳德·特朗普在国会宣读了他的第一份国情咨文。与人们以往对他的观感相比，此文的语调倒显得有些温和。不过，特朗普所说的是一如既往的民族主义和“右翼”那一套。他强调了他“让美国再次伟大”和“买美国货，雇美国人”的说法，并再次宣称他很快就要在美、墨边境建造一面大墙，用以阻止毒品和犯罪。他宣布，自1994年的北美自由贸易协定生效以来，美国已经失去四分之一的工业工作岗位，自中国于2000年加入世界贸易组织以来，美国失去了6万家工厂。他说“自由的贸易”也必须是“公平的贸易”。特朗普重提其竞选期间说过的恐怖主义和非法移民问题。他重申要用更好的医疗保障置换奥巴马医保，为企业和中产阶级减税，还要大幅提高国防开支。热烈的掌声一直伴随着总统的演讲，当然，掌声几乎都来自共和党人。

谁要是相信特朗普在参众两院议员们面前露面之后就会变得温文 357
尔雅，那他很快就会失望。3 月 4 日，特朗普总统在推特上指责他的前任奥巴马，称他曾导致自己在胜选之前不久在特朗普大厦内遭到窃听。特朗普把自己所指控的这则丑闻与 1974 年导致理查德·尼克松遭弹劾并下台的水门事件相提并论，并且还把奥巴马称作“坏人（或病人）”。不管是特朗普，还是他的白宫幕僚都没有为这位总统的指控提供任何证据。而情报部门的反应则让人吃惊。3 月 20 日，美国联邦调查局局长詹姆斯·科米和国家安全局局长迈克尔·S. 罗杰斯（Michael S. Rogers）告诉众议院情报委员会：并不存在这样的非法行动。在此之前，奥巴马的发言人已经对特朗普的指控提出抗议，但特朗普却并不准备收回自己所说的话。

这段时间缠上特朗普的还有一个更大的麻烦：人们经常怀疑这位共和党总统候选人的竞选团队与俄罗斯之间的密切关系——情报机构和媒体也正在调查这件事。据《华盛顿邮报》的报道，司法部长杰夫·塞申斯在 3 月初被迫承认他在竞选期间曾两次与俄罗斯大使基斯利亚克交谈。而在之前的参议院听证会上，塞申斯曾发誓他在竞选活动中与俄罗斯政府圈子不曾有过任何联系。现在他断言，在与基斯利亚克谈话时，他的身份是参议员而不是特朗普的竞选助手；而且他们所谈的也不是跟选举有关的事情，而是外交问题，即俄罗斯与乌克兰的冲突问题。为了避免更多指责，这位司法部长宣布在“通俄”一事上避嫌：未来对他家所进行的调查将不在他的管辖之下。

塞申斯的战术性撤退并不能消弭特朗普的竞选团队与俄国情
报机构秘密勾结的传言。人们推测和调查的重点越来越集中到保 358
罗·马纳福特（Paul Manafort）身上，此人是特朗普的第一任竞选经理和首席策略顾问，直到 2016 年 8 月卸任。他干不下去的原因，正是由于他常年为 2014 年 2 月逃亡出来的乌克兰亲俄总统亚努科维奇（Janukowitsch）提供高价顾问服务的事情曝光了。根据美联社（Nachrichtenagentur Associated Press）3 月底的报道，马纳福特一直与普京交际圈中的亿万富翁奥列格·德里帕斯卡（Oleg Deripaska）过从甚密，并参与了为克里姆林宫而进行的秘密战略计划，旨在打击原苏联加盟共和国地区的反俄反对党。那些认为马纳福特曾充当俄罗斯在美国的利益代理人的猜测或许离事实不远，但尚未有坚实的证据。特朗普的另一位曾经的同伴，仅工作了不长时间就于 2 月中旬就离职了的迈克尔·弗林，在 3 月 31 日向联邦调查局和国会的情报委员会表示，愿意成为特朗普阵营涉嫌与俄罗斯联络一事中的关键证人，以换取自己免受处罚——参、众两院的议员们接受了这个建议，不过这也让人们更加对特朗普的断言起疑心：他说关于他跟俄罗斯的各种关系的报道都是“假新闻”。

3 月 6 日，正如几周前宣布过的那样，总统又拿出一份经过修订的为期 4 个月的入境禁令。与前一版被法官指为违宪的 1 月 28 日总统令相比，新版限制的不再是 7 个伊斯兰国家，而是 6 个：与美国一起打击“伊斯兰国”的盟友伊拉克已不在其中。此外，该规定在生效前有 10 天的警告期，而且不再适用于有双重国籍和持有居留许可或有效签证的人。其他例外情况包括：商务人士和为美军工作过的人员（例如口译员），以及医疗上的紧急情况。

359 把之前的禁令变得温和一些，其实是想让批评者们找不到理由，但这个目的并未实现。应夏威夷州总检察官的要求，一位美国的联邦法官先是于 3 月 15 日临时阻止了这条本应于 3 月 16 日生效的法令，后又于 3 月 30 日无限期阻止其生效，其理由是总统的这条命令违背了宗教自由的基本权利，从而也就违反了宪法。另有 13 个联邦州也赞同这一说法。特朗普再次对司法机构大发脾气，他开始上诉并声称：如有必要，他将把关于入境禁令的官司一直打到最高法院。

在选战期间，特朗普把取消奥巴马医改看得至少与穆斯林旅行禁令一样重要。3 月 7 日，众议院共和党领袖保罗·瑞恩（Paul Ryan）

提交了他的全民医疗保健法案草案。共和党人废除了奥巴马针对逃避保险义务的美国人的惩罚性税收。替代方案是：如果有些人有一段时间没有参保，后来又想参保，则他们的保费会上涨。同样，大公司也被免除了向员工提供健康保险的义务。新版本健康保险的其他变化将使年轻人的保费下降，而老年人的保费上升。对于为穷人提供医疗保险的医疗补助计划——Medicaid [1]，联邦政府只会再提供 3 年的补助金——有好几位共和党州长对此决定提出过紧急警告。

这一改革对财政的影响尚不明朗。3 月 14 日，超脱于党派之外的国会预算办公室（CBO）表示，根据他们的计算，到 2018 年底将有 1400 万美国人失去健康保险，到 2026 年这一数字甚至会上升至 2400 万。在取消对医疗补助 Medicaid 的联邦拨款之后，联邦政府能在未来 10 年节省 3370 亿美元。由于这些新的变化，保险经费池内的风险 360
构成将发生很大变化：如果年轻人的参保人数如预期中那般下降，而老年人的人数上升，那么这时的保费将比一直施行奥巴马医保要高得多——这一发展趋势与共和党头面人物们的计算背道而驰。

国会预算办公室的这个分析加重了一些共和党参、众议员和州长的担忧，因为他们将马上面临新法案所引发的一个大概率的后果：那些来自贫穷的和年老的选民对这个夺取他们健康保险的党派的抗议。反对该法案的阻力，也来自一部分保守的共和党人，他们预计瑞恩的草案仍然会为医疗保健行业提供过高的补贴，所以单单取消奥巴马医保是远远不够的。总而言之，执政党内的保留意见如此之强，以致根本拿不出一个能确保议会多数的草案文本。来自特朗普身边“首席战略家”斯蒂芬·班农以及特朗普本人强大却粗鲁的心理压力，也未能使反对者转变想法。为了避免一场确定无疑的失败，3 月 24 日，在由保罗·瑞恩代表的众议院共和党议员们设置的最后期限到来之前几分钟，总统批准了推迟投票的建议。民主党人欢呼起来：“特朗普医保”

[1]　Medicaid，美国华人一般称之为“白卡”。

的挫折是这位总统迄今为止最惨重的失败。

尽管显得有些荒唐，但特朗普还是声称这次提案失败应该由民主党人负责；他同时又向反对党提出要求，要他们不要把一场超越党派利益的医疗改革搞砸，并且还表示希望看着奥巴马医保自己崩溃。他打电话叫来《纽约时报》和《华盛顿邮报》的记者，告诉他们自己很高兴能摆脱医疗方面的麻烦事，因为现在他可以转向自己真正感兴趣的问题了：税收和商业。不过，无论他怎么像往常一样为自己的失误
361 寻找借口，这次还是让他自己十分自负的伟大“谈判专家”的形象大打折扣。据一项布隆伯格民意调查（Bloomberg-Umfrage）显示，这份特朗普–瑞恩法案的受欢迎程度极低，仅有 17%。这位总统必须清楚，在心怀不满的人中有许多是他曾经的选民。[22]

比推翻奥巴马医保更受关注的，是特朗普承诺大规模清除之前的环保法规，这些法规与前任总统支持水压层岩气和减少采煤的政策相关。为了特意彰显他对阿巴拉契亚山区煤炭工人的同情，总统邀请其中的几位成员来到椭圆形办公室，并让他们参加了他 3 月 28 日签署相关行政令的电视直播。但导致煤炭产量下降的并不是严格的排放规定，主要是来自廉价的石油、天然气或是已经有许多环保人士致力于推进的可再生能源的竞争。环保人士们马上开始抗议总统反生态的政策，但总统对此完全不屑一顾。特朗普尚未说明他是否会正式退出《巴黎气候协定》，但现在已经很清楚：这位总统治下的美国对这项 2015 年 11 月达成的、关于减少二氧化碳排放的国际协议已经不在乎了。

在修改环保政策的总统令发布 2 天之后，又有两条关于把贸易政策建立在新的——据说是更“公平”（faire）的基础之上的总统行政令出台。在第一条总统令中，特朗普要求贸易部在 90 天内评测与重要伙伴国家之间的贸易关系，重点是那些导致美国贸易赤字的国家。第二条总统令授权美国行政部门自行征收已经施行的惩罚性关税的权利。同时商务部表示，这其中也涉及德国钢铁企业［例如萨尔茨吉特有限

公司（Salzgitter AG）］的惩罚性关税，据说这些涉及的公司以倾销价格在美国售卖产品。德国外交部长西格马尔·加布里尔警告华盛顿方 362
面：这一结论违背了世贸组织的计算方法，将为美国企业创造不公平的竞争优势。特朗普贸易保护主义的面目开始变得清晰起来。

特朗普在这段时间里关注的另外一次重心转移则更加重要：他决心要让美国在军事上变得更加强大，因此他特别重视核导弹，并且再次展现出他对常规外交手段的忽视。当五角大楼欣喜于得到 540 亿美元的附加预算拨款时，外交部的预算则被砍去了将近三分之一。在 2017 年春天，华盛顿的许多部门中都有空缺的职位，但没有一个部门像国务院这样，在奥巴马与特朗普进行权力交接之后有这么多工作人员离职或被解雇。3 月底，国务卿的两个副手的位置，以及许多秘书职位和不计其数的其他重要岗位上都还无人任职。经费被削减得尤其厉害的部门是发展援助部门，还有资助科学和艺术的部门。很显然，这位新总统对“软实力”并不太感兴趣。

在与其他国家的关系方面，特朗普把与重要国家的关系放在首位。3 月 17 日，他第一次在白宫与到访的安格拉·默克尔进行了两人之间的私密谈话，随后两人又参加包括德国大企业的代表在内的、更大范围的关于经济问题的谈话，谈话内容包括特朗普一再批评的德国对美国出口中的高顺差问题。美国总统与德国总理之间的互动气氛还算正常，没什么不友好的地方。可是德国访团前脚刚走，这位总统就在推特上发文，称德国联邦政府在国防领域欠美国“一大笔钱”。几乎在同一时间，美国财政部长史蒂文·姆努钦于 3 月 17 日—18 日在巴登- 363
巴登举行的 G20 财长会议上让东道主德国财长沃尔夫冈·朔伊布勒很是难堪，因为姆努钦拒绝签署一份关于自由贸易的闭幕宣言。美国媒体把这次会议看作美欧关系的一道裂痕。[23]

就在美国在贸易政策问题上几乎要与世界政治中的其他行动方陷入冲突的时候，在东亚，朝鲜与邻国韩国以及日本之间越来越有爆发军事冲突的危险，而且这势必波及韩、日两国的保护者：美国。在之前的几年中，朝鲜在射程更远并可装载核弹头的导弹技术方面取得了长足的进步。3 月初，有 4 枚导弹射入日本海；4 月 5 日，朝鲜再次试射了一枚中程导弹，其弹道最终也指向日本海。美国的专家据此推测，朝鲜能够在数年之内令其远程导弹的射程覆盖旧金山、洛杉矶和美国西海岸的其他城市。

4 月 6 日，就在朝鲜最新的导弹试射之后，特朗普总统在他位于佛罗里达州的海湖庄园高尔夫球俱乐部会见了中国领导人。与 2016 年选战期间相比，此时美国对中国的态度完全换了一个腔调，变得友好多了。

364 依据中美两国发表的共同声明，双方在贸易关系领域取得了一些进展。不过尚不清楚谈话双方在朝鲜问题上的意见是否更加接近了。特朗普说会谈的气氛很好，而且他与中国领导人之间建立起了非常棒的私人关系。中国领导人强调了想要合作的愿望，并邀请特朗普在不久后回访中国。中国领导人一行刚刚离开，美国就加大了对朝鲜的压力。白宫表示，一支以“卡尔·文森号”（Garl Vinson）航空母舰为核心的美国舰队正从新加坡驶往朝鲜半岛——这份表态很快将被看作一种催促。[24]

就在中美峰会举行的时候，美国展开了一项军事行动：4 月 6 日—7 日夜间，特朗普命令两艘位于地中海的美国驱逐舰用 59 枚战斧式巡航导弹攻击叙利亚政府位于霍姆斯东南的军用机场沙伊拉特（Al Schairat）；有 21 架战斗机被摧毁。根据美国军方的消息，3 天前受命用化学武器攻击反对派在西北省份伊德利卜省（Idlib）的据点汗-舍洪（Chan Sheichun）的战机正是从这个军事基地起飞的。在那次袭击中共有超过 80 人死亡，其中包括幼小的儿童；共 546 人受伤。因美国的导弹袭击而丧生的共有 16 人，其中有包括 4 名儿童在内的 9 个平民。

在美国对沙伊拉特发动攻击之前，联合国安理会召开了一场会议。会上，俄罗斯动用否决权阻止了美、英、法三国联合提出的提案，该提案要求阿萨德政权对动用禁用的化学武器负责，并最后一次要求其与联合国开展广泛合作。特朗普早在 4 月 4 日就曾表示，那些被毒气杀死的人（尤其是那些“美丽的婴儿”）的图片，让他彻底改变了对阿萨德的看法。据说，这是因为阿萨德不但越过了红线，而且是越过了
“很多很多条红线”。这番表态与国务卿雷克斯·蒂勒森前一周的（应 365
该也是特朗普批准的）立场完全不同，当时蒂勒森说阿萨德今后的命运应该由叙利亚人民来决定，美国并不急于让他下台。

在袭击叙利亚政府军队的基地后，特朗普马上在电视上讲话，向美国人民说明了他行动的正当性。他说，阿萨德所使用这些致命的神经毒气，将使这些无助的男人、女人和儿童窒息而死。“对许多人而言，这是一场漫长而残酷的死亡。甚至有一些极为美丽的婴儿也被这次可怕的野蛮攻击杀死。”他认为美国攻击这些发动化学武器攻击的机场符合美国的国家安全利益，这有利于阻止这些致命的化学武器的使用和扩散，并对这样的行为施加威慑。由于使用了这种违禁武器，叙利亚违背了《化学武器公约》规定的义务，并且无视联合国安理会的呼吁。因此，多年来想要改变阿萨德行为的尝试完完全全失败了。难民危机会因此而进一步加剧。该地区正变得越来越不稳定，成为美国及其盟友的一个威胁。这位总统向“一切文明国家”发出呼吁，希望大家与美国一道阻止屠杀和流血事件，并终结各式各样的恐怖主义。

确有可能，那些被杀害的和受重伤的叙利亚儿童的电视画面真的使特朗普深受震动。这个动机应该不是编出来的。但特朗普必须预想到，如果在他油然而生的愤怒之后没有任何实际的行动，那么他将不只在本国，而且也在全世界面前失去信誉。纯粹的口头抗议活动能对阿萨德和普京产生什么效果，是不难想象的，而其对北京、平壤和德黑兰的影响也可以此类推。

不过，展现美国的强大应该也能让特朗普在国内政治中得分。如 366
果他在面对叙利亚独裁者的时候能做出决断，在他自己看来这就比奥巴马要强了。前一任总统的许多民主党同僚也指责他在面对阿萨德的罪行（尤其是对使用毒气）做出反应时过于软弱。特朗普因其发动导

弹攻击和演讲而赢得的两党一致的赞许，也很好地验证了这一策略的正确性。外交立场上的强硬，至少在一段时间内会分散人们对他近几周内政受挫的注意力——如果特朗普在 2017 年 4 月初完全没有这样想过，倒是一件奇怪的事情。

从国际法上看，由于没有得到安理会的授权，美国也因此违背了安理会 2013 年 9 月 23 日通过的（与叙利亚相关的）2118 号决议。然而，安理会这个联合国最重要的机构多年来在处理与叙利亚相关的问题时实际上已经陷入瘫痪状态，这是因为俄罗斯一直在用自己的否决权维护阿萨德，从而阻碍了联合国行使其保护最基本人权的责任。美国在为自己对沙伊拉特机场的攻击辩护时，称这是依照国际惯例进行人道主义干预，而且在这方面也与其大西洋联盟中最重要的欧洲伙伴达成了一致。这些盟友觉得美国的导弹攻击是可以接受的，同时（尤其是德国）认为，这应该只是一场一次性的行动。

此外，美国为了避免对阿萨德政权保护者——俄罗斯带来附加伤害，已经在巡航导弹攻击开始之前告知了俄方。俄罗斯的反应看上去很强烈：称美国的行为违背了国际法，而且整个行动都建立在一个虚构的借口之上，从而对两国已经紧张的双边关系造成了很大损害。但
367 是，俄罗斯在事情发生之后的实际动作却显得比较温和：暂时中止之前已经多方协商好的、关于在叙利亚空域活动的协议，宣布向地中海派遣两艘战舰。在安理会的另一次会议上，这两个大国再次爆发激烈的意见冲突，俄罗斯代表指责美方没有为他们对叙利亚的指控提供任何证据。

执行 4 月 6 日至 7 日军事行动的方式，明显带有两位将军的作风：国防部长马蒂斯和安全顾问麦克马斯特。与此同时，后者还有能力进一步扩大其政治影响力。在他的坚持下，总统中止了首席战略顾问斯蒂芬·班农在国家安全委员会中从一开始就极具争议的成员资格。尽管班农尚未因此被罢黜，但特朗普的这个决定明显意味着让他降了级。在华盛顿，麦克马斯特的成功被认为代表着美国外交和安全政策重新

回归专业化。

总统在公开场合为攻击沙伊拉特机场辩护的方式和方法，其实很可能会让班农和党内的极右派感到不舒服。接着，特朗普在 4 月 6 日的电视讲话中表达了如下愿望：“只要美国坚持正义，人们最终将迎来和平与和谐”，他不仅为美国也为整个世界祈祷上帝的护佑。这听上去就不符合“美国优先”那套说辞了，反而更像之前总统们的普世主义论调，而激进右翼分子正是如此评论的。所以“另类右翼”（Alt-Right）阵营的智囊理查德·斯宾塞（Richard Spencer）说，他不确定他是否还能继续支持特朗普。右翼评论员安·库尔特（Ann Coulter）建议特朗普在美国建立安全区域，以保护美国人免受非法移民的暴力侵害，而不是去关照叙利亚。在极右翼的网络论坛上，总统被骂为“叛徒”和“骗子”。根据民调显示，在特朗普的选民中有 83% 认同他 4 368
月 6 日的决定，11% 不认同，6% 的人觉得说不清。

在军事打击结束后的那个周末，美国政府在谈论其未来的叙利亚政策时有些矛盾。美国驻联合国代表尼基·黑利称，让阿萨德倒台是美国的当务之急之一，并表示有必要采取进一步措施打击大马士革政权。前几天也刚刚放过狠话的国务卿蒂勒森，现在说话却更加谨慎起来，他说比推翻阿萨德更重要的是与“伊斯兰国”的斗争。特别引人注目的是他对俄罗斯的批评：他说该国“无能”，因为它没能阻止叙利亚使用化学武器，并且应当为平民的死亡担负部分责任。让蒂勒森的这番话格外受到关注的原因是，他早就已经定下要在几天之后出访俄罗斯，而且这还是新一届美国政府成员第一次访俄。[25]

在访问俄罗斯之前，蒂勒森于 4 月 10 日—11 日在意大利卢卡（Lucca）参加了七国集团外长会议。他在参观发生过 1944 年 8 月党卫军屠杀事件的斯塔泽马村（Sant’Anna di Stazzema）的遗址纪念馆时的表态非常重要。他承认美国作为一个维护全球秩序的大国的作用：“我们再次承诺，我们的目标是将世界上所有对无辜者犯下罪行的人绳之以法。”如果这一表态是经过特朗普同意的，那么它将标志着美国现行政策在转变——这显然是因为这位总统既不希望在本国，也不希望在世界其他地方被视为“纸老虎”。不过，说这是一次“战略转换”，恐怕还为时过早。因为人们既看不出特朗普之前的外交战略到底是什么，也看不明白现在的策略。

蒂勒森与其他西方发达国家以及日本的外交部长都一致同意：应避免叙利亚的军事冲突进一步升级，而且应采取谈判手段结束内战。
369 这位美国国务卿表示，阿萨德家族不应在该国的未来中占据位置，因此各方应就实现这一目标的路径达成共识，并且商讨出一个过渡方案。这一表态，为他与拉夫罗夫外长以及可能与普京总统发生的会谈中最重要的任务勾勒出了框架。七国集团对他的支持是否能够帮到他，还有待观察。英国外交大臣鲍里斯·约翰逊曾提议从 2014 年起对俄罗斯实施更加严厉的制裁，但在卢卡的会上却无人响应，这在克里姆林宫看来总是一个积极的消息。

根据蒂勒森自己所描述的部分信息，他 4 月 12 日访问莫斯科时的谈判是在紧张的气氛下进行的。他在卢卡公开要求俄罗斯做出决断——要么支持阿萨德，要么跟美国合作——这被俄国政府理解为最后通牒。在谈判开始之前，俄罗斯的电视台播出了一段对普京的采访，他说在工作层面（即在军事领域）上，俄罗斯与美国之间的互信关系没有改善，反而恶化了。对于在汗-舍洪发生的袭击事件，这位克里姆林宫的主人表示：要么就是炸弹落到了叛军的毒气仓库，要么这整件事都是西方在演戏。

拉夫罗夫与蒂勒森之间的谈话持续了 4 个小时，普京与蒂勒森原定的简短对话却谈了两个多小时，比预期的时间长得多。不过，后面这场谈话也没有取得突破。在随后举行的两位外交部长的联合记者招待会上，蒂勒森说现在是两国关系史上的一个低谷。

尽管如此，蒂勒森的访问并非毫无成果。俄方宣布，在共同打击恐怖主义的条件下，美、俄将重新达成避免在叙利亚领空发生冲突的
370 协议。此外，双方还一致同意组建一个促进两国政府间对话的工作团

队。至于蒂勒森是否为俄罗斯放弃阿萨德开出过什么条件，则莫斯科和华盛顿方面都没有透露任何消息。

几乎就在蒂勒森与普京会谈的同时，联合国安理会在纽约举行了一场会议。会上，美国、英国和法国提出一项动议：谴责发生在汗-舍洪的毒气袭击事件，并责成叙利亚政府对国际调查人员开放所有军事基地。俄罗斯的否决权再次让决议流产——自叙利亚内战开始以来，这已经是第八次了。

不久之后，美国总统接待了北约秘书长、挪威前首相延斯·斯托尔滕贝格。在随后的联合新闻发布会上，特朗普称西方国家联盟是和平与安全不可缺少的堡垒。他明确地与自己先前的论断拉开了距离，再也不说北约“已经过时”了。据他说，现在已经不是这样了，当然，北约成员必须履行其义务，增加国防开支（要达到国内生产总值的 2%）。他还希望北约今后能够更多地参与伊拉克的反恐斗争。这一点与他在选战期间的表态也存在明显的矛盾，但他却满不在乎。恰恰相反，他坚持认为如果没有一定程度的不可预测性，就没办法达成好的“交易”。

4 月 13 日，即与斯托尔滕贝格举行联合新闻发布会后的第二天，美国在靠近巴基斯坦边境附近的阿富汗东南部第一次使用了目前最大的非核武器炸弹，即 11 吨重的“炸弹之母”GBU-43，目的是摧毁“伊斯兰国”据点中的坑道体系。据阿富汗传来的消息，共有 90 多名“伊斯兰国”战士丧生。这次行动的军事意义尚有争议：最重要的是此次 371
攻击让人们看到，对特朗普统治下的美国而言，消灭最危险恐怖组织军事仍是其首要目标。

然而，这并非投放“炸弹之母”的唯一目的。在用导弹袭击了沙伊拉特之后，4 月 13 日的行动再次展现了这位新总统在任何他觉得合适时间都可以用强硬的军事手段实现美国目标的决心。被点名的人中一定少不了金正恩。特朗普虽然否认了全国广播公司关于他正计划如果朝鲜进行新的核试验，就对朝鲜使用常规武器打击的消息；但与此同时，国防部则称他们正在考虑把军事行动作为选项之一，只是不会公开谈及。很快，北京和莫斯科都提出警告，称事态不可再进一步升级。

2017 年 4 月 19 日，全世界都知道特朗普口中的那个“无敌舰队”（他在 4 月 11 日就是这样称呼“卡尔 · 文森号”航母舰队的）并没有像白宫发言人斯宾塞所说的那样从新加坡前往朝鲜半岛，而是在朝着与朝鲜半岛相反的方向前进，目的是去参加早就计划好的与澳大利亚海军在印度洋进行的演习。直到 4 月底，该舰队才到达朝鲜半岛海域。

显然，在太平洋司令部、五角大楼和白宫之间，存在着严重的沟通问题。这结果对政府而言是一个耻辱。相比之下，朝鲜于 4 月 16 日为庆祝金正恩祖父、建国者金日成 105 岁冥诞而进行的最新一次导弹试验在发射后不久就以失败而告终，只能算是一个小小的安慰。

当天，特朗普的安全顾问麦克马斯特表示，对美国而言这是一个要在军事冲突的门槛下行动的时期，因此要避免在跟无法预测的平壤
372 政权打交道时发生最坏的事情。这明显是一个冲突降级的时期：目前，美国估计是不会发动预防性打击了。不过，美国依然继续向金正恩发出警告。4 月底，第七舰队参加了在韩国海岸附近进行的演习。装备有巡航导弹的潜艇也被派往这一区域。几乎与此同时，富有争议的萨德导弹防御系统（Terminal High Attitude Area Defense，简称 Thaad）开始在韩国部署。

在另外一个危机地区，美国政府的政策转向也不期而至：4 月 20 日，国务卿雷克斯 · 蒂勒森虽说也严厉地批评了 2015 年与伊朗签署的核协议——因为该协议无法实现其阻止伊朗发展核武器的目标，仅能延缓其发展；但蒂勒森并没有收回国务院前一天声明，该声明称伊朗到目前为止遵守了协议中的条款。蒂勒森强硬的言辞显然是为了安抚共和党内的强硬派，而美国政府的实际操作其实相当谨慎。

最能贯彻特朗普“美国优先”口号的仍然是贸易领域。4 月 18 日，他签署了一项名为“买美国货，雇美国人”的法令。它指示所有政府

机构，在权衡时将美国产品放在优先地位，并且未来将收紧对外国高素质技术人员的入境签证。美国商会和众多企业协会立即警告说，依这项法令所采取的政策肯定会对涉及进出口的行业和国内的劳动力市场产生负面影响。唯一支持该法令的，是过去从保护主义措施中获益最多的钢铁行业。在 2017 年 4 月中旬，我们还很难判断特朗普究竟能够在多大程度上贯彻他的意图。对他而言，最重要的无疑是向他的核 373
心选民证明：他仍在全力兑现他在选战期间的承诺。[26]

2017 年 3 月和 4 月，欧洲在短短 3 周之内经历了发生在两个首都的两次恐怖袭击。就在英国向布鲁塞尔提交脱欧申请一周前的 3 月 22 日，有一个来自伯明翰、有多次犯罪记录，并已经皈依伊斯兰教的英国人，在威斯敏斯特桥上故意将自己的汽车撞向行人，共造成 5 人死亡，40 多人受伤（其中有些是重伤）。随后他又驾车冲向议会大厦，并在那儿用刀杀死一名警察，最后被其他警察击毙。

当时正在下议院参与辩论的首相特雷莎·梅被迅速带回她的官邸——唐宁街 10 号；许多国会议员与他们的同事、政府官员以及来参观议会的人都被疏散到威斯敏斯特大教堂，直到晚上才被允许离开。这次袭击发生的日期并不是随意挑选的：2017 年 3 月 22 日，正值布鲁塞尔机场和地铁站发生造成 32 人丧生的恐袭事件一周年。在伦敦恐袭事件发生后的几天里，英国警方逮捕了多名袭击者的熟人。但警方的最终结论是，这是一起由个人发起的袭击事件。尽管“伊斯兰国”马上就宣布自己是此次行动的发起者，但按照安全部门的说法，没有任何证据表明袭击者与“伊斯兰国”或基地组织有联系。

另一起恐袭事件就不同了。4 月 7 日，一名男子驾驶一辆偷来的大挂车撞进了斯德哥尔摩最著名的商业街之一，共造成 4 人死亡、15 人受伤，其中还有儿童。此人与制造伦敦恐袭的人一样，显然把 2016 年 7 月的尼斯恐袭和 12 月的柏林恐袭当成了榜样。撞人之后， 374
他在把车开进了皇后大街商场的一个入口后逃逸，但在当天晚上就被抓获。这是一个服从于“伊斯兰国”的 39 岁乌兹别克斯坦人，在自己的庇护申请于 2016 年底被相关部门拒绝后他就隐藏了起来。4 月 8 日，警方把无法将此人抓捕并遣返的原因归结于臭名昭著的偷渡问题。

根据袭击发生数日之后曝光的消息，在瑞典，应遣返的外国人有大约 1 万人，但仅有 350 间牢房可供使用。当地人一直都强烈反对大规模的证件检查，因为他们认为这样的措施是种族主义和歧视性的，所以大规模证件管制无法实施。由绿党和社民党组成的少数派政府的首脑、首相斯特凡·勒文在袭击发生之后宣布要增设 1 万个警察岗位，但很多人认为这是不现实的，因为这一公共服务部门的薪资不高，而且还有许多教育系统的岗位都招不到人。人们普遍认为，奉行种族主义的瑞典民主党将因此次袭击事件在政治上获益，该党现在已经成为仅次于社民党的第二大党派。激进右翼反对党的主席伊默·奥克松（Jimmie Åkesson）在事发之后马上就称这是一起“重大丑闻”。

在伦敦和斯德哥尔摩事件之间，差一点还会发生另一场恐怖袭击：3 月 23 日（即威斯敏斯特冲撞事件的次日），比利时警察逮捕了一名 39 岁突尼斯裔法国人，因为他在内城的商业街中驾车高速行驶。后来，检察官在车中发现了刀剑类武器、一把霰弹枪和一些装满汽油的罐子。而在警察最终阻止这起袭击企图之前，路上的行人及时跳到了街边。

4 月的前两个星期，在俄罗斯和两个伊斯兰国家发生了比在欧盟
375 区域内的恐袭更为骇人的恐怖袭击事件。在圣彼得堡，一位在吉尔吉斯斯坦出生的自杀式爆炸袭击者在一次地铁内的袭击中造成 15 人死亡。在埃及，4 月 9 日“棕枝主日”[1] 这一天，“伊斯兰国”的自杀式袭击者先是在位于开罗以南约 120 千米处的坦塔市（Tanta）对正在举行宗教仪式的基督徒发动袭击，随后又在亚历山大发动袭击，共造成

[1] 基督教节日，据《圣经·新约》记载，基督耶稣在这一天骑驴荣入圣城，受到民众手持棕榈树枝欢呼的礼遇。

至少 45 人死亡。总统塞西的政府于次日宣布进入紧急状态。不到一周后的 4 月 15 日，在位于叙利亚北部的拉希丁（Raschidin）发生了一起针对来自反政府地区什叶派居民的自杀式恐怖袭击事件。当时，这些人正在一个公交站等车，计划前往由政府军控制的叙利亚地区的一个转运点。袭击中，共有包括 68 名儿童在内的 126 人丧生。很有可能，这次袭击是狂热的逊尼派分子所为。这时，所谓的“文明世界”依然同以前面对其他恐袭事件时一样，仅能表达一些毫无用处的愤怒。[27]

欧洲联盟在 2017 年春季算是取得了一个成果。在历经了艰难的谈判之后，欧元区各国财长于 4 月 6 日在马耳他的瓦莱塔与希腊就改革计划中的关键问题达成一致。该计划使得希腊可以从欧洲援助项目中获得新的资金，用于偿付将于 7 月到期的 74 亿欧元的旧债，同时还可以获得金额相近的新贷款。按照这份协议，希腊将在 2019 年和 2020 年进一步实施改革，财政紧缩的数额将达到国内生产总值的 2%。为了持久地改善财政状况，2019 年将实施退休体系改革，2020 年将进行降低所得税免征额的改革。应德国的强烈要求，关于进一步减免债务的问题，将在完成 2018 年的贷款计划之后再决定。

跟以前一样，欧元区财长们预计希腊将在 2018 年实现财政盈余，即在不算债务的情况下拥有相当于国内生产总值 3.5% 的预算盈余—— 376
国际货币基金组织觉得这个估计太过于乐观（事实上，欧洲统计局在 4 月 24 日表示，希腊在 2016 年已经实现了高得多的财政盈余，即国内生产总值的 4.2%），该组织对于是否继续参与今后的贷款救助计划，尚未表态。在 2017 年初，无论是对欧元集团，还是对国际货币基金组织而言，讨论重大的结构性改革，例如公务员的专业化或建立有效的土地登记，都是不现实的。在希腊问题上，这些所谓的“机构”只能小心行事。

此时，财政政策上的分歧不仅存在于欧元区与国际货币基金组织之间，同样也存在于欧盟内部：在欧盟委员会与德国之间。负责货币联盟的委员会副主席瓦尔迪斯·东布罗夫斯基斯（Valdis Dombrovskis）在瓦莱塔的会议上提出了关于欧元区未来发展的思考，由于这些需要对欧洲条约进行修改，所以在可预见的未来是不可行的。德国财长沃尔夫冈·朔伊布勒最坚决反对的，是东布罗夫斯基斯关于欧元区进行联合预算的提议，该提议将鼓励对危机国家的投资，并最终建立一套失业保险体系。这个计划势必将扩大欧盟委员会和欧洲议会的职权，而这在德国很可能需要召集联邦宪法法院审议——这也是德国政府对此计划反应冷淡的原因之一。

事实上，朔伊布勒所追求的东西与此恰恰相反。这位德国财长想要取消欧盟委员会监督预算的权力，并将它移交给作为安全网的欧洲稳定机制（ESM）。欧洲稳定机制曾经是一个协调欧元区政府间工作的机构，因此这样的监督权一直在各国财长手中，并间接掌握在各国议会手中。朔伊布勒的远期目标是要把这个欧洲安全网改造成一个欧洲的货币基金，即它原先的样子。这样的改造不仅仅是为了德国的利
377 益，同时也是为了在货币联盟中充当支柱的那些欧元区国家的财政稳定。德国政府的设想还考虑到：无论"更加紧密的欧洲"以何种可能的方式实现，这都需要一种能起作用的民主合法性。让朔伊布勒与东布罗夫斯基斯之间争执不下的，远远不止组织架构中的那些细节：背后的原因是关于欧洲联盟未来发展的根本性分歧。[28]

与东布罗夫斯基斯跟朔伊布勒之间的纷争相比，在这段时间里，匈牙利总理维克多·欧尔班与其全球知名的严厉批评家乔治·索罗斯之间的冲突在欧洲吸引了多得多的注意力。索罗斯 1930 年出生在布达佩斯的一个犹太人家庭，他早已移民美国并充当金融经纪人。两人冲突的焦点是索罗斯 1991 年在布达佩斯创建并在开始的时候单独资助的欧洲中央大学（Central European University，CEU），该大学在国际上享有盛誉，但长期以来都因其自由主义的理念而让欧尔班感到芒刺在背。

为此，匈牙利政府于 2017 年 3 月底提出了一项针对《高校法》的补充条例。从形式上看，该条例涉及 20 多所大学，但其实针对的就是欧洲中央大学一家。根据这一条例，以后由欧盟之外的赞助者资助的国际大学必须与本国签订双边协议，而且这样的大学必须有一个固定法人，然而这两样东西欧洲中央大学都没有。数万名愤怒的抗议者举行的示威活动和国际上的抗议行动都没有起什么作用：4 月 4 日，在社会党人离开表决大厅以示抗议之后，匈牙利议会以 126 票对 38 票通过这项法案。

面对欧尔班对政治自由的最新打击，欧盟发出的声音十分微弱。来自捷克的欧盟司法专员薇拉·尧罗娃在 4 月 10 日表示，她认为行政步骤、针对违反条约行为的调查，或是欧盟委员会的其他措施都不会
有太大帮助；重要的是，当地人要自己发出声音。2 天后，负责法治 378
问题的委员会副主席弗兰斯·蒂默曼斯对记者们讲得更清楚些，但即使他的话也听上去出人意料地平静。他想向维克多·欧尔班提出的问题是："您还有和我们一样的价值观吗？"在他看来，尽管匈牙利的整体局势也让人担忧，但与波兰不同的是，匈牙利的法治并没有受到系统性威胁。他觉得欧尔班与雅罗斯瓦夫·卡钦斯基的不同在于欧尔班还愿意与委员会进行对话。蒂默曼斯表示，到 4 月底才能决定是否最终对匈牙利采取法律行动。

4 月 26 日，欧盟委员会副主席东布罗夫斯基斯告知大家，委员会将以这部新颁布的高校法令开启针对匈牙利违反条约行为的调查。该法律有多个方面违反欧洲法律，即违反了特定的共同市场规定，侵犯了服务与言论自由、学术自由和教育法。此外，该教育法还损害了写在欧盟基础条约之中的企业自由，并且与国际商业协定相冲突。

针对匈牙利违反条约行为的调查已经有很多了；其中尚有 70 项正在进行，而那些已经结束的调查大多也没起什么效果。绝大多数人都觉得，这次对"索罗斯法"（Lex Soros）的调查也不会有什么不一样的

结果。但这一次，欧尔班至少在受到了同系政党（Parteifamilie）[1] 的批评之后表现出让步。当他于 4 月 26 日在欧洲议会为自己的行为辩护并强烈地批评了索罗斯之后，他在 3 天后的为布鲁塞尔欧盟特别峰会而召开的欧洲人民党会议上保证：会考虑欧盟委员会的想法。[29]

在波兰，对司法机构的强迫性一致化仍在进行。4 月 5 日，波兰众议院一次通过了政府提出的法律草案，该法案的目的是使立法部门让出任命和提拔各级法院法官的决定权，并且剥夺那些独立专业司法
379 组织的权力——迄今为止它们在该问题上发挥了决定性的作用。前文已经说过，按照宪法，应该由国家法律委员会提名法官人选，而以后则只能由议会所指派的人当法官了。据司法部的一位代表称，这是在用真正的人民的权力取代法院的统治。包括欧洲委员会的人权委员会在内的国际组织代表的抗议活动、4 月 20 日波兰法官半小时的集体罢工，以及反对党铺天盖地的批评，都没有起多大作用。向宪法法院提起诉讼是毫无意义的：现在在那里掌权的正是法公党的法官。

在其他领域，法公党也在扩张势力。自从2015年的权力交接以来，根据极右翼的国防部长安东尼·马切雷维奇自己的说法，他已经换掉了五分之四的军官和十分之九的总参谋部成员。2017 年 1 月底，总参谋部部长米奇斯瓦夫·戈楚尔（Mieczysław Gocuł）和其他一些高级军官辞职。根据军队内部人士估计，有 50~120 个将军的职位空缺，据波兰《政治周刊》（*Polytika*）报道，波兰驻北约的职位也有 16 个空缺。2017 年 3 月底，马切雷维奇宣布波兰退出由法国和德国组建的欧洲军。

为了强化军队，这位部长还承诺在军中组建一支对他负责的 5 万人的准军事“领土防卫队”——专家们完全不赞同这一想法。这位国防部长显然是想尽可能地让波兰军队从超国家层面的各类联系中摆脱出来，哪怕这样在军队中施行重新民族国家化的做法会在一定程度上

[1] 在欧洲议会中，欧尔班的青民盟属于保守派的欧洲人民党政党系，因此欧洲人民党既对其有所庇护，同时也有所约束。

降低军队的专业化水平也在所不惜。据波兰《政治周刊》报道，这样做带来的风险也令波兰的盟友们感到不安：据英国外交部门的情报显示，波兰军队内的大量裁员使得俄罗斯情报部门开始动心思，让大量俄方人员向波兰政府内渗透。

法公党政府的内政、外交路线已在波兰群众中引起越来越大的不 380
快。在 4 月底进行的一次民意调查中，前总理唐纳德 · 图斯克的党——“自由公民论坛”的支持率（31%），自 2015 年权力交接以来第一次领先于卡钦斯基的法公党（29%）。4 月中旬进行的另一项民意调查表明，50% 的人希望看到图斯克担任总统，而选择现任总统杜达的只有 45%：这标志着者卡钦斯基领导的这场反对欧洲理事会主席的运动失败了。鉴于 2019 年将要举行总统和议会选举，这样的民调结果对法公党来说并不是一个好兆头。另一方面，波兰和欧洲的自由派势力则受到了鼓舞。

4 月 21 日，欧盟委员会针对波兰政府对宪法法院的专制化改革的最后通牒所提出的期限已过。可是，从布鲁塞尔却没有传来任何下文。由于匈牙利会行使否决权，所以大家都知道，剥夺波兰投票权的提案是肯定通不过的。或许还有一些国家的领导人曾告诉委员会，他们十分不情愿与波兰政府发生冲突。这其中的背景是，对他们而言，保证欧盟 27 国在英国脱欧谈判中尽可能地团结一致是最大的利益所在；此外，他们关注的是加强在防务、外部边境安全和反恐等领域进行合作这样的优先目标。然而，现在欧盟委员会一直这么一言不发着实令人尴尬。但是，如果欧盟只能靠口头抗议来应对违反法治信条这种有悖基本原则的行为，显然就很难说它严肃认真地对待了它发誓捍卫的价值观。如此一来，欧盟就变成了某个因项目而临时聚合起来的组织，而让欧洲统一计划中的那些基本原则沦落到遭人质疑的境地。[30]

欧盟委员会之所以于 4 月 26 日发表一篇社会政治宣言，可能是因为感觉到了自己在合法性方面的瑕疵。瓦尔迪斯 · 东布罗夫斯基斯发表的“反思性论文”中的“20 点”应该是将 3 月 25 日罗马峰会上关

381 于社会问题的认识细化了。在此精神下，这些文章涉及的是欧盟公民的受教育权、公平工资、最低收入、养老途径和机会平等问题。但文章作者详细谈到的，只有父母的育儿假这一个议题。至于应对社会政策负完全责任的各成员国如何去响应他的这些号召，那就是各国自己的事情了。欧盟难以为自己描绘的美景做些什么。多数评论都对此抱以冰冷的语调或嘲讽的声音。委员会的这份声明，被看作原形毕露：这只不过是一种为了洗刷欧盟冷血、“新自由主义”全球化代理人形象的公关套路，那种形象正是形形色色的民族主义者给它戴上的帽子。

4 月 29 日，欧盟 27 国领导人在布鲁塞尔举行非正式特别峰会，其目的是确定英国脱欧谈判的主要原则。很少会有一个话题，让与会各国如此迅速地团结起来。仅仅 15 分钟后，图斯克主席即总结出讨论结果：只有在关于英国脱欧条件的谈判中取得了很大进展的情况下，欧盟才会跟英国谈未来的各项关系，即订立一项新的自由贸易条约。第一轮谈判的重点，是在英国的欧盟公民和居住在欧盟国家的英国公民的权利。此外，英国还必须把自己对欧盟应承担的财政义务结清。在这方面，委员会主席再次提到了这笔钱的总数，约为 600 亿欧元。

英国政府那边一直怀疑，27 国现在所展现出来的团结一致到底能维持多久。无论如何，伦敦并不想放弃与个别成员国私下进行交易的希望。与此同时，英国政府也在施加压力：它拒绝欧盟 2020 年之前的
382 多年度财政计划审查，这也就停止了给对抗青年失业、欧洲共同边境安全的建设、难民援助和研究基金的数十亿欧元的资金来源。在 4 月 26 日特雷莎·梅邀请让-克劳德·容克的晚宴中，双方谈得很不愉快。容克后来对女主人说，当他离开唐宁街的时候，自己的疑虑比刚来时多了 10 倍。由于委员会主席交际圈子中某些人的泄露，几天后公众就知道双方的这些不快了。

在布鲁塞尔，人们担心英国的压力会在众议院选举后保持不变。可能正因为如此，英国对欧盟的支付义务才被非正式地从 600 亿欧元提高到 1000 亿欧元——这不仅引发了海峡对岸的一场愤怒的风暴，而

且给了女首相以严厉批评容克的理由。为此，在德国总理默克尔的支持下，欧洲理事会主席图斯克呼吁双方给事态降温。欧洲联盟和英国能否在计划的两年内就共存与合作取得一致呢？离英国脱欧谈判开始只有几个星期了，人们对此依然全无头绪。[31]

2017 年春季，欧洲政坛的重头戏无疑是法国总统大选。在离 4 月 23 日举行第一轮投票不到数周的时候，11 名候选人中最有希望的那几个因各自不同的原因都上了头条新闻。国民阵线的候选人马琳·勒庞引起关注的方式是于 3 月 24 日接受普京总统的邀请赴克里姆林宫做客，而且还于 4 月 10 日否认法国对第二次世界大战中犹太人被驱逐的事负有共同责任。早已丑闻缠身的共和党的候选人菲永，再一次因为巴黎一家男装店专门送给他两件昂贵的定制西服的报道，和一位黎巴嫩商人付钱请他安排其与普京对话的报道而陷入尴尬的境地。被归类为社会自由派的无党派候选人埃马纽埃尔·马克龙正越来越多地承载着社会党右翼以及社会党改革派的希望，这些人中有国防部长让·伊 383
夫·勒德里昂（Jean-Yves Le Drian）、巴黎前市长贝特朗·德拉诺埃（Bertrand Delanoë）和约 40 位国民议会议员——这些人觉得社会党的官方候选人伯努瓦·哈莫太左、太教条，以至于无法与右翼党派的候选人抗衡。最大一条新闻来自前总理曼努埃尔·瓦尔斯 3 月 29 日的一个声明：他说他将在第一轮投票中把票投给马克龙，因为只有此人能在第二轮决选中击败勒庞。

不过，总统候选人之间的多轮电视辩论中，几位迄今为止最热门的候选人却没能吸引多少目光，倒是那位极左的冷门候选人——曾经的托洛茨基派、现在的“第六共和国”先驱让-吕克·梅朗雄，唤起了被他称为“不屈的法兰西”（La France insoumise）的运动。梅朗雄欲以其雄辩口才推进的计划被很多人看作纸上谈兵的乌托邦，但却在他那些主要由年轻人组成的追随者中引燃了激情：一个总额达 1000 亿欧元的赤字财政综合计划、高额最低工资和退休金、对年收入超过 40

万欧元者课以掠夺性的所得税、废除总统制、让法国退出北约、大幅度地修改欧盟诸项条约（如果法国修不了约那就退出欧盟）。与之相比，同样属于左派的哈莫所要求的那些东西都成了小儿科。

在民调结果中，梅朗雄明显比哈莫更受欢迎。在4月中旬，大选的研究者们主要关注的还是马克龙和勒庞之间的对决。然而，菲永和梅朗雄也有机会进入决选阶段，如果那样的话就有可能会出现一场“极端分子之间的对决”，即极左派对战极右派。而哈莫则被认为是第一个“出局”的人。

马克龙依然被大多数人看作最有可能赢得第二轮决选的人，他一
384 再宣称他既不是左派，也不是右派，而是要把其他政治阵营最好的东西都融入自己的“前进运动”中去。他以此说服了广泛的社会中间力量，而为那些有明确意识形态偏好者所拒绝。对于瓦尔斯这样的社会党人的支持，他仅仅只是有条件地表示欢迎，当奥朗德的政敌菲永称总统试图抹黑自己时，马克龙甚至与自己昔日的“老板”拉开距离。而且就算对他一再奉之为经济政策榜样的德国，他也在第一轮投票开始前几天转了口风：他说这位东边的邻居从欧元区的不平衡之中获益，而且赚取了高额的贸易顺差，但这既有损于欧元区，也不利于德国本国的经济，因此是不可忍受的，必须平衡一下。但跟许多其他问题一样，马克龙没有说这到底是要做什么。

4月19日（5天后就是第一轮投票的日期），警察在马赛逮捕了两名触犯了多项刑法的伊斯兰分子——其中有一个是皈依了伊斯兰教的法国人，他们有实施炸弹袭击的重大嫌疑。某些迹象表明，袭击的目标可能是政治伊斯兰主义的强烈反对者：弗朗索瓦·菲永。而安全部门未能阻止次日傍晚发生在巴黎香榭丽舍大街的袭击事件，当时几位总统候选人正在电视上进行他们的最后一次辩论。袭击者是一个名叫卡里姆（Karim C）的39岁阿拉伯裔法国公民，他在离开自己的汽车后朝一辆警用大巴中的乘客开枪扫射，共造成1名警察死亡、2名警察及1位德国路人受伤，随后卡里姆也被其他警察击毙。

次日，“伊斯兰国”宣布对袭击事件负责。但现有证据还远远不能证实这名袭击者真的是代表某个恐怖主义组织行事：卡里姆先前就曾经因为企图行刺警察而被拘禁多年，2017 年 2 月，他又因威胁谋杀一名警察而再次被捕，但因缺乏证据而被释放。

显然，4 月 20 日的袭击事件很可能对选举结果产生了重大影响。 385
人们完全可以不那么冒昧地推测，特别拥护法律与秩序的温和右翼和极右翼的候选人（即菲永和勒庞）将最有可能从袭击事件中获益。这两人马上宣布，一旦赢得大选，就会以最严厉的方式开展反恐斗争，并且快速增设警察岗位：菲永说要增加 1 万人，勒庞说要增加 1.5 万人。国民阵线的这位女候选人还要求法国立刻退出申根区，而共和党的候选人也要求修改相关条约。马克龙也强调加强警务工作，但同时也呼吁法国人不要陷入恐慌之中。属于社会党的总理贝尔纳德 · 卡泽纳夫则指责右翼候选人企图利用袭击事件攫取权力，而且用以下事实反击了菲永：在菲永当总理的 2007 年至 2012 年，在国内安全领域一共裁减了 1.3 万个岗位。[32]

不过，第一轮投票的结果还是与巴黎爆炸案发生前几天的预测基本一致。埃马纽埃尔 · 马克龙得票率 24%，马琳 · 勒庞 21.3%，弗朗索瓦 · 菲永 20%，让-吕克 · 梅朗雄 19.6%，伯努瓦 · 哈莫 6.4%。这样一来，左派和右派的两个大党（即社会党和继承戴高乐衣钵的共和党）双双在第二轮决选之前就被淘汰出局，这在第五共和国成立以来还是第一次。共和党人不得不为选战期间重创了其候选人道德和政治可信度的丑闻付出代价，同时他们也在为 2007—2012 年尼古拉斯 · 萨科齐当政期间乏善可陈的政绩买单。社会党人则迎来了为弗朗索瓦 · 奥朗德总统曾经得到过的那份幸运付出代价的时候，自夏尔 · 戴高乐于 1958 年下台以来，奥朗德是历届法国总统中执行力最差的，而且也缺乏襄助本党候选人的能力。原先那些社会党的选民成群结队地转向马 386
克龙和梅朗雄，而共和党的选民则大量转向马克龙或勒庞。

让-吕克 · 梅朗雄相对意义上的成功表明，仍然存在一个庞大的左翼选民池——当然，单单倚靠他们不足以赢得选举。马琳·勒庞帮国民阵线取得了历史上最好的成绩。她将这个党从其创立者、臭名昭著的反犹分子让–玛丽·勒庞所造就的亲法西斯主义和仇视同性恋的恶名中解放了出来；自 2015 年 8 月将父亲开除出党以来，她已经成功完成了这次切割。通过对国民阵线的现代化改造，她使该党对那些她父亲几乎无法触及的社会阶层而言成了一种可能的选择，这些社会阶层包括：信奉民族保守主义的公民、身处法国北部法兰西“锈带”的工厂工人——这些工人从前都投共产党的票。跟围绕在梅朗雄周围的激进左翼一样，国民阵线不仅赞同对社会财富进行再分配这样社会主义要求，而且也同意其贸易保护主义、对欧盟的敌视，同样反对“资本主义的”德国在欧盟中的主导权。如果人们算一下，就会发现两大反欧盟党派的选票加起来超过了 41%——这个发现，可能会让那些欧洲自由主义者因马克龙的成功而产生的快乐打个折扣。

总统大选的第一轮投票揭示了法国社会深刻的分裂。该国西部，即从大西洋沿岸直至中央高原地区比较倾向于支持马克龙，巴黎和其他大都会，以及东南部的罗纳省（Rhône）、伊泽尔省（Isère）、萨瓦省（Savoie）和上阿尔卑斯省（Hautes-Alpes）等地方的情形也是如此。勒庞则在北部的工业区、除了第戎（Dijon）附近的蔚蓝海岸（Côte d’Or）之外的东部农业区、地中海沿岸及其腹地和科西嘉岛（Korsika）取得了胜利。在 18~24 岁的法国年轻人中梅朗雄最受欢迎，而在 35~55 岁的人那里勒庞位居第一。马克龙则在 25~34 岁的人群中力拔头筹。60~69 岁的老年人几乎将他们的支持均分给了马克龙和菲永。
387 马克龙支持者的平均学历，要比勒庞支持者的平均学历高得多。国民阵线的主席很清楚自己在做什么，正如她 4 月 23 日对着欢呼的追随者所宣布的：她是人民的候选人，是那个将法国从傲慢的精英手中解放出来的人。她所指的精英的代表，就是她最大的政敌：那个毕业于号称“国家干部摇篮”的国家行政学院（École Nationale d’Administration，

ENA）的前银行家、前部长——马克龙。

总统选举的第一轮投票意味着第五共和国传统的政党制度正在继续走向崩溃。共和党人希望通过不断革新来摆脱他们自己造成的弊病。深度分裂的社会党几乎连这样的机会都没有，解体的阴影笼罩着全党。党内右翼想要重新组建一个社会民主党，这些人准备与以马克龙为核心的社会自由主义阵营密切合作（也许还会与之合并），作为未来总统多数派的一部分。党内中间派想继续把社会主义者和社会民主主义者聚合在一个党内，而党内左翼则与在第一轮选举中支持哈莫的绿党接近。除此之外，还存在着一个激进左派，这些人相信围绕在梅朗雄身边才有成功的希望。这些人很快就需要做决定：6 月 11 日和 18 日就要举行议会选举了。对于 5 月 7 日的第二轮决选，起初是共和党和社会党的候选人，然后是这些党自己放出了信号：反对勒庞，支持马克龙。相反，梅朗雄则让他的支持者自行决定是否参加选举和支持什么人。

在第一轮选举中最成功的那位候选人将会面临双重挑战，既要全力争取在第二轮决选中获胜，又要把自己发起的运动转型成一个强大的政党，以使之能够尽可能争取更多的选区，并且在那之后也能形成有工作能力的总统多数派核心。在这种情况下，有可能会出现一个在 388
第五共和国历史上从未出现过的左右联盟。这种变化会增强议会的力量——这可是一个需要各方进行反思的系统性变革，它会带来一个全新的政治开端。

马克龙在第一轮胜利之后发表的几个声明听起来好像他确信 5 月 7 日的胜利已经是板上钉钉的事。但他那位国民阵线的女对手则表示自己绝对没有被击败。这一点，在第一轮投票后 3 天在马克龙的故乡亚眠（Amiens）表现得最为明显。在这个法国北部的城市，最热门的地方话题是美国家用电器制造商“惠而浦”的子公司即将关闭。该公司宣布，由于成本原因，工厂将于 2018 年 6 月将其生产线迁至波兰。该工厂的 290 名员工随后进行了罢工。

4 月 26 日，马克龙来到亚眠，在工商业协会的驻地与工会代表讨论工厂及其全体员工的未来。最初并没有拜访正在罢工的“惠而浦”员工的计划。与此同时，这段时间一直默默无闻的马琳·勒庞突然出现在工厂大门口，称自己这是在“深入群众”，并对着欢呼的罢工工人宣布，如果她赢得总统选举，就决不会允许“惠而浦”像这样关闭工厂；而如果按照马克龙的模式去搞，还会有数百万工人丢掉饭碗。

有鉴于此，马克龙也决定与工人们对话。迎接他的是刺耳的口哨声和嘘声，但大家还是听完了他的演讲。马克龙谈到可能会对该公司的管理层实施制裁，但却没有任何具体的承诺，同时他还警告大家，不要相信那种法国可以脱离全球化的幻想。这样做的结果将会是损失无数个由外国（特别是美国）投资者所创造的工作岗位。用这些话，
389 马克龙是无法说服亚眠的罢工者的。不过罢工者的发言人最终还是表示了对这位候选人的尊敬，因为他有勇气在工人们面前发表这番演讲。马克龙在返乡之旅中得到的教训很简单：他和他的支持者仍然需要付出巨大的努力以赢得决选。[33]

在两轮法国总统大选的投票日期间，还有一个神奇的日期：2017 年 4 月 29 日——这是唐纳德·特朗普担任美国总统 100 天的日子。如果有人持续关注他的推特信息，会发现特朗普本人并没有赋予这个纪念日什么意义。事实上，他自己很清楚，在过去 14 周里他几乎没有成功践行任何一项竞选承诺。

他提名的候选人尼尔·戈萨奇在 4 月被选为最高法院法官无疑算是一个胜利，但参议院内的民主党人对戈萨奇抵制是如此之强烈，以至于共和党人不得不先改变议事规则，以便有可能让参议员们能以简单多数原则选出保守派法官：他们在选法官的程序中排除了“冗长辩论”（Filibuster）——这项权利本来属于参议院中拥有 41 名议员以上的少数派，他们可以用拖长发言时间的方式延迟乃至阻挠法案通过。因为戈萨奇只有 49 岁，所以他很有希望在特朗普任期结束之后继续留

在最高法院并参与判决。

在特朗普优先要办的实事方面，特朗普发表的声明或以总统行政令方式所发布的指示几乎都没有什么效果。他曾试图阻止或至少严格限制来自伊斯兰国家的人入境，但两次都因法院否决而失败。就在他执政百日纪念日之前几天，加利福尼亚州的一名联邦法官推翻了另一项总统行政令，该命令称：如果纽约、旧金山、洛杉矶等“庇护城市”（sanctuary cities）不在逮捕或驱逐非法入境美国的外国人方面配合联邦政府的工作，就停止联邦政府对这些地方的拨款。

在 4 月的最后一周，特朗普发现他已经不可能迅速办成在墨西哥 390
的边界上建墙这个他最热衷的项目了。其原因是，一直没能为这个估计要花 700 亿美元的项目找到资金。4 月 30 日临时国家预算就会到期，而且共和党内所谓的“赤字鹰派”也不愿意同意进一步增加政府债务。特朗普提出的通过进口关税来获取对应资金的方式不但遭到了美国大企业的强烈反对，而且也在政府内部受到抵制，这让总统最终只能放弃这个想法。

假如特朗普不退让，那么他就根本没有把握在批准预算的问题上获得议会多数。其后果可能会是“政府关门”——政府部门和其他公共机构将会停止运转，2013 年 10 月作为反对党的共和党就曾让奥巴马陷入这样的境地。为了避免在特朗普当政百日之际出现这样的尴尬，总统倾向于先暂缓修墙。

5 月 1 日，共和党人与民主党人在预算案上达成了妥协，使该草案很有可能可以得到所需的 60 名参议员的支持。民主党人认为自己取得了成功，联邦环保部门、医学研究和基础设施的资金被削减的程度减小了许多，同时军费开支的增长也没有像特朗普所追求的那样多。在与墨西哥接壤处建墙的资金没有获得批准，而是改为拨款 15 亿美元改善边境安全。

减税是大规模税务改革的一部分。特朗普无论如何也要赶在 4 月 29 日之前向公众展示这次税改的雏形，以此来掩饰另一项重大改革项

目（即取消奥巴马医保）的暂时失败。他终于赶在 4 月 26 日，即他向
他的经济顾问格雷·科恩和财政部长史蒂文·姆努钦提交说明的那一
391 天宣布了这一计划。这份尚不明确的计划中的重点是将企业税从 35%
降低到 15%。这不但会使各大企业因税率降低而获益，同时受益的还
有以个人身份经营或合伙运营的律师、对冲基金经理、税务和投资顾
问等一直需要缴纳高额所得税的群体。最高个人所得税税率从 39.6%
降至 35%；另外的 6 档税率被改为 25% 和 10% 两档。之前针对 20
万美元以上收入的替代性最小税额已被取消。以后抵税的途径将大幅
减少：只有按揭贷款的利息、购买私人养老金计划和慈善捐款可以
抵税。

这场由特朗普的顾问提议并且令总统本人自鸣得意的税改，可能是美国历史上规模最大的税制改革。它是一个符合富豪和超级富豪心愿的方案——这些人很可能想变得更加富有。收入较低的人也可以从有利于他们的减税中受益，但这些人也是带有特朗普风格的共和党经济和金融政策另一个主要目标的最大受害者——除了军备以外的一切公共开支均被削减。

大规模减税会带来怎样的财政效果，现在还不确定。虽然姆努钦
保证税改能够极大地释放经济活力，从而促进税收总额增加，但其实
谁也保证不了这一设想的可靠性。根据著名经济学家巴里·艾肯格林
（Barry Eichengreen）的分析，鉴于美国已经基本实现了充分就业，减
税更有可能导致进口增加。可以预期的结果是利率上升、外国资本大
392 量流入、美元汇率升值，而这又会导致美国出口产品的价格上升，并
致使美国的贸易平衡进一步恶化——这与特朗普所保证的东西恰好
相反。

目前尚不清楚，这位总统是否能战胜国会的阻挠，实现他的税制改革。然而可以肯定的是，若依照 4 月 26 日文件，这项政策会在全世界造成严重后果。如果特朗普把美国变成了英国海峡群岛（britischen

Kanalinseln）[1]、卢森堡、马耳他、巴哈马或巴拿马那样的避税天堂，那么就可以预期，会发生一场世界各国竞相降低企业税的竞赛。这样一来，相关国家对未来经济发展的公共投资、其他社会（特别是福利）开支都会受到影响。此外，还有导致世界经济投机性过热的危险。因此其他国家只能希望特朗普的税改会由于国会的反对而作罢。

就贸易政策而言，总统在他执政的前 100 天里，远没有兑现他上任前夸下的海口。尽管他已于 1 月底宣布退出尚未批准的《跨太平洋伙伴关系协定》，但对于《北美自由贸易协定》他还是愿意于 4 月与加拿大和墨西哥重新进行谈判。他于 3 月德国总理默克尔来访期间领会到，不可能由两国首脑谈出一个美国与德国之间的双边自由贸易协定（因为贸易政策是欧盟的职权范围）之后，他甚至不排除缔结一个新版本的《跨大西洋贸易与投资伙伴协定》的可能性。不过，从中并不能得出他已经放弃贸易保护主义的结论。4 月底，美国对（接受国家补贴的）加拿大软木进口征收了 20% 的惩罚性关税。但这与以往美国政府的贸易政策并没有根本性的差别，就事实而言甚至是合理的。

到目前为止，新一届美国政府的外交政策还算比较“传统”。尽 393
管特朗普在选战期间一再向普京治下的俄罗斯表示敬意，但与俄罗斯的“蜜月”并没有出现，反而与从前被他妖魔化的中国有了一段“蜜月”。特朗普已经修正了他对北约和欧盟的批评态度，最近他又称欧盟已经从英国脱欧之中吸取了教训。那位他曾在选战期间猛烈抨击过的德国总理，现在成了他经常喜欢打电话咨询问题的欧洲伙伴。

在世界政治的热点地区，特朗普的存在感比他的前任要强。在美国的导弹攻击了叙利亚用以对叛乱地区发动毒气袭击的军用机场之后，并且在对朝鲜再次发出严重警告之后，美国作为“世界警察”的形象再次树立起来。其实，特朗普的做法并没有明显偏离此前的共和党总

[1] 英国海峡群岛是靠近法国诺曼底的一些海岛，它们并不属于英国（联合王国），但其宗主权直属于英国王室，是英国王室属地（Crown Dependencies）。

统和大多数民主党总统的行为模式。倒是在巴拉克·奥巴马当政的那8年里，美国对干预世界政治保持的克制态度显得那么“不同寻常”。

但特朗普的路线修正并不意味着他已经转向了一种长期稳定的、拥有确定原则的外交政策。4月29日，在他入主白宫百日之际，他给菲律宾总统罗德里戈·杜特尔特（Rodrigo Duterte）打了一通电话，用他的话说，两人“相谈甚欢”。杜特尔特自2016年6月上台以来，用给警察下格杀令的方式发动了一场针对毒品犯罪的血腥战争。早在他担任达沃市（Davao）市长期间，他就曾组织过针对毒贩和吸毒成瘾者的流动行刑队，甚至亲自动手杀人。5月底，对于菲律宾总统“针对毒品难题难以置信的处理方式”，特朗普甚至明确表示钦佩。在进行了那一番愉快的对话之后，他荣幸地邀请杜特尔特造访白宫。

394 2天后，特朗普宣布他对于即将与朝鲜国家主席金正恩举行的会面感到“很荣幸”。当土耳其总统埃尔多安于4月中旬利用全民公决将土耳其转变为专制的总统制时，他是除了匈牙利总理维克多·欧尔班之外唯一一个对此表示祝贺的西方国家领导人。《纽约时报》的自由派评论家罗杰·科恩（Roger Cohen）在评价特朗普这种和其他一些姿态时说，总统的这种毫无原则的外交政策已经摧毁了“整个国家的良知”——就特朗普的秉性而言，他可能完全无法理解这一断言究竟是什么意思（如果他真的看到此评论的话）。

外交政策部分“恢复正常”的迹象，也显现在特朗普身边人物的势力变化之中。取代那位不靠谱的普京说客迈克尔·弗林而当上国家安全顾问的，是能冷静谋划的且极为专业的将军：赫伯特·雷蒙德·麦克马斯特。极右的“首席战略顾问”斯蒂芬·班农自打离开国家安全委员会之后，对外交政策的影响力大不如前。特朗普甚至公开说班农只是他许多顾问中的一个。他暗示，在权衡抉择的时候，他的女儿伊万卡和女婿贾里德·库什纳的建议对他来说至少与他正式首席战略顾问的话一样重要。但班农还远远没有丧失权力。他把自己塑造成了特朗普最核心选民的代言人，只等哪天总统再次举起“美国优先”

的大旗，他势必重受重用。

在那两场被班农拖进的权力测试之中，特朗普一直没占到什么便宜——不管是围绕着“穆斯林禁令”的争执，还是关于废除奥巴马医保的问题，都是如此。在这两件事中，“制衡原则”证明了自己的价值：它在“穆斯林禁令”的争议中以独立司法和独立媒体的形式显现，在医改争议中以国会的形式出现。班农和特朗普从这些经历中吸取教 395
训的可能性不大。因此，可以预见未来还会有冲突发生。

根据 2017 年 4 月下旬的最新民调，有 52% 的美国人反对特朗普的政策。在所有执政百日时进行的民调中，特朗普是历届总统里支持率最低的。但在大多数曾在 2016 年 11 月 8 日投票给他的人中，他依然深受爱戴。他们还是没有看穿，能从他的政策获益的只有那些富裕乃至极度富有的美国人，而不是那些来自“锈带”的怒气冲冲的投票者。

很有可能，特朗普当政的这几年并不会动摇美国的民主。美国的公民社会深深植根于其与生俱来的宪政爱国主义。它是不那么容易被专制化的。在两次世界大战的间隔期中，美国对反自由主义运动的抵抗力比某些欧洲国家（比如意大利和德国）要强得多。然而，随着这位纽约亿万富豪的当选和其 2017 年 1 月 20 日之后的执政，美国的道德权威不免深受打击。特朗普依然跟从前一样具有不可预测性，而且也很难辨识出其行为背后的战略意图到底是什么。现在，唯愿那些能理性思考的顾问的影响力足够大，以便多多少少能弥补第 45 任总统的狂妄自大所造成的缺陷。[34]

大约在法国总统选举第二轮决选之前一周，马琳·勒庞搞了一个大动作：4 月 29 日，她与第一轮选举中的“资产阶级”的总统候选人（在 4 月 23 日得票率为 4.7%）、国家保守主义的“法国崛起党”（Debout la France）党魁尼古拉·杜邦-艾尼昂（Nicolas Dupont-Aignan）一起登台亮相。勒庞称她为这位巴黎南边耶尔市（Yerres）的市长转投她的阵

营而感到荣幸，她说她会成为其新伙伴，并宣布一旦自己被选为总统，
396 就任命他当总理。此外，她也不再坚持此前要求迅速退出欧元区的立场（本来该要求也不太受欢迎）：向新货币过渡并非其经济政策的先决条件。她甚至建议欧元与法郎并行：需要进行国际贸易的大企业使用欧洲共同货币，本国货币则用于日常商业活动。

埃马纽埃尔·马克龙并没有从左派阵营中得到类似的支持。在一项对让-吕克·梅朗雄领导的“不屈的法兰西”运动的约 45 万支持者的内部调查中，只有 34.8% 的人支持社会自由派候选人。36% 的人支持提交空白或无效选票，29% 不会参加第二轮决选。因此，在“选勒庞，还是选马克龙”的问题上，几乎三分之二的激进左翼支持者的态度实际上是中立的，这再次表明这些人并不反对国民阵线的候选人在选举中获胜。这样的情况同样出现在左派工会“劳动者大联盟”（CGT）和“工人力量”（Force Ouvrière）那里，它们虽然像梅朗雄一样反对勒庞，但并不支持马克龙。只有温和的“法国工人民主联盟”（CFDT）才愿意选择“前进运动”的领袖。这与十多年前发生的一幕截然不同，2002 年 5 月 5 日，当雅克·希拉克要与让-玛丽·勒庞在第二轮总统选举中对决时，法国的左派事实上决定呼吁大家支持保守派候选人连任，结果希拉克以 82.2% 的得票率在决选中大幅领先。

5 月 3 日，马克龙和勒庞进行了一场电视辩论，在第一轮与第二轮总统选举之间唯一的一场辩论成为法国这两位领先候选人之间最为激烈的对抗。勒庞指责马克龙是资本的候选人，是默克尔的工具和残酷的全球化的支持者。马克龙称他的女对手是煽动恐惧和仇恨的骗子，却拿不出任何现实的方案，而且也不配当法国的总统。只有这位前经
397 济部长进行了扎实的论证，这使得民调中有超过 60% 的法国人表示马克龙才是这场争吵的胜利者。这与决选之前的预测相似：62% 的人支持马克龙，38% 支持勒庞。

正式的选举活动于 5 月 5 日星期五的午夜结束。在此之后，不仅各候选人和各政党，而且各媒体都有法定的保持沉默的义务。在这个关键

时间到来之前数小时，马克龙团队报告：出现了一场针对“前进运动”大规模且有组织的黑客攻击行动。美国的一个激进右翼的网络论坛，以及晚些时候的维基解密网站，都公开了数以万计的文件，据马克龙身边的人说，这些文件大部分是真的，但也有一些是伪造的。发起这次攻击的同样是俄罗斯情报部门操控的骇客小组 APT28—— 一年前该小组曾公开过希拉里 · 克林顿的邮件，以阻止她当选美国总统。[35]

第二轮决选的结果与民调的预测非常吻合：在有效选票中，马克龙得票率 66.1%，勒庞 33.9%。共有 25.4% 的人没有参加选举，这个比例是 1969 年以来最高的。400 万有选举权的法国人投出了无效选票，这也是一个创纪录的数字。选举研究者发现，从第一轮投票到第二轮投票，有 52% 原菲永的支持者把票投给了马克龙，52% 原梅朗雄和 71% 哈莫的支持者改投马克龙。勒庞获得了原菲永支持者中的 20%、7% 梅朗雄支持者和 2% 哈莫支持者的选票。在那些未参加投票和投无效票的选民中，属于菲永阵营的有 32%，属于梅朗雄和哈莫选民的分别占 41% 和 27%。

在法国版图上，马克龙在多数省份的优势都是压倒性的。勒庞只征服了西北部的两个省份：加来海峡省（Pas-de-Calais，52.1%）和埃纳省（Aisne，52.9%）。作为第五共和国历史上最年轻的总统，39 岁 398
的马克龙在巴黎（89.7%）和海外法国人中（89.3%）的成绩最佳。他在法国的西部和中部地区的优势，显然比在东部和东南部更大。除了工人群体之外，他在其他社会集团的选民中都是胜利者。有 56% 的工人投了勒庞的票，而在那些艰难维持生计的人中，支持勒庞的竟达到了 69%。总体上看，国民阵线的女候选人在农村地区比在城市要更加成功。马克龙在退休者和年轻的法国人中更受欢迎。在法国的中年人里，勒庞与马克龙的得票比例相差没有那么悬殊。第二轮选举的结果是如此明显：这位决选的胜利者将执掌一个深度分裂的国家。

马克龙知道他的胜利并不那么绝对。对于那些为了避免法国沦陷于极右派手中而退而求其次选择他的人，他在 5 月 7 日傍晚于卢浮宫内院的玻璃金字塔前发表的演讲中表达对他们的敬意。他甚至说他尊重另外那三分之一选择了国民阵线候选人的法国选民的“愤怒、恐惧和疑虑”，并且还承诺，在未来的5年里他将尽一切努力消除那些让这些人这次选择“走极端”的因素。

那位被击败的女候选人尽管没能实现自己的目标，但她已经成功地使自己的得票数远远超过其父亲在2002年决选中的票数。当年，仅有六分之一的法国人投票给国民阵线，而这次每3个人中就有一个支持者。倘若马克龙失败，马琳·勒庞将大有希望赢得2022年的总统选举。

正如马克龙自己所言，他面临着“巨量的”任务。他必须解决高失业率的问题（特别是25岁以下年轻法国人的失业问题），欲达此目的就必须使已经僵化的劳动力市场自由化，这意味着要松动严苛的解雇保护条例、创造新岗位、建立符合时代需要的职业培训体系。

399 必须要让每周工作时间有更大的弹性（也就是说让企业可以协商而不必死守每周35小时工作制），要彻底重组臃肿又低效的公共服务，要改革中小学教育——特别是在那些“问题城区”，还要重组失业保险系统并降低企业税——马克龙希望最后这项措施能够提升法国经济的竞争力。在应对这一系列问题之前，“前进运动”先得转型为“共和前进党”，以使之在6月的议会选举中成为该国决定性的政治力量——这项工作绝对不轻松，仅这就已经构成了对这位选举胜利者及其支持者的巨大挑战。

几乎在每一项他所追求的改革背后，这位新总统都不得不预见到巨大的阻力——这些阻力来自那些没有给他投票或仅是极不情愿地给他投了票的法国人，这些人有可能会让他在国民大会的选举中受到第一个重大挫折。选举当天晚上发生在巴黎和其他主要城市的激进左翼反全球化分子的暴力骚乱，以及次日左派工会反对以任何形式削减社会福利的示威活动，都是未来激烈斗争的预演。那是让-吕克·梅朗雄的法国，他们拒绝5月7日多数人投票的结果——正是这部分法国左派才让奥朗德时代的改革成绩如此贫乏，同时也让马克龙所面临的改革变得如此之紧迫。

在布鲁塞尔和欧盟成员国们的首都，在数周前一再出现一种冷静的观察家们并不会怀疑的说法：如果马琳·勒庞获胜，那就意味着欧元和欧盟的终结。不过，那位社会自由派的候选人在选战期间针对欧元区未来所发表的言论，有很多也远非欧洲的共识。马克龙的建议包 400
括：为欧元区建立一个代议制机构，为货币联盟编制特别预算，为 19 个成员国设立一个共同的财政部长，未来的债务有一部分将由那些为欧元区的共同投资提供资金的成员国共同承担。那些有着严格财政纪律的国家（特别是德国），会以最坚决的态度拒绝最后一项要求。因此，很难指望未来的欧洲政坛会一团和气，更可能出现的是围绕着改革针锋相对的激烈争吵，这些改革既关乎法国，也关乎货币联盟的利益，只能期望尽可能不要发展到修改已生效条约的地步。

与 2012 年奥朗德刚刚就任总统时不同，5 年后的欧洲涌动着一个德国与法国之间达成“历史性妥协”的希望：在严格的财政纪律与持续性的经济增长这两个目标之间形成一个建设性的平衡。人们相信马克龙能够着手进行法国所亟须的改革，以便摆脱停滞状态。人们期待德国不再否认正统的紧缩政策会强化经济周期的作用，同时当有改革意愿的法国临时且“有条件地”偏离《马约》标准时，能更加宽容。在这方面，欧盟委员会几乎用不着人提醒。过去，即使某些违反已商定条约的国家仅有微弱的改革意愿，它也愿意放它们一马。

建立一种严格却不抑制增长，相反促进增长的纪律——如果欧盟内部的两个最大经济体能够就这一理念达成共识，那么货币联盟长期稳定以及欧盟得到巩固的希望就会大大增加。除经济领域外，还有很多事务有赖于法国和德国之间的密切合作。如果这两者彼此 401
协作，并且与欧盟内的其他自由民主政体团结一致，就能有效地对抗中东欧和东南欧的那些变种的威权政体，而不是仅能强调自己的抗议，或是把这些问题留给犹豫不决的欧盟委员会。这些话对欧洲成立，对整个西方世界也同样有效：在面对唐纳德·特朗普治下美国这一民族兼民粹主义强权的时候，德国和法国越是能紧密合作，欧洲才越有机会说“不”。

2017年5月7日的历史意义在于：欧洲和大西洋两岸的西方世界获得了一个机会。人们是否能把握住这个机会，首先取决于那个色子被掷下的地方：法国。[36]

第 14 章

结论：一个面临考验的时代 403

西方的自由民主体制正处于退守状态。对它的威胁不但来自外部的专制政体，同时威胁也来自内部——那些民粹主义的运动和政党声称它们才是民主的真正代表，因为它们，并且只有它们才为“人民”说话。民粹主义运动惯于从那些被“建制派”民主政党推诿、掩盖或没能很好解决的难题中获益。凡是能被阐释为“政界人士”或“精英”的傲慢、统治者与被统治者的脱节、“上层”与“下层”的疏离的东西，它们都加以利用。

在美国或法国这样的总统制民主政体中，行政权独大的威胁特别大，所以民粹主义运动在这样的国家可能比议会制民主国家会更有机会。但即使是在议会民主制政体中，也有一些这样自认为是“人民”唯一正统代言人的运动或政党得势。民粹主义者不但在那些日益贫乏的社会阶层中取得过成功——那些穷人视自己为全球化、数字化（或大规模运用机器人）的牺牲品，同时他们也受到某些衣食无忧之辈的欢迎，这些人讨厌自由主义的“时代精神”，他们感觉自己被排斥到了社会主流对话之外，甚至感觉到自己的那些文化知识受到了挑战。如果民粹主义者的批评只是一些指责，那么他们就不会那么成功。可是他们的批评事实上包含着扭曲和误导，并且用“极度简化特征”的方式唤起人们的本能反应，因此才得以大行其道。

就欧洲而言，出生于捷克斯洛伐克的法国政治学者兼评论家雅 404
克·鲁普尼克在 2016 年谈及“自由主义周期的结束”，在他看来本次周期开始于 1989—1991 年的剧变。[1] 鲁普尼克主要讨论的是两个民族民粹主义政党在近年来掌权的中东欧国家：匈牙利和波兰，现在它们正以“非自由的民主”政体自居。这两个国家都有深厚的民族主义和专制主义的传统，这在其政治领袖维克多·欧尔班和雅罗斯瓦夫·卡钦斯基身上都有体现，而且二人还有意唤醒此传统。

然而，鲁普尼克强调得很对：自由主义的危机和带有民粹性质的民族主义的兴起是一个全欧的现象。而且，它其实是一个出现于整个西方民主世界中的现象。在美国，自由主义危机出现得比欧洲更早，从小布什总统因 2001 年 9 月 11 日的恐怖袭击事件而大规模限制个人权利和法治保障的时候就开始了。总体上看，西方民主政体本身造成这批民粹主义造反者反对现存政治制度，有几个更深层的原因：20 世纪 70 年代的“新自由主义转向”之后收入和财产分配的不平衡，在那之后的 30 年里具有民主合法性的民族国家为了从国际金融市场获利不断放宽各项管制措施，1989 年划时代剧变之后的全球化浪潮，以及让传统媒体一步步丧失重要性的互联网革命，还有在信息不足的社交网络中可能产生的“回音室效应”——如果没有这些，攻击性的民粹主义将很难受到欢迎。[2]

美国经济学家达尼·罗德里克（Dani Rodrik）根据自己的研究，
405 总结并批评了他所称的“过渡全球化”中的根本特征（左翼和右翼的民粹主义运动在很大程度上都是对它的回应）：“对全球市场的监督力度十分虚弱，从而导致其动荡、低效且缺乏民主监督。”[3]

然而，民粹主义者所宣传的经济民族主义并不是应对全球化挑战的正确答案。贸易保护主义的拒斥政策不但会伤害别国，迟早也会有损于那些试图从国际竞争中抽身的国家——它们的竞争力会因此而越来越弱。

当然，民粹主义者对这样的论点并不感兴趣。无论他们是否意识到了这一点，他们都依赖于民族主义可能会带来的补偿效应。根据美国社会心理学家丹尼尔·卡茨（Daniel Katz）早在 1940 年就进行的研究，民族主义可以给个人提供一种“额外心理收入”，将它作为补偿，人所拿到的真金白银即便更少也可能会心甘情愿。民族主义还能让仇恨和敌意投射到“外部群体”中去；还能用集体性的成功体验来补偿个人所遭受的挫折；同时它还有助于将个人的欲望和冲动转移到集体的符号上去。[4]

但若只是把民族国家简单地看作万恶之源，那么这种错误的想法就跟任何一种形式的民族主义一样危险和具有欺骗性。至少在欧洲，经典的主权民族国家的时代已经过去了。欧洲联盟的成员国都是后经典时代的民族国家，它们完全是为了自己的利益而一起共同行使一部分主权，并且把另一部分主权交给像欧盟委员会和欧洲央行这样的超国家联盟机构。但即使在欧盟中，民族国家也依然是法治、社会福利和民主得以发展的唯一制度框架，即使这样的发展从不曾达到完美的境界。

作为退回到传统主权民族国家的坚定鼓吹者，右翼民粹主义者却
极少谈法治。而在社会福利问题上，一类民粹主义者倒向新自由主义，406
另一类倒向国家社会主义。形形色色的民粹主义者大多把民主简化为“少数服从多数”的原则，只要在有可能的情况下，他们都更愿意施行直接民主，或者说公投民主，而非代议制民主。然而，西方民主政体的目的并不仅仅是让作为人民主权意志的多数派意志自由地表达，它是一套与特定的社会、文化、制度和价值规范等先决条件相联系的政府形式。只有当一个地方拥有多元化的市民社会，具有百家争鸣的舆论环境，有进行对话并和平解决利益争端的政治文化，并且尊重法治、不可剥夺的人权、少数派的权利、三权分立（包括司法独立），能自由选出民意代表并尊重代议制民主的基本原则，民主制度才能在此处发展起来。

民粹主义者所赞许的直接民主，可以（特别是在地方或地域层面）补充而不是取代议会代表人民意志的法定形式。而且，与代议制民主相比，它也不是真正的民主。如果多数选民愿意，可以把议会多数派

或政府选下去，但取消全民公决的结果则要困难得多。

赞成更多直接民主的人大多也主张更低的投票人数门槛。但参与全民公决的人数越少，其公投结果的民主合法性就越弱。在公投过程中，常常有一些只因为共同拥有否定意见而聚集在一起的力量，但它们却既没有意愿，也没有能力长期协作。全民公决只能选择“是”或“否”。而法律草案往往会在议会里的小组和委员会的讨论过程中得到修改，它们有可能会被换成一种妥协方案，或是被纠正和改进。直接
407 民主有其意义，它需要并突显了人民的“制宪权”。但在平时的立法活动中，代议制民主远比公投式民主要优越。

“自由且世俗化的国家本身并不能保证其赖以存在的条件”，这是德国宪法法院法官恩斯特-沃尔夫冈·伯肯弗尔德（Ernst-Wolfgang Böckenförde）经常被引用的一句判词。[5] 西方民主政体目前所面临的危机也与此相关，其中的一些国家已经不再有意识地（因此也就没有能力）在内部和外部捍卫西方社会的成果。这种广泛存在的无意识也解释了，为什么不光是民粹主义者，而是还有许多“建制派”民主主义者也倾向于把“少数服从多数”当作民主的精髓。

美国总统们就特别受这种简化过的“民主”概念的影响，因而积极向那些根本没有为这种复杂并需要一系列先决条件的政府形式做好准备的社会输出“民主”。（在小布什总统领导下的2003年伊拉克战争正是这种错误中最糟糕的例子之一。）在那些多数派的意志不能通过宪政的“制衡”加以限制的地方，还有那些把妥协的能力视为示弱而不视作美德的地方，自由选举也有可能为某种形式的独裁铺路：这是一个基本的受人类学式的现实主义影响的洞见，描述自由的“代议制政府”的经典作家如约翰·洛克、孟德斯鸠、《联邦党人文集》（*Federalist Papers*）的作者们和约翰·斯图亚特·穆勒（John Stuart Mill）无一不遵从其教导，而且所有西方宪法都会试图将这一认识纳入考量之内。

如果西方真有某一个成就够得上“放之四海而皆准”的名头，那

么它一定是“不可剥夺的人权”——说它具有普世性并不意味着它是在描述现实状态，也不意味着它是历史的某个拥有内在发展逻辑的目标，它指的是一种权利，一种任何人都拥有的权利，与此人的肤色、性别、年龄、文化修养、国籍、社会地位、宗教信仰、意识形态或性取向统统无关。在这方面，人们可以援引 1948 年 12 月 10 日联合国大会通过的《世界人权宣言》，当然，这并不是直接生效的国家法律。408
无论是西方民主国家还是联合国，都不能在世界范围内强制推行普世人权。2005 年 9 月举行的联合国大会首脑峰会通过关于“保护基本人权的责任”的决议，它意味着如果一个国家不能保障最基本的人权，甚至国家本身就是侵害者，那么国际社会有义务（在必要时采取军事手段）实施干预——但到目前为止这还只是一种假设，只有当没有安理会常任理事国用否决权阻挠这样的决定时，它才有实施的可能。[6]

西方民主国家也可以并应该倡导自己的原则。它们也可以并应该谴责侵犯人权的行为，并且与在专制国家中争取人权和公民权利的运动和个人团结在一起。它们越是认真地对待这些原则，它们越是严格地起诉自身内部侵犯人权的行为，它们就越是显得可以信赖。但有一件事它们是做不得的：不该许诺自己不能兑现的东西。如果西方国家经过事前的仔细斟酌后发现，对外干预有可能在世界上导致不应该发生或是无法接受的政治后果，那就不该干预；同时，西方国家也不应该给人留下这样的印象：它们有能力在自己的领土上让所有无法在本国享受人权的人获得人权。

给予受政治迫害者以庇护权是所有遵守通行国际法原则国家的一项义务。庇护权在通行国际法和“不得强人所难”的通行准则范围内有效。该准则的意思是：任何人所承担的义务，都不应超出其能力。一国接收并融合难民的能力，正是该国给予庇护权的限度，任何无视这一限度的国家必将动摇其国本。撇开“庇护权”不谈，可以说离开 409
某个国家是一个人（在道德层面上）理应具有的权利。然而，一个人移居到某个特定国家的权利是不存在的。

西方民主国家最好的办法是尽力通过优先照顾贫困国家利益的外贸和经济发展政策来消除第三世界国家大规模移民的根源。如果没有有效的生育控制、系统的反腐斗争、贯彻“优良治理”的基本原则，来自外部的帮助就无法带来持续的改善。一项发展援助措施，如果不把辅助该国自立发展当作主要任务，就很难实现其目标。

对那些因内战和独裁而造成的难民而言，在其来源地帮助他们是最有效的。正如英国移民研究专家亚历山大·贝茨（Alexander Betts）和保罗·科利尔（Paul Collier）所建议的，西方民主国家推动的特别经济区不仅有利于难民，也有利于接收难民的国家。而且这种方式还可以防止精英们向西方国家移民——这一危险会导致内战国家失去战后重建所急需的人力资源。

西方国家的政府和“建制派”民主政党在处理与大规模移民相关的难题上令自身失去了信用，民粹主义运动的勃兴正是该现象的后果。这其中既包括融合来自其他文化背景的移民时的失误，也包括有意或无意间给人造成的一种印象：似乎本国有接收移民的无限可能性。在移民问题上采取更加现实主义的态度不仅是保持诚实的需要，也是捍卫自由民主制度的必要条件，这样做需要反对那种伦理思想上的利他主义，因为有这种思想的人会拒绝质疑自己行为的长期后果，而民粹主义分子则会坐收渔利。[7]

410 治人者与治于人者之间的隔阂，或者说孤立的行政权[1]的出现，是民粹主义者特别喜欢在宣传中加以利用的现象，要观察这幅景象，最方便的办法就是去看看欧洲联盟的领导层。尽管也存在欧洲议会，但它并不是英国下议院、德国联邦议院或法国国民议会那样的民意代表机构，因为它并不是根据“一人一票”的原则选出来的。如果把民族国家所遵循的原则也应用于欧洲议会选举，那这个议会就根本无法

[1] “孤立的行政权”（verselbständigte Exekutivgewalt）——马克思在《路易·波拿巴的雾月十八日》一文中创造的概念，用以描述一种与授权者相分离的行政权。详见本书原文第 69 页（即边码），下同。

工作了。那样的话，为了让所有成员国（哪怕是最小的那个）的人口都按比例获得代表，议员必须得有好几千人才行。

像马耳他、卢森堡或爱沙尼亚这样的小国在分配议员名额时有优待，而像德国、法国和意大利这样的大一些的国家则要吃亏，这样的现状不是谁有意为之，而是不得不然。但这一方案的后果就是民主合法性上的瑕疵。此缺陷还造成全欧党派目前只能在形式上存在，而且一种全欧的公共空间也只能初现端倪。欧洲议会选举中众所周知的低投票率并非事出无因。

与欧洲议会相比，欧盟委员会在更大程度上被视为一个孤立的机构。它像一个国家的政府那样拥有很多职权，但却没有像欧盟各成员国的政府那样有相应的议会对其进行约束。2014 年欧洲议会选举中所引入的全欧各政党推举“领头候选人”的制度，虽然实现了委员会领导机构事实上的议会化——最成功的候选人，欧洲人民党的让-克劳德·容克被欧洲理事会定为欧盟委员会主席，但这场悄悄进行的宪法性变革并没有带来更多的透明度和民主，欧盟委员会变得更“政治化”了，却因此而忽视自身应充当欧盟条约守护人的本职任务。议会多数为保卫“他们的”委员会而与疑欧派或民粹主义的反对派做斗争，却无力摆脱那种并非完全没有道理的指责：议会对委员会的监督并不充分。人们比从前更强烈地感觉到，自己在布鲁塞尔是在跟一个“独立自主”的机构打交道。

与此同时，各成员国政府与欧盟委员会之间的隔阂也在增大，而且作为委员会“政治化”的直接后果，那些较大的成员国还会感觉它是在“篡夺权力”。各成员国政府完全有理由声称自己是以更民主的方式获得授权的：它们必须（尽管程度不同）对一个经过自由选举的民意代表机构负责。因此，这些政府对欧洲政策所产生的影响对于那些日益独立化的欧盟机构而言是一种重要的矫正力量。要让各国议会更多地参与欧洲的决策或许耗费时日，但快速却缺乏足够民主程序支持的决策将进一步加剧合法性危机和信任危机，欧盟自 1992 年通过

《马约》拥有了更多职权之后就一直处于这样的危机之中。

同时，这也是目前尚未克服的另一场欧洲危机——货币联盟的危机——的原因。现在，人们已经将在创建共同货币的同时没有实现财政和政治联盟看作欧元设计上的致命失误。欧元区将拥有严格预算纪律的国家和那些习惯于在公共财政上采取相对宽松政策的国家聚合到
412 了一起。正是由于这些历史传统上的差异，货币联盟并没有像原先所希望的那样使欧洲各国人民更加紧密地联系在一起，而是重新激起了各种老旧的民族偏见和仇恨。[8]

喜欢存钱的国家与喜欢花钱的国家之间的矛盾依然存在。一方是德国、荷兰、芬兰和中东欧国家，另一方是包括法国在内的地中海沿岸国家。就法国而言，2017 年 5 月的总统选举可能会成为一个转折点。当选的埃马纽埃尔·马克龙所制订的结构性改革计划旨在使法国再次具有竞争力，使其能“与德国比肩”，并最终解决公共债务过高的问题。如果马克龙真的开启了他所追求的革新进程，那么他将为法、德两国在财政和经济政策上达成一致做出决定性贡献，因为一直以来，这样的一致都难以实现。着眼于长远发展的严格财政纪律与重视经济持续增长的政策之间的结合并非不可能，但这需要所有的参与者都有很强的学习能力和进行利益平衡的准备，这样才能产生实现它所需要的智慧。

马克龙所提出的“重建”欧元区和整个欧盟将是一个长期项目。如果英国仍然是欧盟的正式成员国，法国总统所期望的修改欧盟条约事实上就是不可能的，即便在英国完成脱欧之后，修约也要花费很大力气。不过，加深欧元区国家之间的合作其实也可以通过各国政府间的协议来加以规范。比如德国财政部长沃尔夫冈·朔伊布勒所建议的欧洲货币基金或许就能够为欧元区的共同创新项目在融资方面发挥关键作用。

执行政府间协议，还可以让货币联盟内部的各国议会之间更紧密
413 的合作制度化，若有可能甚至可以成立一个欧元区民意代表机构的联

合委员会，因为它能够增加欧元区共同项目在民意方面的合法性。相比之下，欧盟委员会提出的，由欧洲议会来监督欧元区的方案与代议制民主的原则背道而驰。如果全部欧盟成员国的议员都参与货币联盟的财政政策的决策，那就意味着，来自财政状况优良的国家的议员们可能会被来自其他国家的议员们用多数票压倒，而即使后面这些议员并不都来自欧元区国家，也有可能出现这样的结果。共同货币不会因此而稳定下来，反而会不断陷入更深的危机之中。

要重组货币联盟需要所有欧元区国家的参与，就是说也包括债台高筑而且最迟于 2018 年初就要举行新一轮大选的意大利，在那儿，以曾经的喜剧演员贝佩·格里洛为核心并且在左翼与右翼民粹主义之间来回摆动的“五星运动”的民调结果很好。尚难有答案的问题还包括：希腊能否长久地解决财政难题？所以说，德、法之间的协议必不可少，但也只不过是重建欧元区并使之恢复稳定的第一步。

改革欧盟跟改革货币联盟一样困难。欧盟 27 国尚未克服英国脱欧公投所带来的困难，同时也没能解决欧盟机构的合法性危机和欧元区危机——这一危机始终都是欧盟 27 国共同的危机。此外还有另一场危机，它与前两个危机一样都称得上是一个考验：欧盟在处理与维克多·欧尔班治下的匈牙利和雅罗斯瓦夫·卡钦斯基治下的波兰的关系时所遭遇的危机，因为这两个成员国放弃了欧盟带有规范性的基本共识，并且一再动摇“分权原则”这一法治的核心要素。

本来，欧洲联盟可以因匈、波两国严重违反欧盟规范性原则，根据《里斯本条约》第 7 条的规定剥夺它们的投票权，但在这个具体案 414
例中，执行这项制裁的一个前提条件让规定变成了一纸空文：执行这样的措施必须经过除直接被涉及的国家之外的全体成员国一致同意。由于匈牙利已承诺支持波兰（反过来，波兰也会力挺匈牙利），现在剥夺投票权这件武器已经变成了一把没有锋刃的剑。其他的成员国并没有兴趣陷入与波兰和匈牙利的长期冲突之中，本应担负责任的欧盟委员会不愿将制裁波兰、匈牙利的提案交到欧洲理事会，因为它知道自己没有胜算同时也畏惧失败。结果与中东欧的这些“非自由的民主政体”的价值观冲突就此拖延下来，拖得时间越长，对欧洲联盟共同价值基础的伤害就越持久。

到目前为止，从外部看，27 国的欧盟对英国脱欧公投危机应对得不错：它们依旧联合在一起；没有一个成员国起而效仿英国。甚至，共同体在某些领域联合得更加紧密了。欧盟准备在未来成立一个防务同盟，在维护共同边境（特别是地中海内的海上边境）的安全和反恐方面进行更加有效的协作。各成员国也达成一致，将继续发展内部共同市场。然而，欧盟的规范性身份认同已经受到了极大的损害：由于对一些成员国的变相专制制度的容忍，欧盟作为一个价值共同体的誓言已经越来越沦为一句起修辞作用的空洞套话——这简直就是在自欺欺人。

只有无条件认同《里斯本条约》里的基本价值的那些联盟成员国才能革新欧盟，这些基本价值包括尊重人的尊严，尊重自由、民主、平等、法治，捍卫包括少数族裔个人权利在内的人权。同时，也不应该有任何东西阻碍这些国家之间不断地相互协调和更加紧密的合作。

这样一个服膺规范性价值的核心欧洲不应造成欧洲内部的一种新
415 的“东、西分裂”。例如，波罗的海三国的政治方向就与维克多·欧尔班治下的匈牙利和雅罗斯瓦夫·卡钦斯基治下的波兰有根本性的差异。在法治和民主方面，它们的立场比 2004 年以后加入欧盟的一些国家要更加接近欧洲联盟的诸创始国。欧洲联盟中的自由民主国家必须发起倡议，并使之能够引导“非自由的民主国家”中的反对派力量。这样一个非正式联盟传递给专制政策辩护者的声音一定要响亮——“非自由的民主”是个自相矛盾的东西。谁宣传这样的东西，谁就在破坏西方世界流传下来的规矩。

自由民主国家需要比以前更密切合作的领域，并不仅限于欧盟的框架之内。它们同样应该在北约这样做，在那儿有那么一个成员国远比匈牙利和波兰更加背弃民主法治国家的基本原则：土耳其。鉴于西方民主国家已在世界范围内处于防御状态，我们有充分的理由，在全球范围内，与所有不光在言辞上，同时也在实践中按照人权、法治和代议制民主的规则行事的国家进行合作。在环保和贸易这类问题上，可以与非民主的大国设立一些实现专门目的的组织合作作为补充，但这决不能取代基于规范性价值所建立的同盟。

自由民主国家之间进行更深入的合作之所以成为当务之急，同样
也是因为美国这个跨大西洋西方世界一直以来的领导力量自身也正陷
入一场严重的认同危机和系统性危机之中。在 2017 年 1 月 20 日之后，
执掌美国的是一个不再珍视本国遗产中规范性价值的人。唐纳德·特
朗普的那个“美国优先”的口号是对美国 1776 年赖以建国的那些普
世价值的拒绝。美国的第 45 任总统尽管已经收回了他在选战期间对北
约和欧盟的大部分批评，但即使在他的共和党同僚们看来他现在也是 416
不可预测的人物，简直就是一个安全隐患。他被指责与普京治下的俄
罗斯有着可疑的关系，他漫不经心地处理机密情报和干预司法。随着
一位特别调查员接受任命，对“特朗普团队”在 2016 年选举期间的
“通俄”嫌疑进行调查，2017 年 5 月中旬，美国有越来越多的人将他
与第二任期时的理查德·尼克松相提并论，并且开始讨论弹劾总统的
可能性。美国已经出现了总统危机的苗头，其结果尚无法预见。

到目前为止，一切都表明，美国民主应该能通过这场考验。司法机构和媒体依然保持独立；无论在美国的街头或在广场，还是在“社交媒体”上，那些批评总统的人并没有沉默，反而十分踊跃；在国会中阻击特朗普的不仅有作为反对党的民主党人，而且还有一些为祖国的未来忧心忡忡的共和党人。对美国的盟友来说，最重要的事情是如何与美国政府中那些可预测和可靠的成员建立联系——他们与总统本人完全不同。

假如欧洲联盟真的拥有在重要问题上用一个声音说话的能力，那么它就可以成为跨大西洋的西方世界（尤其是美国）的矫正器。但欧盟远没有这样的本事。只要还有个别成员国觉得唐纳德·特朗普对政治秩序的看法比那些欧盟创始国看法更为亲切，还有个别成员国甚至

对普京治下的俄罗斯赞赏有加，那么欧盟的“共同外交和安全政策”就只能局限于自身的边界之内。即便是在边界之内，一切也都还要看自由民主国家们是否能够合作。凡是在27国欧盟的框架内无法协调一
417 致的共同外交和安全政策，都有赖于“意志联盟”来促成。应该说，一切都发端于德国与法国之间更紧密的合作。2017年5月的法国总统大选之后，形成这一局面的希望比此前大了一些。

有一个欧盟成员国受英国脱欧的影响最大：德国。德国是欧洲大陆上与英国经济关系最紧密的国家，英国从德国进口的商品比从其他任何欧盟国家进口的都多。反过来，德国也是从英国进口最多商品的欧盟国家。

在欧盟内部事关秩序原则的问题上，德国总是可以指望英国的支持——这两个国家都属于“自由派集团”。有了英国，再加上原先的“马克集团”（即引入欧元之前锚定德国马克的几个国家：荷兰、奥地利和芬兰），就能够在部长会议中形成一个可以阻止表决的少数派（45%的欧盟成员国，35%的欧盟人口）。英国离开欧盟之后，这种情况就不存在了。相反，同样也能够形成可以阻止表决的少数派的“地中海集团”则壮大起来。今后，在“自由派”与“保护主义派”的争论之中，后者的形势会变得更为有利。英国脱欧之后，从表面上看，德国因其人口规模和经济实力方面的分量在欧盟内领导地位会更加突出，但其实英国脱离欧盟一事最大的输家就是德国。[9]

27国欧盟对德国的期望很高。长久以来，不但其他欧盟成员国和欧盟委员会，还有美国、国际货币基金组织和很多经济学家都呼吁通过更多的公共和私人投资，提高工资以拉动内需来减少那“臭名昭著”
418 的德国出口盈余。德国确实存在着阻碍投资的因素。当然，这主要不是由缺乏公共投资所致，更多的是相关部门的人员裁减所引起的规划能力不足的后果。

其实，假如不是因为从欧元的低汇率中获益的话，德国的顺差本不会这么高：这是欧洲央行推行宽松货币政策的结果，德国方面至少

在形式上批评了这样的做法。（仅做形式上的批评，是因为欧洲央行的这项政策给德国的财政部门带来了巨大的好处——大大降低其债务利息，而这对德国的储户而言效果则恰恰相反。）国内外对德国落后的基础设施、交通运输、教育设施和数字通信设备，以及相对疲软的国内市场持续不断地批评终于起了作用：近期，公共投资、工资和个人消费已经在“向正确的方向”发展（即有所上升），尽管进展缓慢。

除了要求修正德国经济的出口能力之外，还有人呼吁德国应对欧盟中那些能力不强的国家予以更多的支持：地中海沿岸国家（常以意大利为首，弗朗索瓦·奥朗德治下的法国也经常掺和）声称，鉴于德国从共同货币中获益最多，它应该对那些因为严格遵守《马约》预算政策而受损的国家表现得更加慷慨，这些国家已经进入了失业率（特别是青年人的失业率）不断增加的恶性循环中。要赤字财政下的经济增长，而不要紧缩财政政策——“负债国”的这个要求使它们陷入了与“北方国家”（比如德国）持续不断的冲突之中，不过这正好反驳了“德国是从欧元中获益最多的国家”的说法。[10]

强调财政纪律的人常常忽视或不愿承认“纯粹的”紧缩政策所带来的顺周期效应，在这方面，来自地中海沿岸国家（而且不光来自那 419
里）的批评还是合理的。但是，一个不尊重既定条约而随意引入新规则的货币联盟是不会持久的。它可以使已经被证明过于僵化的规则变得更有弹性（欧盟已多次这样做），但它不可以为了短期的经济目标而进行政治投机——从长期看，这样非但帮不了那些涉及的国家，反而会伤害它们，因为这会使它们的债务负担更重，无法解决这些国家经济困难的深层次问题。

当一个成员国总算开始着手进行旨在提高其竞争力的结构性改革，同时也开始重视其财政纪律时，货币联盟总是愿意展现出更多的弹性。谁愿意朝着这个建议的方向调整自己的政策，谁才有资格向伙伴国家索取帮助。真正的团结意味着帮助那些愿意自助的人，而且只有存在自助意愿的时候，这些呼唤团结的国家的政府才能让本国的议会和民众在政治上理解：援助在具体的情况下是有意义的，甚至是必需的。

近年来，对德国的批评不仅与其强大的经济实力有关，德国政府被扣上霸权主义乃至帝国主义的帽子与其2015年以来处置难民危机的做法有很大关系。尽管包括奥巴马总统在内的外国政治家称赞德国总理同意成千上万的移民入境德国的决定，并且向众多德国人的人道主义热情致敬，但包括中东欧国家领导人在内的另一些政治家也在谈论默克尔危险的单干行为和德国在道德上的自负。

德国的单干行为，或更确切地说，是德国和奥地利共同进行的非
420 多边行为，指的是两国在2015年9月4日晚决定批准被匈牙利截住的移民进入奥地利，并由此入境德国。这样一个决定在做出前没有与欧洲联盟或其他邻国商量，而且对于安格拉·默克尔与她的奥地利同行维尔纳·法伊曼在电话中达成一致的方案，柏林总理府显然没有考虑对其后果战略性的、长远的效应。

这个仓促决定惠及的那些想要离开匈牙利却离不开的人的救援行动在人道方面多么有道理，开放德国边境数月之久的做法就多么成问题。这样做的影响远远超出德国的预期。中东欧的邻国与德国不同，那里缺乏与来自其他文化背景的人共同生活的体验，因此产生了对德国这种自行其是态度的反感，并且从此下定决心不参与由默克尔和欧盟委员会推动的、解决难民危机的全欧共同方案。在英国，脱欧的鼓吹者从普遍的恐惧心理中得利，因为德国的态度让一些人觉得移民潮将很快到达英国。在德国本国，民族民粹主义的“选择党”势力大增。[11]

德国在邻国面前以其道德水平而狂傲自负——这样的指责不仅适用于联邦政府和执政阵营，甚至适用于以绿党为代表的反对党和包括公共媒体在内的大部分德国媒体。除了对移民特别高涨的援助热情所体现出的“欢迎文化”之外，在2015年9月4日之后的几周内德国还经历了不理智的自我吹捧，其中还夹杂着对邻国所谓硬心肠行为居高临下的，而且常常是鄙视性的评价。在为德国的难民

政策辩护的声音中有时还能听见这样的看法：德国那罪恶深重的历史终于有了一些有益的后果，它现在已经可以当其他欧洲国家的榜样了。

把德国当作欧洲的道德领袖，觉得本国有一种不便说出口的充当 421
道德权威的权利：这就是这种新的、呈现出模糊的“左派”面貌的布道意识所带来的影响，而且影响还不局限于德国。这样做造成的后果包括德国因难民问题而受到孤立，以及人们会怀疑德国真的有能力履行它时常承诺的对欧洲的责任。因此，德国从 2015 年所经历的事情中所得出的最重要的教训是，放弃任何道德上的傲慢。德国可以而且应该在人道主义领域比其他经济实力较弱的国家做得更多。鉴于这个国家本来就需要移民，它可以而且应该根据自己劳动力市场的需要，通过简化现代移民法来引入合法移民。但德国决不可自视高于其他国家，这个来自德国历史的教训从来都没有过时。[12]

难民危机留下的另一个教训是，德国应该停止在涉及整个欧洲的问题上单干。在 2017 年法国总统大选之后，在欧洲政治中合作的可能性增加了。与法国一道，德国可以推进货币联盟和欧洲联盟的改革，哪怕有个别成员国并不准备在一开始就追随“两巨头”。与法国联合在一起，德国可以在英国脱欧后努力使欧盟与英国尽可能保持密切的关系。有了法国这个同盟，德国最终能为北约安然通过迄今为止最严重的考验做出贡献，这考验来自唐纳德·特朗普总统的不可预测性。

在全球化的时代，没有任何一个欧盟成员国可以独善其身。如果它们将自己的力量联合起来，不但能改善旧大陆上的这些国家在
面对其他奉行专制秩序的国际行动方时的政治和经济态势，而且还 422
能增强欧洲内部坚持自由的、多元的、非暴力的和尊重人权及公民权的民主制度时的自信力——使其能够在面对形形色色的民粹主义时捍卫民主这样一种政府体制，因为它是大西洋两岸两次大革命（1776 年美国革命和 1789 年法国大革命）最有价值的遗产。如今，

分布于全球的西方世界除了欧洲的一大部分之外，还有包括位于北美洲、澳洲的带有盎格鲁-撒克逊文化烙印的民主国家。在经济、政治和军事方面，这个西方世界早已度过了在全球影响力上的巅峰时刻。现在，它还能不能在全球辐射自己的规范性价值体系，完全取决于西方世界自己。

接下来又发生了什么——一段续记 423

前文已经讲到了2017年5月。最后的两个时事节点是唐纳德·特朗普执政满百日和法国总统选举的第二轮决选。在那之后，历史一直在大西洋两岸继续前进。

从5月19日到27日，美国第45任总统进行了他的首次海外之旅。他出访的首站是沙特阿拉伯，在那儿等待他签字的是一笔1000亿美元的“军火生意”，而他也在沙特与伊朗的对峙中毫无保留地站在了瓦哈比派的王国[1]一边。他出访的第二站是以色列和巴勒斯坦地区，但关于解决中东问题的方案他什么都没说。第三站他前往罗马拜会了教皇方济各，可以看出二人在气候变化问题上分歧不小。在第四站布鲁塞尔，特朗普利用与欧盟领导人会晤的机会猛烈攻击德国，指责德国通过其对外出口（特别是汽车出口）伤害了美国经济。在北约的新总部，他攻击了28个成员国中的23个盟友，理由是这些盟友在履行防务责任方面不够上心，或者说是在靠着美国纳税人的钱生活，而且欠美国数十亿美元。而对于涉及共同防御承诺的《北大西洋公约》第5条[2]，他在讲话中却只字不提：全世界还未曾见过大西洋同盟出现这样大的裂痕。 424

特朗普此行的高潮是5月26日和27日在西西里岛陶尔米纳

---

[1] 指沙特，作者这样称呼是因为奉行原教旨主义的伊斯兰教瓦哈比派与沙特王室和沙特建国史有极其紧密的联系。

[2] 《北大西洋公约》第5条又称“共同防御条款”，其内容是：任何针对北约成员国的攻击将被视为对所有其他成员国的攻击。

（Taormina）举行的 7 个民主工业国的首脑峰会——G7 峰会。在此地，特朗普又一次选择对抗。他阻挠了 G7 峰会关于执行 2015 年达成的《巴黎气候协定》的决议，该决议旨在加强为避免全球变暖而减排温室气体的努力。在需要美国为来自第三世界（特别是来自非洲饥荒地区）的移民压力做出建设性贡献时，他拒绝让美国为此承担义务，在这一点上他惹恼了其他与会国：加拿大、日本、英国、德国、法国，尤其是作为东道国的意大利。特朗普基于其对“不公平的贸易实践”的看法，对其他六国所希望的开放市场并没有多少认同，因而陶尔米纳会议未能明确地否定贸易保护主义。7 国达成的共识是继续执行从 2014 年乌克兰危机开始的对俄制裁。另一个能广泛达成一致的领域是，在与恐怖主义的战斗中加强合作——在 5 月 22 日“伊斯兰国”在曼彻斯特的一个流行音乐会上以自杀式袭击造成包括袭击者在内的 22 人死亡之后，英国首相特雷莎·梅提出将这个议题加入会议议程。

借由布鲁塞尔和陶尔米纳的峰会，“美国优先”终于渗入了跨大西洋政治之中。这在欧洲引起的反响几乎全是负面的。参加基民盟大会的德国总理安格拉·默克尔于 5 月 25 日在慕尼黑特伍德林区（München-Trudering）的一个大型啤酒帐篷内愤然宣布：我们可以依靠别人的时代已经过去了，所以“欧洲一定要把命运握在自己手里”。世界舆论认为，默克尔的这番表态是一个明证，看来特朗普的欧洲之旅的确把大西洋两岸之间的关系带入了一个新的低谷。[1]

425 如果特朗普是想用出访来摆脱纠缠不休的总统危机的话，那看来是想错了：为弄清特朗普团队“通俄”一事而进行的调查丝毫没有停滞，在这个过程中，总统的女婿兼最重要的顾问贾里德·库什纳逐渐成为焦点。5 月底，人们知道在 2016 年 11 月的总统选举之后，库什纳曾在与俄罗斯大使基斯利亚克进行秘密会谈中试图建立特朗普与普京之间的秘密联络渠道。

大约在同一时间，美国人正在越来越多地讨论特朗普集团与俄罗斯黑手党代理人之间长期存在的商业关系，以及 20 世纪 90 年代身份不明的俄罗斯投资客让特朗普免于破产的神秘救助。当然，这样的“联系”与俄罗斯为特朗普而干涉美国总统大选一事之间的关系还不清楚。在总统出国的这段时间里，美国媒体报道了曾于5月9日因调查“通俄门”而被特朗普解职的前联邦调查局局长詹姆斯·科米准备就同一话题在国会为此专设的委员会做证的消息。因此，可以预见还有更多的事情会被揭露出来。[2]

2017年6月1日，即特朗普从欧洲回来5天之后，他在白宫的玫瑰园一群特意挑选过的听众面前宣布美国将退出《巴黎气候协定》。他之所以要这样做，是因为他认为必须避免该条约的结果伤害到他的国家，特别是美国的工人；这样的条约只会让中国、印度等国获得崛起的好处，而对美国而言只有诸如失去就业机会、工资下降、工厂关停和产量持续下降等害处。关于该协议对美国的伤害，特朗普还把联 426
合国绿色气候基金会（Grünen Klimafonds der Vereinten Nationen）给予那些受全球变暖伤害最大的第三世界国家（比如印度洋和太平洋上的一些岛国）的援助也算了进来，他说相应的花销将令美国损失大量财富。或许令人欣慰的是，这位总统也谈到了要拿出一份新的气候保护协定，一份“公平的交易”。不过，特朗普在他的演讲中对“气候变化”只字未提。

总统的这番退约演讲，明显带有其首席策略顾问、信奉“美国优先”的斯蒂芬·班农的痕迹，此人当天就显眼地坐在听众的第一排。相反，那些曾告诫唐纳德·特朗普在退出《巴黎气候协定》一事上要谨慎的顾问则没有到场，其中包括首席经济顾问格雷·科恩、国防部长詹姆斯·马蒂斯、国务卿雷克斯·蒂勒森，以及那些美国宪法中从未见过的头衔的拥有者：总统女婿贾里德·库什纳和他的妻子、总统女儿伊万卡·特朗普。一些美国大型工业企业明确警告过唐纳德·特朗普，不要在气候政策问题上与国际社会决裂。欧洲联盟的结论是，到2020年，美国无论如何都将受到《巴黎气候协定》中国际法义务的约束。然而这都没有什么用。特朗普所关心的是，让他的核心选民们看到，他履行其核心竞选承诺和在未来克服一切阻力为美国利益争取优先地位的决心。[3]

在对《巴黎气候协定》说“不”这件事上，支持特朗普的美国人比以前任何一次都少。包括加利福尼亚州、纽约州和华盛顿州在内的许多联邦州和包括纽约、芝加哥、旧金山、洛杉矶和老工业城市匹兹堡在内的 80 多个地区，都很快宣布继续坚守 2015 年底达成的这项国际协议中的环保目标。多数大企业认为特朗普的举动是个致命的错误。民调的结果则更一目了然：三分之二的美国人拒绝退出《巴黎气候协定》。[4]

427 在美国之外，大家几乎不约而同地对特朗普的决定表示愤怒。德国、法国和意大利在当天就做出回应，明确拒绝重新谈判气候变化协定。次日，欧盟也给出了相同的回答。作为美国最重要的全球竞争对手的中国和俄罗斯立即保证它们与美国不同，会继续留在自己在巴黎签署的协定之内。对这两个国家而言，特朗普因其环保政策而在西方世界打进的这枚楔子是极其有用的。作为欧盟及欧洲各国首屈一指的化石能源供应方，俄罗斯欢迎所有能削弱北约团结的事情；2017 年正在力推其连接欧亚的“丝绸之路经济带”倡议的中国也从中看到了机会，此事能使其显示出自己不仅在自由贸易方面是欧盟的伙伴，而且在环保领域也是如此。[5] 特朗普的玫瑰园演讲让美国的自我孤立达到了迄今为止的最高点：如果要为美国告别“跨大西洋关系的世纪”找出一个标志性的日期，那就是 2017 年 6 月 1 日。[6]

在欧洲，2017 年 6 月 8 日是早已备受关注的日子：在这一天将举行由特雷莎·梅政府决定进行的下议院选举。选举研究者们早就预言，这将是一次执政的保守党大胜而工党惨败的选举。然而，在选举前的最后几周里，保守党的领先优势变得越来越小。

大多数观察家都把这个惊人变化的主要原因归结于保守党竞选纲领中的一点：老年人接受护理服务的费用问题。一方面，原本财产在 23 250 英镑以下的老年公民能够享受护理服务费用豁免，现在这个标

准被提升到了 10 万英镑；但另一方面，预计要将私人住宅或私人房产 428
纳入财产计算之中，这将导致遗嘱受益人有（部分地）丧失财产的危险——这项规定引起轩然大波，以至于保守党下令将其撤回。然而，这对特雷莎·梅精心打造的社会“形象”而言已然是一个沉重的打击。

对现任首相的民调结果不利的另一个因素是，她坚决拒绝与其他党派的候选人（特别是工党的杰里米·科尔宾）进行电视辩论。6 月 3 日，3 名携带刀具的恐怖主义分子借助一辆送货车在伦敦发起恐袭，共造成 8 人死亡、48 人受伤，其中有些人伤势严重。这是自 3 月 22 日伦敦恐袭和 5 月 22 日曼彻斯特恐袭之后，英国在不到 3 个月内发生的第 3 起恐怖袭击事件。科尔宾指责特雷莎·梅在担任内政部长期间大幅裁减警务人员——6 年间裁减了 1.9 万人，他甚至在 6 月 3 日的恐袭发生之后要求首相辞职。

工党领袖科尔宾对国内安全问题的激烈批评，是否能让该党在选举前的最后几天里利用这个保守党的传统优势领域在一定程度上实现反超，看来还很成问题。保守党人对工党将伦敦恐袭滥用于党派倾轧非常生气，并且还反唇相讥：正是科尔宾拒绝了保守党提出的所有反恐法案。此外，他们还指责这位工党领袖从来都未能就他慷慨的社会福利承诺（包括取消学费）如何获得资助的问题提供任何具体答案。在竞选的最后阶段，保守党又把英国脱欧问题摆到了中心位置，指出这是一件只有保守党才能办成的事。

6 月 8 日的选举是特雷莎·梅完全按照自己的主张举行的，可是其结果却是她政治上的一次惨败。她不但没能扩大绝对多数，反而失
去了它。尽管保守党仍然是第一大党，但其议员数量从 330 席下降到 429
了 317 席，因此仍然低于保守党单独组建政府所需要的 326 席这个神奇数字。为了在“悬置议会”中获取超过必要席位的支持，首相不得不努力与民主联盟党（Democratic Unionist Party）结成联盟，或者说达成彼此能相容的协议，这是一个属于北爱尔兰新教徒的极端保守的党，它拿下了 10 个议员席位并且很快就宣布愿意与保守党进行谈判。

这次选举相对意义上的赢家是工党，它拿下了262个席位，比之前增加了32席（按百分比计算，它获得了42.4%的席位，比保守党落后2.4个百分点）。工党的成功首先应归功于因其立场比较左倾而在党内颇具争议的现任党主席杰里米·科尔宾，他与2016年美国大选中的那位民主党社会主义者伯尼·桑德斯很像，后者在争取成为民主党总统候选人的过程中赢得了大部分青年学生的支持。在年轻的工党选民中，还有许多人在埋怨自己为什么没有在一年前的“脱欧公投”中加入“留欧派”阵营。与工党不同的是，全英国的活跃政党中唯一一个坚定亲欧的党——自由民主党的得票情况没有什么变化：尽管所获议席从9个上升到了12个，但所获选票还略微下降了一点儿（约0.5%）。

选举的输家还有妮古拉·斯特金的苏格兰民族党，失去了21个议员席位。英国独立党失去了在下议院中仅有的一个席位，得票率从近11%下降到可怜巴巴的1.85%。该党唯一的“大事”已经随着英国脱欧公投而去；这个既缺乏实际“要务”又陷入分裂的党，几乎没有存活下去的可能。然而，特雷莎·梅并不可能继续违背自己的竞选口号而提出原先英国独立党的支持者所主张的“硬脱欧”，否则她必将惹
430 恼本党的新搭档：民主联盟党早就公开支持“软脱欧”，因为其特别想让阿尔斯特与作为欧盟成员国的爱尔兰共和国之间的边境交通能够享受一种尽可能宽松的管理。

正如戴维·卡梅伦决定在2016年6月23日举行全民公决一样，特雷莎·梅决定提前举行议会选举也是一着险棋，而且两人都赌输了。即将于2017年6月19日开始的与欧洲联盟的脱欧谈判中，特雷莎·梅的处境不是更有利了，而是更不利了。而且，对她的首相位置而言也是如此。内阁内外，她的党内反对者数量可观。她的位置从未像6月8日以后那样不稳。在伦敦，有人开始预测唐宁街将在秋季易主，并且很快会举行新的选举。

保守党与来自阿尔斯特的民主联盟党之间的谈判比预想的要艰难得多。当女王伊丽莎白二世于6月21日在上议院和下议院的成员们面

前发表由首相起草的“女王的演讲”——一篇简短的政府声明时，此事尚未有结果。次日，特雷莎·梅在布鲁塞尔举行的欧盟首脑峰会上承诺：所有在某个待定的时间点后在英国生活5年以上的欧盟公民，都将继续享有由英国法院做出保证的居住权。欧洲理事会主席图斯克立即表示，这一政策距离欧盟的期望还有很大差距。

6月26日，保守党与民主联盟党的谈判终于结束了。其成果是一份相互容忍的协定。北爱尔兰新教徒的党承诺，支持梅政府在英国脱欧、国家预算、财政政策方面的立法活动，并且会阻止不信任案通过，其他方面的问题会根据具体情况与保守党协商。民主联盟党所得到的回报是，给阿尔斯特带来了10亿英镑的新增财政资助。

不过这份协议一开始就存在问题，因为贝尔法斯特（Belfast）[1]的那个由新教徒的党和天主教徒的党组成的联合政府，已经于2017年3月底垮台了。如果对立的双方不能就一个联合政府达成一致并拟出一 431
个如1998年4月商定的《耶稣受难日协定》（Karfreitagsabkommen）[2]那样的文件，那就会像2002年至2007年那样开启“直接统治”的时代——行政权力被交还给英国内阁，而内阁将负责保证自身政策在宗教上的中立性。

在6月21日批准政府计划时，保守党的少数派政府在得到了民主联盟党的10票支持之后，于6月29日在下议院形成了一个323对309的多数。然而，鉴于议会难分伯仲的力量对比，只有极少观察家预言现任内阁会存在很长时间：特雷莎·梅已被人看作临时首相了。[7]

2017年6月11日，即英国议会选举后的第三天，法国举行了国民议会选举的第一轮投票。无可置疑的赢家是总统埃马纽埃尔·马克龙于2016年4月才刚刚创立的党——“共和前进党”（La République en marche，LREM），该党与其盟友“民主运动”（MoDem）一起拿下

[1] 贝尔法斯特，英国北爱尔兰地区的首府。

[2] 又称《贝尔法斯特协议》，是北爱尔兰和平进程中一个重要的成果。

了 32.3% 的选票。远远跟在它们后面的是保守派的共和党（21.6%），然后是马琳・勒庞的国民阵线（13.2%）、与共产党人结盟的梅朗雄的“不屈的法兰西”（11.0%）和社会党（9.5%）。这次选举 48.7% 的投票率创下了历史新低。观察家们把这归咎于选举日那炙热的阳光和连续举行两轮总统选举所带来的疲惫，但也怀疑有许多法国人在通过拒绝参与选举来表达他们对现有政策、新旧总统的不满。不管是什么原因，事实是有选举权的法国人投票支持马克龙阵营的人连六分之一都不到。

432 议会选举的第一轮投票看上去像一场因选票进行的革命：法兰西决然抛弃第五共和国的政党结构，跟意大利在 20 世纪 90 年代前 5 年干了同样的事情。戴高乐主义留下的遗产——共和党，尽管尼古拉斯・萨科齐的政绩令人失望，尽管该党的第一候选人弗朗索瓦・菲永因自身错误而受到指责，它还是第二大党，也还有再度革新的可能。相比之下，社会党的处境令人绝望。该党所受到的惩罚来自奥朗德时代党内的总矛盾：有改革倾向的社会民主党人和社会自由派与恪守教条的社会党人之间的矛盾；此外，还要受到梅朗雄的极左党派的瓦解。国民阵线远远落后于其在总统选举中所取得的成绩，这是因为其领导人马琳・勒庞在与马克龙的电视辩论中说得实在太露骨，而且她对欧元的拒绝也难以得到大多数法国人的认同。

共和前进党的候选人有一大半都没有参加过议会，这些新人只是勉强聚集在一个共同的政治理念之下。他们以后能否像预期中那样变成一个新的、带有社会自由派特征的多数派，仍有待观察。无论如何，融合都将是艰难的，在此过程中，这个“社会自由派特征”还是来自之前那些政党定下的基调。

在第一轮投票中，只有 4 个选区的候选人拿下了绝对多数，并且所获选票超过了有选举权人数的 25%。在第二轮投票中，拿到相对多数票就足以获胜，这通常意味着排名最靠前的两位候选人进行一次决选。6 月 11 日，只有一个选区出现了两个以上的党派获得 12.5% 选票的情况，因此根据选举法在第二轮投票中会有不止两名候选人参选。

那些在选举中失败的政党，尤其是共和党，都有意图在决选中成为总统所属党派的强大对手。但从对选举的预测结果看，这一想法实现的 433
希望不大。人们普遍预计，在总共 577 个议员席位中，共和前进党能拿下四百多席。

不过，第二轮投票的结果倒并没有出现如此一边倒的结果。共和前进党独自拿下了 306 席，加上“民主运动”则一共有 350 席。不过，这已经让总统的阵营不但拥有十分坚实的绝对多数，而且还拥有了足以修宪的五分之三多数（尽管只是刚刚过线）。其他各党所取得的席位并不像之前所预计的那样少：共和党及其盟友一共获得 137 席，在上一届议会中还拥有 280 名议员的第一大党社会党这次的成绩是 45 席，梅朗雄的左翼政党 27 席，国民阵线 8 席。极右翼所赢下的那些选区也正好是之前支持马琳·勒庞的选区。然而，国民阵线还是远远没能达到组建议会党团所需的 15 席的门槛。6 月 18 日选举的投票率比一周前更低，仅有 42.64%。

马克龙总统早在国民议会选举之前就宣布，他就职后的第一个重大项目就是改革劳动力市场法规，特别是要放松严苛的解雇条件，并且会先与工会进行对话。有共产主义背景的工会“劳动者大联盟”和倾向于社会主义的工会“工人力量”对此的回应是：要创造一个“火热的秋天”。

事实上，那些选举的获胜者必须从一开始就预计到，由于议会中的多数态势十分稳固，抗议活动很快会从国民议会转移到街头。同样可以预见的是，总统及其阵营的反对者会拿极低的投票率来说事：指责政府所有不受欢迎的改革步骤都缺乏民主合法性——尽管政府的党在 6 月 18 日拿到了 41.7% 的选票，但这等于说在有投票权的法国人中支持它的人连五分之一都不到。有一个常常听到的说法并不过时：法 434
国人虽然擅长搞革命，但却不善于进行改革。在国民议会的选举之后，向最广泛意义上的自由化方向革新法国社会的斗争才刚刚开始。

紧接着议会选举第二轮投票之后的是第一次政府危机。法国司法部门已经开始调查欧洲议会中“民主运动”的议员，因为他们涉嫌将欧盟资金用于法国国内的党务活动，此后该党的三位部长辞职，其中包括党主席、司法部长弗朗索瓦·贝鲁和国防部长西尔维·古拉尔（Sylvie Goulard）。他们的继任者被认为政治色彩并不明显。最终由前共和党人爱德华·菲利普（Édouard Philippe）牵头组成的内阁中含有 7 位无党派专业人士、4 位来自社会党的部长、3 位来自社会自由派政党，还有 3 位来自共和党。这届菲利普政府中的男女数量正好相等：在 30 位部长和国务秘书中各占 15 名。

6 月 22 日和 23 日，马克龙总统首次参加了在布鲁塞尔举行的欧盟峰会，大部分时间英国都没有参加此次会议。由于前一天包括慕尼黑的《南德意志报》在内的一些欧洲报刊发表了一篇对马克龙的访谈，于是他成了全场关注的焦点。他在那次访谈中猛烈批评中东欧的“非自由的民主国家”，尤其是匈牙利和波兰。他说，既从欧盟拿钱，又不尊重其价值观，这很荒唐；欧洲可不是一个超市，而是一个命运共同体。马克龙与维谢格拉德集团（波兰、匈牙利、捷克和斯洛伐克）领导人之间的谈话并不能化解双方的根本性分歧。

不过，27 个国家的领导人在防务政策和确保外部边界安全的领域
435 达成了共识：他们一致同意设立一个用于资助军事科研和军备合作的欧洲防务基金。此次峰会给人最深的印象是，以埃马纽埃尔·马克龙和安格拉·默克尔为代表的法、德之间的紧密合作。观察家们认为，在法国的政府更迭之后，欧洲联盟又渐渐有了新的自信。[8]

在美国，唐纳德·特朗普的竞选团队与俄罗斯进行接触的事件在 6 月 7 日又进入了一个新阶段。当天，参议院情报委员会发布了联邦调查局前局长詹姆斯·科米的一份书面声明，内容是总统多次试图说服科米，让他停止在“通俄”一事上继续对曾短期担任过国家安全顾问的弗林将军进行调查。次日，许多电视频道实况转播了科米参加参议院的听证会：从这位联邦调查局前局长宣誓开始，一共进行了一个

小时。在那之后，舆论界展开了自己的非官方调查。

根据科米的陈述，特朗普在多次谈话之中，特别是在2017年1月27日的白宫晚宴上要求他停止对弗林的调查。之后总统还非常想确保对“通俄”事件的调查不会牵涉他本人身上（科米说他可以保证）。特朗普称赞了他的工作，并说还想让他继续留任联邦调查局局长，不过同时也表达了想让科米向他特朗普“效忠”的愿望。科米对此的理解是，总统想以联邦调查局局长不换人为条件让他对其个人“效忠”——科米拒绝了这个交易，接着他就在5月9日被突然解职了。在这之后，特朗普在公开表态时所说的科米不称职且得不到联邦警察的信任等，据科米看来都是借口，或者说都是谎言。正是这些指责让 436
科米在参议院的公开听证会上多次明确表示自己反对特朗普政府和特朗普个人。

法律上在讨论这一事件时的关键问题是：特朗普在与科米的谈话中是否在故意尝试妨碍司法。如果真是这样，那这就牵涉了一项足以激起弹劾的罪行。有好几位共和党参议员强烈否认存在这样的主观意图。众议院多数党领袖保罗·瑞恩的说法听上去有些怪异，他说特朗普初来乍到，对当总统的一些陈规惯例尚未充分了解。特朗普本人先让他的律师反驳了科米的说法，为的是在不久之后将科米斥责为撒谎的一方。

在6月9日与罗马尼亚总统克劳斯·约翰尼斯举行的联合记者招待会上，特朗普首次明确承认《北大西洋公约》第5条所规定的义务，并再次明确否认他曾敦促科米结束对弗林的调查。在回答一名记者关于他是否愿意用宣誓做证的方式来强调他对“俄罗斯事件”的陈述时，他回答他“百分之百”愿意这么干：这是一个影响深远的陈述，如果负责调查该事件的特别检察官、联邦调查局前局长罗伯特·穆勒或是参议院回头抓住这句话，那它就有可能是总统的一个隐患。[9]

5天后的6月14日，据《华盛顿邮报》报道，负责“通俄事件”的特别调查员正在调查总统本人，因为其涉嫌妨碍司法。与此同时，来自美国首都的传言称特朗普正在考虑解雇穆勒［5月17日任命他的并不是司法部长塞申斯，而是副部长罗德·罗森斯坦（Rod Rosenstein），因为塞申斯一开始就宣布要在特朗普团队与俄罗斯联系一事的调查中
437 避嫌］。人们立即将此事与“水门事件”相提并论：1973年10月20日，尼克松总统解除了特别检察官阿奇博尔德·考克斯（Archibald Cox）的职务，继而司法部长埃利奥特·理查森（Elliot Richardson）及副部长威廉·拉克尔肖斯（William Ruckelshaus）辞职以示抗议——这件事在历史上被称作“星期六大屠杀”。10个月后的1974年8月9日，尼克松为避免遭受弹劾而主动辞职。

特朗普再次愤怒地驳斥了对他的一切指责，并且再次表示这是美国历史上最大的一次猎巫活动。然而他并没有开除穆勒，可能是尼克松的教训在阻止他走出这一步。于是，“通俄事件”继续如他曾对科米提过的那样，成了他任职总统期间的一块不散的阴云。司法部长塞申斯在6月14日向参议院情报委员会成员宣誓做证时，拒绝回答任何涉及他与特朗普之间对话内容的问题。就任总统5个月之后，唐纳德·特朗普的政治前途似乎比以往任何时候都更加晦暗不明。随着针对他个人的刑事调查的展开，美国的总统危机上升到了一个新阶段。

不过，特朗普的那些自由派的反对者并没有理由太过乐观。只要共和党人还站在总统一边，弹劾程序就遥遥无期。6月26日还发生了一件令特朗普及其追随者大为欢欣鼓舞的事情，尽管这只是一个阶段性胜利：最高法院裁定，曾被多名联邦法官宣布违宪的修订版“穆斯林禁令”的部分内容，可以在满足某些限制性条件的情况下暂时生效：对6个主要以穆斯林人口为主的国家的公民而言，除非他们已经拿到签证，或是能令人信服地证明自己在美国有亲属或工作关系，否则从6月29日起将在3个月的时间内被禁止入境美国。

人们并不清楚2017年秋天将要做出的终审判决是否能符合白宫的
438 期望。不过，特朗普的反对者们（比如民主党人）这时已经会用一个他们中许多人都曾经忘却的美德来武装自己：他们必须学会在行事时

有战略上的耐心。[10]

2017 年 7 月 7 日至 8 日，世界主要工业国和新兴国家的领导人为参加 G20 会议而齐聚汉堡，唐纳德·特朗普名义上只是与会的众多领导人之一，但事实上他与弗拉基米尔·普京和雷杰普·塔伊普·埃尔多安一起构成了三个众人瞩目的最具争议的人物。在这位美国总统抵达德国的汉萨同盟城市（即汉堡）之前，他先于 7 月 6 日作为“三海倡议”的荣誉嘉宾访问了华沙。“三海倡议”是由波兰总统安德烈·杜达召集的会议，这个名称源于两次世界大战之间一个民族主义计划相关的会议，该会议共有波罗的海、亚得里亚海和黑海之间的 12 个中东欧、东南欧的欧盟国家参加。

与欧洲大多数国家的首都相比，特朗普期待自己能在华沙受到热情友好的招待，因为他并不想去指责为走极右路线而破坏法治的波兰领导层。此外，他完全满足了东道主的期望：在 1944 年华沙起义牺牲烈士纪念碑前的公开演讲中，他首次发誓要捍卫西方社会的团结及其不可动摇的价值观；他赞扬了波兰光荣的历史，并向所有北约成员国保证了美国不可动摇的团结和支持，而且还再次呼吁盟友在防务方面付出更大的努力，同时还强烈谴责了俄罗斯“破坏稳定”（他的原话）的政策。

特朗普在全波兰千万兴奋的法公党支持者的欢呼声中所描绘的“西方”的样子，完全符合波兰领导人的胃口。总统援引了上帝和民族认同、个人自由和家庭等价值元素。他虽然也提到了法治，但没有讲分权制度和司法独立。在这一层意义上，雅罗斯瓦夫·卡钦斯基及 439
其追随者也愿意醉心于特朗普提出的“强大的欧洲”。这显然不是在说欧盟的那个自由的欧洲，而是一个愿意接纳中东欧的那些“非自由的民主”国家的欧洲。[11]

7 月 7 日在汉堡，特朗普终于第一次遇见了他前一天在华沙毫不含糊地批评过的那个人：普京。根据双方事后的说法，会面的气氛是富于建设性的，甚至可以说是友好的。特朗普特别关心的是，普京以后应约束与黑客攻击相关的行动。他向对方提出建议，共同成立一支美、俄“网络安全部队”。当这个消息不久后传到华盛顿，立刻在国会引发了一场超越两党的愤怒浪潮。共和党参议员马尔科·鲁比奥（Marco Rubio）将这一想法比作跟叙利亚的阿萨德共建一支“化学武器部队”。对总统而言特别倒霉的是，《纽约时报》在这个节骨眼上又揭露了一件发生在2016年6月9日的事：小特朗普、特朗普的女婿贾里德·库什纳和他在争取共和党候选人提名期间的竞选经理保罗·马纳福特，在这一天与据说跟克里姆林宫有密切联系的俄罗斯律师在纽约的特朗普大厦见了面，美方的这几位谈话者所期望得到的是能够让希拉里·克林顿惹上麻烦的材料。在如此局面下特朗普别无他法，只得又迂回着否定了自己原先的建议。

被国际舆论视为特朗普与普京之间谈话的积极成果的，是一项由国务卿蒂勒森和拉夫罗夫提出的在叙利亚南部实现停火的协议，这份于7月9日生效的协议包括为平民建立一条“人道主义走廊”，并得到美国、俄罗斯和约旦的保证。事实上，这项协议先前就已经在约旦首都安曼达成，只是到了汉堡才以两位总统的名义正式公布于众。

440 在特朗普与普京的谈话中，发生在乌克兰的混合型战争究竟占什么分量仍不清楚。不过，观察家们从美国前北约大使库尔特·福尔克尔（Kurt Volker）任命基辅特使一事中可以看出，仅在“诺曼底组合”（德国、法国、俄罗斯和乌克兰）内部来处理这场冲突的时代已经结束了。默克尔和马克龙得以在汉堡的三人聚会上劝说普京，使其同意与他们以及可以通过电话联络的乌克兰总统波罗申科（Poroschenko）一起，尽快就进一步落实2015年2月达成的《明斯克停火协议》进行磋商。那位克里姆林宫的主人完全可以想象，接下来华盛顿、巴黎和柏林的政府都会争相与他联络。

不过，更加吸引媒体广泛关注的，还不是峰会上的正式谈判和两方或三方国家首脑的会晤，而是犹如内战一般的街头斗争场面：有数千使用暴力的无政府主义者和来自全欧的左翼极端分子与警察发生了冲突。汉堡内城的部分地段一时间成了无法无天的场所；在珊泽区（Schanzenviertel），无人干涉的纵火和劫掠持续了数小时之久；有数百名警察和数目不详的示威者受伤。这使那些用非暴力方式批判全球化的抗议者的声音完全被掩盖了，而且德国和其他国家都开始讨论，是不是以后就不要在西方的大城市举办 G20 峰会这样重大的国际活动。

会议本身倒并没有受到血腥暴乱的干扰。在形成共同的闭幕宣言方面，德方运作的空间很大，因为它一直能享受到意见一致的欧盟的支持。在东道主安格拉·默克尔的指示下，德方决定后退一步，让这份文件在气候变化这一特别有争议的问题上不仅写下各方的共识，同时也记下各方的分歧。当除了美国之外的所有与会国都声明《巴黎气 441
候协定》不可逆转时，美国固执地坚持它可以在比现在更清洁、更高效的情况下使用化石能源的权利，并且要通过技术出口来帮助那些同样愿意这样做的国家。但其他 19 个国家全都不为所动，坚持肯定《巴黎气候协定》。埃尔多安总统于峰会闭幕数小时之后在汉堡宣布土耳其不主张修改气候议定书。因为它担心自己不能再如愿以偿地被划为新兴国家，而被升级为工业国——被算成要“出钱”的国家。

另一个有重大争议的问题——贸易政策，在这方面各方费了半天劲也只达成了形式上的妥协。这 20 个与会国都认可自由贸易，并承诺与“包括一切不公平的贸易手段”在内的贸易保护主义做斗争。可是美国坚持认为，要在声明中明确承认“合法的贸易保护手段的地位”。所有与会国自然都清楚，美国政府这样做是在为其（比如针对钢铁行业的）惩罚性关税确立依据。

相比之下，参与谈判的各方在以下各方面达成一致就容易多了：金融市场监管，打击恐怖主义，走私和贩卖人口，建立与非洲的伙伴关系，改善妇女参与经济生活的条件。一项由世界银行创建的，旨在增加对发展中国家的女企业家进行资助的基金获得了更多的资金承诺。不过与会国们究竟在多大程度上严肃地对待这些承诺，肯定还有待观察。

考虑到此次峰会所面临的挑战之大，它所实现的成果虽不多，却也还是远远超乎悲观主义者的预期。之所以能取得这些积极成果，主要靠的是西方民主世界中自由派的三大主力共同努力——德国总理安格拉·默克尔、法国总统埃马纽埃尔·马克龙和加拿大总理贾斯汀·特鲁多。在汉堡，这三个人组成的集团构成了进步势力的核心。如果说 2017 年 G20 峰会上有什么新东西超出了那份闭幕宣言四平八
442 稳的措辞，那应该就是这个新的跨大西洋核心小组的互相合作给人们带来的希望。

汉堡的会晤，决不意味着欧洲和世界已经走出了那段数年来被危机所震撼的过渡时代。俄罗斯于 2014 年以违反国际法的方式吞并克里米亚，宣告持续了 25 年的后冷战时代结束了。2015 年，欧洲（特别是德国）经历了移民危机的一个暂时性的高潮。2016 年发生的事还有：英国的脱欧公投、土耳其的政变和反向政变、唐纳德·特朗普在美国被选为总统。而在 2017 年的上半年，又出现了两件标志着自由派胜利、民粹主义者失败的事件：荷兰和法国的选举。2017 年的 G20 峰会在历史上将扮演怎样的角色，在事情刚刚发生之时还无人能够预言。尽管如此，在这次会议上，有意识地捍卫西方价值的人们为了共同的目标而团结在一起，而且来自欧洲联盟的与会国也确实在用一个声音说话，这对所有认识到民族主义复兴之危险的人来说都算是一个令人鼓舞的迹象。[12]

注 释

第 1 章 欧洲的价值抑或西方的价值?

1. Gerald Stourzh, Statt eines Vorworts: Europa, aber wo liegt es?, in: ders. (Hg.), *Annäherung an eine europäische Geschichtsschreibung,* Wien 2002, S. XI.
2. Eugen Rosenstock-Huessy, Die europäischen Revolutionen und der Charakter der Nationen, *Stuttgart* 1963 (Jena 1931), S. 131 ff.
3. Otto Hintze, Weltgeschichtliche Bedingungen der Repräsentativverfassung (1931), in: ders., Staat und Verfassung. *Gesammelte Abhandlungen zur allgemeinen Verfassungsgeschichte* (Gesammelte Abhandlungen, Bd. 1), Göttingen 1970, S. 140-185 (169).
4. Matthäus 22, 15-22; Markus 12, 13-17; ferner Lukas 20, 22-26.
5. Heinrich August Winkler, *Geschichte des Westens*, Bd. 1: Von den Anfängen in der Antike bis zum 20. Jahrhundert, München 2016, S. 34 f.
6. Montesquieu, Vom Geist der Gesetze, 2 Bde., übersetzt u. hg. v. Ernst Forsthoff, Tübingen 1992^{2}.
7. Ernst Fraenkel, Das amerikanische Regierungssystem. Eine politologische Analyse. Quellenbuch, Köln 1962^{2}, S. 26 f.
8. Ebd., S. 28-31.
9. Europäische Geschichte. Quellen und Materialien, hg. v. Hagen Schulze u. Ina Ulrike Paul, München 1994, S. 533 f.
10. *Die Allgemeine Erklärung der Menschenrechte*. http://www.ohchr.org/EN/UDHR/Documents/UDHR_Translations/ger.pdf.

第 2 章 超越民族国家抑或成为诸民族之上的拱顶石?

1. Oskar Lafontaine, *Die Gesellschaft der Zukunft. Reformpolitik in einer veränderten Welt*, Hamburg 1988, S. 188 f.
2. Ernst Dassmann, Ambrosius, in: *Teologische Realenzyklopädie*, Bd. 2, New York

1978, S. 362-385.
3. Karl Dietrich Bracher, *Die deutsche Diktatur. Entstehung, Struktur, Folgen des Nationalsozialismus*, Köln 1979[6], S. 544（第五版后记）。
4. Ders., Politik und Zeitgeist. Tendenzen der siebziger Jahre, in: ders. u. a., *Republik im Wandel 1969-1974. Die Ära Brandt (= Geschichte der Bundesrepublik Deutschland*, Bd. V/1), Stuttgart 1986, S. 285-406 (405 f.).
5. Jürgen Habermas, Die postnationale Konstellation und die Zukunft der Demokratie, in: ders., *Die postnationale Konstellation. Politische Essays*, Frankfurt 1998, S. 91-169.
6. “后经典形态民族国家”（postklassischer Nationalstaat）这个概念最早出现在 Heinrich August Winkler, *Weimar 1918-1933. Die Geschichte der ersten deutschen Demokratie*, München 2005[4], S. 12。
7. 上面这段哈尔斯坦的话出自 Ulrike Guérot und Robert Menasse, Es lebe die europäische Republik, in: *Frankfurter Allgemeine Sonntagszeitung*, 24. 3. 2013; 第二段引文出自 Robert Menasse, *Heimat ist die schönste Utopie. Reden (wir) über Europa*, Berlin 2014, S. 144; 第三段出自 ders., *Kurze Geschichte der europäischen Zukunft. Oder warum wir erringen müssen, was wir geerbt: Das Europa der Regionen*, in: www.eurozine. com/articles/2015-07-17-menasse-de.html。
8. Walter Hallstein, Vor dem Europäischen Parlament. Konstituierende Sitzung, 19. 3. 1958, in: ders., *Europäische Reden*. Hg. v. Tomas Oppermann, Stuttgart 1979, S. 48-52 (49); ders., *Die Einheit der europäischen Aktion, VII: Europäischer Gemeindetag*, Rom 15. 10. 1964, ebd., S. 485-498 (488-496).
9. Ders., *Der unvollendete Bundesstaat. Europäische Erfahrungen und Erkenntnisse, Düsseldorf*, 1969.
10. Zit. bei Heinrich August Winkler, *Geschichte des Westens,* Bd. 3: Vom Kalten Krieg zum Mauerfall, München 2015[2], S. 363.
11. Zit. bei Heinrich August Winkler, *Geschichte des Westens*, Bd. 3, 565.
12. Alan Milward, *The European Rescue of the Nation-State*, Berkeley 1992 (446 f.).
13. Andreas Rödder, *21.0: Eine kurze Geschichte der Gegenwart*, München 2015, S. 212.
14. Hermann Heimpel, Entwurf einer deutschen Geschichte, in: ders., *Der Mensch in seiner Gegenwart. Acht historische Essays,* Göttingen 1957[2], S. 162-195 (175).
15. 同上，原文第 17 页。
16. Menasse, *Heimat,* S. 80.

第 3 章　一个延伸到幼发拉底河的欧洲吗？

1. Walter Hallstein, Assoziation der Türkei, in: ders., *Europäische Reden.* Hg. v. Tomas Oppermann, Stuttgart 1974, S. 438-440 (440).

2. http:/eur-lex.europa.eu/legal-content/DETXT/?uri=CELEX:21964A1229(01).
3. Heinrich August Winkler, *Geschichte des Westens,* Bd. 4 (fortan: Geschichte IV): Die Zeit der Gegenwart, München 2016[3], S. 34 f.
4. Ders., Grenzen der Erweiterung: Plädoyer für eine privilegierte Mitgliedschaft mit der Türkei, in: ders., *Zerreißproben. Deutschland, Europa und der Westen. Interventionen 1990 bis 2015,* München 2015, S. 130-134（最初以编辑的标题 "Wir erweitern uns zu Tode" 发表于 *Die Zeit,* Nr. 46, 7. 11. 2002）。
5. Gerhard Schröder, *Entscheidungen. Mein Leben in der Politik,* Hamburg 2006, S. 356.
6. Zum Vorstehenden: Winkler, *Geschichte IV*（注释 3）, S. 285 ff., 496 f.; Claus Leggewie (Hg.), *Die Türkei und Europa. Die Positionen,* Frankfurt 2004。

第 4 章 缺少政治联盟的货币联盟？

1. Jacques Attali, *Verbatim.* Bd. 3: Chronique des années 1988-1991, Paris 1995, S. 74.
2. Hans-Dietrich Genscher, *Erinnerungen*, Berlin 1995, S. 677 ff.; Hans-Peter Schwarz, *Helmut Kohl. Eine politische Biographie,* München 2012, S. 559 f.; David Marsh, *Der Euro. Die geheime Geschichte der neuen Weltwährung*（英文原版出版于 New Haven 2009）, Hamburg 2009, S. 195 ff。
3. Andreas Rödder, *21.0. Eine kurze Geschichte der Gegenwart*, München 2015, S. 287 ff.
4. 同上，原文第 281 页。
5. Deutscher Bundestag. *Stenographischer Bericht,* 12. Wahlperiode, 53. Sitzung, 6. 11. 1991, S. 4367.
6. Heinrich August Winkler, *Geschichte des Westens,* Bd. 4 (fortan: Geschichte IV): Die Zeit der Gegenwart, München 2016[3], S. 20 ff.
7. Barry Eichengreen, *Should the Maastricht Treaty Be Saved? Princeton Studies in International Finance,* Nr. 74, Princeton 1992.
8. «Alle Eier in einem Korb». Lord Ralf Dahrendorf über die Gefahren der Währungsunion und die Krise Europas (Interview), in: *Der Spiegel*, Nr. 50, 11. 12. 1995.
9. Der Euro kommt zu früh. Wirtschaftswissenschaftler nehmen Stellung zur geplanten Europäischen Währungsunion, in: *Frankfurter Allgemeine Zeitung,* 9. 2. 1998.
10. «Was wir tun, ist abwegig» (Interview mit Kurt Biedenkopf), in: *Der Spiegel,* Nr. 31, 28. 7. 1997.
11. Winkler, *Geschichte IV*（注释 6）, S. 155。
12. Schwarz, *Helmut Kohl*（注释 2）, S. 802。

13. Winkler, *Geschichte IV*（注释 6）, S. 157。
14. Yves Clarisse, *La Grèce et l'Union européenne, un mariage de déraison.* Reuters, 12. 10. 2011.
15. Wilfried Nippel, *Antike oder moderne Freiheit? Die Begründung der Demokratie in Athen und in der Neuzeit,* Frankfurt 2008, bes. S. 11 ff.
16. Winkler, *Geschichte IV*（注释 6）, S. 240 ff., 377 ff., 400 ff. (Zitat Draghi: 421)。关于欧洲央行的政策的诸问题，参见 Hans-Werner Sinn, *Der schwarze Juni. Brexit, Flüchtlingswelle, Euro-Desaster-Wie die Neugründung Europas gelingt*, Freiburg 2016, S. 203 ff。
17. Deutscher Bundestag. *Stenographischer Bericht,* 17. Wahlperiode, 148. Sitzung 14. 12. 2001, S. 17685.
18. Rödder, 21.0（注释 3）, S. 336。
19. Hans-Werner Sinn, *Der Euro. Von der Friedensidee zum Zankapfel,* München 2015, S. 453.
20. Europa nur wenn möglich, in: *Frankfurter Allgemeine Zeitung,* 2. 7. 2013.
21. 德国凤凰电视台（Phoenix）和德国广播电台（Deutschlandfunk）对总理的采访，见 Presse-und Informationsamt der Bundesregierung. Medienmonitoring Presse/TV/Hörfunk, 13. 8. 2013。

第 5 章 谁代表欧洲讲话?

1. Vanessa Gera, *Kissinger calling Europe quote not likely his,* in: https://www.usnews.com/news/world/articles/2012/06/27/kissinger-says-calling-europequote-not-likely-his, 27. 6. 2012.
2. Heinrich August Winkler, *Geschichte des Westens.* Bd. 4: Die Zeit der Gegenwart, München 2016^3, S. 538 ff.
3. Juncker sucht Konflikt mit Schäuble, in: *Frankfurter Allgemeine Zeitung,* 16. 12. 2015.
4. Guy Verhofstadt, Für Europa! Ein Manifest, in: Daniel Cohn-Bendit/Guy Verhofstadt, *Für Europa*（荷兰文原版出版于 Antwerpen 2012）, München 2012, S. 7-68 (52, 57)。
5. Karl Marx, Der achtzehnte Brumaire des Louis Bonaparte (1852), in: Karl Marx/Friedrich Engels, *Werke*, Berlin 1959 ff., Bd. 8, S. 11-207 (204).
6. Dieter Grimm, Europa ja-aber welches?, in: ders., *Europa ja-aber welches? Zur Verfassung der europäischen Demokratie,* München 2016, S. 9-28. (10, 13, 18 f.). J. H. H. Weiler 早在格林之前就谈过欧盟条约的宪法化问题，见 The Transformation of Europe, in: *The Yale Law Review 100* (1991), No. 8: Symposium international Law (June), S. 2403-2483。关于欧洲法院 1963 年和 1964 年的判决的意义，还可参见 Luuk van Middelaar, *Vom Kontinent zur Union. Gegenwart*

und Geschichte des vereinten Europa（荷兰文原版出版于 Groningen 2009），Berlin 2016, S. 98 f。

7. 我也修正了我自己曾经的乐观预期，当时我曾认为财政危机和债务危机可能会使欧盟向联邦的方向发生质的跃进，参见 Heinrich August Winkler, Vom Staatenverbund zur Föderation, in: *Frankfurter Allgemeine Zeitung*, 13. 06. 2013。关于此问题亦可参见 Peter Graf Kielmansegg, *Wohin des Wegs, Europa? Beiträge zu einer überfälligen Debatte*, Baden-Baden 2015。

第 6 章 欧洲 vs 美国?

1. Alexis de Tocqueville, *De la Démocratie en Amérique*, 2 Bde., Paris 1990, Bd. 1, S. 35 (Bd. 1 von 1835, Kap. 2). 德文译本：*Über die Demokratie in Amerika*, 2 Bde., Zürich 1987。
2. Reinhold Niebuhr, *The Irony of American History*, New York 1952, S. 22-24.
3. Perry Miller and Tomas H. Johnson (eds.), *The Puritans*. Überarb. Ausgabe, Bd. 1, New York 1963[2], S. 63-70. 此引文出自 *Matthäus* 5, 14（《马太福音 5:14》）。
4. Ernest Lee Tuveson, *Redeemer Nation. The Idea of America's Millennial Role*, Chicago 1968.
5. Heinrich August Winkler, *Geschichte des Westens*; Bd. 1: Von den Anfängen in der Antike bis zum 20. Jahrhundert (fortan: Geschichte I), München 2016[5], S. 964 ff.
6. Ders., *Geschichte des Westens*, Bd. 2: Die Zeit der Weltkriege (fortan: Geschichte II), München 2016[3], S. 53 f.
7. Ders., *Geschichte des Westens*, Bd. 4: Die Zeit der Gegenwart (fortan: Geschichte IV), München 2016[3], S. 205 ff.
8. Tocqueville, *Démocratie* (Anm. 1), Bd. 1, S. 33 (Bd. 1 von 1835, Kap. 2).
9. Ebd., Bd. 2, S. 248 (Bd. 4 von 1840, Kap. 4).
10. Louis Hartz, *The Liberal Tradition in America. An Interpretation of American Political Thought since the Revolution*, New York 1955, S. 3 ff. (6; Hervorhebung im Original).
11. Werner Sombart, *Warum gibt es in den Vereinigten Staaten keinen Sozialismus?*, Tübingen 1906.
12. Hans Rothfels, *Bismarck und der Staat. Ausgewählte Dokumente*, Stuttgart, 1953[2], S. 319 f. [Rede im preußischen Abgeordnetenhaus, 15. 2. 1865（1865 年 2 月 15 日在普鲁士议会的演讲）。]
13. Winkler, *Geschichte II* (Anm. 6), S. 643 ff.
14. Ders., *Geschichte IV* (Anm. 7), S. 361 f., 374.
15. Max Weber, *Wirtschaft und Gesellschaft. Grundriß der verstehenden Soziologie*. Studienausgabe, hg. v. Johannes Winckelmann, 1. Halbbd., Köln 1956, S. 39.
16. 以下这篇论文对此有一个总结：Jessica C. E. Gienow-Hecht, Always Blame the

Americans: Anti-Americanism in Europe in the Twentieth Century, in: *American Historical Review* 111 (2006), S. 1067-1091。

17. Winkler, *Geschichte IV* (Anm. 7), S. 219.
18. Ebd., S. 221.
19. Ebd., S. 214 ff.
20. Robert Kagan, *Macht und Ohnmacht. Amerika und Europa in der neuen Weltordnung* (amerik. Orig.: New York 2003), Berlin 2003, S. 68, 89, 98, 101, 114, 121.
21. Ders., Power and Weakness, in: *Policy Review* 113 (2002), S. 3-28.
22. Winkler, *Geschichte IV* (Anm. 7), S. 28 f. 更详细的讨论，见本书第 100 页。
23. Mary Nolan, *The Transatlantic Century. Europe and America 1890-2010*, Cambridge, 2012, bes. S. 7 ff., 356 ff.
24. Winkler, *Geschichte IV* (Anm. 7), S. 366 f.
25. Charles Krauthammer, The Unipolar Moment, in: *Foreign Affairs* 70 (1990/91), Nr. 1, S. 23-33.
26. Richard N. Haass, Die Doktrin der Restauration. Wie Amerika seine Führungsmacht im 21. Jahrhundert sichern kann, in: *Internationale Politik* 67 (2012), Nr. 1, S. 70-77 (70 f.).
27. 对 2016 年美国总统竞选大战更详细的讨论，见本书原文第 239 页。

第 7 章　德意志问题又来了？

1. 关于此问题和后面的问题可参考：Heinrich August Winkler, Von der deutschen zur europäischen Frage. Gedanken zu einem Jahrhundertproblem, in: *Vierteljahrshefte für Zeitgeschichte* 63 (2015), S. 473-486。
2. Jürgen Habermas, Eine Art Schadensabwicklung, in: «Historikerstreit». *Die Dokumentation der Kontroverse um die Einzigartigkeit der nationalsozialistischen Judenvernichtung*, München 1987, S. 62-76 (75).
3. 引文源自 Walter Bußmann (Hg.), *Bismarck im Urteil der Zeitgenossen und der Nachwelt*, Stuttgart 1956^2, S. 28。
4. *Texte zur Deutschlandpolitik*, Reihe III, Bd. 8b, Bonn 1991, S. 717-731.
5. Karl Kaiser, *Deutschlands Weigerung. Die internationalen Aspekte. Mit den wichtigsten Dokumenten. Bearb. v. Klaus Becker*, Bergisch Gladbach 1991, S. 368-375.
6. Karl Kaiser, *Deutschlands Weigerung. Die internationalen Aspekte. Mit den wichtigsten Dokumenten. Bearb. v. Klaus Becker*, Bergisch Gladbach 1991，原文第 45 页。
7. Die deutsche Frage ist wieder offen, in: *Frankfurter Allgemeine Zeitung*, 26. 2. 2000.
8. Stephen F. Szabo, *Parting Ways. The Crisis in German-American Relations*,

Washington D. C. 2004, S. 149 ff.

9. George Soros, Remarks delivered at the Festival of Economics, in: http://www.georgesoros.com./essays/remarks_at_the_festival_of_economics_trento_italy/, 2. 6. 2012.

10. Timothy Garton Ash, The new German Question, in: *The New York Review of Books*, 15. 8. 2013; Brendan Simms, *Kampf um die Vorherrschaft. Eine deutsche Geschichte*（英文原版出版于 London 2013）, München 2014, S. 20（书的前言讨论了德意志问题）。

11. 同上，原文第 53 页。

12. Heinrich August Winkler, *Geschichte des Westens*. Bd. 4: Die Zeit der Gegenwart, München 2016[3], S. 448 ff. Zu Kinkels Formel: ebd. S. 28 f.

13. Polen und die Zukunft der Europäischen Union, in: *Die Welt*, 29. 11. 2011.

14. Zanny Minton Beddoes, Europe's Reluctant Hegemon, in: *The Economist*, 15. 6. 2013; William E. Paterson, The Reluctant Hegemon? Germany Moves Centre Stage in the European Union, in: *Journal of Common Market Studies* 49 (2011). Annual Review, S. 57-75.

15. Herfried Münkler, *Macht in der Mitte. Die neuen Aufgaben Deutschlands in Europa*, Hamburg 2015, S. 174 ff.

16. Ludwig Dehio, Deutschland und die Epoche der Weltkriege, in: ders., *Deutschland und die Weltpolitik im 20. Jahrhundert*, München 1955, S. 9-36 (15).

17. Hans Kundnani, *The Paradox of German Power*, London 2014, S. 8, 14 f., 107, 德语译本的名称是: *Ausgabe: German Power. Das Paradox der deutschen Stärke*, München 2016; Dominik Geppert, *Ein Europa, das es nicht gibt. Die fatale Sprengkraft des Euro*, Berlin 2013, S. 122 ff. (123)。"地缘经济学"这个概念第一次出现是在 Edward Luttwak, From Geopolitics to Geo-Economics, in: *The National Interest*, Summer 1990, S. 17-24。

18. Kundnani, Paradox（注释 17）, S. 100 ff。

第 8 章 作为避难所的欧洲?

1. *Der Parlamentarische Rat 1948-1949. Akten und Protokolle. Bd.* 5/1.: Ausschuß für Grundsatzfragen, bearb. v. Eberhard Pikart u. Wolfram Werner, Boppard 1993, S. 841 f.

2. Bundesrat. Drucksache 175/90, 1. 3. 1990: Gesetzesantrag des Freistaates Bayern.

3. Asylrecht: «Oskar quält sich», in: *Der Spiegel,* Nr. 32, 6. 8. 1990; Letztes Paradies, ebd., Nr. 34, 20. 8. 1990. 关于 1990 年之后围绕着庇护权的辩论，可参见 Ulrich Herbert, *Geschichte der Ausländerpolitik in Deutschland. Saisonarbeiter, Zwangsarbeiter, Gastarbeiter, Flüchtlinge,* München 2001, S. 286 ff。

4. Heinrich August Winkler, *Geschichte des Westens,* Bd. 4: Die Zeit der Gegenwart

(fortan: Geschichte IV), München 2016[3], S. 254.

5. Die Sommerpressekonferenz von Bundeskanzlerin Merkel: 31. 8. 2015, https: www.bundesregierung.de/Content/DE/Mitschrift/Pressekonferenzen/2015/08/2015-08-31-ok-merkel.html.

6. Karl Kopp, Flüchtlinge-griechisches Problem und europäische Herausforderung, in: Ulf Dieter Klemm/Wolfgang Schultheiß (Hg.), *Die Krise in Griechenland. Ursprünge, Verlauf, Folgen,* Bonn 2015, S. 269-282; Laurence Norman, EU-Kommission Critical of Hungary's Anti-Migrant-Fence, in: *Wall Street Journal,* 18. 6. 2015. https://www.wsj.com/articles/eu-commissioncritical-of-hungarys-anti-migrant-fence-14 34629337; *Parlamentary questions. European Parliament.* E-012956/15/E-013094/15. 22. 12. 2015 (Antwort des Flüchtlingskommissars Dimitris Avramopoulos). http://www.europarl.europa. eu/sides/getAllAnswers.do?reference=E-2015-012956&language=EN. 关于匈牙利的国内政局的发展过程，见原文 148 页前后。

7. Stefan Aust u. a., Herbst der Kanzlerin, Geschichte eines Staatsversagens, in: *Die Welt,* 9. 11. 2015; Georg Blume u. a., 4.-6. September 2015: Was geschah an diesem Wochenende wirklich?, in: *Die Zeit*, Nr. 35, 18. 8. 2016; Merkel und die Flüchtlinge. Weiß sie, was sie tut?, ebd., Nr. 38, 16. 9. 2015; Stephan Löwenstein und Eckart Lohse, Überrollt, in: *Frankfurter Allgemeine Zeitung,* 3. 9. 2016; Rudolph Jula, Der vierte September, in: *Cicero,* Heft 9 (September), 2016, S. 18-26. 关于对德国难民政策批评的概述，参见 Robin Alexander, *Die Getriebenen. Merkel und die Flüchtlingspolitik: Report aus dem Innern der Macht,* München 2017, S. 11 ff.; Hans-Peter Schwarz, *Die neue Völkerwanderung nach Europa. Über den Verlust politischer Kontrolle und moralischer Gewissheiten,* München 2017, bes. S. 127 ff.; Alexander Betts und Paul Collier, *Gestrandet. Warum unsere Flüchtlingspolitik allen schadet-und was jetzt zu tun ist* (engl. Orig.: London 2017), München 2017, S. 94 ff。

8. Deutscher Bundestag, *Stenographischer Bericht, 18. Wahlperiode,* 130. Sitzung, 15. 10. 2015, S. 12556-12558. 关于默克尔对难民问题的立场，特别可参看她在德国电视一台（ARD）的访谈节目“安娜·威尔”（Anne Will）中的发言，2015 年 10 月 8 日。

9. Deutscher Bundestag, *Stenographischer Bericht, 18. Wahlperiode,* 120. Sitzung, 9. 9. 2015, S. 11614.

10. Deutscher Bundestag, *Stenographischer Bericht,* 101.

11. «2015 hat Deutschland ein neues Gesicht gezeigt». Bischof Markus Dröge über die Flüchtlingskrise, in: *Der Tagesspiegel*, 24. 12. 2015.

12. Norbert Blüm, Ich will euch Nachricht geben, in: *Die Zeit*, Nr. 14, 23. 3. 2016.

13. Max Weber, Politik als Beruf (Oktober 1919), in: ders., *Gesammelte Politische Schriften*. Neu hg. v. Johannes Winckelmann, Tübingen 1958[2], S. 493-548 (539 f.).

14. René Cuperus, Helles Land, dunkles Land, in: *Süddeutsche Zeitung,* 5. 2. 2016.

15. Herfried Münkler, Europa wird flexibler werden oder untergehen (Interview), in: *Tages Anzeiger* (Zürich), 29. 12. 2015; ders., Wie ahnungslos kluge Leute doch sein können, in: *Die Zeit*, Nr. 7, 11. 2. 2016; ders., Weiß er, was er will? Ebd., Nr. 12, 10. 3. 2016. 更详细的讨论参见 ders. und Marina Münkler, *Die neuen Deutschen. Das Land vor seiner Zukunft,* Berlin 2016。
16. «Do not come to Europe». Donald Tusk warns economic migrants. https://www.theguardian.com/world/2016/mar/03/Donald-tusk-economics.
17. Pressekonferenz mit dem kroatischen Ministerpräsidenten Tihomir Oreś-ković, Berlin, 1. 3. 2016. https://www.bundeskanzlerin.de/Content/DE/Mitschrift/Pressekonferenzen/2016/03/2016-03-01-pk merkel-oreskovic.html.
18. Erklärung der Staats-und Regierungschefs der Europäischen Union, 8. 3. 2016. http://www.consilium.europa.eu/de/press/press-releases/2016/03/07-euturkey-meeting-statement/.
19. Pressekonferenzen von Bundeskanzlerin Merkel zum Treffen der EU-Staatsund Regierungschefs mit der Türkei und anschließenden Sondertreffen der Mitglieder des Europäischen Rates. https://www.bundesregierung.de/Content/DE/Mitschrift/pressekonferenzen/2016/03/2016-03-08-merkel-bruessel.html.
20. Reinhard Müller, Erdoğans Blut, in: *Frankfurter Allgemeine Zeitung,* 7. 6. 2016.
21. Marco Keilbarth, Ein Land ohne Staat. In Libyen drohen ein Bürgerkrieg und der Rückfall in vorkoloniale Zeiten, in: *Internationale Politik* 71 (2016), Nr. 4 (Juli/August), S. 28-33; Ulrich Schmid, Konflikt in Libyen. Der umworbene Herr Haftar, in: *Neue Zürcher Zeitung,* Internetausgabe, 11. 7. 2016. https:/www.nzz.ch/international/nahost-und-afrika/konflikt-in-libyen-derumworbene-herr-h aftar-ld.104962; ders., Khalifa Haftars einflussreiche Rolle in Libyen. Die Rückkehr eines Warlords, ebd., 19. 9. 2016. https:/www.nzz. ch/international/nahost-und-afrika/portraet-des-warlord-haftar-in-libyenwird-der-bock-zum-gaertner-ld.117409.
22. Hans Kundnani, *German Power. Das Paradox der deutschen Stärke* (engl. Orig.: Oxford 2015), München 2016, S. 181.

第 9 章 多重性的联合?

1. Hans Kundnani, *German Power. Das Paradox der deutschen Stärke,* 15ff.
2. Gerhard Brunn, *Die Europäische Einigung von 1945 bis heute,* Stuttgart 2009[3], S. 144 ff.; Winfried Loth, *Europas Einigung. Eine unvollendete Geschichte,* Frankfurt 2014, S. 134 ff.; Kiran Klaus Patel, *Europäisierung wider Willen. Die Bundesrepublik Deutschland in der Agrarintegration der EWG 1955-1973,* München 2009, S. 289 ff.
3. Gerhard Brunn, *Die Europäische Einigung von 1945 bis heute,* Stuttgart 2009[3],

S. 144 ff.; Winfried Loth, *Europas Einigung. Eine unvollendete Geschichte,* Frankfurt 2014, S. 134 ff.; Kiran Klaus Patel, *Europäisierung wider Willen. Die Bundesrepublik Deutschland in der Agrarintegration der EWG 1955-1973,* München 2009, 原文 159 页前后。

4. Gerhard Brunn, *Die Europäische Einigung von 1945 bis heute,* Stuttgart 2009[3], S. 144 ff.; Winfried Loth, *Europas Einigung. Eine unvollendete Geschichte,* Frankfurt 2014, S. 134 ff.; Kiran Klaus Patel, *Europäisierung wider Willen. Die Bundesrepublik Deutschland in der Agrarintegration der EWG 1955-1973,* München 2009, 原文 17 页前后。
5. Heinrich August Winkler, *Geschichte des Westens,* Bd. 4: Die Zeit der Gegenwart (fortan: Geschichte IV), München 20163, S. 423 ff. (zu Orbáns Rede vom 26. 7. 2014: 425).
6. Kai-Olaf Lang, *Ungarn: Demokratischer Staatsumbau oder Autokratie? Innere Merkmale und außenpolitische Folgen des Systems Orbán,* SWP-Aktuell 6, Januar 2015, S. 1-8（引文在原文第 3 页）。
7. Vera Trappmann, Polnische Zerreißproben. Rechtsstaatlichkeit, Demokratie und Protest, in: *Mittelweg 36. Zeitschrift des Hamburger Instituts für Sozialforschung 25* (2016), Heft 3 (Juni/Juli), S. 59-81; Reinhold Vetter, *Nationalismus im Osten Europas. Was Kaczyński und Orbán mit Le Pen und Wilders verbindet,* Berlin 2017; ders., Brüder im Geiste. Was Kaczy ń ski und Orbán verbindet und wie die EU damit umgehen sollte, in: *Internationale Politik* 71 (2016), Heft 2 (März/April), S. 25-33; ders., Gezeitenwechsel. Polens Rechte erobern die ganze Macht, in: *Osteuropa 66* (2016), Heft 1-2, S. 19-36; KaiOlaf Lang, *Zwischen Rückbesinnung und Erneuerung. Polens PiS und Ungarns Fidesz im Vergleich,* ebd., S. 61-78; Adam Krzeminski, Lingua tertii reipublicae. Sprache und Weltbild der PiS, ebd., S. 119-130; Polen: EuroparatsKommissar sieht Rechtsstaat in Gefahr, Euronews, http://de.euronews. com/2016/06/16/polen-europarats-kommissar-sieht-rechtsstaat-in-gefahr; Brüssel: Rechtsstaat in Polen gefährdet, in: *Süddeutsche Zeitung,* 28. 7. 2016; Warschau geht auf Kritiker zu, in: *Frankfurter Allgemeine Zeitung,* 8. 7. 2016. 关于波兰宪法冲突的进一步发展，见本书原文第 277 页。
8. 关于克罗地亚国内政治的进一步发展，见本书原文第 269 页前后。
9. 关于这个概念的历史，参见：Achim Landwehr, Von der «Gleichzeitigkeit des Ungleichzeitigen», in: *Historische Zeitschrift 259* (2012), S. 1-34。
10. Jacques Rupnik, Das andere Europa. Die Flüchtlingskrise und der neue Identitätsdiskurs, in: *Lettre international,* Winter 2015, S. 26-28 (28).
11. 同上，原文第 23 页。
12. 作为概述，参见 Philipp Ter, *Die neue Ordnung auf dem alten Kontinent. Eine Geschichte des neoliberalen Europa,* Berlin 2014; Vetter, Nationalismus（见注释 7）。

13. Winkler, *Geschichte IV*（见注释 5）, S. 387 f。
14. Ders., *Geschichte des Westens,* Bd. 3: Vom Kalten Krieg zum Mauerfall, München 2015[2], S. 77 f.
15. 同上，原文第 27 页。
16. 同上，原文第 59 页。
17. Jochen Buchsteiner, Zwischen beiden Welten, in: *Frankfurter Allgemeine Zeitung,* 22. 2. 2016.
18. Barack Obama: Brexit would put UK ‹back of the queue› for trade talks, in: https://www.theguardian.com/politics/2016/apr/22/barack-obama-brexituk-back-of-queue-for-trad e-talks; To Brexit or not to Brexit: A Taxing Decision, in: http: http://www.oecd.org/fr/economie/to-brexit-or-not-to-brexita-taxing-decision.htm; Brexit would pose ‹serious risk› to global growth, say G7 leaders, in: https://www.theguardian.com/politics/2016/may/27/brexitwould-pose-a serious-risk-to-global-growth-say-g7-leaders; EU-Ratspräsident Donald Tusk über die Brexit-Gefahr/«Unsere Feinde würden Champagner trinken», in: www.bild.de/politik-ausland-donald-tusk-unsere-feinde-werdenchampagner-trinken-46262 200.bild.html; Boris Johnson's Brexit Victory Speech: Full Transcript, in: Europe.newsweek.com.24. 6. 2016; Adam Soboczynski, Der neue Bonapartismus, in: *Die Zeit*, Nr. 14. 7. 2016 (zum bonapartistischen Charakter des britischen Referendums); Teresa May soll am Mittwoch britische Premierministerin werden, in: *Frankfurter Allgemeine Zeitung*, 12. 7. 2016; Teresa May soll am Mittwoch britische Premierministerin werden, in: *Frankfurter Allgemeine Zeitung*, 12. 7. 2016; https://www. gov.uk/government/speeches/statement-from-the-new-prime-minister-theresa-may.

第 10 章 英国脱欧将带来什么?

1. Dieter Grimm, Auf der Suche nach Akzeptanz. Über Legitimationsressourcen der Europäischen Union, in: ders., *Europa ja-aber welches? Zur Verfassung der europäischen Demokratie,* München 2016, S. 29-47 (31).
2. *Europa neu gründen.* Von Sigmar Gabriel und Martin Schulz (24. 06. 2016), https://www.spd.de/fileadmin/Dokumente/Sonstiges_Papiere_et_al_/PK_Europa_Paper.pdf.
3. Die immer engere Union, in: *Süddeutsche Zeitung,* 13. 6. 2016 (zu Verhofstadts Vorschlägen); Ulrike Guérot, *Warum Europa eine Republik werden muss! Eine politische Utopie,* Bonn 2016; Robert Menasse, *Der Europäische Landbote. Die Wut der Bürger und der Friede Europas oder warum die geschenkte Demokratie einer erkämpften weichen muss,* Wien 2012, S. 18 ff., 98.
4. Die Spieler treten ab. Kerneuropa als Rettung: Ein Gespräch mit Jürgen Habermas

über den Brexit und die Eurokrise, in: *Die Zeit,* Nr. 29, 7. 7. 2016.
5. 关于 2016 年 7 月 15 日的军事政变，参见本书原文第 192 页前后。
6. Walter Lipgens, *Die Anfänge der europäischen Einigungspolitik 1945-1950. 1. Teil: 1945-1947,* Stuttgart 1977, S. 111 ff.
7. Jörg Bremer, Matteo Renzi und der Gefangene von Ventotene, in: *Frankfurter Allgemeine Zeitung,* 28. 8. 2016.
8. Italien bastelt an Staatshilfe für Banken, ebd., 6. 7. 2016.
9. Frankreich gibt sein Sparziel auf, ebd., 7. 7. 2016.
10. Die EU vertraut dem griechischen Chefstatistiker, ebd., 25. 8. 2016.
11. Renzi wechselt an die Seite von Tsipras, ebd., 12. 9. 2016; Pour Alexis Tsipras, «L'Europe est menacée de décomposition», in: *Le Monde,* 8. 9. 2016. http://www.lemonde.fr/europe/article/2016/09/08/pour-alexis-tsipras-l-europe-estmenacee-de decomposition_4994342_3214.html; Hans-Jürgen Schlamp, Die neue Macht des «Club Med», in: *Spiegel online,* 12. 9. 2016.
12. «Deutschland wird Deutschland bleiben», in: *Süddeutsche Zeitung,* 31. 8. 2016.
13. «Werden auf digitalen Binnenmarkt drängen», https://www.bundeskanzlerin. de/Content/DE/Reiseberichte/2016-08-31-deutsch-italienische-konsultationen. html.
14. Merkel sieht Rückführung nicht schutzbedürftiger Migranten als vorrangige Angelegenheit. Deutschlandfunk, 5. 9. 2016 (Nachrichten vom 1. 9. 2016).
15. Gabriel fordert Obergrenzen für Integration, in: *Süddeutsche Zeitung,* 28. 8. 2016; «Lage für die Union ist höchst bedrohlich», ebd., 6. 9. 2016; Vier Seiten mit Subtext, ebd., 9. 9. 2016.
16. «Das kann doch nicht Europa sein!», in: *Die Welt,* 13. 9. 2016.
17. Asselborn fordert Ausschluss Ungarns aus der EU, in: *Franfurter Allgemeine Zeitung,* 14. 9. 2016.
18. State of the Union Address 216: Towards a better Europe-a Europe that protects, empower and defends. Strasbourg, 14. September 2016 (Authorized version).
19. European Council. The President. Press EN. The Bratislava Roadmap. Bratislava, 16 september 2016. Remarks by President Donald Tusk after the Bratislava summit. Statement and Remarks. 518/16. 16/09/2016. 关于哥本哈根标准，见本书原文第 34 页。
20. Günter Bannas, Zeitreise statt Leerformel, in: *Frankfurter Allgemeine Zeitung,* 20. 9. 2016; Nico Fried, Wie noch nie, in: *Süddeutsche Zeitung,* 20. 9. 2016; 4.-6. September 2015: Was geschah an diesem Wochenende wirklich?, in: *Die Zeit,* Nr. 35 (18. 8. 2016); Das Märchen eines Sommers, in: *Der Spiegel,* Nr. 33 (13. 8. 2016); Premium: Angela Merkel und Nicola LeibingerKammüller, «Da muss man Flagge zeigen» (Interview), in: *Wirtschaftswoche,* 26.9,2016. 关于默克尔 2015 年夏天的政策见本书原文第 113 页前后。
21. Die Bundesregierung: Merkel beim Westbalkan-Treffen. Illegalität

bekämpfen, Legalität stärken. https://www.bundesregierung.de/Content/DE/Reiseberichte/2016-09-21-wien.html; Cathrin Kahlweit, Definitionen von Solidarität, in: *Süddeutsche Zeitung,* 26. 9. 2016.

22. Jon Henley, Brexit means Brexit ... but the big question is when?, in: *The Guardian,* 22. 8. 2016. https://www.theguardian.com/politics/2016/aug/22/brexit-means-brexit-when-is-big-question.
23. Jean Pisani-Ferry, Norbert Röttgen, André Sapir, Paul Tucker, Guntram B. Wolff, Europe after Brexit: A proposal for a continental Partnership. 25. 8. 2016; Binnenmarkt ohne Freizügigkeit. Einflussreiche Ökonomen schlagen eine ‹kontinentale Partnerschaft› für Großbritannien vor, in: *Frankfurter Allgemeine Zeitung,* 30. 8. 2016.
24. Michael Stabenow, Verteidigung in Zeiten des Brexit, ebd., 28. 9. 2016.
25. Viele britische Firmen erwägen Umzug, in: *Süddeutsche Zeitung,* 27. 9. 2016; City of London fears May government is shifting towards ‹hard› Brexit, in: *Financial Times,* 25. 9. 2016.
26. Christian Zaschke. Teresa May und ihr Lieblingssatz, in: *Süddeutsche Zeitung,* 4. 10. 2016; Jochen Buchsteiner, Die Intelligenz des britischen Volkes, in: *Frankfurter Allgemeine Zeitung*, 4. 10. 2016; Teresa May: Pounding home the Message, in: *Financial Times,* 7. 10. 2016. https://www.ft.com/content/b4a9ae84-8c9a-11e6-8cb7-e7ada1d123b1?mhq5,=e3; Te Guardian view on the Brexit debate: parliament must be heard, in: *The Guardian,* 13. 10. 2016.
27. European Council. Brussels, 21. October 2016. EUCO 31/16: From: General Secretariat of the Council. To: Delegations. European Council meeting (20 and 21 October 2016)-conclusions.
28. Hendrik Kafsack, TTIP war von Anfang an umstrittener als Ceta, in: *Frankfurter Allgemeine Zeitung,* 16. 9. 2016; ders., Europäisches Trauerspiel, ebd., 29. 10. 2016; Nikolaus Piper, Traumpartner Kanada, in: *Süddeutsche Zeitung,* 15./16. 10. 2016; Tomas Kirchner, Widerstand der Abgehängten, ebd., 24. 10. 2016; Daniel Brössler, Weg frei für Handelspakt mit Kanada, ebd., 28. 10. 2016. Junckers Äußerungen in der ARD: tagesschau.de, 30. 10. 2016. https://www.tagesschau.de/multimedia/sendung/ts-16691.html.
29. Jochen Buchsteiner, Der große Graben, in: *Frankfurter Allgemeine Zeitung,* 5. 11. 2016; Gina Tomas, Britische Grenzüberschreitung, ebd., 16. 11. 2016; Stefan Kornelius, Zurück in Mutterns Schoß, in: Süddeutsche Zeitung, 7. 11. 2016.
30. Philip Hammond's autumn statement is a welcome reality check. https://www.theguardian.com/uk-news/2016/nov/23/philip-hammonds-autumnstatement welcome-reality-check-brexit; Brexit: Mindestlohn und Folgen mildern. www.spiegel.de/wirtschaft/soziales/brexit-mindestlohn-soll-folgenmildern-a-1122646.html; Brexit reißt Loch in den Staatshaushalt, in: *Frankfurter Allgemeine Zeitung,*

24. 11. 2016.

31. UK cosying up to Trump over Middle East peace process, say EU ministers, in: The Guardian, 16. 1. 2017; Te observer view on Teresa May's Brexit speech. https://www.theguardian.com/commentisfree/2017/jan/22/who-willfght-theresa-may-brexit-folly; What Teresa May means by Brexit, in: *The Times,* 17. 1. 2017; Jochen Buchsteiner, Britanniens neue Härte, in: *Frankfurter Allgemeine Zeitung,* 18. 1. 2017; ders., Wohlgefallen in Downing Street, ebd., 19. 1. 2017; Christian Zaschke, Freunde bleiben, in: *Süddeutsche Zeitung,* 18. 1. 2017; «Sehr, sehr, sehr schwierig», ebd., Die Rede Mays in: time. com/4636141/theresa-may-brexit-speech-transcript.

32. George Packer, Brexit bill likely to face biggest trials in House of Lords; in: *Financial Times,* 26. 1. 2017; Jochen Buchsteiner, Kein zurück mehr, in: *Frankfurter Allgemeine Zeitung,* 25. 1. 2017; Reinhard Müller, Im Namen des Volkes-aber unabhängig, ebd.; Brexit-Gesetz eingebracht, ebd., 2. 1. 2017.

33. Jochen Buchsteiner, Wem man trauen soll, in: *Frankfurter Allgemeine Zeitung,* 1. 2. 2017; ders., Kurz vor der Klippe, ebd., 18. 2. 2017; ders., Nur ein halber Sieg, ebd., 15. 3. 2017; Brüssel schickt eine Rechnung über 60 Milliarden Euro, ebd., 29. 3. 2017; Marcus Teurer und Hendrik Kafsack, Der Brexitkönnte jeden Briten fast 5000 Euro im Jahr kosten, ebd.; Christian Zaschke, Ping-Pong ums Bleiberecht, in: *Süddeutsche Zeitung,* 28. 2. 2017; Daniel Brössler, Die Uhr tickt, ebd., 8. 3. 2017; ders., Die Lords stellen sich quer, ebd., 9. 3. 2017; Peter Walker, Government has not assessed impact of leaving EU with no deal, in: www.theguardian.com/politics/2017/mar/15/brexitgovernment-assessed-impact-leaving-eu-deal-david-davis; Heather Stewart, Teresa May rejects Nicola Sturgeon's referendum demand, in: www.theguardian.com/politics/2017/mar/16/theresa-may-rejects-nicola-sturgeons-scottishreferendum-demand; Te observer view on triggering article 50, in: https://www.theguardian.com/commentisfree/2017/mar/26/observer-editorial-triggering-of-article-50-jeopardises-60-years-of-unparalleled-peace. Der Brief Mays an Tusk, 29. 3. 2017: https://www.gov.uk/government/publications/primeministers-letter-to-donald-tusk-triggering-article-50.

34. Francis Elliott und Sam Coates, May heads for election landslide, in: *The Times,* 19. 4. 2017; Anushka Asthana and Peter Walker, May: give me my mandate, in: *The Guardian,* 19. 4. 2017; Jon Stone and Joe Watts, MPs vote to approve Teresa May's plans for snap general election, in: *The Independent,* 20. 4. 2017; General election 2017: Corbyn and May clash over ‹trust›. http://www.bbc.com/news/uk-politics-39636466; Alexander Menden, Perfektes Timing, in: *Süddeutsche Zeitung,* 19. 4. 2017; Jochen Buchsteiner, Mays großes Wagnis, ebd.; ders., Frische Luft und gute Aussicht, ebd., 20. 4. 2017; Albert Funk, May Day im Juni, in: *Der Tagesspiegel,* 20. 4. 2017. Mays Erklärung zur Neuwahl: Teresa May on

calling an early election: full statement. http://www.newstatesman.com/politics/elections/2017/04/theresamay-calling-early-election-full-statement.

第 11 章 美国将向何处去？

1. Jeffrey Goldberg, Te Obama Doctrine, in: *The Atlantic 317* (2016), No. 3 (April), S. 70-91.
2. Jeffrey Goldberg, Te Obama Doctrine, 88.
3. Ronald Brownstein and Leah Askarinam, The Tipping Points of the 2016 Election, in: *The Atlantic,* 25. 10. 2016. https://www.theatlantic.com/politics/archive/2016/10/the-tipping-points-of-the-2016-electio n/505238/; Nikolaus Piper, Kurzer Boom mit Langzeitschäden, in: Internationale Politik 72 (2017), Nr. 1 (Januar/Februar), S. 14-19. Zum Werdegang von Donald Trump: David Cay Johnston, *Die Akte Trump* (amerik. Orig.: Brooklyn, New York 2016), Wels bei Salzburg 2016. 关于《跨太平洋贸易与投资伙伴协议》和《全面经济贸易协定》见本书原文第 219 页前后。
4. Richard Hofstadter, *The Age of Reform. From Bryan to F. D.R.,* New York 1955, S. 35 ff. (62); Ronald F. Inglehart and Pippa Norris, *Trump, Brexit and the Rise of Populism: Economic Have-Nots and Cultural Backlash.* Faculty Research Working Paper Series. Harvard Kennedy School. RWP 16-026, August 2016. 关于反新政运动，参见 Heinrich August Winkler, *Geschichte des Westens, Bd. 2: Die Zeit der Weltkriege 1914-1945,* München 20163, S. 650 ff.; 关于乔治·华莱士，参见 ders., *Geschichte des Westens, Bd. 3: Vom Kalten Krieg zum Mauerfall,* München 2016^2, S. 517 f。
5. Michael C. Dorf, Does Trump Express What Republicans Secretly Think? http://www.newsweek.com/does-trump-express-what-republicans-secretlythink-510958; Michael Kazin, Crowd Pleaser, in: *The New York Times,* 27. 3. 16.
6. Amanda Taub, Behind the Gathering Turmoil, a Crisis of White Identity, in: *The New York Times,* 2. 11. 2016; Mark Lilla, The End of Identity Liberalism, in: ebd., 20. 11. 2016; Winand von Petersdorf, Das Paradox von Iowa und Michigan, in: *Frankfurter Allgemeine Zeitung,* 11. 11. 2016; Gunnar Heinsohn, Der weiße Arbeiter wählte Trump, ebd., 19. 11. 2016; Ijoma Mangold, Die liberale Gesellschaft und die irre Suche nach ihren Freunden, in: *Die Zeit,* Nr. 50, 1. 12. 2016. Zu Clintons Äußerung über die «erbärmlichen» Anhänger Trumps: George Friedmann, Die Rache der Erbärmlichen, in: *Cicero*, Heft 12 (Dezember), 2016, S. 19-22.
7. Robert Birnbaum, Das politische Berlin hat es kalt erwischt, in: *Der Tagesspiegel,* 10. 11. 2016（默克尔的话出自此文）; The World Waits and Wonders About Donald Trump, in: *New York Times,* 11. 11. 2016; As Obama Exits World Stage, Angela Merkel May Be the Liberal West's Last Defender, ebd., 12. 11. 2016。
8. Die Zitate von Orbán, Le Pen und Wilders nach Spiegel Online, *Zeit Online,* 9. 11.

2016, von Johnson nach BBC News UK, 9. 11. 2016. Wagenknechts Rede vom 23. 11. 2016 in: *Deutscher Bundestag. Stenographischer Bericht,* 18. Wahlperiode, 202. Sitzung, S. 20159-20165.

9. Michael M. Grynbaum and John Herrman, Breitbart Gains Voice in White House, in: *The New York Times,* 14. 11. 2016; David Nakamura and Greg Miller, Trump, CIA on collision course over Russia's role in U. S. election, in: *The Washington Post,* 10. 12. 2016. https://www.washingtonpost.com/politics/trump-cia-on-collision-course-over-russias-role-in-us-election/2016/12/10/ad01556c-bf01-11e6-91ee 1adddfe36cbe_story.html?utm_term=.6f.c898bbd0b3; Winand von Petersdorff, Trumps Mann fürs Finanzministerium, in: *Frankfurter Allgemeine Zeitung,* 1. 12. 2016; Kerstin Kohlenberg, Die dunkle Seite der Macht, in: *Die Zeit,* Nr. 48, 17. 11. 2016.

10. Julie Hirschfeld Davis and Eric Lipton, Dole was Agent for Taiwan Aides in Trump's Call, in: *The New York Times,* 14. 11. 2016; Petra Kolonka, Was kostet ein China?, in: *Frankfurter Allgemeine Zeitung,* 13. 12. 2016; Peking: Amerika muss bei der Ein-China-Politik bleiben, ebd.

11. Die Interessen des Donald Trump, in: *Frankfurter Allgemeine Zeitung,* 26. 11. 2016; Hubert Welzel, Drei parallele Universen, in: *Süddeutsche Zeitung,* 29. 11. 2016; Donald Trump's New York Times Interview: Full Transcript, 23. 11. 2016. https://www.nytimes.com/2016/11/23/us/politics/trumpnew-york-times-interview-transcript. html.

12. Putins Gespür für Donald Trump, in: *Frankfurter Allgemeine Zeitung,* 24. 12. 2016; Sicherheitsrat fordert Ende des Siedlungsbaus, ebd., 24. 12. 2016; Mexiko sucht Dialog mit Trump, ebd., 6. 1. 2017; Kursverluste bei Toyota nach Trumps Twitter-Meldung, ebd., 7. 1. 2017; Geheimdienste bekräftigen Moskaus Verantwortung für Hackerangriffe, ebd.; Julian Hass, Schlag und Gegenschlag, in: *Süddeutsche Zeitung,* 24. 12. 2016; Peter Münch, Verflossene Freundschaft, ebd., 29. 12. 2016; Stephan Radomsky, Michigang statt Mexiko, ebd., 4. 1. 2017; Tomas Fromm, Trumps Twitter-Ökonomie, ebd., 5. 1. 2017; Tomas Seibert, Trumps Nebenregierung, in: *Der Tagesspiegel,* 3012.2016; Christoph von Marschall, Obama errichtet Verteidigungsgräben, ebd., 3. 1. 2017.

13. Donald Trump's New's Conference: Full transcript and Video. https://www.nytimes.com/2017/01/11/us/politics/trump-press-conference-transcript. html; Remarks by the President in Farewell Address. https://obamawhitehouse.archives.gov/the-press-ofce/2017/01/10/remarks-president-farewelladdress (Obama, Chicago, 10. 1. 2017); Hubert Wetzel, Goldene Zeiten, in: *Süddeutsche Zeitung,* 12. 1. 2017; Tobias Matern, Das Ende vom Ziel, ebd.; Hubert Wetzel u. a., #Fuck You Very Much, ebd., 13. 1. 2017; Trump: Russland steckt hinter den Hackerangriffen, in: *Frankfurter Allgemeine Zeitung,* 21. 1. 2017; Andreas Ross,

Konspiratives Kompromatkonvulut, ebd.; Trumps Rede schickt nicht nur den Peso auf Talfahrt, ebd., 13. 1. 2017; Matthias Rüb, Das Land hinter der Mauer, ebd.

14. Andreas Ross, Alle gegen Trump, in: *Frankfurter Allgemeine Zeitung,* 14. 1. 2017; Sacha Batthany, Soviel Distanz wie möglich, in: *Süddeutsche Zeitung,* 14. 1. 2017. Das Doppelinterview von Donald Trump mit Michael Gove und Kai Dieckmann, in: *The Sunday Times,* 15. 1. 2017, *Bild,* 16. 1. 2017.
15. Te Inaugural Address. https://www.whitehouse.gov/inaugural-address; Marc Fischer, A sharp break with the past, as well as his party, in: *The Washington Post,* 21. 1. 2017; What President Trump Doesn't Get About America, in: *The New York Times,* 21. 1. 2017; Trump's missed opportunity, in: *The Boston Globe,* 21. 1. 2017; Max Boots, Pax Americana on its last legs, in: *The Los Angeles Times,* 22. 1. 2017; Bertram Eisenhauer, Der Siegertyp, in: *Frankfurter Allgemeine Zeitung,* 21. 1. 2017; Trump beschwört den Protektionismus, ebd.

第 12 章 欧盟会崩溃吗?

1. Kroatische Konservative bejubeln das «Projekt Plenkovic», in: *Frankfurter Allgemeine Zeitung,* 13. 9. 2016; Regierung ohne Nationalisten, ebd., 21. 10. 2016; Kroatien arbeitet Historie auf, in: *Süddeutsche Zeitung,* 27. 1. 2017. 关于克罗地亚 2016 年的政治危机，参见本书原文第 160 页前后。
2. Michael Martens, Provokation Nationalfeiertag, in: *Frankfurter Allgemeine Zeitung,* 27. 9. 2016.
3. Stephan Löwenstein, Die Ungarn und die unterschätzte Gefahr des Frettchens, ebd., 30. 9. 2016; ders., Abhängig. Der ungarische Ministerpräsident schafft sich eine genehme Zeitungslandschaft, ebd., 8. 11. 2016; ders., Blaues Auge für Orbán, 9. 11. 2016; Pressefreiheit zu verkaufen, in: taz.de, 4. 9. 2012. http://www. taz. de/!5084844/. Zur Reaktion der EU: Bloomberg.com/10. 10. 2016.
4. Council of Europe. European Commission for Democracy through Law (Venice Commission). Opinion 860/2016. Venice, 14 Octobre 2016. CDL-AD (2016) 026.
5. Maximilian Steinbeis, Hat die EU das Kräftemessen mit Polen bereits verloren?, in: http://verfassungsblog.de/hat-die-eu-das-kraeftemessen-mit-polenbereits-verloren/; Konrad Schuller, Kampf um die Herrschaft des Rechts, in: *Frankfurter Allgemeine Zeitung,* 16. 12. 2016 (hier die Zitate von Timmermans); EU-Kommission verschärft Kritik an Polens Regierung, ebd., 22. 12. 2016; Daniel Brössler, Polens Parallelwelt, in: Süddeutsche Zeitung, 21. 12. 2016; PiS gibt nach, in: *Der Tagesspiegel,* 21. 12. 2016; Slawomir Sierakowski, Die Schwächen der Fanatiker, in: *Die Zeit,* Nr. 53, 21. 12. 2016. 关于波兰到秋季为止的局势发展，见本书原文第 151 页前后。
6. Mathieu Goar, Le programme de François Fillon: fonctionnaires, retraites, TVA,

education, famille ..., in: Le Monde, 21. 11. 2016. http://www.lemonde.fr/politique/article/2016/11/21/francois-f llon-un-programme-economiquementliberal-socialement-traditionnel-et prorusse_5034888_823448.html; Maxime Vaudano, Adrien Sénécat et Laura Motet, Ce qui différencie les programmes de f llon et Juppé, ebd. http://www.lemonde.fr/les-decodeurs/article/2016/11/21/primaire-de-la-droite-ce-qui-differencie-f llon-et-juppe-dans-leurs programmes_5034820 4355770.html; Michael Wiegel, François der Bekenner, in: Frankfurter Allgemeine Zeitung, 26. 11. 2016; Leo Klimm, Das Fillon-Paradox, in: Süddeutsche Zeitung, 25.11.2016.

7. Wider das Wiener Establishment, in: *Frankfurter Allgemeine Zeitung,* 3. 12. 2016; Konrad Paul Liessmann, Beschworene Staatskrisen, ebd., Cathrin Kahlweit, Weltuntergang Österreichs verschoben, in: *Süddeutsche Zeitung,* 6. 12. 2016.

8. Paul Blocker, *«Vote Yes for a Safe Italy» or «Vote No to Defend the Constitution»: Italian Constitutional Politics between Majoritarianism and Civil Resistance.* VB. http://verfassungsblog.de/italy-constitution-referendum-renziblokker/; Italy votes on constitutional reform, in: *The Economist,* 26. 11. 2016. http://www.economist.com/node/21710809/; Oliver Meiler, Absurdes Kammerspiel, in: *Süddeutsche Zeitung,* 3./4.2016; Tobias Piller, Die Arroganz ist sein Defizit, in: *Frankfurter Allgemeine Zeitung,* 3. 12. 2016; ders., Italien entfernt sich von Europa, ebd., 6. 12. 2016; Jörg Bremer, Lieber Löwe als Schaf, ebd., 8. 12. 2016; Nando Pagnoncelli, Elettori pd fedeli, centristi divisi, in: *Corriere della Sera,* 5. 12. 2016. http://www.corriere.it/referendum-costituzionale-2016/notizie/referendum-costituzionale-2016-elettori-pd-fedelicentristi-divisi-16bfef7e-bb31-11e6-8d3b-c05118807aea.shtml; Massimo Gianni, Se il voto diventa un rito cannibale, in: *La Republica,* 8. 12. 2016. http://www.repubblica.it/politica/2016/12/08/news/se_il_voto_diventa_un_rito_cannibale-153685884/. 关于此次公投的前史，参见本书原文第 167 页前后。

9. Florian Hassel, Regierungskrise in Bulgarien, in: *Süddeutsche Zeitung,* 15. 11. 2016; ders., Der gekaufte Staat, ebd., 22. 11. 2016; Reinhard Veser, Der General, in: *Frankfurter Allgemeine Zeitung,* 15. 11. 2016; ders., Ein mutmaßlicher Putsch und eine russische Spur, ebd., 22. 2. 2017; Sozialdemokraten gewinnen Wahl in Rumänien, ebd., 13. 12. 2016; Russland, Iran und Türkei wollen in Syrien vermitteln, ebd., 21. 12. 2016; Kareem Shaheen u. a., Turkey threatens to end refugee deal in row over EU accession, in: *The Guardian,* 25. 11. 2016. https://www.theguardian.com/world/2016/nov/25/turkey-threatens-end-refugee-deal-row-e u accession-erdogan. 关于普京是如何对付欧洲及欧盟的，可参见：Manfred Quring, *Putins russische Welt. Wie der Kreml Europa spaltet,* Berlin 2017。关于荷兰 2016 年 4 月的全民公决，参见本书原文第 172 页；关于普京与埃尔多安在 2016 年 8 月的会面见本书原文第 192 页；关于对尼斯的恐袭见原文第 191 页。

10. Hans Leyendecker u. a., Gefährder, in: *Süddeutsche Zeitung,* 22. 12. 2016; Lena Kampf u. a., Das darf nicht wahr sein, ebd., 23. 12. 2016; Georg Mascolo, Der Gefährder, ebd., 4. 1. 2017; Jasper von Altenbockum u. a., Der hochmobile Islamist, in: *Frankfurter Allgemeine Zeitung,* 23. 12. 2016; Mohamed Amjahid u. a., «Ein Anschlag ist zu erwarten», in: *Die Zeit,* Nr. 15, 6. 4. 2017.
11. Annett Meiritz, Özdemirs Wackelpartie, in: *Spiegel Online,* 18. 1. 2017. http://www.spiegel.de/politik/deutschland/buendnis-90-die-gruenen-cemoezdemir spitzenkandidat-das-bedeutet-die-urwahl-a-1130510.html; Christoph Dieckmann, Nach mir die Zukunft. Sigmar Gabriel geht, Martin Schulz kommt, in: *Süddeutsche Zeitung,* 25. 1. 2017; Matthias Meissner, Der totale Höcke, in: *Der Tagesspiegel,* 19. 1. 2017; Führende AfD-Politiker warnen vor Spaltung ihrer Partei, in: *Frankfurter Allgemeine Zeitung,* 14. 2. 2017.
12. Helene Fouquet u. a., Le Pen Struggling to Fund French Race as Russian Bank Fails, in: *Bloomberg Politics,* 22.12.16. https://www.bloomberg.com/news/articles/2016-12-22/le-pen-struggling-to-fund-french-race-after-russianbacker-fails; L'annexion de la Crimée par la Russie n'est «pas illegale» pour Marine Le Pen, in: http://www.bfmtv.com/politique/l-annexion-de-la-crimeepar-la-russie-n-est-pas-illegale-pour-marine-le-pen-1077194.html; Terence Dopp u. a., France's Le Pen Generates a Stir with Stop at Trump Tower, in: *Bloomberg Politics.* https://www.bloomberg.com/news/articles/2017-01-12/le-penin-new-york-for unannounced-visit-during-french-race.
13. Alexandre Lemarié et Matthieu Goar, En meeting à Paris, François Fillon défend son épouse et crie au complot, in: *Le Monde,* 29. 1. 2017; Maxime Tandonnet, François Fillon: le nouveau paria de la République, in: *Le Figaro*, 20. 1. 2017; Christian Wernicke, Aufmarsch der Tronfolger, in: *Süddeutsche Zeitung,* 12. 1. 2017; ders., Penny und das Liebe Geld, ebd., 26. 1. 2017; Ärger um Macron, ebd.; Michaela Wiegel, Riss durch die Partei, in: *Frankfurter Allgemeine Zeitung,* 24. 1. 2017; dies., Der Ehefrauenförderer, ebd., 26. 1. 2017; dies., Durch die Finger geronnen, ebd., 2. 2. 2017. 关于共和党内的初选见本书原文第 241 页前后。
14. Moralisierer mit Makel, in: *Frankfurter Allgemeine Zeitung,* 10. 1. 2017; Konrad Schuller, Aus der Tiefe der Geschichte, ebd., 13. 1. 2017; Florian Hassel, Auftakt im Chaos, in: *Süddeutsche Zeitung,* 12. 1. 2017; ders., Die Opposition unwählbar machen, ebd., 18. 1. 2017; Christoph von Marschall, Zwei Vaterländer, zwei Patriotismen, in: *Der Tagesspiegel,* 8. 1. 2017; Albrecht Meier, Die Ohnmächtigen, ebd., 24. 1. 2017. Zur Entwicklung des polnischen Verfassungskonflikts bis Ende Dezember 2016 siehe oben S. 272 ff. 关于 2016 年 12 月底前波兰宪法冲突的发展进程，见本书原文第 272 页前后。
15. Cathrin Kahlweit, Feldzug gegen die Zivilgesellschaft, in: Süddeutsche Zeitung, 12. 1. 2017, Stephan Löwenstein, Der entfesselte Orbán, in: *Frankfurter*

Allgemeine Zeitung, 24. 1. 2017.

16. Karl-Peter Schwarz, Im Sumpf von Bukarest, in: *Frankfurter Allgemeine Zeitung,* 7. 1. 2017; Rumänen demonstrieren gegen Regierungspläne, ebd., 20. 1. 2017; Johannis droht in Rumänien Amtsenthebungsverfahren, ebd., 24. 1. 2017; Rumänien setzt seinen exzellenten Ruf aufs Spiel, ebd., 26. 1. 2017; Neue Anhänger für Johannis, in: *Süddeutsche Zeitung,* 26. 1. 2017; Florian Hassel, Unschuldig, weil mächtig, ebd., 31. 1. 2017; ders., Rumänien in Aufruhr, ebd., 3. 2. 2017; Tousands rally in Romania against plan to pardon, in: DW. http://www.dw.com/en/thousands-rally-in-romania-against-plan to-pardon-prisoners/a-3732332 6. 关于薇拉·尧罗娃见本书原文第 66 页，关于试图罢免伯塞斯库的过程见本书原文第 148 页。
17. Zwei Italiener kämpfen in Brüssel, in: *Süddeutsche Zeitung,* 17. 1. 2017; Daniel Brössler/Tomas Kirchner, Europäische Erbstreitigkeiten, ebd., 18. 1. 2017; Daniel Brössler, Der Anti-Schulz ebd, m 19. 1. 2017; Markus Grabitz, Machtpoker bis zum Schluss, in: *Der Tagesspiegel,* 18. 1. 2017; Zeitenwende im EU-Parlament, in: *Frankfurter Allgemeine Zeitung,* 19. 1. 2017.
18. Cerstin Gammelin, Draghis Warnung, in: *Süddeutsche Zeitung,* 24. 1. 2017; dies., Warnen reicht nicht, ebd., 25. 1. 2017; Draghi: Land muss bei Austritt seine Target-Schuld zahlen, in: *Frankfurter Allgemeine Zeitung,* 25. 1. 2017. Zum Target-System: Hans-Werner Sinn, *Der Euro. Von der Friedensidee zum Zankapfel* (engl. Orig.: Oxford 2014), München 2015, S. 279 ff. 关于 2014 年欧盟委员会领导机制在事实上的议会化，见本书原文第 63 页前后。

第 13 章　西方会分裂吗?

1. Trump erlässt Dekret für Mauerbau zu Mexiko, in: *Frankfurter Allgemeine Zeitung*, 26. 1. 2017; Trump treibt Mexiko in die Enge, ebd., 27. 1. 2017; Donald Trump's Mexico Tantrum, in: *The New York Times*, 27. 1. 2017.
2. Claus Hulverscheidt u. a., Und raus bist du, in: *Süddeutsche Zeitung,* 30. 1. 2017; Andreas Ross, Mit Handschellen ins Land der Freiheit, in: *Frankfurter Allgemeine Zeitung,* 30. 1. 2017; Declan Wash, Many in the Muslim World See a Provocation: Islam Itself a Problem, in: *The New York Times,* 28. 1. 2017; Donald Trump's Cowardly Ban, ebd., 30. 1. 2017.
3. Trump will Zügel für Banken lockern, in: *Frankfurter Allgemeine Zeitung,* 25. 1. 2017; Harald Freiberger, Die Rückkehr der Zockerei, in: *Süddeutsche Zeitung,* 4./5. 2. 2017. Zum Dodd-Frank-Gesetz und zum Collins Amendment: Heinrich August Winkler, *Geschichte des Westens,* Bd. 4: Die Zeit der Gegenwart (fortan: Geschichte IV), München 20153, S. 359 f.
4. Tomas Seibert, Auf Schlingerkurs, in: *Der Tagesspiegel,* 4. 2. 2017 (zum CBN-

Interview); Peter Münch, Totale Blockade, in: *Süddeutsche Zeitung,* 13. 2. 2017 (zum Interview mit Israel Hajom); Trump bekräftigt Ein-ChinaPolitik, in: *Frankfurter Allgemeine Zeitung,* 11. 2. 2017.

5. Roland Lindner, Donald Trumps Ideologie, in: *Frankfurter Allgemeine Zeitung,* 31. 1. 2017; Hubert Wetzel, Das Schwarze Haus, in: *Süddeutsche Zeitung,* 6. 2. 2017; Tomas Meyer, Der Legionär, ebd., 10. 2. 2017 (über Michael Anton); Christoph von Marschall, Fürsten der Finsternis, in: *Der Tagesspiegel,* 1. 2. 2017.
6. Tomas Seibert, «Die Chance, wieder gemeinsam zu führen», in: *Der Tagesspiegel,* 28. 1. 2017; Jochen Buchsteiner, Du hast in mir einen Freund, in: *Frankfurter Allgemeine Zeitung,* 29. 1. 2017; Gideon Rachman, Donald Trump is a disaster for Brexit, in: *The Financial Times,* 30. 1. 2017; The Observer view on Britain's relationship with America. https://www.theguardian. Com/commentisfree/2017/jan/29/observer-view-britain-america-theresamay-donald-trump.
7. Andreas Ross, Der größte Frieden und eine Menge Liebe, in: *Frankfurter Allgemeine Zeitung,* 17. 2. 2017; ders., Einer gegen alle, ebd., 18. 2. 2017; Jochen Stahnke, Ein Staat-zwei Staaten-drei Fragezeichen, ebd.; Willkommen bei der Trump-Show, in: *Süddeutsche Zeitung,* 18./19. 2. 2017; Michael S. Schmidt et al., Trump Campaign Aides Had Repeated Contacts With Russian Intelligence, in: *The New York Times,* 14. 2. 2017; Nicholas Kristof, What Did Trump Know, and When Did He Know it, ebd., 15. 2. 2017; E. J. Dionne Jr., The hard truth: Trump is unfit, in: *The Washington Post,* 16. 2. 2017.
8. «United we stand, divided we fall»; Letter by President Donald Tusk to the EU heads of state or government on the future of the EU before the Malta summit. European Council. The President. Press Release 35/17. 31/01/2017; Malta Declaration by the members of the European Council on the external aspects of migration: addressing the Central Mediterranean route. European Council. The President. Press Release 43/17. 03/02/2017; D. Brössler/T. Kirchner, Warme Worte für Libyen, in: *Süddeutsche Zeitung,* 3. 2. 2017; A. Bachstein/M. Baumstieger, Anarchie, die die Schwächsten trifft, ebd., 4./5. 2. 2017; Tomas Kirchner, Nur die Wirklichkeit stört, ebd.; Paul-Anton Krüger, Deal ohne Handschlag, ebd., 17. 2. 2017; Markus Grabitz, Schotten dicht, in: *Der Tagesspiegel,* 4. 2. 2017; Albrecht Meier, Der schwache Mann von Tripolis, ebd.; Tomas Urban, Hunderte erreichen Ceuta, in: *Süddeutsche Zeitung,* 21. 2. 2017; ders., Vor dem Zaun, ebd.; Paul-Anton Krüger, Kampf ums Öl, ebd., 10. 3. 2017; Geheim-Papier der deutschen Sicherheitsbehörden verrät: So viele Flüchtlinge wollen nach Europa, in: Bild, 20. 2. 2017; Tom Stevenson, Flip-Flops and Kalashnikovs, in: *London Review of Books,* 2. 3. 2017. Zur Entwicklung in Libyen vor 2017 siehe oben S. 139 ff.
9. Mark Schieritz, Ruiniert durch Schulden?, in: *Die Zeit,* Nr. 8, 6. 2. 2017; Neuer Nervenkrieg um Griechenlands Zukunft, in: *Frankfurter Allgemeine Zeitung,*

20. 2. 2017; Michael Martens, Grexit reloaded, ebd., 21. 2. 2017; Kurswechsel im Griechenland-Programm, ebd.; Die Hälfte der Griechen muss keine Steuern zahlen, ebd.; Alexander Mühlauer, Für Schäuble ist ein gutes Ende in Sicht, in: *Süddeutsche Zeitung,* 21. 2. 2017; Albrecht Meier, Weniger sparen, mehr reformieren, in: *Der Tagesspiegel,* 21. 2. 2017; ders., Rechnung mit Lagarde, ebd., 23. 2. 2017. 关于希腊危机，参见本书原文第 51 及 56 页前后。

10. Italien gegen Haushaltskorrekturen, in: *Frankfurter Allgemeine Zeitung,* 3. 2. 2017; Renzi: Fiskalpakt beenden, ebd., 14. 2. 2017; Tobias Piller, Italiens Weg ins Schlaraffenland, ebd., 15. 2. 2017; Das italienische Parlament billigt die Bankenrettung, ebd., 17. 2. 2017; Jörg Bremer, Angriff von links, 27. 2. 2017; Ulrike Sauer, In Schieflage, in: *Süddeutsche Zeitung,* 13. 2. 2017; Oliver Meiler, Renzi strebt zur Macht, die Partei auseinander, ebd., 20. 2. 2017. 关于宪法公投，见本书原文第 280 页。
11. Warschau: EU-Kommission stigmatisiert Polen, in: *Frankfurter Allgemeine Zeitung,* 22. 2. 2017; Polens Oberstes Gericht im Visier, ebd., 3. 3. 2017; Daniel Brössler und Florian Hassel, Scharfe Worte, aus Höflichkeit, in: *Süddeutsche Zeitung,* 22. 2. 2017 (Zitate Gersdorf); Ungarn ausgebremst, ebd., 29. 3. 2017; Stefan Ulrich, Tyrannei der Mehrheit, ebd. 关于波兰司法危机在 2016 年 12 月的激化，见本书原文第 272 页前后。
12. Présidentielle 2017: le programme d'Emmanuel Macron. http://www.cnewsmatin.fr/france/2017-06-05/presidentielle-2017-le-programme-demmanuel-macron-744341; Macron will Aufträge bevorzugt an Europäer vergeben, in: *Frankfurter Allgemeine Zeitung,* 3. 3. 2017; Leo Klimm u. Christian Wernicke, In Bewegung, in: *Süddeutsche Zeitung,* 3. 3. 2017; Tanja Kuchenbecker, Französischer Zweikampf, in: *Der Tagesspiegel,* 3. 3. 2017.
13. Alain Juppé: «Je ne serai pas candidate à la présidence de la République», in: Le Monde, 6. 3. 2017. http://www.lemonde.fr/election-presidentielle-2017/article/2017/03/06/alain-juppe-je-ne-serai-pas-candidat-a-la-presidence-dela-republique_5089857_4854003.html; Stefan Ulrich, Die Unberührbare, in: *Süddeutsche Zeitung*, 24. 2. 2017; Christian Wernicke, Frankreichs Justiz im Wahlkampf, ebd., 27. 2. 2017; Le Pen verliert Immunität, ebd., 3. 2. 2017; Stefan Ulrich, Reife Republik, ebd., 6. 3. 2017; Christian Wernicke, Zu spät, ebd., 7. 3. 2017; Fillon: Komplott der Presse und der «roten Richter», in: *Frankfurter Allgemeine Zeitung,* 4. 3. 2017; Michaela Wiegel, Hier steht er und will nicht anders, ebd., 6. 3. 2017; dies., Keine Rettung aus dem republikanischen Schlamassel, ebd., 7. 3. 2017.
14. Michael Martens, Hoffen auf das Volk, in: *Frankfurter Allgemeine Zeitung,* 24. 1. 2017; Bülent Mumay, Der Fall Deniz Yücel, ebd., 23. 2. 2017; ders., Der deutsche Feind, ebd., 9. 3. 2017, Michael Martens u. Michael Stabenow, Er kennt

keine Europäer mehr, nur noch Faschisten, ebd., 13. 3. 2017; Rainer Hermann, Türkisches Sultanat, ebd., 15. 3. 2017; Erdoğan: Macht nicht drei, sondern fünf Kinder, ebd., 18. 3. 2017; D. Brössler u. a., «Warum verstecken Sie Terroristen?», in: *Süddeutsche Zeitung,* 14. 3. 2017; Robert Birnbaum, Schlagabtausch, in: Der Tagesspiegel, 7. 3. 2017; Jürgen Hoffmann, «Systema tische Gegnerschaft zur Türkei», ebd., 8. 3. 2017, Hans Donath, Zu den Grenzen, ebd., 9. 3. 2017; Lizzy van Winsen, Vom Weglacher zum Hardliner, ebd., 15. 3. 2017; Neue Erdoğan-Attacke: Nazi-Vorwurf persönlich gegen Merkel. www.tagesschau.de/ausland/erdogan-beschimpfungen-merkel-101.html; Erdoğans Äußerungen über einen möglichen Auftritt in Deutschland: http://www.tagesschau.de/ausland/erdogan-522.html, 5. 3. 2017.

15. Wilders rückt die Niederlande in den Blick, in: *Frankfurter Allgemeine Zeitung,* 10. 1. 2017; Michael Stabenow, Die neue Härte, ebd., 26. 1. 2017（所引用的吕特、阿斯切和布马的言论出自这篇文章）; Erleichterung über die Wahl in Holland, ebd., 17. 3. 2017; Tomas Kirchner, Die Freude des Dauerlächlers, in: *Süddeutsche Zeitung,* 17. 3. 2017。

16. Europäische Kommission, *Weißbuch zur Zukunft Europas. Die EU der 27 im Jahr 2025-Überlegungen und Szenarien,* Brüssel, 1. März 2017; Polish Presidency of the Visegrad Group. July 2016-June 2017. Joint Statement of the Heads of Governments of the V4 Countries «Strong Europe-Union of Action and Trust Input to Rome Declaration 2017 (2. 3. 2017); Conclusion by the President of the European Council, 9 March 2017 (OR.EN); D. Brössler u. a., Hass auf Tusk, in: *Süddeutsche Zeitung,* 10. 3. 2017; Stefan Ulrich, Allein gegen alle, ebd.; Daniel Brössler u. Alexander Mühlauer, Deutschland plus 26, ebd.; 11./12. 3. 2017; Alexander Mühlauer, Die feinen Unterschiede, ebd., 18./19. 3. 2013; Hendrik Kafsack u. Michael Stabenow, Warschau allein in Europa, in: *Frankfurter Allgemeine Zeitung,* 11. 3. 2017; Stephan Löwenstein u. Konrad Schuller, Zwei Konterrevolutionäre, ebd., 16. 3. 2017; Jacques Schuster, Ungarn ist in der Flüchtlingsfrage ehrlicher als wir (8. 3. 2017), in: *Welt.* N 24. https://www.welt.de/debatte/kommentare/article162656936/Ungarn-ist-in der-Fluechtlingsfrage-ehrlicher-als-wir.html. 对于维谢格拉德集团的概述见 Reinhold Vetter, *Nationalismus im Osten Europas. Was Kaczyński und Orbán mit Le Pen und Wilders verbindet,* Berlin 2017; Kai-Olaf Lang, Differenzieren und kooperieren. Die Višegrad-Staaten bleiben für die deutsche Europapolitik trotz Differenzen relevant. *Stiftung Wissenschaft und Politik,* SWP-Aktuell, März 2017。

17. Christoph Ehrhardt, Land der vielen Regierungschefs, in: *Frankfurter Allgemeine Zeitung,* 21. 3. 2017; Libyen fordert Rettungsboote von Europa, ebd.; Oliver Meiler, Die Schwierigkeit heißt Libyen, in: *Süddeutsche Zeitung* 21. 3. 2017. 关于的黎波里和托卜鲁克两个政权在 2017 年 2 月所达成的协议的失败，参见本

书原文第 319 页前后。

18. Erklärung der führenden Vertreter von 27 Mitgliedstaaten und des Europäischen Rates, des Europäischen Parlaments und der Europäischen Kommission. Erklärung von Rom. Rom, den 25. März 2017 (OR. EN); Konrad Schuller, Landesverräter und Mythenzerstörer, in: *Frankfurter Allgemeine Zeitung,* 23. 3. 2017 (zur Strafanzeige Macierewicz'gegen Tusk); «Erklärung von Rom» betont Einheit der Europäischen Union, ebd., 25. 3. 2017; Michael Stabenow, Sehnsucht nach dem Tal der Tränen, ebd., 27. 3. 2017.
19. Michael Martens, Aller guten Dinge sind drei, in: *Frankfurter Allgemeine Zeitung,* 28. 3. 2017; Sieg der EU-Freunde in Bulgarien freut die Börse, ebd.; Rassisten, ein kommunistischer Agent und eine proeuropäische Partei, ebd.; 5. 5. 2017; Florian Hassel, Mehr oder weniger in Russland, in: *Süddeutsche Zeitung,* 23. 3. 2017; ders., Nationalistischer und populistischer, ebd., 28. 3. 2017; ders., Rechtsruck in Bulgarien, ebd., 4. 5. 2017.
20. Reinhard Veser, Werben um die Minderheit, in: *Frankfurter Allgemeine Zeitung,* 1. 3. 2017; «Staatsstreich» in Mazedonien, ebd., 3. 3. 2017, Michael Martens, In den Wirren Skopjes, ebd., 432017; ders., Vučić beerdigt vom Totengräber, ebd., 1. 4. 2017; ders., Die Stabilokraten des Balkans, ebd., 4. 3. 2017; Warnung vor Machtkonzentration in Serbien, ebd.; Nada Pantel, Terapie des starken Mannes, in: Süddeutsche Zeitung, 1./2. 4. 2017; dies., Die serbische Siegesfaust, ebd., 4. 4. 2017.
21. Christian Rumpf, Die geplante Verfassungsänderung (24. 3. 2017). RRLex7 Rumpf Rechtsanwälte. http://www.tuerkei-recht.de/downloads/Verfassungsaenderung.pdf; Mike Szymanski; Mehr Macht für den Präsidenten, in: *Süddeutsche Zeitung,* 20. 3. 2017; ders., Tage der Wölf n, ebd., 10. 4. 2017; ders., Schatten des Verdachts, ebd., 19. 4. 2017; Erdoğan: Deutsche kommen nicht bald frei, in: *Frankfurter Allgemeine Zeitung*, 11. 4. 2017; Michael Martens, Erdoğans Geiseln, ebd.; Erdoğan weist Kritik an Referendum zurück, ebd., 18. 4. 2017; Rainer Hermann, Strategie aufgegangen, ebd.; Michael Martens, Sieg voller Ungereimtheiten, ebd.; Erdoğan lehnt Auslieferung Yücels strikt ab, in: *Der Tagesspiegel,* 15. 4. 2017, «Auslandstürken stimmten für Erdoğan», in: *Die Presse*, http://diepresse.com/home/ausland/aussenpolitik/5202311/Auslandstuerken-stimmten-fuer-Erdogan. Turkey referendum: Key reactions. http://www.bbc.com/news/world-europe-39615403. 关于土耳其与欧盟的关系史，参见本书原文第 33 页前后。
22. Donald Trump's Congress speech (full text). http://edition.cnn.com/2017/02/28/politics/donald-trump-speech-transcript-full-text/index.html; Nicholas Kristof, Connecting Trump's Dots to Russia, in: *The New York Times,* 9. 3. 2017;ders., There's a Smell of Treason in the Air, ebd., 22. 3. 2017; Andrew E. Kramer, Trump Campaign Ex-Chief Faces New Allegations in Ukraine about Payments,

ebd., 21. 3. 2017; Andreas Ross, Felsenfest überzeugt, in: *Frankfurter Allgemeine Zeitung,* 6. 3. 2017; Obamacare wird abgeschafft, ebd., 8. 3. 2017; Millionen Amerikaner verlieren Versicherungsschutz, ebd., 15. 3. 2017; Winand von Petersdorff, Das Trumpcare-Desaster, ebd., 27. 3. 2017; Stefan Kornelius, Die guten Kontakte des Sergej Kisljak, in: *Süddeutsche Zeitung,* 4. 3. 2017; Herbert Wetzel, Rumpelstiltskin, ebd., 27. 3. 2017; Christoph von Marschall, Nach der Niederlage, in: *Der Tagesspiegel,* 28. 3. 2017. *Zu Verbindungen von Manaforts Geschäftspartner Deripaska zu Gennadi Petrow, dem Paten der Tambower Mafa: Manfred Quiring, Putins russische Welt. Wie der Kreml Europa spaltet,* Berlin 2017, S. 28 f. Zur Watergate-Affäre: Heinrich August Winkler, *Geschichte des Westens,* Bd. 3: Vom Kalten Krieg zum Mauerfall, München 2015[2], S. 607 ff.

23. Angela Merkel visit: Trump welcomes chancellor after bashing her on campaign trail–http://edition.cnn.com/2017/03/16/politics/angela-merkeldonald-trump-washington-visit/index.html; Mark Landler, Merkel Meets Trump, the Defender Versus the Disrupter, in: *The New York Times,* 18. 3. 2017; Damian Paletta, White House rejects trade statement, in: *The Washington Post on Sunday,* 19. 3. 2017; Nico Fried, Dankeschön mit langer Rechnung, in: *Süddeutsche Zeitung,* 20. 3. 2017; Stefan Kornelius, Fossil trifft Fossil, ebd., 20. 3. 2017; Majid Sattar, Auf der Suche nach Gemeinsamkeiten, in: Frankfurter Allgemeine Zeitung, 18. 3. 2017; Amerika bestraft deutsche Stahlunternehmen, ebd., 1. 4. 2017; Kerstin Kohlenberg, Zimmer frei, in: *Die Zeit,* Nr. 14, 30. 3. 2017.

24. Klaus Larres, Ein Hauch von Realität: Trump und Xi Jinping bringen die amerikanisch-chinesischen Beziehungen auf Normalmaß. http://www.euractiv.de/section/eu aussenpolitik/opinion/usa-und-china-ein-hauch-vonrealitaet/; Winand von Petersdorff, Alles ist angerichtet für einen Handelskrieg, in: *Frankfurter Allgemeine Zeitung,* 5. 4. 2017; Pjönjang testet Mittelstreckenraketen, ebd., 6. 4. 2017; Wieder ein Zeichen militärischer Entschlossenheit, ebd., 10. 4. 2017; Stefan Kornelius, Er will nur bluffen, in: *Süddeutsche Zeitung,* 4. 4. 2017; Kai Strittmatter, Bemüht freundlich, ebd., 8./9. 4. 2017.

25. Jabin Botsford, For Trump's philosophy an early test, in: *The Washington Post,* 6. 4. 2017; Downsizing Mr. Bannon, The New York Times, 6. 4. 2017; After the Airstrikes on Syrien, What's next?, ebd., 7. 4. 2017; Neil MacFarquhar, U. S. Attack on Syria Cements Kremlin's Embrace of Assad, ebd., 8. 4. 2017; Samuel Moyn und Stephen Wertheim, The Long Road to Trump's War, ebd., 10. 4. 2017; David E. Sanger, Tillerson Halts Any Thawing of Russia Ties, ebd., 11. 4. 2017; Christoph Ehrhardt u. a., Begrenzter Schlag, in: *Frankfurter Allgemeine Zeitung,* 8. 4. 2017; Majid Sattar, Noch keine Strategie, ebd.; Simon Riesche, Plötzlich wieder Weltpolizist, ebd., 11. 4. 2017 (hier die Zitate von Spicer und Coulter sowie die Umfrageergebnisse); Christoph von Marshall, Schlag auf Schlag, in: *Der*

Tagesspiegel, 8. 4. 2017; Sacha Batthyany, Eine kurze Romanze, ebd., 11. 4. 2017 (zu Tillerson und Russland). Trump zum Giftgasangriff auf Chan Sheichun, 5. 4. 2017: https://www.whitehouse.gov/the-press-ofce/2017/04/05/remarks-president-trumpand-his-maje sty-king-abdullah-ii-jordan-joint. Trumps Fernsehrede vom 6. 4. 2017: https://www.whitehouse.gov/the-press-ofce/2017/04/06/statementpresident-trump syria. 关于国际惯例和人道主义干预的问题，参见 Matthias Herdegen, *Völkerrecht,* München 2000, S. 129 ff. Zur «responsibility to protect»: Winkler, *Geschichte IV* (Anm. 3), S. 186 ff。

26. Peter Baker, Trump Learns Simple Issues Are Rarely so, in: *The New York Times,* 14. 4. 2017; ders., Only Thing Different About NATO is President's Opinion of it, ebd.; David E. Sanger und William J. Broad, U. S. Faces Cuban Missile Crisis in Slow Motion, ebd., 17. 4. 2017 (hier das Zitat McMasters); Gardiner Harris, Tillerson Toughens Tone Over Iran Nuclear Agreement, ebd., 20. 4. 2017; Patti Waldmeir und Shawn Donnan, Donald Trump signs ‹Buy American, Hire American› order, in: *Financial Times,* 18. 4. 2017; Washington bekennt sich zur Rolle der globalen Ordnungsmacht, in: *Frankfurter Allgemeine Zeitung,* 11. 4. 2017; Frederike Böger, Bombe mit Signalwirkung, ebd., 15. 4. 2017; Tillerson kritisiert Atomabkommen mit Iran scharf, ebd., 21. 4. 2017; Putin beschwert sich über Trump, in: *Süddeutsche Zeitung,* 13./14. 4. 2017; Sacha Batthyany, Militärisches Muskelspiel, ebd., 15./16./17. 4. 2017; Putin lässt kein Ultimatum stellen, in: Spiegel Online, 12. 4. 2017; Trump nennt NATO «nicht länger obsolet», ebd., 13. 4. 2017; Tillerson sieht amerikanisch-russische Beziehungen auf dem Tiefpunkt, in: *Die Welt,* 13. 4. 2017. 特朗普在与斯托尔滕贝格举行联合新闻发布会上发表的言论见 https://www.whitehouse.gov/the-press-ofce/2017/04/12/joint-press-conference-president-tru mp-and-nato-secretary-general。关于特朗普将北约描述为过时之物，参见本书原文第 241 页。

27. Jochen Buchsteiner, Wir haben keine Angst, in: *Frankfurter Allgemeine Zeitung,* 24. 3. 2017; Tomas Kirchner, Polizei stoppt möglichen Attentäter in Antwerpen, in: *Süddeutsche Zeitung*, 24. 3. 2017; Silke Bigalke, Untergetaucht und radikalisiert, ebd., 11. 4. 2017 (Zitat Åkeson); Hans Leyendecker und Georg Mascolo, Im Dunkeln, ebd., 15./16./17. 4. 2017; Karin Häggmark, Der Terror erreicht Stockholm, in: *Der Tagesspiegel,* 8. 4. 2017; dies., Ein Land rückt zusammen, ebd., 10. 4. 2017; IS greift Kopten an, ebd., 10. 4. 2017; dies., Schwedische Sicherheiten, 13. 4. 2017; Weiteres Opfer des U-Bahn-Anschlags gestorben, in: *Spiegel Online,* 12. 4. 2017. 关于尼斯和柏林的恐袭事件，见本书原文第 191、288 页。

28 Grundsatzeinigung mit Griechenland, in: *Frankfurter Allgemeine Zeitung,* 8. 4. 2017; Schäuble erteilt Eurohaushalt eine Absage, ebd., 10. 4. 2017; Tobias Piller, Athen führt die Gläubiger an der Nase herum, ebd., 12. 4. 2017; Cerstin Gammelin und Alexander Mühlauer, Schirmherrschaft, in: *Süddeutsche Zeitung,* 7. 4. 2017; Alexander Mühlauer, Der Sommer kann kommen, ebd., 8./9. 4. 2017;

René Höltschi, Eurostat-Daten zu den Staatsf nanzen: Griechenland übertrifft das Haushaltsziel massiv, in: *Neue Züricher Zeitung*, 25. 4. 2017.

29. Cathrin Kahlweit, Orbáns nächstes Ziel, in: *Süddeutsche Zeitung,* 30. 3. 2017; ders., Nein zur Wissenschaft, ebd., 5. 4. 2017; Orbáns Stimme gegen die Freiheit, ebd., 6. 4. 2017; Daniel Brössler, Orbán Grenzen setzen, ebd., 7. 4. 2017; Cathrin Kahlweit, Proteste in Ungarn, ebd., 11. 4. 2017; A. Mühlauer, P. Munzinger, Ungarn wird Fall für Brüssel, ebd., 13./14. 4. 2017 (hier die Zitate von Timmermans); Martin Schulze Wessel, Orbáns Ethnisierung des Bildungswesens, in: *Frankfurter Allgemeine Zeitung,* 5. 4. 2017; EU-Kommissarin gegen Vertragsverletzungsverfahren, ebd., 11. 4. 2017; Brüssel prüft weitere Schritte gegen Ungarn, ebd., 13. 4. 2017; Reinhard Veser, Orbán auf der roten Linie, ebd., 27. 4. 2017; Silviu Mihai, Orbán rechnet mit seinem Hauptfeind ab, in: *Der Tagesspiegel,* 5. 4. 2017; Markus Grabitz, Ungarns Populisten werden zur Belastung, ebd., 7. 4. 2017; EU leitet neues Verfahren gegen Ungarn ein. http://www.zeit.de/politik/ausland/2017-04/eu-kommission leitetvertragsverletzungsverfahren-gegen-ungarn-ein.

30. Konrad Schuller, Kampf der Gerichtsokratie, in: *Frankfurter Allgemeine Zeitung,* 4. 4. 2017; Tusks Popularität in Polen steigt, ebd., 28. 4. 2017; Paul Flückinger, Polen baut Armeespitze fast komplett um, in: *Der Tagesspiegel*, 7. 4. 2017; Florian Hassel, Kahlschlag in Polens Militär, in: *Süddeutsche Zeitung,* 8./9. 4. 2017 (hier Zitate von «Polityka»); Matthias Krupa u. a., Wie gefährlich sind diese Männer für Europa, Herr Timmermans? in: *Die Zeit,* Nr. 19, 4. 5. 2017. 关于波兰的司法改革，亦参见本书原文第 327 页。

31. Vier Minuten Sozialunion, in: *Frankfurter Allgemeine Zeitung,* 17. 4. 2017; Jochen Buchsteiner und Hendrik Kafsack, Nicht irgendein Drittstaat, ebd., 2. 5. 2017; Tomas Gutschker, Das Brexit-Dinner, in: *Frankfurter Allgemeine Sonntagszeitung,* 30. 4. 2017; Stefanie Bolzen u. a., Ein Dinner mit Vorgeschmack auf eine Schlammschlacht, in: *Die Welt,* 3. 5. 2017; Tomas Kirchner, Im sozialen Gewand, in: *Süddeutsche Zeitung,* 27. 4. 2017; ders. und Christian Zaschke, Nach dem Dinner die Details, ebd., 3. 5. 2017; Tomas Kirchner und Alexander Mühlauer, Hart, aber verbindlich, ebd., 4. 5. 2017. Die Brüssler Erklärung vom 29. 4. 2017: Europäischer Rat. Brüssel, vom 29. 4. 2017 (DR.en).EuroXT2004/17.BXT10.CoEur.Coach.2: Außerordentliche Tagung des Europäischen Rates (Artikel 50) (29. April 2017)-Leitlinien.

32. Ulrich Fichtner, Julia Amalia Heyer, Außer Atem, in: *Der Spiegel,* Nr. 16, 15. 4. 2017 (Umfrageergebnisse); Albrecht Meier, Links, rechts, egal, in: *Der Tagesspiegel*, 8. 4. 2017; Neue Vorwürfe gegen Fillon, in: *Frankfurter Allgemeine Zeitung,* 23. 3. 2017; Michaela Wiegel, Das Kalkül des Tabubruchs, ebd., 12. 4. 2017; Macron: Deutschlands wirtschaftliche Stärke ist «nicht tragbar», ebd., 18.

4. 2017; Michaela Wiegel, Dichter Nebel in Paris, ebd., 19. 4. 2017; dies., Aus tiefem Hass auf die Polizei, ebd., 22. 4. 2017; dies., Der Wahlkämpfer, ebd. (über Cazeneuve); Christian Wernicke, Links überholt, in: *Süddeutsche Zeitung*, 11. 4. 2017; Cédric Pietralunga und Bastien Bonnefous, Valls choisit Macron, quitte à faire imploser le Parti socialiste, in: Le Monde, 30. 3. 2017; Un attentat déjoué à le vielle du premier tour, ebd., 20. 4. 2017; Attaque terroriste sur les Champs-Élysées, in: *Le Figaro,* 21. 4. 2017. 关于法国维希政权对犹太人的迫害，参见 Heinrich August Winkler, *Geschichte des Westens, Bd. 2: Die Zeit der Weltkriege 1914-1945*, München 2016[3], S. 1026 ff。

33. Le refus du Front National, in: *Le Monde,* 24. 4. 2017; Jérôme Fenoglio, Les risques d'une explosion, ebd., 25. 4. 2017; Macron-Le Pen: les deux France, ebd.; Bastien Bonnefous, Avis de gros temps au Parti socialiste, ebd., 26. 4. 2017; Matthieu Goar et Alexandre Lemarié, La droite repousse l'heure du bilan, ebd., 26. 4. 2017; Jean Baptiste Garat, Macron-Le Pen: un nouveau séisme, in: *Le Figaro,* 24. 4. 2017; Alexis Brézet, Un immense gâchis, ebd., 25. 4. 2017; Sophie de Ravinel, Le PS s'interroge sur sa place après les législatives, ebd., 26. 4. 2017; Guillaume Gendron, Whirlpool. La bataille d'Amiens, in: *Libération,* 27. 4. 2017; Michael Wiegel, Feindseligkeiten beim Marktbummel, in: *Frankfurter Allgemeine Zeitung*, 25. 4. 2017; Christian Schubert, Der Blitzaufsteiger ist noch nicht am Ziel, ebd.; ders., Macron und die Wette auf die radikalen Mitte, ebd.; Michaela Wiegel, Die Kandidaten des Volkes, ebd., 27. 4. 2017; Macron im industriepolitischen Stresstest, ebd.; Stefan Ulrich, Der lange Marsch, in: *Süddeutsche Zeitung,* 25. 4. 2017; Philip Kuhn, Gespaltene Gesellschaft, in: *Die Welt,* 25. 4. 2017; Tomas Schmid, Macrons Titanenaufgabe, ebd.

34. Mr. Trump's Shambles of a Trade Policy, in: *The New York Times,* 26. 4. 2017; Mr. Trump's Comic Tax Plan, ebd., 27. 4. 2017; Nicolas Kristof, Tis isn't Tax Policies. It's a Heist, ebd.; Juli Hirschfeld Davis and Patricia Cohen, Trump Plans Would Shift Trillions to the Wealthiest, ebd., 27. 4. 2017; Roger Cohen, «America first» Has Not Upended the World. Except It Has, ebd., 3. 5. 2017; Mr. Trump Embraces Another Despot, ebd.; Stephan Beutelsbacher, Die Realität nach dem Steuerhype, in: *Die Welt,* 28. 4. 2017; Trump will die Steuern radikal senken, in: *Frankfurter Allgemeine Zeitung*, 27. 4. 2017; Winand von Petersdorff, Hundert Tag, ebd., 28. 4. 2017; Clemens Wergin, Von der Realität eingeholt, ebd., 29. 4. 2017; Sebastian Jannasch, «Er wird nach Schuldigen suchen». US-Ökonom Barry Eichengreen über Trumps Wirtschaftspolitik, in: *Süddeutsche Zeitung,* 2. 5. 2017; Christoph von Marschall, Trumps große Woche, in: *Der Tagesspiegel,* 24. 4. 2017; ders., Geschrumpftes Gespenst, ebd., 28. 4. 2017; Petra Pinzler und Mark Schieritz, TTIP. Das umstrittene Handelsabkommen galt als beerdigt. Nun könnte es ausgerechnet Donald Trump wiederbeleben, in: *Die Zeit,* Nr. 18, 27. 4. 2017.

35. Dominique Albertini u. a., Avec Le Pen, l'impossible débat, in: *Libération,* 4. 5. 2017; Guillaume Tabard, La candidate de l'indignation, le candidat des solutions, in: *Le Figaro,* 4. 5. 2017; Michaela Wiegel, Die Kunst der Entteufelung, in: *Frankfurter Allgemeine Zeitung,* 2. 5. 2017; Le Pen schwächt AntiEuro-Kurs ab, ebd., 2. 5. 2017; Andreas Ross, Plaudern über Kim Jong-un, ebd., 26. 5. 2017 (zum Telefonat Trump-Duterte); Leo Klimm, Kampf der Weltanschauungen, in: *Süddeutsche Zeitung,* 3. 5. 2017; Andrian Kreye, Endziel Chaos (Interview mit Laura Galante), ebd., 8. 5. 2017.
36. Bastien Bonnefous u. a., Macron triomphe et doit réconcilier un pays divisé, in: Le Monde, 4. 5. 2017; Mathilde Siraud, La grande implosion du Parti Socialiste, in: *Le Figaro,* 10. 5. 2017; Laurent Joffrin, Une dette envers le peule, in: *Libération,* 8. 5. 2017; Sylvie Kauffmann, France Still Waits for a Revolution's Outcome, in: *The New York Times,* 9. 5. 2017; 4,2 Millionen Franzosen wählen ungültig, in: *Süddeutsche Zeitung*.de, 8. 5. 2017. http://www.sueddeutsche. de/politik/wahl-in-frankreich-millionen-franzosen-waehlen-ungueltig-1.3495396; Leo Klimm, Mission Mehrheit, in: *Süddeutsche Zeitung,* 9. 5. 2017; ders. und Christian Wernicke, Allons Allemands, ebd.; Zwischen Paris und Berlin droht ein Streit um Europapolitik, in: *Frankfurter Allgemeine Zeitung,* 9. 5. 2017; Christian Schubert, Frankreichs großes Experiment, ebd.; Torsten Krauel, Hoffnung für Europas Club der Hoffnungslosen, in: *Die Welt,* 9. 5. 2017. 关于马克龙在卢浮宫前的演讲：Macron au Louvre: «La tâche sera dure, mais je vous dirai la vérité». http://www.lemonde.fr/electionpresidentielle-2017/article/2017/05/07/emmanuel-macron-je me-battrai-contre-les-divisions-qui-nous-minent_5123867_4854003.html。

第 14 章 结论：一个面临考验的时代

1. Jaques Rupnik, Illiberale Demokratie. Das europäische Dilemma und das Ende des liberalen Zyklus, in: *Lettre International,* Herbst 2016, S. 11-15 (14).
2. Philip Mirowski and Dieter Plehwe (eds.), *The Road from Mont Pèlerin. The Making of the Neoliberal Tought Collective,* Cambridge 2009; Anselm Doering-Manteuffel/Lutz Raphael, *Nach dem Boom. Perspektiven auf die Zeitgeschichte seit 1970,* Göttingen 20102; Pierre Rosanvallon, *Die Gesellschaft der Gleichen* (frz. Orig.: Paris 2011), Hamburg 2011, S. 247 ff.; Hartmut Kaelble, *Mehr Reichtum, mehr Armut. Soziale Ungleichheit in Europa vom 20. Jahrhundert bis zur Gegenwart, Frankfurt* 2017, S. 163 ff.
3. Dani Rodrik, *Das Globalisierungsparadox. Die Demokratie und die Zukunft der Weltwirtschaft* (amerikan. Orig.: Princeton 2011), München 2011, S. 9 ff. (17 f.).
4. Daniel Katz, The Psychologie of Nationalism, in: J. P. Guilford (ed.), *Fields of Psychology ‹New York 1940›*, 1948^2, S. 163-181 (165).

5. Ernst-Wolfgang Böckenförde, Die Entstehung des Staates als Vorgang der Säkularisation, in: *Staat, Gesellschaft, Freiheit,* Berlin 1976, S. 42-64 (60).
6. Heinrich August Winkler, *Geschichte des Westens, Bd. 4: Die Zeit der Gegenwart,* München 20163, S. 187 ff.
7. Paul Collier, *Exodus. Warum wir Einwanderung neu regeln sollten* (engl. Orig.: London 2013), München 2014; Alexander Betts/Paul Collier, Gestrandet. *Warum unsere Flüchtlingspolitik allen schadet-und was jetzt zu tun ist* (engl. Orig.: London 2017), München 2017; Ruud Koopmans, *Assimilation oder Multikulturalismus? Bedingungen gelungener Integration,* Münster 2017; Stefan Luft, *Die Flüchtlingskrise. Ursachen, Konfl ikte, Folgen,* München 2016; Julian Nida-Rümelin, *Über Grenzen denken. Eine Ethik der Migration,* Hamburg 2017; Udo Di Fabio, *Schwankender Westen. Wie sich ein Gesellschaftsmodell neu erfinden muss,* München 2015.
8. Markus Brunnenmaier, Harold James, Pierre Landau, *The Euro and the Battle of Ideas,* Princeton 2016, S. 40 ff.; Martin Winter, *Ende einer Illusion. Europa zwischen Anspruch, Wunsch und Wirklichkeit,* München 2016, S. 45 ff.; Tomas Schmid, *Europa ist tot, es lebe Europa! Eine Weltmacht muss sich neu erfinden,* München 2016, S. 163 ff.
9. Hans-Werner Sinn, *Der Schwarze Juni. Brexit, Flüchtlingswelle, Euro-Desaster-Wie die Neugründung Europas gelingt,* Freiburg 2016.
10. Johannes Becker/Clemens Fuest, *Der Odysseuskomplex. Ein pragmatischer Vorschlag zur Lösung der Eurokrise,* München 2017, S. 279 ff.
11. Robin Alexander, *Die Getriebenen. Merkel und die Flüchtlingspolitik: Report aus dem Inneren der Macht,* München 2017; Betts/Collier, Gestrandet(同本章注释 7), S. 93 ff.; Hans-Peter Schwarz, *Die neue Völkerwanderung nach Europa. Über den Verlust politischer Kontrolle und moralischer Gewissheiten,* München 2017。亦见本书原文第 116 页前后。
12. Heinrich August Winkler, Das Undenkbare denken, in: *Frankfurter Allgemeine Zeitung,* 28. 9. 2015; ders., Wer hat die Deutschen zu Richtern der Nationen bestellt?, in: *Süddeutsche Zeitung,* 22. 12. 2015; ders., Es gibt kein deutsches Moralmonopol, in: *Die Zeit,* Nr. 18, 21. 4. 2016.

接下来又发生了什么—— 一段续记

1. «Die Kanzlerin hat die Nase voll», in: *Spiegel Online,* 29. 05. 2017. http://www.spiegel.de/politik/ausland/donald-trump-internationale-pressestimmen-zu-europareise-und-angela-merkel-a-1149631.html; «Ein enormer Wandel der politischen Rhetorik», in: *Zeit Online,* 29. 05. 2017. http://www.zeit. de/politik/2017-05/angela-merkel-presseschau-usa-g7-gipfel; Johannes Leithäuser, Lange Tage der

Irritationen, in: *Frankfurter Allgemeine Zeitung,* 30. 05. 2017; Daniel Brössler und Robert Rossmann, In aller Freundschaft, in: *Süddeutsche Zeitung,* 30. 5. 2017.

2. Here's A Closer Look At Donald Trump's Disturbingly Deep Ties To Russia, in: http://fortune.com/2017/05/17/donald-trump-russia-2.
3. The White House. Office of the Press Secretary. For Immediate Release. June 1, 2017. Statement by President Trump to the Paris Climate record, Rose Garden.
4. Andreas Ross, Befreiung aus dem Komplott, in: *Frankfurter Allgemeine Zeitung,* 3. 6. 2017; Trump bringt die Wirtschaft gegen sich auf, ebd.; Susan E. Rice, To Be Great, America Must Be Good, in: *The New York Times,* 3. 6. 2017; Paul Krugman, Making Inorance Great Again, ebd., 5. 6. 2017.
5. Erich Vad, Bündnis ohne Kraft, in: *Cicero,* Juni 2017, S. 59-65; Daniel Pelletier und Maximilian Probst, Welt in Bewegung, in: *Süddeutsche Zeitung,* 6. 6. 2017 (zu Russlands energiepolitischer Bedeutung für die EU); Petra Kolonko, Seide und Zement, in: *Frankfurter Allgemeine Zeitung,* 3. 5. 2017; Der Welthandel soll über Chinas Seidenstraße rollen, ebd.
6. Zum Begriff «transatlantisches Jahrhundert»: Mary Nolan, *The Transatlantic Century. Europe and America 1890-2010,* Cambridge 2012. 相关内容亦见本书原文第 89 页前后。
7. George Parker, British election results: May's gamble backfires, in: *Financial Times,* 9. 6. 2017; Polly Toynbee, Let's whoop at the failure of May's miserabilism. Optimism trumped austerity, in: *The Guardian,* 9. 6. 2017; Jochen Buchsteiner, Völlig verzockt, in: *Frankfurter Allgemeine Zeitung,* 10. 6. 2017; Tusk: Britisches Angebot «unter unseren Erwartungen», ebd., 24. 6. 2017. Zum «Karfreitagsabkommen» von 1998: Heinrich August Winkler, *Geschichte des Westens,* Bd. 4: Die Zeit der Gegenwart（简称：Geschichte IV）, München 2016[3], S. 122 f。
8. Guillaume Tabard, Une nette vistoire mais pas une France macronisée, in: *Le Figaro*, 12. 6. 2017; Cédric Pietralunga/Solenn de Royer, Majorité absolue et victoire relative pour Macron, in: *Le Monde,* 20.6.17; Christian Wernicke, «Der Anfang einer Renaissance», in: *Süddeutsche Zeitung,* 22. 6. 2017 (Inter view mit Macron); D. Brössler u. a., Die Macron-Formel wirkt, ebd. 24./25. 6. 2017. Zum Zusammenbruch des italienischen Parteiensystems seit 1992: Winkler, *Geschichte IV*（见注释 7）, S. 80 ff。
9. Michael S. Schmidt and Matt Apuzzo, Comey Didn't Want To Be Alone With President He Told Sessions, in: *The New York Times,* 7. 6. 2017; Charles M. Blow, The Resistance: Impeachment Anxiety, ebd., 12. 6. 2017; Jim Rutenberg, Unlike in Watergate, Media Offers a Choice of Facts, ebd., 12. 6. 2017; Hubert Wetzel, Zahltag, in: *Süddeutsche Zeitung,* 9. 6. 2017.
10. Charles M. Blow, Te Resistance: Impeachment Anxiety, in: *The New York Times,*

12. 6. 2017; Michael S. Schmidt and Matt Apuzzo, Mueller's Moves Point to Inquiry Aimed at Trump, ebd., 15. 6. 2017; Jennifer Rubin, Jeff Sessions wilts in the hot seat, in: *The Washington Post,* 13. 6. 2017; Offenbar Ermittlungen gegen Trump persönlich, in: *Frankfurter Allgemeine Zeitung,* 16. 6. 2017; Reymer Klüver, Sieg mit Fußnoten, in: Süddeutsche Zeitung, 28. 6. 2017. Zum «Saturday Night Massacre» und zur Watergate-Affäre: Heinrich August Winkler, *Geschichte des Westens, Bd. 3: Vom Kalten Krieg zum Mauerfall,* München 2015[2], S. 608 ff.

11. Trump prangert «destabilisierendes» Verhalten Russlands an, in: *Frankfurter Allgemeine Zeitung,* 7. 7. 2017; Konrad Schuller, Die Vermessung des Westens, ebd.; Reinhard Veser, Zwischen drei Meeren, ebd., 8. 7. 2017; Daniel Brössler und Florian Hassel, Mit Liebe-und Sinn fürs Geschäft, in: *Süddeutsche Zeitung,* 7. 7. 2017; Rick Lyman, Right-Tilting Poland Welcomes Trump as Europe Watches Warily, in: *The New York Times,* 5. 7. 2017. 关于华沙起义，参见 Heinrich August Winkler, *Geschichte des Westens, Bd. 2: Die Zeit der Weltkriege 1914-1945,* München 2016[3], S. 1074 ff。

12. Robert Birnbaum und Juliane Schäuble, Gipfel der Politik-und der Gewalt, in: *Der Tagesspiegel,* 8. 7. 2017; Albert Funk, Geschminkter Dissens, ebd., 9. 7. 2017; Cerstin Gammelin, Eins zu Neunzehn, in: *Süddeutsche Zeitung,* 8./9. 7. 2017; Stefan Ullrich, Notfalls ohne USA, ebd., 10. 7. 2017; Trump und Putin vereinbaren Waffenstillstand im Südwesten Syriens, in: *Frankfurter Allgemeine Zeitung,* 8. 7. 2017; Trump: Keine Einheit für Cybersicherheit mit Moskau, ebd., 11. 7. 2017; Trump Team Met Russian Offering Dirt on Clinton, in: *The New York Times,* 10. 7. 2017. Die Abschlusserklärung der G20: G20 Leaders'Declaration. Shaping an interconnected world. https://www. g20.org/gipfeldokumente/G20-leaders-declaration.pdf. Zum Minsker Abkommen («Minsk II») siehe oben S. 194 f.

致 谢

我应该好好感谢大家。我首先想对我的妻子说声谢谢。在我完成了拙作四卷本《西方通史》之后，是她鼓励、启发我接着写正在发生的历史。当然，这些事情在很长一段时间内都只可能有一个暂时的结论，由于现在还拿不到第一手资料，或者纯粹就是因为时间离得太近，所下的结论日后被推翻的风险很大。我的妻子一直与我讨论着书中的提问、论点和表述方式。要是没有她，就不会有这本书。

我还应该感谢这一年来为我的工作提供资助的机构和人士：阿尔弗雷德·海尔豪森协会（Alfred Herrhausen Gesellschaft）、汉斯·林吉尔（Hans Ringier）基金会，还有恩斯特·普林茨·比龙·冯·柯兰（Ernst Prinz Biron von Curland）和班克豪斯·梅茨勒（Bankhaus Metzler）。是他们给了我经费，这才让我有钱付给常年为我提供优质服务的工作人员，如莫妮卡·罗布托伊舍（Monika Roßteuscher）硕士和为我工作的学生：安杰洛·达本多（Angelo D'Abundo）、瑟伦·布兰德斯（Sören Brandes）、索菲·根斯克（Sophie Genske）和塔贝亚·纳萨罗夫（Tabea Nasaroff）。我衷心感谢他们各自为完成本书所做出的贡献。我还想感谢加布里埃莱·梅茨勒（Gabriele Metzler）、比尔吉特·阿施曼（Birgit Aschmann）和汉内斯·格兰迪茨（Hannes Grandits），以及柏林洪堡大学历史系的尼娜·克雷默（Nina Kremer）等诸位教授对我书写计划在行政方面的支持和各方面的照顾。我特别要感谢历史系，在我于 2007 年基本退出教学岗位之后，系里依然为我保留了办公室和相应的技术设备，这对我的工作而言是极大的支持。跟我之前的书一样，将我的手写草稿转化为打印稿的工作也是由格蕾
444 琴·泽豪森（Gretchen Seehausen）女士完成的。这本书多么有赖于她一如既往的细心工作，只有我知道。

与贝克出版社（Verlag C. H. Beck）的再次合作还是那么温暖和放心，25 年来我已经对此习以为常。总编辑杰特拉夫·费尔肯（Detlef Felken）从我下笔写第 1 章开始，就一直在用他睿智的评论陪伴和帮助我。在校对阶段，扬纳·勒施（Janna Rösch）女士也同样是一位不知疲倦的讨论对象。亚历山大·戈勒（Alexander Goller）为我核实了日期和事实。我要向上述诸位表达我衷心的谢意。

柏林，2017 年 7 月初

海因里希·奥古斯特·温克勒

译后记

如果要推举一位当代最著名的德国近现代史教授，本书的作者温克勒将是必不可少的候选人。这位今日的柏林洪堡大学教授于 1938 年出生在康德的故乡柯尼斯堡。他未满周岁时，第二次世界大战爆发，既毁灭了德国也夺走了他的父亲。他的母亲，一位历史学教授的女儿，于 1944 年带着 5 岁的儿子离开了后来被改名为“加里宁格勒”的故乡，与 1200 万东普鲁士难民一起向德国西部辗转前行。或许，这段经历正是温克勒写出成名作《走向西方的漫长道路：德意志史》的缘起。

“西方”始终是温克勒一系列作品的中心。在他看来，德国近现代史的主要情节就是：德国人极不情愿走上那条已打上盎格鲁-撒克逊文化烙印的西方道路，数次企图踏上“德意志特殊道路”，却一再被碰得头破血流，并最终才在二战之后完全地融入西方（民主德国部分则要等到 1991 年），并服膺于以人权、代议制民主和法治为核心的“西方价值规范”。冷战结束之后，这些西方价值看似有望在不久后成为人类共同的“普世价值”，但历史的发展永远不会是一条直线。

在本书中，温克勒主要从欧洲的视角审视西方世界近年来所遭遇的一系列危机：“希腊-欧元危机”“波匈-法治危机”“美国-同盟危机”。

“希腊-欧元危机”本来用一句话就能概括：财政纪律不严的欧元区国家希腊因为发放了与本国生产力不匹配的福利而欠下巨额国债，

结果无力偿债而导致欧元动荡。但温克勒追溯到了更为深层次的历史脉络：有欧元才会有欧元危机，而欧元之所以会在约 20 年前诞生，源于当时的德国总理科尔想要打消法国对德国重新统一的疑虑，故而决定让货币联盟比政治联盟先行一步。法国之所以有疑虑，又源自困扰了欧洲和世界近 200 年的“德国问题”。

“波匈–法治危机”表面上看只是波兰、匈牙利两国的领导人对法治的理解与欧盟委员会不同，这两个国家处于“传统西方”范围之内，却又在近代长期缺乏成为民族国家的条件，这段“缺课”的经历造成了两国现任领导人和相当一部分民众对“西方价值”的隔阂。

“美国–同盟危机”看似自特朗普胜选之后才突然出现，但其实也能从百年前的“美国例外论”和“山巅之城”的想象那里找到线索。但特朗普当选总统一事带给西方世界的震撼的确是前所未有的，它标志着自由主义的危机和带有民粹性质的民族主义的兴起达到了一个新的高度。在作者看来，去预判这位美国总统的想法是不现实的，还不如巩固德法轴心，以尽可能摆脱对美国的依赖。

西方会分裂吗？阴云密布，但希望尚存。和许多高明的历史学家一样，作者在大部分时候都将自己的意见隐藏在了叙事之中。我的理解是：他主张欧盟暂时先保持退守的姿态，以保持内部团结和保存西方文明的火种为要务，而不是去应付那些虽有人道主义要求但却力不能逮的事务。待到这场寒冬过去，春暖花开之时，欧洲再继续把西方价值观传播给全世界愿意接受它的人。当然，如何衡量“力所能及”也不是一件简单的事情，连温克勒自己也批评德国在干涉欧洲之外的人道主义灾难时太过于消极。因此，还是请好学深思的读者们沿着作者所烛照的道路继续探索吧。

译书的这一年，正是小儿书向从出生到周岁的一年，忙乱可想而知。有时他向我爬过来，或是蹒跚走来，我也只好朝他摆摆手，继续专注于书稿。但如果不是家人前来抱起，他一定会继续抓住我的腿，猴上身来，把温克勒教授的大作直接放进嘴里品尝。幸好，家人为我分担了很多辛劳。所以我特别想在此对我的妻子、父母和岳父母表达谢意，没有他们相助，这项工作是无法完成的。

上海，2018 年 3 月 6 日

童　欣

见识丛书

科学 历史 思想

01《时间地图：大历史，130亿年前至今》 ［美］大卫·克里斯蒂安
02《太阳底下的新鲜事：20世纪人与环境的全球互动》
［美］约翰·R. 麦克尼尔
03《革命的年代：1789—1848》 ［英］艾瑞克·霍布斯鲍姆
04《资本的年代：1848—1875》 ［英］艾瑞克·霍布斯鲍姆
05《帝国的年代：1875—1914》 ［英］艾瑞克·霍布斯鲍姆
06《极端的年代：1914—1991》 ［英］艾瑞克·霍布斯鲍姆
07《守夜人的钟声：我们时代的危机和出路》 ［美］丽贝卡·D. 科斯塔
08《1913，一战前的世界》 ［英］查尔斯·埃默森
09《文明史：人类五千年文明的传承与交流》 ［法］费尔南·布罗代尔
10《基因传：众生之源》（平装+精装） ［美］悉达多·穆克吉
11《一万年的爆发：文明如何加速人类进化》
［美］格雷戈里·柯克伦 ［美］亨利·哈本丁
12《审问欧洲：二战时期的合作、抵抗与报复》 ［美］伊斯特万·迪克
13《哥伦布大交换：1492年以后的生物影响和文化冲击》
［美］艾尔弗雷德·W. 克罗斯比
14《从黎明到衰落：西方文化生活五百年，1500年至今》（平装+精装）
［美］雅克·巴尔赞
15《瘟疫与人》 ［美］威廉·麦克尼尔
16《西方的兴起：人类共同体史》 ［美］威廉·麦克尼尔
17《奥斯曼帝国的终结：战争、革命以及现代中东的诞生，1908—1923》
［美］西恩·麦克米金
18《科学的诞生：科学革命新史》（平装） ［美］戴维·伍顿
19《内战：观念中的历史》 ［美］大卫·阿米蒂奇
20《第五次开始》 ［美］罗伯特·L. 凯利

21《人类简史：从动物到上帝》（平装+精装） ［以色列］尤瓦尔·赫拉利

22《黑暗大陆：20 世纪的欧洲》 ［英］马克·马佐尔

23《现实主义者的乌托邦：如何建构一个理想世界》

［荷］鲁特格尔·布雷格曼

24《民粹主义大爆炸：经济大衰退如何改变美国和欧洲政治》

［美］约翰·朱迪斯

25《自私的基因（40 周年增订版）》（平装＋精装） ［英］理查德·道金斯

26《权力与文化：日美战争 1941—1945》 ［美］入江昭

27《犹太文明：比较视野下的犹太历史》 ［以］S. N. 艾森斯塔特

28《技术垄断：文化向技术投降》 ［美］尼尔·波斯曼

29《从丹药到枪炮：世界史上的中国军事格局》 ［美］欧阳泰

30《起源：万物大历史》 ［美］大卫·克里斯蒂安

31《为什么不平等至关重要》 ［美］托马斯·斯坎伦

32《认知工具：文化进化心理学》 ［美］塞西莉亚·海斯

33《简明大历史》 ［美］大卫·克里斯蒂安 ［美］威廉·麦克尼尔 主编

34《专家之死：反智主义的盛行及其影响》 ［美］托马斯·M. 尼科尔斯

35《大历史与人类的未来（修订版）》 ［荷］弗雷德·斯皮尔

36《人性中的善良天使》 ［美］斯蒂芬·平克

37《历史性的体制——当下主义与时间经验》 ［法］弗朗索瓦·阿赫托戈

38《希罗多德的镜子》 ［法］弗朗索瓦·阿赫托戈

39《出发去希腊》 ［法］弗朗索瓦·阿赫托戈

40《灯塔工的值班室》 ［法］弗朗索瓦·阿赫托戈

41《从航海图到世界史：海上道路改变历史》 ［日］宫崎正胜

42《人类的旅程：基因的奥德赛之旅》 ［美］斯宾塞·韦尔斯

43《西方的困局：欧洲与美国的当下危机》

［德］海因里希·奥古斯特·温克勒

44《没有思想的世界：科技巨头对独立思考的威胁》

［美］富兰克林·福尔

45《锥形帐篷的起源：思想如何进化》 ［英］乔尼·休斯

见识城邦 出品